# 스타트업처럼 혁신하라

The Startup Way

# THE STARTUP WAY

# 스타트업처럼 혁신하라

**초판 1쇄 발행** 2019년 1월 21일 **지은이** 에릭 리스 **옮긴이** 김원호 **펴낸이** 한기성 **펴낸곳** 인사이트 **편집** 송우일 **제작·관리** 박미경 **표지출력** 소다미디어 **본문출력** 현문인쇄 **용지** 월드페이퍼 **인쇄** 현문인쇄 **후가공** 이레금박 **제본** 자현제책 **등록번호** 제10-2313호 **등록일자** 2002년 2월 19일 **주소** 서울시 마포구 잔다리로 119 석우빌딩 3층 **전화** 02-322-5143 **팩스** 02-3143-5579 **블로그** http://blog.insightbook.co.kr **이메일** insight@insightbook.co.kr **ISBN** 978-89-6626-239-7 책값은 뒤표지에 있습니다. 잘못 만들어진 책은 바꾸어 드립니다. 이 책의 정오표는 http://insightbook.co.kr/에서 확인하실 수 있습니다. 이 도서의 국립중앙도서관 출판예정도서목록(CIP)은 서지정보유통지원시스템 홈페이지(http://seoji.nl.go.kr)와 국가자료공동목록시스템(http://www.nl.go.kr/kolisnet)에서 이용하실 수 있습니다.(CIP제어번호: CIP2019000236)

# 스타트업처럼 혁신하라

지속 가능한 성장과 변화를 실현하는 창업가적 경영 실천법

에릭 리스 지음 | 김원호 옮김

# 차례

# 추천의 글

대기업들의 성장 동력이 떨어지면서 어떻게 하면 스타트업처럼 대기업 내부에서도 혁신을 꽃피우고 성장시킬 수 있느냐는 질문을 많이 받는다. 이 책은 그런 대기업의 질문에 훌륭한 대답이 되는 책이다.

— 임정욱, 스타트업얼라이언스 센터장

지금까지 나는 시장에 정착한 기업들이 성공을 지속해 나갈 수 있는 방법들을 연구해 왔는데, 이 책은 이를 위한 실질적인 지침을 제시하고 있다.

— 클레이튼 크리스텐슨(작가, 기업가), 킴 B. 클라크(하버드 경영 대학원 교수)

테크놀로지가 교육에서 의료에 이르기까지 모든 것을 바꾸어 놓는 제3의 물결 속에서 기업에 필요한 것은 새로운 도구와 접근법이다. 이 책은 새로운 수준의 성장을 추구하는 기업가들이 지도처럼 사용할 수 있는 책이다.

— 스티브 케이스, AOL 타임워너 전 회장, 『The Third Wave』 저자

이 책은 스타트업에 필요한 기법과 방법론, 일반 경영 방식을 혼합한 새로운 유형의 접근법을 제시하고 설명한다. 어느 정도 성장한 기업이 혁신과 성장을 동시에 지속적으로 이루어 내기 위해서는 스타트업의 실험적인 기법을 과감하게 도입할 필요가 있다는 점을 보여 주는 사례는 다양한 업종에서 어렵지 않게 찾아볼 수 있다. ... 이 책은 무척이나 어려운 도전을 행하는 경영자들에게 명확하면서도 유용한 지침이 되어 주는 책이다.

— 캐시 피시, P&G CTO

놀라울 정도로 매우 도움이 되는 책이다. 『린 스타트업』에 이어 저자 에릭 리스

는 지속적인 혁신을 가능하게 하는 새로운 유형의 경영 기법을 소개하는 책을 내놓았다. 그는 "모든 기업을 위해 이 책을 쓰지는 않았다. 다만 오늘날의 경영 환경에서 생존하고 성공하고자 하는 기업이라면 이 책이 필요할 것이다"라고 말하고 있는데, 이 책을 읽어 본다면 무슨 소리인지 알게 될 것이다.

— 스탠리 맥크리스털, 미 육군 대장

큰 기업들은 지금 전례 없이 힘든 시기를 보내고 있다. 그들은 완전히 새로운 게임의 규칙을 필요로 하고 있으며, 이 책이 바로 그에 관한 내용을 담고 있다.『린 스타트업』이후 저자는 또 한 권의 필독서를 내놓았는데, 현재 상황을 극복할 새로운 진로를 모색하고 있는 경영자라면 반드시 읽어 봐야 한다. 정말로 훌륭한 책이다!

— 톰 피터스, 경영학자

이 책에 소개되어 있는 방식은 미국 연방 정부에서 효과를 보았고, 그렇다면 다른 기업 조직에서도 효과를 볼 수 있다고 생각한다. "분명히 더 나은 방법이 있을 거야"라고 생각하는 사람들에게 해답이 될 수 있는 책이다.

— 제니퍼 팔카, 코드 포 아메리카(Code for America) 설립자 겸 단장, 전 백악관 차석 CTO

공공 부문에서 오랫동안 종사해 온 사람으로서 나는 이 책을 읽고 고무되었다. 이 책에 나오는 원리와 방법론은 민간 부문 기업만이 아니라 정부 기관 및 비영리 단체에도 적용해서 효과를 볼 수 있는 것들이다. 기업, 정부 기관, 비영리 단체의 미래를 보고 싶다면 이 책을 읽어 보라.

— 개빈 뉴섬, 캘리포니아 부지사

이 책은 혁신을 추구하는 수많은 기업에 의해 활용될 것이고, 먼 훗날 명저로 불릴 것이다.

— 세스 고딘,『Linchpin』저자

규모에 관계없이 기업에서 창업가적 사고방식을 창출하고 육성하고 유지하려는 경영자에게 이 책은 매우 효과적인 지침서가 되어 줄 것이다. 저자는 『린 스타트업』을 통해 검증받은 여러 기법을 더욱 개선하여 이 책에 제시하고 있으며, 실제 적용 사례와 성과도 함께 소개하고 있다. 차세대 모범 사례를 찾는 다양한 유형의 기업에 도움이 될 책이다.

— 브래드 D. 스미스, 인튜이트 CEO

이 책은 스타트업을 효과적으로 성장시키고, 그러한 성장을 지속적으로 이어 나가는 과정에서 직원들의 내면에 있는 도전 의식을 일깨움으로써 창업가적 문화를 유지하는 방법을 알려 준다. 특히 낡은 조직문화와 프로세스라는 문제를 겪고 있는 기업 경영자들에게 유용한 책이다.

— 애런 레비, 박스(Box) 공동 창업자 겸 CEO

이 책에서 저자 에릭 리스는 GE나 토요타 같은 기업에서 일했던 자신의 경험을 바탕으로 미래의 기업이 어떤 모습을 지녀야 하는지를 제시하고 있다. 전례 없이 빠른 변화를 보이고 있는 오늘날의 시장 상황에서 더 기민하고, 더 혁신적이고, 더 탄력적인 기업을 만들고자 하는 경영자라면 이 책을 읽어 봐야 한다.

— 아리아나 허핑턴, 스라이브 글로벌(Thrive Global) 창업자 겸 CEO,
『The Sleep Revolution』과 『Thrive』 저자

저자 에릭 리스는 오늘날과 같이 빠르게 변화하는 환경에서는 창업가적 경영이 성공의 열쇠라고 말하고 있다. 실제로 ING에서 우리는 이 책에 나오는 방식을 도입하여 혁신을 추진하기도 했다. 새로우면서도 가치 있는 관점을 전해 주는 책이다.

— 랠프 해머스, ING 그룹 CEO

스타트업 문화는 미국 경제에 매우 중요하며, 새로운 제품과 서비스를 창출하고,

일자리를 만들어 내고, 사람들의 삶의 질을 높이는 데 꼭 필요하다. 에릭 리스의 이번 책은 스타트업 문화를 조직에 이식하여 계속해서 새로운 목표에 도전하고 혁신을 이루어 내고자 하는 모든 기업—전통 기업, 신생 기업, 대기업, 중소기업, 하이테크 기업, 로테크 기업 등—에 명확한 길을 제시하고 있다.

— 앨런 크루거, 오바마 행정부 백악관 경제 자문위 위원장, 프린스턴 대학교 교수

공공·민간·비영리 부문의 리더들에게 지속적인 혁신을 위한 로드맵이 되어 줄 수 있는 책이다. 이 책의 내용은 조직 규모와 구조에 상관없이 적용 가능하며, 이 책의 방법론을 정부 기관에 적용해 본 사람으로서 그것이 사람들의 삶에 어떤 효과를 줄 수 있는지 직접 확인한 바 있다.

— 애니시 초프라, 전 미국 행정부 CTO

어떤 기업이라도 이용할 수 있는 성공을 위한 21세기형 툴킷이다.

— 론 콘웨이, SV 에인절(SV Angel) 설립자

에릭 리스는 또 한 권의 훌륭한 책을 발표했다. 이번 책에서는 시장에 안착한 기업들이 혁신을 지속할 수 있는 방법에 대해 논하고 있는데, 혁신을 추구함에 있어 대부분의 대기업이 잊고 있는 퍼즐의 한 조각을 제시하는 책이라 하겠다. 이 책을 모른다는 것 자체가 큰 손해를 의미할 수도 있다.

— 텔레스 S. 테이세이라, 하버드 경영 대학원 교수

사람들은 '스타트업'이라고 하면 창의성, 혁신, 지속적인 개선 같은 개념을 떠올린다. 하지만 에릭 리스가 말하는 바와 같이 완벽보다는 시행착오를 우선시하고, 실수를 용인하는 것을 넘어 실수를 권장하는 것은 스타트업에만 필요한 문화가 아니다. 이 책은 오늘날의 기업들이 어떤 모습을 가질 수 있는지, 어떤 모습을 가져야 하는지에 관해 새로운 비전을 제시하는 책이다.

— 레시마 소자니, 걸스 후 코드(Girls Who Code) 설립자

이 책에서 저자 에릭 리스는 실리콘 밸리의 성공 비결을 다양한 산업 분야의 대기업에 적용할 수 있는 방법을 제시하고 있다. 사실 오늘날을 살아가고 있는 우리는 스타트업의 마음가짐을 가지고 있어야 한다. 리더들 그리고 리더가 되기를 바라는 사람들은 이 책을 반드시 읽어 봐야 한다. 놀라운 내용이 들어 있기 때문이다.

— 마샬 골드스미스, 『Triggers』와 『What Got You Here Won't Get You There』 저자

이 책은 더 창업가적이고 더 강한 역량을 지니기를 바라는 기업에 매우 유용한 툴킷이 되어 줄 것이다.

— 팀 오라일리, 오라일리 미디어 CEO

전통적인 기업을 위협하는 새로운 기업이 매우 빠른 속도로 새로운 제품을 내놓고 있는 오늘날의 상황에서 저자 에릭 리스는 낡은 경영 방식이 지니고 있는 한계를 지적하고 있다. 이 책은 21세기 기업 환경에서 생존에 꼭 필요한 창업가적인 리더십을 만들어 내는 방법을 제시한다.

— 제프 서덜랜드, 스크럼사(Scrum Inc.) CEO, 『Scrum』 저자

저자 에릭 리스는 또 한 권의 명저를 내놓았다! 이 책에 제시되어 있는 원리는 매우 유용하며, 그 어떤 유형의 기업에도 적용될 수 있는 것들이다. 기존의 전통적인 기업들이 이 책에 제시되어 있는 원리를 무시한다면 새로이 출현한 스타트업에 의해 시장을 빼앗길 것이다. 이 책은 인터넷 혁명에 버금가는 내용을 담고 있으며, 이 책의 내용을 모르는 기업은 앞으로 점차 쇠락할 것이다.

— 알렉시스 오헤이니언, 레딧과 이니셜라이즈드 캐피털(Initialized Capital) 공동 창업자, 『Without Their Permission』 저자

세상에서 가장 영향력 있는 기업들은 어느 날 갑자기 그렇게 된 게 아니다. 페이스북과 에어비앤비 같은 기업만 하더라도 처음 성공에서 멈추지 않았다. 그들

은 다른 스타트업들과 치열한 경쟁 속에서 혁신을 이루어 냈고 지금의 모습을 갖
추게 되었다. 장기 투자자로서 나는 수십 년이 지나도 혁신에 대한 추진력을 잃
지 않는 기업들을 찾는다. 이 책은 스타트업부터 대기업에 이르기까지 혁신의
문화를 만들고 이를 이어 나가고자 하는 기업들에 중요한 청사진을 제시하는 책
이다.

— 브라이언 싱어맨, 파운더스 펀드(Founders Fund) 파트너

# 추천사

인공 지능, 빅 데이터, 로봇, 자율 주행 등이 등장하면서 산업은 이제 새로운 시대의 기술적 변혁기를 맞이하고 있습니다. 이런 변화는 기존 산업과 시장에 새로운 가치를 지닌 제품과 서비스의 등장을 예고할 뿐 아니라 시장과 산업을 이끌어 갈 신생 기업과 벤처, 사업가의 탄생과 출현을 의미하기도 합니다. 새로운 산업 시대가 오면 기존 기업과 조직은 그 어느 때도 경험하지 못한 커다란 위험을 마주하게 될 것이지만 한편으로는 현재의 산업과 시장 내 우위를 지속하고 한 단계 더 성장할 수 있는 새로운 기회의 영역을 발견할 수도 있습니다.

이제는 과거의 성공 방식대로 시장을 분석하고 예측하여 성장이 예상되는 영역에서 사업을 시작하는 것으로는 충분하지 않습니다. 그보다는 잠재적 성장과 성공을 가져다줄 수 있는 고객의 불편과 필요를 새로운 관점으로 바라본 후 지속적으로 가설 수립과 실험을 반복하면서 사업에 내재된 불확실성을 줄이거나 해소하는 현실적 사업 개발 방법이 주목받고 있습니다. 특히 '린 스타트업' 방법론은 기존 제품 개발에 고객 개발 과정을 결합하여 고객의 지속적 요구 변화를 제품·서비스에 끊임없이 반영하는 방법론입니다. 그리고 이를 통해 고객이 진정으로 원하는 가치와 기능을 구현한 제품과 서비스를 빠르고 효과적으로 개발하고 시장에 출시하는 효과적인 방안을 제시합니다. 린 스타트업 방법론은 이 책에서 소개된 바와 같이 비즈니스 수행 과정에 내재된 수많은 불확실성을 줄이고 성공 가능성을 높이는 방법으로 에어비엔비, 드롭박스와 같은 스타트업은 물론이고 GE, 토요타와 같은 대기업의 신규 혁신 비즈니스에서도 큰 성과를 내고 있습니다.

실제 기업에서 린 스타트업에 대한 강의와 교육을 진행하다 보면, 린 스타트업의 효율과 유용성에 대한 높은 관심을 넘어 린 스타트업 방식을 조직과 팀에 적용해 볼 수 있을지 고민하고 질문하는 관리자와 경영자를 종종 마주하게 됩니다. 일정 수준의 조직 체계와 인력으로 규모 있는 매출을 창출해야 하는 입장에서 조직 운영과 관리에서의 변화와 혁신에 대한 필요성은 크게 느끼고 공감하지만, 스타트업과 같은 업무 방식과 체계로 팀과 조직을 이끌고 성과를 내는 일이란 생각만큼 쉽지 않고 엄두조차 내기가 어려움을 짐작할 수 있습니다. 그러나 세상과 기업의 비즈니스 환경이 그 어느 때보다도 급변하는 시기에 '혁신'은 선택이 아닌 필수가 되고 있습니다. 혁신을 창출하는 데 있어 회사 규모와 크기는 더 이상 중요하지 않습니다. 세상을 바꾸고 더 큰 변화와 가치를 만들어 내는 일하는 방식과 문화, 변화를 수용하고 변화에 적극적으로 뛰어들 수 있는 마인드셋, 협력과 소통을 통해 고객의 기대를 넘어서는 가치를 만드는 일에 효과적으로 참여하는 방법을 배우고 실행하는 역량은 이제 작은 스타트업은 물론이고 대기업에 이르기까지 혁신의 시대에서 성공을 이끄는 중요한 역할을 하고 있습니다.

이러한 역량을 팀과 조직에 성공적으로 이식하고 새로운 변화와 혁신의 시대를 대비하는 방법에 대해 고민하고 그 해법을 찾고 있다면, 이 책이 지도와 나침판의 역할을 해 줄 것으로 기대합니다. 지은이 에릭 리스는 기업과 조직 내에서 혁신적인 팀을 만드는 올바른 방식과 체계, 태도 및 문화 구축 등에 관하여 실제 기업 사례들을 중심으로 협업에서 실행 가능한 현실적인 방안들을 알려 주고 있습니다.

지금 관리자, 경영자, CEO로서 조직과 팀의 혁신과 변화를 고민하고 있다면 이 책을 읽어 볼 것을 강력하게 추천합니다.

— 최환진, 이그나이트스파크(Ignitespark) 대표

이 책을 가브리엘과 클라라에게 바친다.

# 서문

어느 여름날 오후, 일단의 엔지니어들과 임원들이 그룹 연수원의 강의실 한곳에 모여 수억 달러의 개발비와 5년이라는 시간이 투입될 디젤 및 천연가스 엔진 개발 계획에 대해 토론하고 있었다. 그들의 목표는 새로운 시장에 진입하는 것이었고, 토론의 열기는 점점 더 뜨거워졌다. 시리즈 XSeries x라고 명명된 그 새로운 엔진은 석유 시추부터 철도 기관차에 이르기까지 여러 산업 분야에서 다양한 용도로 사용될 수 있도록 개발될 예정이었다.

그 강의실 안에 있던 사람들은 한 사람을 제외하고는 전부 자신들이 토론하고 있는 내용의 세세한 부분에 대해 잘 알고 있었다. 사실 매우 이질적인 그 한 사람은 엔진이나 에너지 개발, 산업 제품 제조 등에 관해서는 아는 게 거의 없었고, 그래서 그런 사람이 할 법한 질문을 계속해서 했다.

"이게 어디에 쓰이는 건지 한 번 더 말씀해 주시겠습니까? 선박에 사용하는 건가요? 아니면 항공기에? 운송은 어떻게 하는 거죠? 해상인가요, 육상인가요? 철도를 이용하나요?"

강의실에 있던 임원들과 엔지니어들의 얼굴에는 '저 사람 누구지?' 하는 표정이 드러났다.

그 사람은 바로 나였고, 임원들과 엔지니어들은 GE에서 일하는 임직원들이었다. GE라면 미국에서 매우 오래된 전통 있는 기업 중 하나이며, 그 토론이 벌어지던 무렵 직원 수는 전 세계 30만 명 이상, 시가총액은 2205억 달러에 달했다.

그렇다면 2012년 여름 GE 임직원들의 토론에 내가 참석했던 이유는 무엇일까? 나는 전문 경영자도 아니었고, GE의 사업 분야인 에너지나 헬스케어 같은 분야에 관해 해박한 지식을 가지고 있던 것도 아니었다.

내 전문 분야는 창업이었다.

당시 GE의 제프리 이멜트Jeffrey Immelt 회장과 베스 컴스탁Beth Comstock 부회장은 내 첫 번째 책 『린 스타트업』에 제시된 아이디어에 흥미를 느꼈고, 그래서 나를 자신들의 중요한 전략 회의에 초청했던 것이다. 이멜트 회장과 컴스탁 부회장은 스타트업의 창업가적 경영 방식은 어떤 산업 분야, 어떤 규모의 기업에도 적용되고 효과를 볼 수 있다는 그 책의 아이디어를 GE에 도입할 필요가 있겠다는 판단을 내렸다. GE의 유연성을 높이고, 성장을 지속하고, 회사가 오래도록 번창할 수 있도록 토대를 닦는 것이 목표였다.

그날 우리는 시리즈 X 엔진을 새로운 관점에서 검토했고, 엔진 구조를 단순화함으로써 시장에 도입하는 기간을 획기적으로 단축할 수도 있겠다는 결론에 이르렀다. 시리즈 X 개발을 위한 토론은 그 후로도 여러 차례 이어졌다(책의 본문에서 이 토론에 대해 좀 더 자세히 소개할 기회가 있을 것이다).

그다음 날 나는 매우 빠른 성장세를 보이면서 차세대 유망 기업으로 평가받고 있던 한 기술 스타트업의 창업자 겸 CEO와 대화를 나누게 되었다. 표면적으로 보면 GE와 이 회사는 유사한 점이라고는 도저히 찾아볼 수 없을 정도로 달랐다. 한 기업은 전통 기업으로 여러 시장 분야를 이미 선도하고 있었고, 다른 한 기업은 신생 기업으로 시장에서 자리를 잡기 위해 치열하게 싸우고 있었다. 한 회사는 물리적인 실체가 있는 제품을 만들어 내는 기업이고, 다른 회사는 인터넷 활용을 도와주는 소프트웨어 인프라를 개발하는 기업이었다. 본사 위치도 동부와 서부로 다르고, 경영자들의 출근 복장도 정장과 캐주얼로 서로 달랐다.

그 스타트업의 CEO는 『린 스타트업』의 개념을 앞서 도입한 사람 중 한 명인데, 나와 만났던 무렵에는 일련의 새로운 도전에 직면하고 있었다. 그 회사가 맞이한 도전은 최초의 성공적인 혁신에 이어 사업 규모를 확장하고 직원들에게 더 많은 권한을 부여해 더 큰 역량을 발휘하도록 이끌며 무엇보다 지속적인 성장을 가능하게 하는 새로운 동력을 발굴하는 것이었다.

GE 사람들과 토론에서 나왔던 이야기와 그 스타트업 CEO로부터 들은 이야기는 놀라울 정도로 비슷했다. 그 두 기업 사이에는 아무런 유사점이 없었음에도 말이다. 다른 많은 성공한 기업이 그렇듯 GE는 성장을 지속하기 위해 조직 내에 창업가적 에너지를 계속해서 일깨우려고 했고, 그 스타트업의 CEO 역시 기업의 창업가적 문화가 조직 성장세에 파묻히는 일을 피하려고 했다.

나는 지난 몇 년 동안 표면적으로 보기에는 서로 매우 다른 기업들이 유사한 도전에 직면해 있는 상황을 많이 목격해 왔다. 그리고 그러한 기업들의 창업자 및 경영자와 대화를 나눈 결과 전통 기업이든 신생 기업이든 오늘날의 기업에는 미래의 성공을 위해 꼭 필요한 역량이 결여되어 있다는 것을 알게 되었다. 새로운 제품이나 비즈니스 모델을 빠르게 실험하고 검증하는 역량, 창의적인 업무를 담당하는 직원들에게 권한을 부여하는 역량, 혁신 프로세스를 계속해서 시도하고 그로부터 결과를 이끌어 내어 성장과 생산성을 위한 새로운 동력을 찾아내는 역량 같은 것들 말이다.

오늘날의 기업들에 결여되어 있는 역량을 찾아내어 미래의 성공을 위한 길을 제시하는 것이 내가 이 책을 쓴 목적이다.

## 자기소개

GE 연수원에 초대되리라고는 기대는커녕 예상하기도 쉽지 않았다. 젊었을 때 나는 소프트웨어를 공부했고 그다음에는 창업을 했다. 소프트웨어를 공부하고 자신의 부모님 댁 지하실에서 창업을 하는 젊은 이의 전형적인 모습을 그려 본다면 그게 바로 옛날 내 모습이었다. 하지만 내 첫 번째 창업은 닷컴 거품이 꺼지는 시기와 맞물려 참담한 실패로 막을 내렸다. 1996년에는 책도 쓴 적이 있다. 『The Black Art of Java Game Programming』이라는 엄청난 제목의 책이었는데, 마지막으로 확인했을 때 아마존닷컴에서 99센트에 헌책으로 팔고 있었다. 어느 모로 보더라도 새로운 경영 방식을 소개하는 지금의 내 모습과 연관시킬 만한 구석은 보이지 않는 시도들이었다.

하지만 실리콘 밸리에서 일을 시작한 이후로는 성공과 실패를 가르는 요소들이 무엇인지 보이기 시작했다. 그리고 실리콘 밸리에서 경험이 쌓이면서 창업가 정신을 더욱 강화할 수 있는 구체적인 모델을 구축할 수 있게 되었다. 2008년부터는 그에 관한 내용을 블로그에 기록하기 시작했고, 2011년에는 그 내용을 정리하여 책을 냈다. 그렇게 해서 나온 책이 『린 스타트업』이다. 『린 스타트업』 이후 나에게는 생각지도 못했던 일들이 일어났다. 무엇보다 내 책이 전 세계적으로 100만 부 이상 판매되었고, 사람들이 『린 스타트업』에 대해 이야기하기 시작했다. 그리고 세계 곳곳에서 내 책에 나와 있는 방법론을 심층적으로 연구하기 위한 모임이 결성되었고,주1 스타트업 생태계에 있는 창업자, 투자자, 경영자들이 내 책에 소개되어 있는 방법론을 자신의 일에 적용하기 시작했다.

『린 스타트업』에서 나는 "스타트업이란 극도로 불확실한 조건에서 새로운 제품이나 서비스를 만들어 내기 위한 목적으로 구성된 단체나 기관이다"라는 정의를 내렸는데, 이는 당시만 하더라도 매우 파격적인 주장이었다. 이러한 정의를 내리면서 나는 '단체'의 규모, 유형(민간 기업, 비영리 단체, 정부 기관 등), 분야(산업 분야나 활동 영역) 등의 범위를 규정하지 않았는데, 이는 극도로 불확실한 조건에서 일하는 사람이라면 어디에서 무슨 일을 하건 누구라도 창업가가 될 수 있다는 것을 의미한다. 나는 혁신적인 사업가들은 어디에나 존재할 수 있다고 생각한다. 소기업, 대기업, 의료 분야, 교육 분야, 심지어 정부 기관에도 존재할 수 있다고 생각한다. 새로운 구상을 시험하고, 무언가를 하는 더 나은 방법을 강구하고, 제품이나 서비스의 활용 영역을 새로운 분야로 넓혀 고객들에게 더 큰 가치를 창출하는, 영예롭지만 때로는 세상에 알려지지 않기도 하는 일을 하는 사람은 어디에나 있다.

『린 스타트업』 출간 이후 다양한 영역의 많은 기업과 단체에서 내책의 아이디어를 자기 조직에 적용해 성과를 만들어 냈다. 그리고 지난 6년 동안 전 세계의 많은 기업과 함께 내 아이디어를 기반으로 협업을 해 왔다. 창업자 몇 명이 직원의 전부인 앱 개발사, 중소기업, 비영리 종교 단체, 중견 제조사, 크게 성공하여 기업 공개를 앞두고 있는 테크놀로지 기업, 거대 정부 기관, 세계적 규모의 다국적 기업, 이처럼 다양한 영역의 기업과 단체에서 린 스타트업 방법론을 도입하여 조직 역량을 높였고 더 큰 성과를 이루어 냈다.

## 모두가 필요로 하는 역량을 찾아서

GE는 내가 함께 일했던 많은 기업 중 하나다. 시리즈 X 엔진을 비롯하여 함께 추진했던 여러 파일럿 프로젝트는 커다란 성공으로 이어졌고, GE와 나는 패스트웍스FastWorks라는 프로그램을 개발하기 위한 협력 관계를 맺기도 했다.주2 패스트웍스는 GE의 조직문화와 경영 방식에 커다란 변화를 주기 위한 프로그램이었는데, 지난 몇 년 동안 수천 명의 임직원이 이 프로그램을 거쳐 갔다. 나는 GE 내에서 다양한 기능을 수행하고 많은 지역을 담당하는 프로젝트 팀과 사업부를 대상으로 코칭을 하기도 했다. 그렇게 해서 GE 경영자들과 관리자들은 창업가적 방식으로 일하는 법을 익히게 되었고, GE 사업부와 팀은 남들의 혁신을 뒤따라가는 게 아니라 혁신을 주도할 수 있는 조직으로 변모되었다.

그런데 스타트업에도 이와 같은 프로그램과 변화 과정이 필요하다는 점을 알게 되었다. 실리콘 밸리의 다른 많은 사람과 마찬가지로 나는 대기업에서 일하는 사람들은 근본적으로 창의성이나 혁신과는 거리가 멀다고 생각했다.주3 일단 기업이 일정 규모를 넘어서면 혁신이 중단되고 내부에서 서서히 죽어 가는데, 이러한 분위기에서는 창의적인 사람들이 가장 먼저 기업을 떠난다. 그럼 조직이 경직되고 관료주의와 사내 정치가 자리하게 된다.

하지만 이러한 생각은 스타트업 사람들에게는 기묘한 역설이다. 스타트업을 창업하는 사람들의 희망은 기업 규모를 키워 언젠가는 대기업을 만드는 것이기 때문이다. 나는 수많은 스타트업 창업가와 함께 일을 해 오고 있는데, 그들에게 다음과 같은 질문을 할 때가 자주 있다.

"대기업을 그렇게 싫어하면서 왜 또 하나의 대기업을 만들려고 하나요?"

이와 같은 질문을 받은 사람들은 당혹해할 때가 많다. 자신이 발전시킬 큰 기업은 무의미한 회의나 잔소리만 해 대는 중간 관리자가 없는, 언제나 역동성과 적극성을 지니고 있는 영원한 스타트업과 같을 거라고 머릿속에 그리고 있기 때문이다. 하지만 이와 같이 되는 경우가 얼마나 될까?

지난 몇 년 동안 린 스타트업을 도입했다고 하는 스타트업 창업가나 CEO와 많은 대화를 나누었다. 그들이 처음에 관심을 가졌던 것은 최소 요건 제품이나 방향 전환처럼 사업을 빠르게 추진하는 데 필요한 개념이었고, 조직 관리나 회계 같은 기본적이면서도 재미없는 부분에는 별다른 관심을 두지 않았다. 그와 같은 기업 중에는 수백 명, 수천 명, 심지어 수만 명의 직원을 고용하는 수준으로 성장한 경우도 있는데, 이처럼 자신의 기업을 성장시킨 창업자와 CEO는 전통적인 경영 기법을 사용하고, 시장 예측을 하고, 오래된 조직 관리 방식을 활용하면서도 조직 내부에 창업가적 문화를 유지하는 방법을 찾는 게 중요하다고 말했다.

전통적인 조직 구조와 보상 체계를 가지고 있는 기업에서는 직원 사이에서 관료주의적인 행태가 나타나는 경우가 많다. 뛰어나다는 평가를 받는 기업에서도 이와 같은 상황을 목격하게 되는데, 이렇게 되는 데는 구조적으로 어쩔 수 없는 측면이 있다.

자신의 기업을 크게 성장시킨 창업자와 CEO들은 기업 조직 내에 기민함을 유지하고 관료주의를 막아 낼 방법을 알고 싶어 했다. 그리고 나는 대기업과 함께 일해 오면서 그에 대한 해답을 찾을 수 있었다.

지난 5년 동안 나는 두 가지 삶을 살았다. 오전에는 세계적인 대기업의 경영자들을 만나 함께 일하고, 오후에는 실리콘 밸리의 스타트업 경영자들을 만나 대화를 하는 식으로 보내는 날이 많았다. 나와 대화를 나눌 때 기업 경영자들이 가장 흔하게 하는 질문은 다음과 같은 것들이었다.

우리 회사 직원들이 창업가처럼 생각하도록 유도하려면 어떻게 해야 할까요?

기존 고객을 잃지 않으면서도 새로운 시장을 위한 신제품을 개발하려면 어떻게 해야 할까요?

핵심 사업을 위험에 빠뜨리지 않으면서도 창업가 기질이 있는 직원들에게 권한을 부여하려면 어떻게 해야 할까요?

기존 사업과 새로운 성장 동력 사이에서 균형을 잡는 문화를 만들기 위해서는 어떻게 해야 할까요?

지금 이 책을 읽기로 한 독자들도 자신의 조직과 관련하여 이와 같은 질문들에 대한 해답을 찾고 있을 것이다.

그동안 수많은 기업과 함께 프로젝트를 진행해 오면서 축적된 경험과 정보를 토대로 나는 시작 단계를 넘어선 기업에 유용한 새로운 방법론을 정립하게 되었다. 그리고 이 새로운 방법론은 스타트업에서 시작해 크게 성장한 기업과 기존 대기업에 특히 더 유용할 거라고 생각한다. 이 책의 중심이 되는 내용을 크게 정리하면 다음과 같다.

- 내가 '창업가적 경영'이라고 이름 붙인 방식과 전통적인 경영 방식을 함께 활용하는 방법
- 급속한 성장으로 스타트업의 규모가 커졌을 때 발생하는 문제들을 해결하는 방법—스타트업 기업들이 린 스타트업 방법론을 정착시킨 이후에 알아야 하는 것
- 조직 변환 프로세스를 효과적으로 추진하는 방법

지난 몇 년 동안 나는 수천 명의 경영자 및 창업자와 함께 일해 왔고, 이 책에 나오는 방법론은 그러한 과정을 거치며 정립된 것이다. 나는 그들과 함께 회의실에서 의견을 나누고, 신제품을 출시하고, 새로운 회사를 설립하고, IT 시스템을 개선하고, 재무 프로세스를 검토하고, 인사 관리와 판매 전략을 수립해 왔다. 구매에서 연구개발에 이르기까지 기업의 각 부문에 핵심적으로 관여해 왔으며, 해양 시추, 전자, 자동차 제조, 패션, 의료, 군사, 교육 등 산업 분야를 폭넓게 경험해 왔다.

물론 이 책에 소개되는 방법론은 내 경험이나 지식에만 의존하여 정립된 것은 아니다. 다른 많은 전문가의 견해, 실제 기업 사례, 현장 경영자의 조언 등도 크게 영향을 끼쳤다. GE나 토요타 같은 거대 다국적 기업, 아마존이나 인튜이트Intuit나 페이스북 같은 성공적인 IT 기업, 트윌리오Twilio나 드롭박스Dropbox나 에어비앤비Airbnb 같은 차세대 초성장 기업, 조만간 언론을 통해 소개될지도 모를 다수의 스타트업, 이 기업들의 실제 이야기가 이 책을 통해 소개될 것이다. 그리고 몇몇

정부 기관과 공공 부문 단체의 혁신을 이루어 낸 혁신가들의 이야기도 소개될 것이다.

어떤 분야에서 일을 하든 비전을 제시하는 리더는 새로운 기회를 인식할 줄 안다. 그리고 그러한 기회는 이 책에서 제시하는 창업가적 경영과 전통적인 경영 방식을 함께 활용할 때 최선의 결과로 이어질 수 있다.

창업가 정신은 조직에 새로운 역동성을 불어넣으며, 나는 이를 지난 몇 년 동안 현장에서 직접 확인해 왔다. 그리고 21세기에 이르러 이는 어느 특정 산업 분야에만 필요한 역량이 아니라 사람들이 일하는 모든 분야에 필요한 역량이 되었다.

나는 그것을 스타트업 방식Startup Way이라 부른다.

## 스타트업 방식의 다섯 가지 원리

이 책에서 다루는 스타트업 방식은 엄격한 전통적 경영 방식과 반복해서 개선해 나가는 스타트업의 특성을 결합한 것이다. 규모, 역사, 목적에 상관없이 지속적인 혁신을 추구하는 모든 조직에서 사용할 수 있는 시스템이다.

앞부분에서 나는 스타트업의 범위를 좁은 영역으로 규정하지 않는다고 언급한 바 있지만, 어떤 유형의 기업이나 단체라 하더라도 조직 관리는 필요하다. 따라서 이 책의 기본적인 주제는 조직 관리와 관련된 것이고, 기업 활동에 필요한 자원을 조직하고, 평가하고, 배분하는 방식에 관하여 다룰 것이다. 이 책에서 제시되는 새로운 경영 방식은 기업의 성과 개선을 저해하는 기존의 낡은 방식을 대체할 것이고, 지속적인 혁신을 통해 빠른 성장세를 이어 나가고자 하는 기업에는 청

사진이 되어 줄 것이다. 기존 경영 방식의 특징이 계획과 예측을 근간으로 하는 것이라면, 이 책에서 제시되는 새로운 경영 방식의 특징은 불확실성을 포용하고 속도를 추구하는 것이다.

이 책에서 다룰 스타트업 방식의 다섯 가지 핵심 원리를 정리하면 다음과 같다.

1. **지속적 혁신**: 너무나도 많은 경영자가 단 하나의 거대한 혁신을 추구한다. 하지만 장기적인 성장에는 뭔가 다른 게 필요한데, 바로 전체 조직에서 창의성과 재능을 끌어내고 계속해서 진전을 이뤄내는 방법이다.

2. **업무의 핵심 단위로서의 스타트업**: 지속적으로 혁신을 이루어 내고 성장의 새로운 동력을 찾기 위해서는 이를 위한 실험적인 조직이 필요하다. 스타트업의 단계를 넘어 일정 수준 이상 성장한 기업은 사내 스타트업과 같은 조직을 구성할 필요가 있으며, 사내 스타트업은 기존 조직 구조에서 분리되어 독립적으로 운영되어야 한다.

3. **잃어버린 역량, 창업가 정신**: 조직의 기존 생태계에 스타트업이라는 별도의 팀을 만들었다면 그 스타트업은 전통적인 경영 기법 관점에서 볼 때 당혹스러운 방식으로 운영되어야 한다. 대부분의 기업은 창업가 정신을 망각한 상태로 유지되는데 창업가 정신은 마케팅이나 재무만큼 미래의 성공을 위해 필수다.

4. **두 번째 창업**: 지속적인 혁신이 축적되다가 기업은 어느 순간 새로운 조직으로 다시 탄생하게 된다. 창립 5주년밖에 안 되었든 100년이 넘었든 모두 새롭게 탄생할 수 있다.

5. **지속적 변화**: 기업들은 새로이 전개되면서도 다변화되는 도전에 대응하여 조직의 DNA를 다시 써야 하고, 이를 토대로 새로운 조직 역량을 개발하여 지속적으로 변화할 줄 알아야 한다. 한두 번의 변화로는 아무것도 이루어 내지 못한다. 기업은 미래에 대응하여 계속해서 변화할 줄 알아야 하며 또 그렇게 해야만 한다.

전체 조직이 이 방법론에 충실해야 한다는 게 기업 내 모든 팀이 스타트업 원리를 중심으로 개편되어야 한다는 의미는 아니다. 또 모든 직원이 창업가처럼 일을 해야 한다는 의미도 아니다. 기업 내 스타트업 팀들이 그 본연의 역할을 수행할 수 있도록 하고, 직원들에게 창업가가 될 수 있는 기회를 제공하자는 것이 이 책의 목표다. 분명히 기업 내에는 창업가 기질을 지니고 있는 직원들이 있으며, 그 사람들에게 그 기질을 드러낼 수 있는 기회를 제공하고 그렇게 할 수 있도록 지원해야 한다. 그리고 이를 위해서는 기업 경영자들이 스타트업 팀에 직접 관여하지 않더라도 창업가적 경영이 무엇인지 알고 있어야 한다. 기업 리더들은 왜 어떤 사람들은 다른 방식으로 일을 하는지 이해하고, 이러한 사람들을 위한 새로운 평가 기준을 마련하며, 인사 · 법무 등 규제 기능이 방해가 되는 상황이 있는지 파악할 수 있어야 한다.

### 이 책에 대하여

이 책은 선언서가 아니다. 그런 책들은 이미 세상에 많이 나와 있다. 전문가라는 평가를 받는 많은 사람이 더 빠르게 움직이고, 더 많은 혁신을 추구하고, 틀에서 벗어난 사고를 하라고 조언을 해 준다. 하지만 구체적인 방법을 알려 주는 경우는 별로 없다. 더 빠르게 움직이고,

더 많은 혁신을 추구하고, 틀에서 벗어난 사고를 하려면 어떻게 해야 할까? 내가 이 책을 쓰면서 중점을 둔 것은 구체적인 방법론이다. 조직의 창업가적 정신을 다시 일깨우는 데 활용할 수 있거나 기업들이 그 과정에서 혼란을 겪지 않도록 해 주는, 현장에서 검증된 방법을 제안하려는 것이다.

장기적인 성장을 위한 새로운 동력을 찾을 수 있는 역량은 매우 중요하며, 이러한 역량을 지니고 있는 조직을 만들고자 하는 리더에게 이 책은 좋은 지침서가 되어 줄 것이다. 이 책에서는 의미 있는 혁신을 만들어 내는 직원에게 보상이 주어지는 체계를 만들고, 더 큰 성취감을 주는 방향으로 업무의 성격을 바꾸는 방법에 대해 다룰 것이다. 또한 이 책에서는 리더 역할에 대한 새로운 관점을 제시하려고 한다. 현행 MBA 프로그램에서 말하는 것, 투자자들과 이사회 구성원들이 생각하는 것과는 크게 다른 리더상을 제시할 것이다. 인튜이트의 공동 창업자인 스콧 쿡Scott Cook 회장은 내가 제시하는 새로운 리더 역할의 전형을 보여 주는 인물이다. 기존 리더상이 로마 황제라면(어떤 프로젝트를 살리고 어떤 프로젝트를 죽일지 결정하는 사람), 내가 말하는 새로운 리더상은 과학자다(탐구와 새로운 발견에 대해 항상 열려 있는 사람). 그리고 여러분이 리더라면 새로운 리더상이 여러분의 일을 더욱 흥미롭고 효과적으로 만들어 줄 것이다.

이 책에서 제시되는 방법은 다양한 산업 분야, 광범위한 규모의 기업에서 실제로 적용되어 의미 있는 성과로 이어진 것들이다. 그리고 책에 소개되는 실제 사례들은 조직 내에 창업가 정신을 도입하고 조직 구성원의 사고방식을 바꾸는 데 도움이 될 것이다. GE와 내가 함께 개발하고 추진해 온 GE의 혁신 프로그램인 패스트웍스와 관련된 상세한 이야기도 소개하려고 한다. 패스트웍스를 통해 GE는 미래를 대비한 유연한 조직으로 거듭나고 있는데, 이는 이 책을 읽는 독자들에게 훌륭한 사례 연구 자료가 되어 줄 것이다. 물론 이 외에 다른 많은 기업의 사례도 상세하게 소개할 것이다.

1부에서는 왜 전통적인 경영 방식으로는 성과를 내기 어려워지고 있는지, 오늘날의 상황에서 창업가적 경영과 전통적인 경영을 함께 활용하는 것이 왜 중요한지 다루겠다. 그리고 오늘날의 상황에서 기업이 어떤 역량을 지니고 있어야 하는지와 어떤 방식으로 일해야 하는지에 대해 다룰 것이다.

극도로 불확실한 환경에서 새로운 사업을 추진할 때 조직 내에 스타트업을 만들어야 하는 이유와 스타트업이 제대로 작동하기 위해 필요한 조건도 이야기할 것이다. 또한 예측과 계획 수립이 매우 까다롭거나 아예 불가능한 극도로 불확실한 환경에서 혁신 프로젝트에 관여하는 사람들의 성과 평가를 어떻게 해야 하는지, 가치 있는 혁신 프로젝트에 대한 도전을 처음부터 가로막는 요소들은 무엇인지에 대해서도 논할 것이다. 『린 스타트업』에 나오는 몇 가지 중요한 개념도 간략하게 소개할 것이다.

2부에서는 1부에서 제시된 개념을 토대로 구체적인 방법론을 제시하려고 한다. 기업 내에 새로운 스타트업 조직을 만드는 경우 그 스타트업 조직은 기존 조직 구성원에게는 익숙하지 않은 새로운 방식으로 움직이게 되는데, 그 익숙하지 않은 새로운 방식의 구체적인 사례들을 소개할 것이다. 몇 가지 사례는 『린 스타트업』을 통해 소개된 개념을 토대로 하고, 다른 몇 가지 사례는 이 책을 통해 처음 소개되는 개념을 토대로 한다. 기존 시스템과 새로운 방식 사이에 발생하는 충돌

그리고 중간 관리자 사이의 충돌에 대해서도 다룰 것이다. 역사적으로 봤을 때 중간 관리자들은 발전을 가로막는 입장에 서는 경우가 많았다.

지속적인 혁신으로 인한 결과는 다양하게 나타난다. 새로운 제품이나 서비스의 출현, 내부 시스템 개선, 시장에서 승리, 새로운 조직문화 형성 등을 들 수 있는데, 특히 여기서 말하는 새로운 조직문화는 조직 구성원 누구라도 직급에 상관없이 혁신을 추진하고 창의성을 표출할 수 있는 문화를 의미한다. 이러한 조직문화를 만들어 내기 위해서는 평가 시스템과 업무 프로세스가 전부 바뀌어야 하는데, 책의 본문에서 이에 대해 자세히 논할 것이다.

새로운 조직문화를 위한 인재 관리와 인재 개발 문제에 대해서도 이야기할 것이다. 창업가적인 방식을 추구해야 한다고 말하면 기존 직원은 포기하고, 조직 외부에서 슈퍼스타를 영입해야 한다고 생각하는 사람이 많은데, 이는 잘못된 생각이다. 내가 함께 일했던 기업이나 단체에는 전부 다 기존 직원 중에 진정한 의미의 창업가들이 있었다. 여기에는 단 한 번의 예외도 없었고 세계적인 규모의 대기업에서도 마찬가지였다. 조직 내부에 존재하는 재능 있는 사람들을 찾아내고, 이들의 성장을 위한 코칭 및 지원 체계를 마련하고, 궁극적으로 이들의 성공을 이끌어 내는 방법에 대해서도 논할 것이다. 인사, 법무, 재무, IT, 구매 같은 기업 내부 기능이 혁신을 촉진할 수 있도록 개선하는 방법에 대해서도 살펴볼 것이고, 그 과정에서 나타날 수 있는 여러 문제에 대해서도 살펴볼 것이다. 그리고 새로운 업무 방식에 적합한 혁신 회계innovation accounting라는 회계 방식과 그 원리에 대해서도 자세히 살펴볼 것이다.

3부에서는 조직 변화가 완성되었을 때 무슨 일이 일어나는지 이야기해 볼 것이다. 엄밀히 말하자면 변화의 완성이란 있을 수가 없는 일이지만 말이다. 이 책의 목표는 지속적인 변화의 추구를 도와주는 것이며, 지속적인 변화의 능력을 갖추어야만 어떤 외부 환경이 전개되더라도 조직이 계속해서 성장할 수 있다. 이와 같은 조직의 유연성은 민간 부문 기업만이 아니라 공공 정책을 추진하거나 사회 문제를 해결하려고 하는 공공 부문 단체에도 필요하다.

## 장기적 관점의 사고가 필요하다

이 책의 주제는 『린 스타트업』과 맥락이 닿아 있으며, 이 책의 전체적인 흐름은 "기업의 장기적인 성장과 성과를 위한 토대를 어떻게 마련할 것인가?"라는 질문에 대한 답을 찾는 과정이라 할 수 있다. 나는 많은 사람과 다양한 주제로 토론을 하게 되는데, 창업자들과 경영자들이 가장 큰 관심을 갖는 주제는 여전히 장기적인 성장과 성과다. 이들은 자신의 회사를 위해 장기적인 비전을 수립하고 이를 위한 의미 있는 변화를 만들어 내고 싶어 한다. 하지만 이러한 바람과는 달리 단기적인 성과 도출에 대한 요구라는 현실 앞에서 좌절감에 빠지게 된다. 그런데 기업 조직문화가 완전히 달라지고, 기업 역량이 근본적으로 변화하고, 최고의 기업으로 거듭나는 데에는 몇 분기의 실적 부진만 감수하는 것으로도 충분하다.

거의 모든 기업의 경영자들이 직원 성과를 분기 단위로 철저하게 평가하면 직원들은 짧은 스케줄에 맞추어 빠르게 시장 도전에 임해 줄 거라고 생각한다. 하지만 단기 실적에 대한 압박과 시장에 대한 도전은 양립하기 어렵다. 단기 성과를 내야 하는 직원들은 가장 예측하기 쉬운 방식으로 업무를 추진하기 때문이다. 그리고 조직 전체로도 혁신을 추구하기보다는 단기 성과를 극대화할 수 있는 가장 안전한 길을 선택하는 보수적인 문화가 형성된다. 시장 환경이 변화하는 중에도 종전에 하던 방식으로만 시장에 접근하는 것이다. 단기 성과를 중시하는 조직문화 속에서는 장기적인 관점에서 큰 이익을 가져다줄 프로젝트에 자원을 투입하는 일은 후순위로 밀리게 된다.

이와 같은 상황에서 나는 이 책을 통해 장기적인 성장과 시장에 대한 유연한 접근을 추구하는 데 필요한 시스템을 구축하는 구체적인 방법을 제시할 것이다.

간단히 말하자면 이 책의 목표는 오늘날의 기업들이 운영되는 방식을 바꾸는 것이며, 이제부터 본론에 들어가려고 한다.

## 1부

선도적 기업

**"기업이 초고속 성장을 하기 위해서는**
**그 안에서 일하는 사람들이 초고속 성장을 할 필요가 있다."**

2006년까지만 하더라도 생소한 여행지에 가서 호텔에 투숙하지 않고 얼굴도 모르는 사람의 아파트에 머문다는 생각을 하는 여행자들은 거의 없었다. 하지만 지금 이 글을 쓰고 있는 시점에서는 전 세계 1억 명 이상의 사람이 이와 같은 서비스를 이용한 상태다.주1 에어비앤비 덕분이다. 에어비앤비는 본질적으로 실험적인 기업이다. 그렇지 않다면 오랫동안 감추어져 있던 시장을 발굴하지도 못했을 것이고, 지금과 같은 300억 달러 가치의 기업이 되지도 못했을 것이다. 새로운 시장을 발굴하여 이제 막 커다란 성공을 이루어 낸 기업에 스타트업 사고방식은 무엇을 더 가져다줄 수 있을까?

처음 서비스를 시작하고 나서 몇 년 후부터 에어비앤비의 창업 멤버들은 팀을 구성하여 추가적인 성장 기회를 탐색했다. 그들은 더 강화된 사용자 인증이나 호스트 보험 같은 부가적인 시스템을 도입하는 식으로 서비스의 상품성을 높였고, 기업 출장자들을 확보하여 고객 기반을 넓히기 위해 컨커 테크놀로지스Concur Technologies와 제휴 관계를 맺었다. 하지만 그들은 에어비앤비가 계속해서 성장하기 위해서는 그 정도로는 충분치 못하다는 판단을 내렸다. 에어비앤비 창업 멤버 중 한 명이면서 지금은 에어비앤비의 상품 담당 부사장으로 일하고 있는 조 자데Joe Zadeh는 당시에 대해 이렇게 말했다. "우리는 항상 이렇게 물었어요. '다음에는 무엇을 해야 하지? 어디를 향해 나아가야 하지?' 라고 말입니다." 그런가 하면 에어비앤비 공동 창업자 중 한 명이면서 지금은 에어비앤비 CEO인 브라이언 체스키Brian Chesky는 이렇게 말했다. "저는 항상 위기의식 같은 것을 가지고 있었어요. 현상 유지라는 건 있을 수 없는 일이기 때문이죠."주2

조 자데와 브라이언 체스키는 완전히 새로운 무언가를 만들어 내기 위해서는 실험을 위한 시간과 공간이 필요하다는 점을 인식했다. 에어비앤비를 처음 만들었을 때처럼 말이다. 에어비앤비가 성장하는 과정에서 여러 가지 이유로 실험을 위한 시간과 공간은 우선순위에 오르지 못했던 게 사실이었으나, 이와 같은 인식 이후 그들은 회사 내에 새로운 서비스를 위한 별도의 실험 팀을 만들었다. 그 팀이 제일 처음에 했던 일은 샌프란시스코의 관광 명소인 피셔맨스 워프Fisherman's Wharf에서 오후 시간을 보내는 것이었다. 피셔맨스 워프는 샌프란시스코 베이, 알카트라즈, 골든게이트 브리지 같은 샌프란시스코의 명소가 보이는 곳으로, 다른 지역에서 방문한 관광객들이 필수적으로 들르는 곳이다. 그 팀이 조직되고 몇 년 후에 나온 서비스가 바로 에어비앤비 트립스Airbnb Trips다. 에어비앤비 트립스는 사용자의 여행 계획을 도와주는 서비스인데, 이는 에어비앤비 최초의 주요한 확장이라고 할 수 있다. 본문 8장에서 에어비앤비 트립스가 출시되기까지의 과정 그리고 기존 핵심 사업의 경쟁력을 유지하면서 새로운 아이디어의 실험을 가능하게 했던 에어비앤비의 조직 구조 등이 자세히 다루어질 것이다. 내가 이와 같은 사례를 정리하는 이유는 단순히 기업의 성공을 소개하기 위해서가 아니라 불확실한 도전을 가능하게 만드는 기업 철학을 소개하기 위해서다. 이와 관련하여 조 자데는 다음과 같은 중요한 언급을 한 바 있다. "기업이 초고속 성장을 하기 위해서는 그 안에서 일하는 사람들이 초고속 성장을 할 필요가 있다."

기업 조직 내에 실험적인 도전을 위한 별도의 스타트업 팀을 운영하는 것은 에어비앤비만이 아니다. 드롭박스, 워드프레스WordPress, 에메랄드 클라우드 랩Emerald Cloud Lab을 비롯한 많은 기업이 이와 같은 스타트업 팀을 운영하고 있으며, 본문에서는 이들에 대해서도 다룰 것이다.

물론 아직 많은 스타트업이 이와 같은 지점에 도달하지는 못했다. 하지만 그들도 성장한다면 이와 같은 지점에 도달할 텐데, 이와 같은 지점에 도달한 후에 미래 성장 전략을 수립하는 것보다는 미래 성장 전략을 미리 준비해 놓는 게 바람직하다. 기업 성장을 계속해서 이끌어 나가기 위해서는 기업 환경과 그 환경에 적합한 수단을 제대로 이해하는 게 중요하다. 팰런티어Palantir의 선임 엔지니어 아리 게셔Ari Gesher는 이런 말을 했다. "초고속 성장은 고통스러운 일입니다. 초고속 성장을 우아하게 하는 방법은 없습니다. 초고속 성장 과정에서 고통을 겪고 있다면 잘못하고 있는 게 아닙니다. 제대로 하고 있는 것입니다."[주3]

1부에서는 이 책에서 말하는 선도적 기업이 된다는 것이 무엇을 의미하는지 그리고 미래를 위한 장기적인 비전을 구체화하고 성장하는 데 필요한 창업가적 조직 구조는 어떤 것인지에 대해 논하려고 한다. 미래를 위한 비전을 구체화하고 이를 기반으로 성장 전략을 추진하는 일은 상당한 인내와 노력을 필요로 하지만 진정한 의미의 변화는 몇 가지 요소를 임기응변식으로 바꾼다고 해서 이루어 낼 수 있는 게 아니다. 이와 같은 일을 해내는 기업은 빠른 성장세를 계속해서 이어 나갈 수 있다. 1부에서는 실리콘 밸리를 비롯한 세계 곳곳의 스타트업 허브를 그처럼 역동적인 곳으로 만드는 스타트업 문화와 일하는 방식을 살펴보고 경영에 대한 새로운 사고방식의 토대가 되는 이론에 대해서도 이야기할 것이다. 이러한 내용을 통합해 이 책의 주제인 스타트업 방식을 제시하려고 한다.

## 1장

# 과거를 배우고 미래를 구상하라:
# 선도적 기업 만들기

몇 년 전 GE와 함께 프로그램을 추진하기로 하면서 GE의 제프리 이멜트 회장과 대화를 나눌 기회가 있었는데, 그는 내게 이렇게 말했다. "누구도 낡은 기업에서 일하고 싶어 하지 않습니다. 누구도 낡은 기업의 물건을 사고 싶어 하지 않습니다. 그리고 누구도 낡은 기업에 투자하고 싶어 하지 않습니다." 그의 이 말은 아직도 내 뇌리에 강렬하게 남아 있다.

그날 이멜트 회장과 나는 낡은 기업이 아닌 선도적 기업을 만들기 위해서는 어떻게 해야 할지에 대해 꽤 오랜 시간 이야기를 나누었다. 그렇다면 선도적 기업이란 어떤 모습을 갖춘 기업일까?

다음과 같은 상황을 생각해 보라. 내가 어떤 기업에서 직원 한 명을 임의로 선택해 대화를 나누었다. 직원의 직급, 근무지, 부서는 어디라도 될 수 있다. 대화를 나누어 보니 그 직원이 정말로 좋은 사업 아이디어를 가지고 있었다. 그 기업에 새로운 미래 성장의 동력을 만들어 줄 수 있을 정도였다. 이때 그 직원은 자신의 아이디어를 기업 내에서 구체화할 수 있는가? 그 기업에 새로운 아이디어를 즉각적으로 심사하고 테스트해 볼 수 있는 프로세스가 있는가? 아이디어가 잠재력을 갖추고 있다는 판단이 내려졌을 때 그 기업은 사업 규모를 일정 수준으로 키울 수 있는가? 새로운 사업이 기업의 기존 사업과 별로 상관이 없는 생소한 사업이라 하더라도 경영진에서 그 사업을 지원해 줄 수 있는가? 이것이 내가 말하는 선도적 기업의 모습이다. 조직 구성원 누구의 창의성과 역량이라도 최대한으로 활용할 수 있는 기업 말이다.

이와 같은 이야기를 들은 이멜트 회장은 내게 이렇게 말했다. "리스 씨, 다음 책은 꼭 그 주제로 써 보세요."

## 불확실한 시장

사실 기존의 핵심 비즈니스를 수행하는 것 이외의 일에 시간과 에너지를 추가로 쓸 수 있는 경영자들은 거의 없는 게 현실이다. 오늘날의 기업들은 과거와는 완전히 다른 환경에서 움직이고 있기 때문이다. 나는 지난 몇 년 동안 전 세계 수천 명의 비즈니스 리더를 만나서 대화를 나눌 수 있었는데, 그들이 가장 크게 걱정하는 바는 세상의 불확실성이 점점 더 커지고 있다는 점이었다. 한마디로 우리가 사는 이 세상에 대한 예측 가능성이 점점 더 낮아지고 있다는 것이다. 내가 만난 경영자들은 다음과 같은 점을 가장 우려하고 있었다.

1. 글로벌화 및 글로벌 시장에서 새로운 경쟁자들의 출현
2. 소프트웨어가 세상을 집어삼키고 있는 현상,[주1] IT와 자동화로 인해 기업들이 과거에 쌓아 놓았던 기존 제품과 서비스의 방어벽이 파괴되고 있는 현상[주2]
3. 기술 및 소비자 선호도의 빠른 변화 속도
4. 산업 분야를 가리지 않고 생겨나고 있는 스타트업의 엄청난 숫자. 이들 대부분은 시장에서 사라지지만 일부는 초고속 성장을 하여 기존 기업의 강력한 경쟁자가 된다.[주3]

이러한 것들은 불확실성을 높이는 외부적인 요인의 일부일 뿐이다. 오늘날의 경영자는 새로운 혁신 제품, 성장 동력, 시장 등을 끊임없이 추구하는 과정에서 스스로 불확실성을 만들어 내면서 압박을 받고 있다.

**빨라지고 있는 신기술 수용**

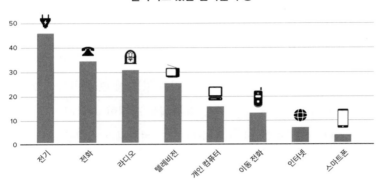

"신기술이 전체 미국 인구 중 최소 25%의 사람들에게 수용되기까지 걸린 시간" 출처: 월스트리트 저널 통계 자료

새로운 기술이 수용되는 속도는 계속해서 빨라지고 있다. 이 도표는 전기, 텔레비전, 인터넷 같은 새로 소개된 기술을 전체 미국 국민 중 최소 25%의 사람들이 사용하기까지 소요된 시간을 나타내고 있다.[주4]

변화의 양상을 분명히 인식하는 게 중요하다. 20세기가 끝나기 직전까지도 기업에 있어 성장이라는 것은 생산 능력의 성장을 의미했다. 생산 능력을 키우고 더 많은 제품을 생산하고 판매하는 게 기업이 추구하는 바였는데, 20세기 기업에 있어 '신제품'은 이미 생산하고 있던 제품의 변형이나 개선을 의미했다. 그리고 '새로운 성장'은 기존 제품을 이용하여 새로운 고객에게 판매하는 것을 의미했다. 일부 예외도 있었지만 대부분은 이와 같았다. 기업 간 경쟁은 주로 가격, 품질, 제품 다양성, 유통 능력 등을 토대로 이루어졌다. 진입 장벽은 높았는

데, 신규 진입자가 들어오는 경우 이들의 성장은 오늘날의 기준으로 보았을 때 꽤나 느리게 진행됐다.

오늘날의 상황은 크게 다르다. 글로벌 커뮤니케이션 덕분에 새로운 제품은 세계 어느 곳에서도 기획되고 상품화될 수 있으며, 그렇게 상품화된 제품의 고객 기반은 폭발적으로 증가할 수 있다. 과거에는 대자본을 가지고 있는 소수의 기업만 제품 상품화와 유통에 관한 글로벌 시스템에 접근할 수 있었다면 이제는 중소기업, 심지어 개인마저도 글로벌 시스템에 접근할 수 있다.

이와 같은 상황으로 인해 카를 마르크스가 옛날에 주장했던 원리는 완전히 뒤집어졌다. 그가 생산 수단이라고 지칭했던 것들은 이제는 누구라도 빌릴 수 있으며, 한계 비용을 약간 넘어서는 비용만 지불하면 글로벌 공급 체인 전체를 빌리는 것도 가능하다. 새로운 비즈니스를 시도하는 초기 자본이 극단적으로 줄어든 것이다.

게다가 경쟁의 토대 역시 변하고 있다. 오늘날의 소비자들은 전례 없이 다양한 선택지를 가지고 있고, 그만큼 더 많은 것을 원하고 있다. 그리고 소비자에게 가장 다양한 가치를 제공하는 기업이 사실상의 독점 기업에 가까운 위치에 오르는 것도 오늘날 IT 분야의 트렌드다. 과거의 기업들이 주로 가격이나 품질을 통해 경쟁했다면, 오늘날의 기업들은 디자인, 브랜드, 비즈니스 모델, 테크놀로지 플랫폼 등을 통해 경쟁한다.

## 경영 포트폴리오

오늘날의 회사들은 이와 같은 상황 속에서 운영된다. 다수의 기업은 여전히 상품 제조를 하고 있는데, 이와 같은 기존의 핵심 사업을 유지하면서 혁신을 통해 성장의 새로운 동력을 만들어 내기를 바라고 있다. 그래서 선도적 기업은 경영 포트폴리오를 가지고 있어야 한다. 기존 제품과 파생 제품에 대해서는 품질을 개선하고 비용을 절감하는 등의 점진적인 개선이 진행되어야 하고, 여기에는 투자의 예측 가능성이 중요하다. 그리고 이와 같은 영역에 대해서는 전통적인 경영 기법이 더 잘 들어맞는다.

하지만 혁신의 영역에서는 다르다. 전통적인 경영 기법을 통해서는 성과를 이끌어 내기가 어렵다. 따라서 전통적인 경영 기법을 보완할 수 있는 수단이 있어야 하는데, 이와 같은 수단을 경영 포트폴리오에 가지고 있는 기업은 거의 없는 게 현실이다. 아직까지는 그렇다.

## 전통적인 경영 기법이 불확실성에 잘 대처하지 못하는 이유_____

몇 년 전에 경영 분야의 고전이라고 부를 만한 책 한 권을 읽은 적이 있다. 알프레드 슬론Alfred Sloan이 쓴 『나의 GM 시절』My Years with General Motors 이라는 책이었다. 그 책에는 GM의 현금이 거의 고갈되었던 1921년의 상황이 자세히 소개되어 있었다. 현금 고갈의 이유는 시장에 대이변이 일어났기 때문도, 대규모 횡령 사건이 일어났기 때문도 아니었다. 바로 1920년과 1921년의 자동차 수요 감소를 예측하지 못한 GM이 지나치게 많은 양의 부품을 조달해 놓았기 때문이었다. 당시 GM이 재고로 가지고 있던 부품은 수억 달러어치에 달했다고 한다(1920년대였음을 생각해 보면 엄청난 액수다!).

여러 가지 비상조치를 통해 GM을 살린 알프레드 슬론은 이와 같은 문제의 재발을 막을 수 있는 새로운 경영 원리를 찾기 위해 몇 년에 걸쳐 연구했고, 그렇게 해서 정립한 경영 원리가 '분산화된 업무에 대한 계획된 통제'라는 것이었다.

이 경영 원리의 근간은 엄격한 추산이었고 그중에서도 가장 중요한 것은 각 사업부별 자동차 판매량에 대한 추산이었다. GM의 각 사업부가 이상적인 환경에서 판매할 수 있는 판매량을 정하고, 그에 대해 내부적인 변수와 외부의 거시 경제적인 변수를 적용하여 최종적인 사업부별 목표 판매량을 정하는 것이다. 이 목표를 넘어서는 사업부 책임자는 승진했고, 그렇지 못한 사업부 책임자는 승진하지 못했다. 이 새로운 경영 기법이 정착된 후로 GM에서는 판매량에 대한 잘못된 판단으로 인해 막대한 자원이 낭비되는 일은 사라졌다.

알프레드 슬론이 정립한 이 원리는 20세기 경영학의 토대가 되었다고 해도 과언이 아니다. 이 원리 없이는 세계 여러 나라에 지사와 사업부를 두고, 다양한 제품을 생산하며, 수많은 협력 업체를 두고 있는 다국적 기업 경영은 불가능하다. 알프레드 슬론의 경영 원리는 지난 100년 사이에 출현한 매우 혁신적인 개념 중 하나이며, 여전히 이 세상에서 많이 활용되고 있는 개념 중 하나다. 예측에 기반을 둔 목표를 초과하는 성과를 내고, 주가를 올리고, 승진을 한다는 일련의 흐름 역시 산업계에서 일하는 사람들의 머릿속에 확고하게 자리를 잡았다. 반면에 예측이나 목표에 미달하면 자리가 위험해진다.

그런데 이 시점에서 내 뇌리를 스치는 생각이 하나 있었다.

오래전에…

예측을 하고…

그 예측이 현실이 된다고?

그뿐 아니라 예측에 기반을 둔 목표 달성 여부가 승진 여부를 가리는 공정한 평가의 근거로 사용될 수 있다고? 나도 기업을 경영하는 사업가이지만 여기에는 동의할 수가 없다.

특히 실리콘 밸리 스타트업들에는 과거의 영업 자료라는 게 거의 없기 때문에 정확하게 예측을 할 수가 없다. 제품도 전에 없던 것이고, 시장도 전에 없었고, 어떤 경우에는 스타트업이 소개하는 기술 자체가 완전히 새로운 것이기 때문에 정확한 예측을 하기란 불가능하다.주5

물론 이와 같은 상황에서도 스타트업들은 예측을 하려고 한다. 그렇게 정확한 것은 아닐지라도 말이다.

나도 예전에는 내 사업에 대해 예측을 해야만 했다. 예측 자료 없이는 사업 투자를 받을 수 없었기 때문이다. 투자자들 앞에서 내 사업의 예측을 발표하는 건 일종의 무대 공연 같았다. 투자자들에게 창업자 자신이 얼마나 파워포인트 발표를 잘 해낼 수 있는지 보여 주는 공연 말이다. 하지만 적어도 창업 초기에 전혀 검증되지 않은 아이디어를 이용하여 희망하는 결과를 이끌어 낼 수 있다고 말하는 것은 판타지 스토리를 말하는 것과도 같다.

그런데 투자자 중에는 그런 예측을 믿는 사람도 있다. 심지어 그 예측 자료를 창업자의 성실성이나 책임감을 평가하는 토대로 삼기도 한다. 알프레드 슬론이 그랬던 것처럼 투자자 중 일부는 사업 계획서에 있는 숫자를 맞추지 못하면 창업자의 실행 능력에 문제가 있다고 판단한다. 하지만 창업자에게 이와 같은 투자자들의 반응은 매우 곤란스러운 것이다. 사업 계획서에 나타나 있는 숫자들이 각색되어 있다는 것을 그들은 정말로 모를까?

업계에서 오래 일하면서 나는 전통적인 기업에서 혁신 프로젝트를 추진하는 책임자를 많이 알게 되었다. 그런데 그와 같은 기업의 상당수는 프로젝트의 예측치를 토대로 성과 평가를 하고 있었다. 그런 게 그다지 유효하지 않다는 점을 잘 알 것 같은 책임자들이 일하는 기업의 경우도 마찬가지였다. '환상적인' 계획은 실제 예측을 하는 데 쓰기에는 지나치게 낙관적인 게 일반적이다. 하지만 마땅한 성과 평가 방법이 없기 때문에 낙관주의에 입각한 그 예측치를 활용할 수밖에 없는 게 현실이다.

이쯤에서 문제가 무엇인지 감을 잡기 시작하는 사람들이 있을 것이다. 스타트업과는 다른 상황에서 이루어지는 사업 활동을 평가하기 위해 아주 오래전에 정립된 평가 방식은 오늘날의 스타트업과는 잘 맞지 않는다. 예측치에 도달하지 못했다는 것은 사업 활동이 잘못되었다는 방증일 수도 있지만 애초에 예측치 자체가 틀렸을 수도 있다. 이와 관련하여 올바른 판단을 내릴 수 있으려면 어떻게 해야 할까?

## 실패를 어떻게 받아들여야 하는가?

식스 시그마에 대해 들어 봤을 것이다. 완벽에 가까운 품질을 추구하는 식스 시그마는 기업 경영의 역사에서 가장 유명한 혁신 프로그램 중 하나인데, GE에서는 1995년 당시 최고 경영자였던 잭 웰치Jack Welch 회장이 도입했다. 여기서 시그마는 통계학에서 사용되는 용어로, 목표로 하는 상태로부터 어느 정도 벗어나 있는지 알려 준다. 식스 시그마의 품질에 도달하기 위해서는 100만 개의 제품 중 불량품이 3.4개 이내로 발생해야 한다. 식스 시그마의 품질 목표를 추구하기로 한 웰치 회장은 목표 달성까지 기한을 5년으로 제시하면서 이렇게 말했다. "품질이야말로 GE를 훌륭한 기업들의 반열에서 글로벌 비즈니

스의 독보적인 위대한 기업으로 올려놓을 겁니다."주6

GE와 함께 패스트웍스 프로그램을 추진하면서 나는 식스 시그마 옹호자들과 식스 시그마 회의론자들로부터 많은 질문을 받았다. 패스트웍스가 GE의 차세대 역점 프로그램이 될까요? 패스트웍스가 진행되면 식스 시그마 훈련 프로그램은 뒤로 밀려나는 건가요? 패스트웍스와 식스 시그마가 함께 진행된다면 언제 무엇을 적용해야 하는지 어떻게 판단할 수 있습니까? 패스트웍스에도 식스 시그마와 같이 자격증과 자격 급수가 있습니까?

GE의 산업 설비 사업부에서 일하고 있으면서 식스 시그마 블랙 벨트 자격을 가지고 있던 어떤 사람과 대화를 나눈 일이 생각난다. 그의 책상에 놓여 있던 머그컵의 인쇄 문구 때문이다. 그의 머그컵에는 "내 선택지에 실패라는 항목은 없다"라는 문구가 새겨져 있었다. 아마 스타트업에서 일하는 사람 중에는 그와 같은 문구가 새겨진 머그컵을 쓰는 사람이 아무도 없을 것이다. 스타트업을 경영하다 보면 도저히 회피할 수 없는 실패를 겪는 일이 비일비재하기 때문이다.

내가 알고 있는 가장 성공한 스타트업 사업가들을 떠올려 보았다. 그들의 머그컵에는 무슨 문구가 새겨져 있을까? 아마 "나는 매일 아침 실패를 먹으며 살아간다"가 아닐까?

스타트업들이 전통적인 경영 기법을 받아들이는 것을 왜 그토록 어려워하는지 그리고 전통적인 기업들이 스타트업 방식을 받아들이는 것을 왜 그토록 어려워하는지 이해하면서 그와 동시에 전통적인 경영 기법과 스타트업 방식 사이의 연결점을 찾아보는 데 있어 이 두 문구를 비교해 보는 것은 좋은 출발점이 된다. 고품질 제품을 기한 내에, 예산 내에서, 정해진 규모로 생산해 내는 것이 가장 중요한 문제였던 시대도 있었다. 그리고 높은 수준의 품질을 유지하기 위해서는 변수들을 관리할 수 있는 통계학적 지식, 품질 관리에 관한 다양한 도구와 방법론, 여러 가지 교육 프로그램 같은 것을 효과적으로 활용할 줄 알아야 했다. 표준화, 대량 생산, 린 생산 방식, 식스 시그마 같은 것들은 이와 같은 시대에서 얻어진 소중한 과실이다.

이와 같은 접근법에서는 계획과 준비와 실행만 제대로 하면 실패를 예방할 수 있다는 게 일반적인 관념이었다. 하지만 경영 포트폴리오의 스타트업 영역에서라면 이야기는 달라진다. 불확실성이 극도로 높아 예측을 제대로 할 수 없는 상황에서 예측에 못 미치는 결과가 나왔다면 그에 대한 책임을 누구에게 어떻게 지울 수 있겠는가?

## 성장 방식을 바꾸라

페이스북이 아직 직원 수 열 명에 불과하던 시절부터 페이스북에서 일을 시작했고, 지금은 드롭박스의 엔지니어링 담당 부사장으로 일하고 있는 아디트야 아가르왈Aditya Agarwal은 대기업에서 혁신이 어려운 이유에 대해 다음과 같이 말하고 있다.

대기업에서 새로운 무언가를 추진하는 게 어려운 한 가지 이유는 직원들 사이에 "새로운 것을 배우는 게 내 일이다"라는 사고 모델이 없기 때문이다. 대기업에서 일하는 사람들의 사고 모델은 자기 분야의 일을 잘 해내고, 그 일을 더욱 잘 해내기 위해 계속해서 노력해야 한다는 것이다. 그러니까 특정 분야의 일을 계속해서 추구하고 완벽을 지향하는 데 관심을 갖고, 새로운 것을 시도하는 일에는 관심을 두지 않는다. 훌륭한 제품을 출시하는 데 성공한 경험이 있는 기업이라 하더라도 그와 같은 일을 다시 한 번 해내기는 무척이나 어렵다.

드롭박스는 현재 크게 주목받고 있는 기업이다. 2007년에 설립되어 이 책을 쓰는 현재 5억 명의 사용자를 보유하고 있는, 직원 수 1500명의 기업으로 성장했고 기업 가치는 100억 달러에 이른다.*7 근래 가장 성공한 스타트업 중 하나인 드롭박스 정도의 기업이라면 낡은 방식을 되풀이하는 실수와는 거리가 먼 것으로 여겨진다. 사람들이 필요성을 제대로 인식하지도 못했던 서비스를 시장에 소개하여 큰 성공을 거뒀기 때문이다.

하지만 그런 드롭박스조차 오래된 대기업에서 전형적으로 나타나는 문제들을 겪고 있다. 왜 그런 걸까? 초고속 성장과 커다란 성공을 이루어 내면서 기업 내부적으로 성공의 방식이라는 게 정해졌기 때문이다. 처음 성공을 가능하게 했던 제품 중심 사고라는 원칙을 잃어버린 드롭박스는 메일박스Mailbox와 캐러셀Carousel이라는 서비스를 의욕적으로 시작했으나 최근에 이 두 서비스를 중단했다. 이에 대해 아디트야 아가르왈은 다음과 같이 말했다. "그 두 서비스는 실망스러웠습니다. 기대한 만큼 사람들이 이용해 주지 않았고 결국에는 서비스 중단이라는 선택을 내릴 수밖에 없었습니다."

실패 원인은 다른 대기업에서도 많이 보던 것이었고 이는 아가르왈도 지적하고 있는 바다. 그는 이렇게 말했다. "적절한 사용자 피드백을 충분히 받지 않았습니다. 제품 개발에만 관심을 가졌을 뿐, 제품에 대한 사용자 의견을 듣지 않았던 겁니다."

물론 드롭박스는 여전히 아이디어를 실험하고 상품화하고 시장을 키우는 최선의 방법에 대한 이해도가 높았다. "그것은 드롭박스에 있어서 가장 고통스러운 경험이었습니다. 하지만 실패를 통해 중요한 것을 배우게 되었죠. 어떤 면에서는 값진 경험인 셈입니다. 우리는 새로운 서비스를 개발하는 과정에서 무엇을 어떻게 해야 하는지 분명하게 알게 되었습니다. 중요한 점은 고통스러운 경험을 이겨 내고 그로부터 무언가를 배우는 것이죠. 그게 더 나은 회사, 더 강한 회사가 되는 길입니다." 아가르왈의 말이다.

실패 경험을 통해 일련의 변화를 받아들인 드롭박스는 소통과 협력이라는 특성을 강화한 드롭박스 페이퍼Dropbox Paper라는 서비스를 개발했고, 2017년 1월에 21개 언어로 여러 나라에 출시했다.

드롭박스의 서비스 개발 담당 부사장인 토드 잭슨Todd Jackson은 이런 말을 했다. "완전히 새로운 제품을 출시하는 것은 완전히 새로운 분야의 일입니다." 기존 제품의 시장을 지키고 성장시키면서 그와 동시에 새로운 제품을 개발하고 실험하는 능력은 선도적 기업의 가장 분명한 특징이며, 21세기 시장에서 성공하는 데 가장 중요한 능력 중 하나다.

## 리더의 역할

몇 년 전에 한 '유니콘 스타트업'(기업 가치 10억 달러 이상의 스타트업)주8 사람들과 타운홀 미팅(town hall meeting: 식민지 시대 미국에서 지역 주민 전체가 모여 토론하던 데서 유래한 미팅 스타일)에서 자유롭게 대화를 나눈 적이 있다. 그 기업은 창업 10년이 안 되어 직원수 1000명 이상의 기업으로 초고속 성장을 한 상황이었다. 그런데 최첨단 테크놀로지를 사업 기반으로 하는 젊은 기업이 벌써 오래된 대기업의 행태를 나타내 보이고 있었다. 그날 대화는 주로 다음과 같은 주제들에 대해서 이루어졌다. 우리의 스타트업 DNA는 어디로 간 것인가? 우리의 속도와 민첩함이 크게 떨어진 이유는 무엇인가? 이러한 것들을 되돌리기 위해서는 어떻게 해야 하는가?

임직원들과 대화를 마치고 나중에 그 회사 창업자와 따로 더 대화를 나누었는데, 그녀는 나와의 대화에서 자신이 겪고 있는 상황을 함축적으로 담고 있는 사례 하나를 들려주었다. 그 기업의 어떤 팀이 그녀에게 아이디어를 하나 들고 와서 상품화해 보고 싶다고 제안했다. 이제는 대기업 CEO 자리에 오르기는 했어도 여전히 창업가의 마음가짐을 가지고 있던 그녀는 그 팀에 새로운 사업을 위한 예산을 배정해 주고 사업 추진의 재량권도 부여했다. 당연히 그 팀은 지속적으로 사업 추진 상황을 그녀에게 보고했고, 그녀는 그 팀의 일이 잘 진행되고 있을 거라고 생각했다. 그렇게 여섯 달이 지나서 그녀는 그 팀을 직접 방문하여 사업 추진 상황을 살펴보기로 했다. 그런데 직접 가서 파악해 보니 상품화는 절반밖에 진행되지 않았고, 시장 출시는 먼 이야기일 뿐이었으며, 그 팀 자체는 매우 복잡한 상황에 빠져 있었다.

그 팀은 그와 같은 상황이 발생한 데 대해 온갖 이유를 들어 해명하려 했다. 자원이 부족했다, 미래에 발생할 수 있는 문제들에 대비하느라 진행이 늦어졌다, 사업 추진을 위한 인프라가 더 있어야 한다는 등의 이유를 댔다. 그 팀에서는 자신들이 개발하던 서비스에 "꼭 필요한 중요한 기능"을 계획보다 훨씬 더 많이 탑재하려고 했는데, 나는 거기에서 전형적인 스코프 크립(scope creep: 무분별한 개발 범위 확대) 문제를 발견할 수 있었다. 그 창업자는 왜 상황이 그렇게까지 되었는지 이해할 수 없었다. 왜 아무도 그와 같은 상황을 이야기해 주지 않았던 걸까? 왜 그 팀은 그와 같은 상황에 대해 심각성을 느끼지 못하고 있었던 걸까? 사실 그 팀의 누구도 그 사업 추진에 대해 진정한 의미에서 책임감을 느끼지 못하고 있었고, 그래서 그 창업자가 기대하는 것만큼 사업이 진척되지 않고 있었던 것이다.

나는 그녀에게 만약에 그녀가 창업 초기에 그 팀과 똑같은 상황을 만들어 냈다면 그녀 사업의 초창기 투자자들은 이렇게 이야기했을 것 같다고 말했다. "그들은 당장 날아와서 이렇게 말했을 겁니다. '생각은 좋은데, 열두 가지나 되는 기능을 넣기에는 시간이 부족합니다. 한 가지 기능에 충실한 게 낫습니다. 그 모든 것을 하기에는 자원이 부족합니다. 당장에 꼭 필요한 것을 먼저 해야 합니다. 시장 출시를 못했다는 것에 대해 온갖 이유를 대 봐야 소용없습니다. 고객을 갖지 못했다는 말은 산소를 갖지 못했다는 것과 같은 의미입니다. 생존할 수 없는 겁니다.'라고 말입니다."

그녀는 조금 당혹해하는 표정을 지었다. 사실 스타트업을 창업하고 짧은 기간 동안에 회사를 대기업으로 성공시킨 그녀는 전형적인 창업 스토리의 대담한 주인공이었고, 그녀도 자신을 그렇게 인식하고 있었다. 그녀에게 투자자와 컨설턴트는 자신을 지원해 주는 조연이었다. 그런데 이제 대기업의 CEO가 된 그녀는 자신의 회사에서 일하고 있는 수많은 창업가를 지원하는 법을 배워야 하는 위치에 도달한 셈이다. 창업가 역할을 수행해야 하는 직원들을 지원하는 프로그램과 직원들이 자신의 성과를 가늠해 볼 수 있는 평가 시스템을 만들고 운영해야 했지만, 그녀는 그런 일에는 별로 관심을 두지 않았다. 하지만 자신의 위치를 새로운 관점에서 바라본 그녀는 자신의 역할을 다시 해석해야 한다는 인식을 갖게 되었고, 일단 그렇게 된 이후 우리의 대화는 그녀 회사의 창업가들이 누구인지, 그들을 어떻게 도와줘야 하는지에 관한 내용으로 이어졌다.

## 아마존이 실패로부터 얻은 것

이미 이와 같은 식으로 일하는 기업들도 있다. 이들은 최근 글로벌 경제에서 가장 성공적인 기업들이다. 이들은 수시로 변화하는 상황에 민첩하게 대응하고 그 결과를 자주 확인하면서도 멀리 내다보고 움직일 줄 안다. 아마존의 파이어폰을 생각해 보라. 아마존은 2014년 여름에 대대적인 언론 보도와 함께 자사의 스마트폰인 파이어폰을 의욕적으로 출시했으나 참담한 실패로 이어졌다. 처음 발표한 출고 가격 (2년 약정 기준) 199달러는 그해 겨울에 0.99달러로 내려갔고, 아마존이 그해에 파이어폰 하나로 입은 손실은 1억 7000만 달러에 이르렀다.[주9] 전통적인 기업 같았으면 그 정도 실패가 발생하는 경우 대대적인 문책 인사가 이루어지고 조직의 사기가 크게 떨어지는 상황이 벌어졌겠지만, 아마존은 그 실패를 경험으로 받아들이기로 하고 조직을 재정비하는 조치를 취했다. 아마존의 CEO 제프 베이조스Jeff Bezos는 당시 이런 말을 했다.

> 내가 아마존닷컴에서 겪은 실패는 수십억 달러에 이를 겁니다. 과장이 아닙니다. 실패는 결코 즐거운 경험은 아니지만 그렇게 심각하게 받아들일 일도 아닙니다. 실패를 감수하며 새로운 시도를 하지 않는 기업은 계속해서 수축하다가 결국에는 마지막 순간에 무모한 도박이라는 선택을 할 수밖에 없게 됩니다. 그런 도박이 성공할 리는 없지요.

파이어폰의 참담한 실패에도 불구하고 아마존은 랩126Lab126을 폐쇄하지 않고(아마존에서 파이어폰 개발을 담당했던 팀이 랩126이다) 오히려 랩126 직원들을 다른 후속 프로젝트에 투입했다. 그리고 랩126 직원들은 킨들, 에코, 알렉사 등을 비롯하여 많은 아마존의 후속 프로젝트를 성공시켰다.[주10] 그뿐 아니라 아마존은 식음료 배달, 자체 텔레비전, 자체 유아 용품 등의 사업도 계속해서 추진 중이다. "여러 가지로 생각할 수 있겠지만 아마존은 다양한 사업의 집합체이고 그 안에서 다양한 시도가 행해지고 있습니다. 이렇게 생각해 보세요. 20년 전에 우리가 레모네이드 판매점을 시작해서 지금은 상당한 이익을 내고 있다고 하죠. 그리고 이제는 레모네이드 판매점에서 얻은 자산과 지식을 이용하여 햄버거 판매점과 핫도그 판매점을 시작하기로 결정하는 겁니다. 다시 말해 우리는 새로운 시도들에 대해 투자를 합니다." 제프 베이조스가 했던 말이다.[주11]

미래를 정확하게 예측할 수 없는 상황에서도 계획은 수립할 수 있다. 아마존 파이어폰도 무슨 일이 일어날지 확실히 알 수 없는 상황에서 개발이 진행되었다. 그런데 파이어폰의 경우는 기대한 좋은 상황이 이어지지 않았을 경우에 대한 계획까지 처음부터 마련되어 있었다. 레모네이드 판매점을 기획하는 단계에서 레모네이드 판매점의 수익성이 떨어질 때를 준비해 두는 것이 장기적인 비전이며, 여기에는 다양한 유형의 실험이 포함되어야 한다.

## 리더로서 어떤 유산을 물려줄 것인가?

대부분의 기업이 이러한 불확실한 현실 속에서 어려운 시기를 보내고 있다. 이는 기업이 보유하고 있는 인재들의 역량이 부족하기 때문이 아니다. 이는 기업이 인재들의 역량을 제대로 활용할 수 있는 수단을 가지고 있지 못하기 때문이다.

기업 리더들이 스스로의 성취를 통해 현재 위치에 오른 것과 다른 직원들의 역량을 활용하는 것은 서로 다른 문제이며, 후자의 것을 제대로 수행하기 위해서는 그전과는 다른 역할을 받아들여야 한다. 특히 후자의 것을 제대로 해내기 위해서는 리더로서 자신의 성공을 가능하게 했던 기존 습관이나 방식을 버려야 하는 경우도 많은데, 이 때문에 다른 직원들의 역량을 이끌어 내고 활용하는 것은 결코 쉬운 일이 아니다.

이와 같은 역할의 전환을 이루어 낸 리더들과 이야기를 나누어 보면 대부분의 경우 '유산'이라는 개념을 염두에 두고 자신의 역할을 수행했다는 것을 알 수 있었다. 대부분의 리더는 앞 세대 리더들이 이끌던 조직을 이어받아서 이끌어 나가게 된다. 정부 조직이든 기업이든 자기 자신이 창업자가 아니라면 여기서 예외가 되지는 않는다. 그렇다면 리더가 되는 사람들은 다음과 같은 질문을 스스로에게 제기해야 한다. "우리는 다음 세대 리더들에게 우리가 물려받은 것보다 더욱 강력한 조직을 물려주기 원하는가? 그렇다면 우리는 다음 세대 리더들에게 어떤 유산을 물려주어야 하는가?"

이와 같은 질문은 전통적인 대기업 리더에게만 해당되는 게 아니다. 페이스북의 COO 셰릴 샌드버그Sheryl Sandberg는 직원들로부터 인사 평가에 관한 불만을 들은 적이 있다고 한다. 직원들이 개인의 노력이나 기여보다는 프로젝트의 성과를 기준으로 평가받는 게 불공정하다는 의견을 제기했던 것이다.

샌드버그 역시 이와 관련된 문제를 검토한 적이 있었는데 결정하기 쉬운 일은 아니었다. 그녀는 직원들에게 최근에 실패한 기업들을 생각해 보라고 말했다. 코닥이나 RIM 같은 기업 말이다. 그와 같은 기업에도 열심히 일하고 프로젝트에 기여했다는 이유로 좋은 평가를 받고, 승진을 하고, 상여금을 받았던 직원이 있었을 것이다. 기업은 부진한 실적으로 침몰하고 있던 상황에서 말이다. 샌드버그는 불만을 제기하는 직원들에게 그와 같은 기업 상황에서 좋은 평가를 받는 게 의미가 있겠느냐고 말했다.

승진을 거듭한 기업의 고위 임원들과 대화를 나누어 보면 샌드버그의 의견이 옳다는 것을 알 수 있다. 기업의 고위 임원들은 직업적으로, 재정적으로 큰 성취를 이루어 낸 사람들이다. 그들은 더 큰 성취를 이루고자 하는 야망도 있고 의지도 있지만, 기업의 역사라는 장기적인 관점에서 자신의 일을 바라볼 줄 안다.

21세기 시장에서 성장과 혁신을 이루어 내기 위해서는 조직과 리더십에 대한 새로운 방식의 사고가 필요하다. 우리가 알고 있던 많은 것이 파괴되고 시장이 빠르게 변화하고 있는 상황에서 기존 방식을 기계적으로 반복하는 것은 매우 어리석은 일이다. 그렇다고 해서 실제 경험을 바탕으로 얻어진 과거의 경영 방식을 버리라는 의미는 아니다. 우리가 해야 할 일은 과거의 방식이라는 토대 위에 새로운 방식을 지어 올리는 것이다.

## 잃어버린 절반의 시스템

토요타로부터 만나자는 제의를 처음 받았을 때 나는 약간 긴장했다. 린 프로세스에 관한 책을 쓰는 사람들에게 토요타가 갖는 의미는 남다르다. 린 프로세스의 원리를 본격적으로 적용한 최초의 기업이 바로 토요타이기 때문이다. 내가 지난 2011년 『린 스타트업』이라는 책을 썼을 때 제목에 '린Lean'이라는 단어를 넣었던 이유도 린 프로세스의 원리를 개발했던 사람들과 토요타에 대해 빚을 지고 있다는 생각을 가지고 있었기 때문이다. 나는 『The Toyota Way』를 쓴 제프리 라이커Jeffrey Liker에게 많은 것을 빚지고 있다고 생각한다. 나는 『린 스타트업』을 통해 린 프로세스의 원리가 새로운 영역에서도 적용될 수 있다는 점을 보이고 싶었다. 새로운 시장을 개척하는 창업가들과 21세기의 경영자들에게 린 프로세스의 원리를 새로운 관점에서 소개하고 싶었다(내 『린 스타트업』을 읽지 않은 사람들을 위해 이 책 4장에서 주요한 내용을 소개하려고 한다).

혁신에 관한 토요타의 명성이나 성과를 보았을 때 토요타 측에서 『린 스타트업』의 내용을 평가 절하를 하더라도 어쩔 수 없는 일이라고 생각하고 있었다. 게다가 나는 제조업에 대한 경험이 없었고 '토요타 방식'을 정식으로 교육받은 일도 없었기 때문에 토요타로서는 나와의 협업을 주저할 수도 있는 일이었다. 하지만 토요타는 개방적인 조직문화를 가지고 있었고, 내가 우려했던 일들은 일어나지 않았다. 오히려 토요타 사람들은 린 스타트업 방법론이 토요타 생산 방식Toyota Production System, TPS과 결합했을 때 상당한 효과를 낼 수 있을 거라고 말해 주었다.

토요타는 고품질 제품들을 정해진 시간과 예산 내에서 대량으로 생산하는 데 최고의 역량을 드러내 왔다. 그뿐 아니라 비용 관리 역시 세계 최고 수준이다. 매우 성공적인 혁신 제품들을 시장에 출시해 오기도 했는데, 가장 최근 사례로는 프리우스 하이브리드 차량을 들 수 있다. 하지만 나와의 협업을 추진하던 시기의 토요타는 디지털 플랫폼 관련 혁신을 자사 제품과 접목하는 데 있어 이렇다 할 성과를 내지 못하고 있었다. 자동 주행 기술 같은 분야가 계속 발전하는 상황에서 토요타는 위기의식을 느끼고 있었다.

프로젝트 협업을 진행하면서(토요타와의 협업에 대해서는 6장에서 자세히 다룬다) 나는 토요타의 여러 리더를 만나게 되었는데, 그들 중에는 도모야마 시게키라는 인물도 있었다. 당시 도모야마 시게키는 토요타에서 IT를 총괄하고 있었는데, 토요타의 다른 많은 리더와 마찬가지로 그는 현장의 실제 상황을 직접 파악하려는 유형의 경영자였다. 처음 회의를 하기로 한 날, 그는 일본의 여느 대기업 중역과 마찬가지로 많은 수행원과 함께 회의실에 나타났다. 나는 토요타 미국 지사에서 일하는 미국인 몇 명과 함께 일본 토요타 본사를 찾았는데, 그날 회의가 어떻게 진행될지 살짝 긴장하고 있었다.

나는 『린 스타트업』에 나온 원리가 토요타에서 어떻게 적용될 수 있을지에 관하여 오랜 시간에 걸쳐 세세한 부분까지 설명했고, 회의실에 있던 사람들의 질문에도 대답했다. 분명히 도모야마 시게키의 수행원 중에는 내 책을 읽은 사람들이 있는 것 같았다(당시 내 책은 일본어로 번역 출간된 상태였다). 나를 비롯한 회의실에 있던 사람들이 이런저런 이야기를 하는 중에도 도모야마 시게키는 한마디도 하지 않았고, 표정이나 몸짓에서도 그의 의중을 읽어 내기 어려웠다.

그러다 마침내 그가 입을 열었는데 그의 입에서 나온 말은 지금도 잊을 수가 없다. "TPS의 잃어버린 절반을 찾은 것 같습니다. 우리는 일단 정해진 걸 제대로 만드는 시스템은 가지고 있었습니다만, 무엇을 만들어야 하는지 새롭게 찾아내는 시스템이 없었습니다." 토요타는 이미 존재하는 제품들을 효율적으로 만드는 데 있어서는 뛰어난 역량을 가지게 되었지만, 그러는 사이 예전의 혁신 정신을 잃어버렸다는 것이다. 물론 토요타에도 새로운 아이디어를 발굴하는 데 사용하는 방법론이 있었다. 그렇지만 상황에 맞는 개선이 필요했고 무엇보다 통합적으로 활용될 필요가 있었다. 어쨌든 도모야마 시게키 같은 사람으로부터 그와 같은 말을 들었던 것은 나로서는 이루 말하기 어려울 정도로 기분 좋은 일이었다.

선도적 기업은 도모야마 시게키가 말한 두 가지 시스템을 모두 가지고 있어야 한다. 고품질 제품들을 효율적이면서도 안정적으로 생산해 내는 시스템과 앞으로 생산해야 할 새로운 제품들을 발굴해 내는 시스템 말이다.

## 선도적 기업의 특징

그렇다면 선도적 기업이란 구체적으로 어떤 기업일까? 그리고 리더로서 어떻게 해야 그와 같은 기업을 만들어 낼 수 있을까?

선도적 기업에서는 모든 직원이 창업가가 될 수 있는 기회를 갖는다. 기본적인 것부터 직원들과 그들의 아이디어를 존중하는 게 선도적 기업의 모습이다.

선도적 기업은 기존 핵심 사업을 엄격하게 운영한다. 그것 없이는 혁신도 없다. 그와 동시에 극도로 불확실한 환경에서 사용할 창업가적 경영 기법을 도입하여 활용한다.

구식 기업은 철저한 관리와 통제를 통한 안정적인 성장을 가장 중시하며, 분기 실적으로 드러나는 단기 성과에 매우 집착한다.
선도적 기업은 지속적인 혁신으로 이뤄지는 결과에 토대를 두며 장기 성과에 집중한다.

구식 기업은 특화된 전문가들로 구성된다. 구식 기업에서 프로젝트는 기능 조직들을 따라 순차적으로 진행되며, 각 기능 조직에 적용되는 시간표가 있다.
선도적 기업에서 프로젝트는 복합기능 팀에 의해 진행된다. 이 복합 기능 팀은 고객 요구를 중심으로 움직이며, 반복적이고 과학적인 프로세스를 따른다.

구식 기업은 대규모 프로그램을 실시하려고 한다.
선도적 기업은 빠른 실험을 실시한다.

구식 기업이 법무, IT, 재무 등의 기능을 구분하는 이유는 위험을 분산하기 위함이며 업무 처리에서 내부 규정 준수를 매우 중시한다.
선도적 기업은 고객 요구에 부응한다는 목표를 가장 중시하며, 기업 내부 기능은 직원들의 비즈니스 성과를 도와주기 위해 운영해야 한다는 원칙을 앞세운다.

구식 기업은 매우 불확실한 프로젝트에 대해서도 투자 수익률return on investment, ROI, 전통적 회계, 시장 점유율 등의 기준으로 우선순위를 결정한다. 결국 프로젝트 팀은 자신의 프로젝트를 가장 좋아 보이게 만들어 줄 숫자들(린 스타트업 방법론에서는 이를 '허무 지표vanity metrics'라고 부른다)을 추구할 수밖에 없는데, 이러한 숫자들이 프로젝트가 지닌 실제 가치를 언제나 제대로 드러내 주는 것은 아니다.

선도적 기업은 미래 제품의 가능성에 주목하며, 혁신 회계를 이용하여 프로젝트를 평가한다. 제프 베이조스는 잉여 현금 흐름의 장기적 성장세에 주목해야 한다고 말했는데, 이 책에서 소개할 혁신 회계는 제프 베이조스의 주장과 맥락을 같이한다.<sup>주12</sup>

구식 기업의 일은 멀티태스킹의 연속이다. 직원들은 다양한 목적을 가진 회의와 토의에 참여하느라 당장 할 일에 제대로 집중하지 못한다. 직접적인 구현 업무를 하지 않는데 이런저런 의견이 많은 중간 관리자와 전문가도 많다. 대부분의 직원이 서로 다른 종류의 업무를 동시에 진행하면서 자신의 창의성과 집중력을 분산시켜 투입하게 된다. 선도적 기업은 '사내 스타트업'을 활용하며, 사내 스타트업에 참여하는 직원들은 해당 프로젝트에만 전념하게 된다. 사내 스타트업은 소규모로 운영되는 게 바람직한데, 아마존의 '피자 두 판 팀two-pizza team'은 간식으로 피자 두 판을 돌리면 충분한 규모의 팀을 의미한다. 소규모 사내 스타트업은 빠르게 실험하고 그 결과를 확장해 나갈 수 있다. "크게 생각하라. 작게 시작하라. 빠르게 성장하라"가 사내 스타트업의 정신이다.

구식 기업은 중간 관리자들과 그들의 부하 직원들로 구성된다.
선도적 기업은 권한을 부여받은 창업가들과 리더들로 구성된다.

구식 기업은 돈이 많이 투입되는 대규모 프로젝트를 선호하고 프로젝트 안전성을 확인하기 위해 느리게 진행한다. 프로젝트에는 미리 정해진 액수의 자금만 투입되는데, 이 자금의 규모는 대부분의 경우 전년도와 비슷한 규모로 정해진다.

선도적 기업은 다수의 소규모 실험을 지속적으로 행하고, 그중 가능성이 있는 것을 찾아 투자한다. 투자 규모는 성과가 입증되면 자금이 추가 투입되는 계량 방식 펀딩으로 정해진다.

구식 기업에서 효율성이란 모두가 언제나 바쁘게 움직이는 상태를 의미한다. 잘못된 것을 빠르게 만들면 실패를 이뤄 내기 쉽다.

선도적 기업에서 효율성이란 가능한 한 모든 방법을 통해 고객을 위해 할 수 있는 일을 찾아내는 것을 의미한다.

구식 기업은 실패를 용납하지 않으며, 따라서 구식 기업의 직원들은 실패가 일어나지 않았던 것처럼 위장하는 데 능하다. 구식 기업 중에는 표면적으로는 "실패를 용인한다"라고 선언하는 경우도 있으나 그런 기업이라 하더라도 인사 평가, 보상, 승진 등에 있어서 전혀 다른 메시지를 보낸다.

선도적 기업은 유용한 정보를 제공하고 새로운 사업의 방향성을 알려 주는 '생산적 실패'에 대해서는 분명하게 보상을 한다.

구식 기업은 진입 장벽을 이용하여 경쟁자들을 막아내려고 한다.

선도적 기업은 지속적 혁신을 거듭함으로써 경쟁자들을 훨씬 더 앞서 나가려고 한다.

구식 기업에서는 모순적인 행태를 쉽게 찾아볼 수 있다. 그들은 단기 성과(분기 실적 같은)에 집중하면서도 새로운 것을 시도하는 일에는 너무나도 느리다. 그리고 위험을 기피하면서도 요행을 바라고 투자하는 경우가 많다. 선도적 기업이 되기 위해서는 장기적 관점의 철학을 지니고 있어야 한다. 그리고 장기적 비전을 실현하는 방법을 찾기 위한 다양한 측면의 실험을 행할 필요가 있다.

## 2장

# 창업가 정신:
# 잃어버린 역량

마케팅이 아직 구체적인 업무로 정립되지 않았던 시절의 기업들을 상상해 보라. 오늘날 우리가 당연하게 생각하는 마케팅 책임자, 마케팅 팀, 브랜드 매니저 등의 존재는 없었을 것이다. 제품에 대한 마케팅 능력만으로 승진하기도 어려웠을 것이다. 그런 시절 기업에서는 모든 사람이 오늘날 우리가 마케팅이라고 부르는 광고, 판매 자료, 제품 관리 등에 대한 책임을 지고 있었을 것이다. 그리고 이는 아무도 책임자가 아니었다는 것도 의미한다.

오늘날 마케팅은 기업 활동의 핵심 요소로 자리를 잡았다. 경쟁에서 이기기 위해서는 마케팅 역량이 뛰어나야 하고, 그래서 기업은 유능한 사람을 마케팅 책임자로 임명한다. 다른 기능들도 마찬가지다. 기업은 제품 개발, 재무, IT, 공급망, 인사, 법무 등의 기능에 대해 책임자를 두고 있다.

그렇다면 전형적인 조직 구조에서 불확실성에 대해서는 누가 책임지고 있는가? 폭발적인 성장에 대비하고, 아이디어를 상품으로 만들고, 조직 내에 갑작스럽게 발생한 혼란을 통제하는 등의 임무를 누가 맡고 있는가? 소규모 기업이라면 창업자가 불확실성의 책임자가 될 것이다. 하지만 일정 규모 이상 성장한 기업의 경우 창업자나 최고 경영자 혼자서 할 수 있는 일에는 한계가 있음에도 불구하고 불확실성의 책임자는 따로 지정되어 있지 않다.

설령 불확실성의 책임자가 있다 하더라도 그 사람이 무엇을 할 수 있을까? 우선 창업된 지 수십 년이 지난 기업에서는 새로운 아이디어가 제안된다 하더라도 관료주의 문제 또는 "우리가 하던 방식이 아니야"라는 이유로 아이디어가 구체화되는 단계로 나아가기가 어렵다. 급성장을 이루어 낸 스타트업의 경우도 상황은 크게 다르지 않다. 엄청난 성장으로 인해 조직 규모가 커지면서 창업가 정신을 가지고 있던 초창기 멤버 숫자보다 외부에서 영입된 임직원 숫자가 훨씬 더 많아지게 된다. 그 외부에서 영입된 수백, 수천 명의 임직원이 어디에서 일했을지 생각해 보라. 다른 스타트업에서 이직한 사람이 얼마나 될까? 아마 대부분의 경우 다른 대기업에서 이직한 사람들일 것이다.

스타트업이 성공을 거듭하여 외부에서 사람들을 영입할수록 필연적으로 그 성공한 스타트업에는 기존 대기업의 DNA가 이식되기 마련이다. 그렇다면 대기업의 DNA를 가지고 있는 사람들을 스타트업 문화로 이끌어야 하는 새로운 문제가 발생한다. 이를 위해 성공한 스타트업은 어떤 수단들을 이용할 수 있을까? 교육 훈련, 보상, 팀 구조, 근무 환경 변화 등의 수단을 이용할 수 있다. 그런데 이러한 수단 역시 전통적인 기업으로부터 유래한 것들이다.

## 창업가의 기능

기업 CEO들을 만날 때면 나는 다음과 같은 두 가지 질문을 한다.

1. 가까운 미래에 기업의 새로운 사업부로 성장하게 될 여러 가지 신사업을 총괄적으로 관리하고 있는 사람은 누구입니까?

2. 조직 전반에 걸친 업무에 대해 창업가 정신과 실험 정신을 불어넣는 일을 책임지고 있는 사람은 누구입니까? '

이와 같은 임무는 기업 조직도에 나타나지 않는다. 기껏해야 임원 한 사람의 여러 임무 중 하나 정도로 정해지는 수준이고, 대부분의 경우는 누구도 책임지지 않는 일로 방치된다. 다음 세대의 혁신에 투자하거나 발생 가능한 혼란을 예방하거나 새로운 성장 동력을 발굴하거나 모든 조직 구성원을 새로운 아이디어의 잠재적 원천으로 인식하도록 하는 일 등을 자신의 가장 중요한 임무로 인식하는 사람은 아무도 없다.

이제는 이와 같은 임무를 부수적인 것으로 인식하는 단계를 넘어 창업가 정신을 기업의 중요한 원칙으로 인식해야 한다. 기업의 '스타트업 DNA'를 관리하는 일, 즉 창업가 정신을 조직 전반에 확산시키고 다음 세대의 혁신을 발굴하여 투자하는 일을 지속적으로 추진하고, 이렇게 하는 데 필요한 도구들을 도입하는 등의 일을 경영자들의 구체적인 임무로 봐야 하는 것이다.

오늘날 기업에서 일하는 사람들은 재무와 관련된 도구들을 이용하고 재무적 절차에 따라 업무를 하도록 교육받는다. 이를테면 팀 예산을 수립하고 재무적 목표를 기준으로 일을 하는 식이다. 기업의 모든 팀은 재무적 도구들을 이용하여 업무 진행 과정을 보고하고 자원을 요청한다. 대부분의 조직에서 기업 활동을 위한 자원을 배분하는 일은 재무 팀에서 직접 책임지지 않고 본사 임원이 맡는다. 그렇지만 사업 프로세스를 어떻게 전개할지, 중요한 정보를 어떻게 판단할지, 성과에 대해 어떻게 평가를 내릴지, 자원을 어떻게 배분할지 등을 결정할 때 재무 담당자들이 일정한 역할을 한다.

나는 언젠가는 창업가 정신도 이와 같은 식으로 작용할 거라고 믿는다. 전담 임무로 구분되고, 기업의 창업가 정신을 관리하는 경력 경로가 생겨나고, 많은 사람이 창업가 정신에 관한 교육 훈련을 받고, 조직 전반에 걸쳐 창업가 정신을 확산시켜야 한다는 의견에 대해 대부분의 사람이 동조하는 식으로 말이다.

위대한 창업가들은 기업 조직의 어디에라도 존재할 수 있다. 그리고 위대한 아이디어 역시 전혀 예상치 못했던 곳에서 나타날 수 있다. 따라서 창업가 정신과 관련된 기능은 조직 내 모든 곳에서 수용되어야 한다.

혁신 연구소를 운영하고, 연구개발을 하고, 시제품을 만들어 내고, 간헐적으로 비밀 프로젝트를 추진하는 것만으로는 부족하다. 선도적 기업은 고위험 고수익의 불확실한 프로젝트를 다양하게 지속적으로 추진해야 하며, 이렇게 하면서도 기업을 별다른 위험에 빠뜨리지 않아야 한다. 나는 이와 같은 일을 가능하게 하는 원동력을 창업가 정신이라고 부른다. 그리고 선도적 기업이 되기 위해서는 이와 같은 능력을 지니고 있는 직원들을 발굴하고 그들의 역량을 계발해 주어야 한다.

## 스타트업 조직의 성격

기업 내에 창업가 정신 부서가 생긴다면 그 부서가 맨 처음 해야 할 일은 '기업 내의 스타트업 조직들을 관리하는 일'이다. 회사의 리더는 스타트업을 업무의 핵심 단위로 이해해야 한다. 기업 내 스타트업 조직은 기업이 일반적으로 운영하는 프로젝트 팀과는 완전히 별개로 작동하게 된다. 통상적인 기준과 방식으로는 스타트업 조직을 제대로 관리할 수가 없다. 스타트업 조직은 극도로 불확실한 환경에서 가동되는 조직이기 때문이다. 기업 내의 스타트업 조직이 행하는 일은 기본적으로 실험이다. 연구개발 과정의 과학적 엄격함, 마케팅과 판매에 필요한 고객 중심 사고방식, 엔지니어링 원칙 등을 동시에 지니고 있어야 하는 곳이 스타트업 조직이다. 스타트업 조직을 기존의 통상적인 기업 조직도에 그려 넣기 어려운 이유도 여기에 있다.

기업 내 스타트업 조직을 이끄는 창업가들에게는 별도의 평가 기준이 적용되어야 하고, 경력 경로 역시 별도로 관리되어야 한다. 그리고 필요한 경우에는 성장을 가속할 수 있는 첨단 기술 활용에 관한 교육 훈련이 제공되어야 한다. 기업 내 스타트업을 통해 다음 세대의 혁신을 발굴하고자 한다면 기업 내 스타트업을 운영함에 있어 실리콘밸리 방식을 받아들일 필요가 있다.[주1]

## 스타트업을 모기업에 통합하기

창업가 정신 부서가 해야 할 두 번째 일은 '성공과 관련된 문제를 관리하는 일'이다. 대부분의 스타트업이 실패로 끝나기도 하지만 기업에 있어 정말로 어려운 부분은 성공했을 때 무엇을 해야 하는지 판단하는 일이다. 대기업의 사내 스타트업이 실패하는 것은 약간의 손실을 의미할 뿐이다. 하지만 대기업 사내 스타트업의 커다란 성공은 좀 더 큰 위험을 내포한다. 새로운 실험을 하기 위해 조직의 기존 중간 관리자가 스타트업 조직에 허용한 예외로 인해 스타트업 팀이 사업 진행 과정에서 다른 부서로부터 엄청난 압력을 받게 될 수도 있다.

내가 만났던 기업에서 혁신을 책임지고 있다는 임원 중 이런 문제에 대비하고 있던 사람은 아무도 없었다. 그런데 타 부서의 반발은 무척이나 빠르게(그리고 매우 위험하게) 다가오기 때문에 상황이 닥친

다음에 대응하는 것은 너무 늦다. 성공을 정의하는 기준을 세우고 적절하고 확장할 수 있는 유한한 책임이 있는 '자유의 섬' 같은 조직을 만들어 이 새로운 접근 방식을 임직원들이 받아들이도록 설득하는 데는 전문적이고 긴 시간이 들어가는 협상이 필요하다. 그리고 좀 더 근본적인 질문은 다음과 같다. 실험이 성공하면 그것을 조직 내에 어떻게 편입시킬지 결정하는 문제가 생긴다. 기존 사업부에 편입시킬 것인가, 아니면 새로운 사업부를 편성할 것인가? 이러한 결정은 어느 정도 수준에서 협의가 이루어져야 하고, 최종적인 결정은 누구에 의해 내려져야 하는가(이에 관한 내용은 2부에서 자세히 다룰 것이다)?

어느 대기업에서 사내 스타트업을 시작하는 상황을 생각해 보자. 그 스타트업에 의해 새로운 아이디어가 정립되는 경우 기업의 사업부들은 그 새로운 아이디어를 검증하고 상용화하고 규모의 경제를 추진할 것이다. 아이디어 그 자체만으로는 큰 의미가 없다. 아이디어는 아이디어가 내포하고 있는 가치를 현실화할 수 있는 조직과 만났을 때 진정한

**아이디어들은 검증되고 수용되고 규모를 갖게 된다**

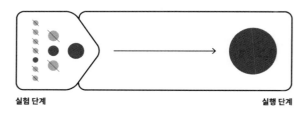

실험 단계                                                    실행 단계

이 그림은 사내 스타트업에 의해 제안된 아이디어의 전개 과정을 나타낸다. 맨 왼쪽의 작은 씨앗들은 사내 스타트업에 의해 행해지는 실험을 의미한다. 시간이 흐르면서 어떤 것은 성장을 거듭하고, 어떤 것은 더 이상 성장하지 못하고 죽는다. 마침내 실험 단계를 넘어 실행 단계에 이르는 아이디어가 출현하는데, 실행 단계에 이르면 그 아이디어의 추진을 관리하는 모든 책임이 스타트업에서 모기업으로 넘어가게 된다.

의미를 갖게 된다(이에 관한 내용은 4장에서 자세히 다루려고 한다).

창업가적 경영과 일반적인 경영은 서로 분명히 다르다고 여러 전문가가 지적해 오고 있다.[주2] 하지만 창업가적 경영이나 일반적인 경영 어느 한 가지만으로 선도적 기업을 만드는 일이 가능할까? 그렇지 않다.

앞의 도표에서 실험 단계 쪽에는 새로운 제품에 관한 아이디어를 내고 실험을 행하는 사내 스타트업이 있다. 그리고 실행 단계 쪽에는 검증된 제품을 안정적으로 공급하면서 분기 성장을 견인하는 기존 사업부가 있다.

하지만 이제 막 만들어진 스타트업도 실험만으로는 존재할 수가 없다. 아직 고객이 열 곳에 불과한 스타트업이라 하더라도 기존 고객에게 서비스를 제공하는 일과 새로운 고객을 유치하는 일에 어떻게 자원을 배분할 것인지 결정하고 실행에 옮겨야 한다. 그리고 자원 부족은 어느 조직이라도 필연적으로 겪는 일이기 때문에 스타트업은 그 출발점부터 재무 관리에 신경을 써야 한다.

그런가 하면 무척이나 단조로워 보이는 제품을 생산하는 기업 조직도 어느 정도는 실험도 하고 혁신도 추진한다. 이는 『혁신기업의 딜레마』The Innovator's Dilemma의 지은이 클레이튼 크리스텐슨Clayton Christensen이 지적한 바이기도 하다. 좋은 성과를 안정적으로 내는 기업의 경우 기존 시장에 집중하려는 성향을 보이고, 완전히 새로운 무언가를 추구하는 일은 기피한다. 따라서 이와 같은 기업은 시장 파괴적인 혁신을 추진하려 하지는 않는다. 하지만 그런 중에도 그들 자신이 생각하는 혁신을 멈추지는 않는다. 외부에서 보면 그들이 추진하는 혁신은 '안정적인 혁신'일 뿐이지만 말이다.[주3]

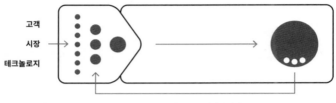

선도적 기업에서 아이디어의 흐름

고객
시장 →
테크놀로지

사업부들로부터의 아이디어

따라서 모든 기업 조직은 실험과 실행이 혼합되어 있는 곳으로 봐야한다. 스타트업이 만들어지고 성숙해 갈수록 둘 사이의 비중이 변할 뿐이다. 대기업의 경우 사내 스타트업을 시작하는 식으로 둘 사이의 비중에 변화를 줄 수 있으며, 사내 스타트업을 통해 전체 조직 내에 아이디어의 흐름을 만들어 낼 수도 있다. 사내 스타트업을 시작해, 그것이 성공으로 이어져 어느 하나의 사업부가 되는 경우를 생각해 보라. 그런가 하면 기존 사업부에서 자체적으로 혁신 팀을 운영하면서 이를 새로운 아이디어의 원천으로 삼는 것도 가능하다. 기존 성공으로 인해 안정을 추구하게 되고, 그 결과 기업이 더 이상 새로운 것을 만들어 내지 못하고 있다면 실험과 실행을 모두 중시하는 창업가적 경영을 통해 돌파구를 만들어 낼 수 있다.

물론 실험과 실행이 혼합됨으로 인해 여러 가지 문제가 발생할 수도 있다. 이어지는 부분에서는 이에 대해 이야기해 보려고 한다.

## 새로운 유형의 리더십이 필요하다

솔직히 말해 창업가들은 관리하거나 이끌기에 쉬운 부류는 아니다. 매우 유능하다는 평가를 받는 창업가들도 다른 창업가들을 모아 단체를 구성하고 그 단체를 이끄는 데 무척이나 힘들어하는 모습을 종종 봐 왔다. 따지고 보면 사회 규범을 무시하는 반사회적 성향의 사람과 창업가 사이에는 상당한 공통점이 있는 것도 사실이다.

전통적인 경영 방식은 계획과 예측에 초점이 맞추어져 있으며, 그와 관련된 일을 잘 해내는 사람을 가려내고 양성하는 다양한 도구를 갖추고 있다. 관리자로서 잠재력을 지니고 있는 사람을 선별해 내는 프로그램, 리더십이나 생산 관리나 판매 관리 등에 관한 훈련 프로그램, 순환 근무를 기본으로 하는 경력 관리, 국제적 경험을 관리해 주는 프로그램 같은 도구를 통해 다양한 경험을 기반으로 계획과 예측을 잘 해내는 관리자들을 양성한다. 그런데 창업가에 대해서는 어떤가? 창업가로서 잠재력을 지니고 있는 사람을 가려내고 양성하는 도구들을 가지고 있는가?

**창업가 정신은 제품 개발만을 위한 것이 아니다**

사내 스타트업을 만드는 목적이라고 하면 사람들은 신제품 개발만 떠올린다. 그러면서 회사의 잃어버린 역량을 엔지니어링이나 마케팅 같은 전통적인 기능이라고 인식한다. 이와 같은 인식은 다음 도표와 같은 조직도를 떠올리게 한다.

이와 같은 조직도를 떠올리는 것 자체가 좋은 출발점이다. 하지만 이 조직도 자체에 큰 의미를 두지는 않기를 바란다. 스타트업은 잘 드러나지는 않더라도 조직 곳곳에 존재할 수 있다(이와 같은 조직도와 관련해서는 5장과 10장에서 여러 차례 언급할 예정이다). 이 책에서 조직도를 소개할 때는 부문별로 별도의 기능을 보유하고 있는 매트릭스 조직을 상정할 것이다. 물론 이 세상에는 다양한 유형의 조직 구조

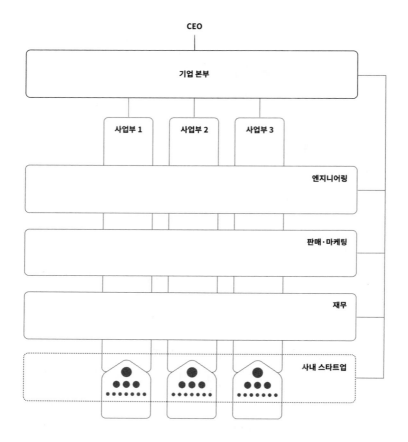

가 존재한다. 손익을 따로 계산하는 부문을 두지 않는 수직 구조 조직
도 있고, 지주사를 두고 각 부문은 독립된 기업으로 움직이는 조직도
있다(그리고 미국 연방 정부의 조직 구조에 대해 풀어놓자면 끝도 없
을 것이다). 이 책에서 조직도를 언급할 때 중요한 것은 그 형식이 아
니라 조직도 내 어딘가에 존재하는 스타트업 조직의 책임이나 역할이
될 것이다.

물론 스타트업 조직은 복합적인 역할을 하기 때문에 조직도상에서는 이해하기가 쉽지는 않다. 스타트업은 다른 조직들이 효과적으로 움직일 수 있도록 도와주는 기능을 하지만, 여전히 어느 기능을 하는지를 규정하기 어렵다. 그리고 변화를 이끌어 내는 것만큼이나 어려운 일이 기존 조직 구조 및 문화와의 통합이다. 이 책에서 주요하게 다룰 내용이 바로 이에 관한 것들이다.

**창업가 정신은 창업가에게만 필요한 게 아니다**

나는 공학을 공부했다. 그래서 용어의 명확한 의미 정립과 그 엄격한 적용이 중요하다는 점을 잘 알고 있다. 하지만 창업가적 경영은 스타트업에 관여하는 사람들에게만 필요한 게 아니라는 사실을 받아들이기까지 꽤 오랜 시간이 걸렸다. 지금까지 내가 봐 왔던 기업들이나 단체들은 처음에는 창업가 정신이라고 하면 기업 내에서 소수의 사람만 관심을 가져야 하는 것 정도로 인식하고 있었다. GE의 패스트웍스 프로그램이 시작되었을 때도 그랬고, 오바마 행정부의 민간 부문 전문가 영입 프로그램인 PIFPresidential Innovation Fellows가 처음 시작되었을 때도 그랬다(PIF에 대해서는 나중에 따로 더 자세히 설명하려고 한다). 하지만 더 다양한 프로젝트가 시도되고 더 많은 기능이 관여하게 되면서 창업가 정신의 필요성을 인식하는 사람들이 늘어나게 되었다. 그리고 결국에는 모든 사람이 이 새로운 업무 방식이 조직 내 비창업가에게도 그 영향을 미침을 실감하게 되었다.

나와 협력 관계를 맺고 함께 일하는 많은 기업은 창업가 정신이라는 용어를 광범위하게 사용한다. 그들은 스타트업의 아이디어를 실현하기 위해 다양한 프로젝트를 가동하면서 이를 기반으로 조직 전체의 변화를 추구한다(대표적으로 GE의 패스트웍스 프로그램이 있고 그 외에도 다양한 유형의 사내 스타트업이 있다). 그리고 기업 내의 모든 사람이 창업가처럼 생각하고 일하면서 각자 업무를 더욱 효과적으로 수행할 수 있다고 생각한다(이 내용과 관련해서는 8장에서 자세히 다루려고 한다). 인튜이트의 CEO 브래드 스미스Brad Smith는 자사의 임직원들에게 이런 말을 한 적이 있다. "일을 하는 새로운 방식은 우리 모두에게 적용되는 겁니다." 내가 브래드 스미스의 이 발언이 어떤 의미를 담고 있는지 제대로 이해하기까지는 꽤 오랜 시간이 걸렸다.

그런 생각을 처음부터 받아들였던 것은 아니지만, 지금까지 그러한 생각이 옳았다는 점을 보여 주는 사례들을 기업 현장에서 많이 봐 왔다. 그리고 다음과 같은 세 가지 이유를 생각해 보더라도 비창업가들이 창업가적 기능의 중요한 고객과도 같다는 점을 알 수 있다.

1.  린 스타트업 방식 도구들은 활용 범위가 매우 넓으며, 스타트업 같은 극도의 불확실한 환경에 처한 조직이 아니더라도 유용하게 사용할 수 있다. 나는 린 스타트업 교육 프로그램에서 배운 것들을 자신의 일상적인 업무―통상적인 보고를 위한 파워포인트 작성 및 발표 같은 기본적인 업무를 포함하여―에 활용하여 상당한 효과를 봤다고 말하는 사람을 많이 봐 왔다. 실제로 실험이라는 접근법은 어느 분야에서도 활용할 수 있는 방식이다.
2.  사내 스타트업 조직 바깥에 있는 리더들도 스타트업 방식을 알 필요가 있다. 이는 매우 중요한 일인데, 창업가들은 본질적으로 조직의 기존 문화 및 고착된 방식과 갈등을 빚어낼 일을 하는 사람들이다. 이런 충돌은 '늘' 조직 꼭대기까지 올라가게 마련이다. 스타트

업 관리자들이 스타트업 방식으로 교육받았다고 하더라도 그 위에 있는 다른 임원들이 그걸 모르면 어떻게 대처할 수 있겠는가?

3. 어디에서 창업가가 나타날지 아무도 모른다. 이 명제에 대해서는 다음 장에서 따로 다루려고 하는데, 스타트업 조직을 시작하는 것은 기업의 일반적인 프로젝트를 시작하는 것과는 조금 다르다. 창업가만을 위한 프로그램을 만들고 싶다고 해도 실제로 그렇게 하기는 불가능하다. 누군가를 창업가로 만든다는 것은 위에서 역할을 맡긴다고 되는 일이 아니다. 좋은 아이디어는 예상하지 못한 곳에서 나온다.

스타트업 액셀러레이터startup accelerator로 크게 성공한 Y 콤비네이터 Y Combinator나 테크스타스Techstars 같은 기업은 스타트업 생태계에 새로운 사람들을 영입시킴으로써 큰 성과를 낼 수 있었다. Y 콤비네이터의 스타트업 지원 성공 사례들을 읽어 보면 자신의 스타트업을 수십억 달러 가치의 기업으로 성장시킨 창업자 중 상당수는 자신에게 창업가 정신이 나타날 거라고는 전혀 생각지도 못했다고 말했다. 스타트업 액셀러레이터들은 자신에게서 어떤 모습이 나타날지 모르는 사람들에게 스타트업 진입 장벽을 낮춰 주고, 무언가를 시도해 볼 수 있도록 위험도가 낮은 기회를 제공하고, 적절한 역할 모델을 제시하는 식으로 성공한 스타트업들을 출현시켜 오고 있다.[주4]

기업이 자사 내에 잠재되어 있는 창업가들의 재능을 활용하고자 한다면 사내 스타트업을 만들거나 그것에 관여하는 일이 훌륭한 경력 경로가 될 수 있다는 점을 보여 주는 일에 투자를 해야 한다. 본사에서 일하는 화이트칼라 계층 또는 특별한 배경을 가지고 있는 사람들만이 아니라 기업 내 어느 계층의 누구라도 좋은 아이디어만 있다면 이를 실현하기 위한 도전을 시도할 수 있다는 점을 실증적으로 보여주어야 하는 것이다. 나는 대기업 본사의 깨끗한 사무실만이 아니라 지방 공장의 생산 현장에서 나온 아이디어가 사내 스타트업으로 발전하는 모습을 많이 봐 왔다. 기업은 직원들의 아이디어 제안을 가로막는 보이지 않는 장벽을 없애야 한다. 그리고 아이디어가 제안되었을 때 그것을 진지하게 추진하는 데 필요한 시스템과 프로세스를 도입하는 일에 투자해야 한다. 직원들로부터 제안되는 아이디어는 시장성이 없는 경우가 대부분이기 때문에 직원들에게 각자의 아이디어를 직접 실험해 볼 수 있는 플랫폼을 마련해 주는 일도 중요하다.

창업가적 기능의 핵심 역할은 모든 배경과 직급의 사람들을 참여시켜 스타트업 사고방식을 조직의 문화적 구조 속으로 엮어 넣는 것이다. 이처럼 광범위한 역할 때문에 스타트업 방식 변화는 필연적으로 회사에 능력주의 문화를 정착시키는 데 집중하게 된다. 즉 편견을 제거하고 과학적 의사 결정을 권장하고 더 나은 자원 배분을 하고 인사 정책을 만드는 것이다.

책을 진행해 나가면서 어떤 이들이 창업가인지에 대해 계속해서 논할 것이고, 특히 10장에서는 이에 대해 자세히 다루려고 한다. 그에 앞서 이어지는 부분에서는 대부분의 기업이 처해 있는 현실에 대해 지적하려고 한다. 오늘날의 기업들은 창업가로서 능력을 지니고 있는 인재들을 절실하게 필요로 하고 있지만, 그와 같은 인재들을 어디에서 찾아야 할지 혼란스러워하고 있다. 그런데 역설적이게도 대부분의 기업은 그와 같은 인재들을 충분히 많이 보유하고 있다. 다만 그와 같은 인재들을 알아보지 못하거나 더 심하게는 그와 같은 인재들의 능력 발현을 본의 아니게 억누르고 있을 뿐이다. 기업들은 혁신을 말하지만 정작 혁신을 시도하는 직원들에 대해서는 승진을 시키는 게 아니라 조직에서 배제하는 행태를 보이고 있다.

## 언더그라운드 네트워크

더 높은 고객 만족을 제공하기 위해 기꺼이 위험을 감수하려는 성향을 지니고 있는 사람들은 어떤 기업에서든 다 찾아볼 수 있다. 법규와 회사 정책을 준수하면서도 고객에게 더 큰 도움을 주기 위해 새로운 접근법을 시도하고, 기존 관행 중 적절치 못한 것을 고치려고 하는 사람들 말이다.

GE의 코리 넬슨Cory Nelson도 그런 사람 중 한 명이다. 넬슨은 GE의 성공적인 제품으로 평가받는 시리즈 X 엔진의 개발 총괄 책임자였는데, 그는 새로운 엔진 시리즈 개발이라는 어려운 도전에 과감하게 뛰어들었다. 그는 과거의 GE에서 무슨 일이 일어났었는지는 전혀 개의치 않았고, 자신이 추진하는 프로젝트가 만들어 낼 수 있는 긍정적인 결과에 집중하려고 했다. 그는 나에게 이런 말을 한 적이 있다. "나는 반짝이는 물건에 끌립니다. 새 물건이 좋아요. 내가 이 일을 해낼 수 있었던 것도 그런 이유에서였을 겁니다."

GE의 베스 컴스탁 부회장은 GE에는 넬슨 같은 사람들이 있을 거라고 오래전부터 생각해 오고 있었다. 다만 그와 같은 사람들을 발굴하고 그들에게 기회를 주는 체계를 마련해 두지 못하고 있었을 뿐이다. 이와 관련하여 컴스탁 부회장은 이렇게 말했다. "그런 일을 해낼 수 있는 자질을 가지고 있는 사람들이 있습니다. 어떤 조직에든 항상 존재합니다. 그들은 준비가 되어 있습니다. 찾아내기만 하면 되는 거죠. 일단 그런 사람들을 찾아내어 기회와 도구를 제공한다면 그들은 제대로 무언가를 이루어 낼 겁니다." GE 어플라이언스 부문의 마이클 마한Michael Mahan도 코리 넬슨과 같은 부류의 사람으로 통한다.주5 그가 이끌었던 팀은 3D 프린터 및 냉장고와 관련된 신기술을 개발하고 실험을 했는데, 그의 팀은 GE의 통상적인 팀들과는 다른 식으로 움직이고 평가받았다. 그는 자신이 이끌던 팀을 "미친 녀석들의 집단"이라고 불렀지만 컴스탁은 마이클 마한과 그의 팀을 매우 가치 있게 평가했다. "우리는 마이클 마한이 주도하던 프로그램을 5년 넘게 유지했습니다. 우리 회사에서 나오던 기발한 아이디어의 상당수는 그의 팀에서 만들어 낸 것들이었죠." 직원들의 자질과 능력을 시스템을 통해 체계적으로 지원하고 활용할 수 있는지의 여부가 중요하다. 시스템이 없다면 아무리 좋은 아이디어라도 그대로 사라지고 말 뿐이다.

오바마 행정부 출범 이후 미국 연방 정부는 여러 가지 개혁을 추진했는데, 이때 주목했던 것도 정부 조직 내에 있는 창의적인 사람들의 존재였다. HealthCare.gov 프로젝트를 비롯하여 USDSUnited States Digital Service: 미국 디지털 서비스와 TTSTechnology Transformation Service: 기술 개혁 서비스 같은 새로운 조직을 만들고 운영함에 있어 외부 전문가만이 아니라 정부 조직 내에 있던 창의적인 사람들의 존재가 큰 힘이 되어 주었다.

이와 같은 사람들은 어느 조직에나 존재한다. 여러분의 회사나 조직에도 존재한다. 그들은 이렇게 말한다. "우리 회사 사람들은 저를 보고 이상한 녀석이라고 하지만, 저는 이 프로젝트에 대해 확신을 가지고 있습니다." 그리고 기업의 관리자들은 예기치 못한 상황이 발생했거나 조만간 발생할 것 같으면 이와 같은 직원들을 찾곤 한다. 외부에서 보면 이들은 통상적인 경력 경로를 밟아 나가는 평범한 직원들처럼 보이지만, 그와 동시에 이들은 비상 프로젝트에 종종 소집되어 일을 한다. 일종의 언더그라운드 네트워크를 구성하는 사람들인 것이다. 이들은 어떤 비상 프로젝트에 투입되면 남들이 보기에 무척이나 어려워 보이는 상황을 헤쳐 나가며 자신이 생각하는 결과를 만들어 내려고 한다.

내가 만났던 조직의 관리자들은 전부 고위험 고수익의 불확실한 프로젝트를 진행해야 하는 경우에 그 일을 기꺼이 맡아서 하려는 사람이 자신의 조직 내에 있다고 말했다. 경력 경로에 손상이 발생하는 것을 감수하면서도 과감한 도전에 나서려는 성향과 마땅한 자질을 갖추고 있는 사람이 존재한다는 것이다. 그렇다면 그와 같이 창의적이고 열정적인 사람들이 행하는 도전을 평가하고 적절한 보상이나 승진을 제공하는 체계를 마련하고 운영하는 것은 어떨까? 창업가 정신 부서 같은 것을 만들어 새로운 아이디어에 대한 실험을 독려하고, 그 성과가 기존 조직에 융합될 수 있도록 지원하고, 예기치 못했던 상황에 도전하는 일에 실질적인 의미를 부여하고, 그와 같은 도전을 무시하지 않고 지지하는 것이다.

현명한 경영자라면 이와 같은 구상이 지니고 있는 가능성을 알아볼 거라고 생각한다. 그렇다면 이와 같은 구상을 구체화할 수 있는 방법에 대해 관심을 가질 필요가 있다.

## 새로운 조직 역량이 필요하다

이런 방식으로 일할 수 있도록 지원하기 위해서는 일련의 난제를 해결해야 하는데, 여기에는 새로운 조직 역량이 요구된다.

## 1. 책임 범위가 적정 수준으로 제한되는 실험 공간을 어떻게 만들 수 있을까?

책임 범위 한도를 미리 정하면 자율적인 스타트업 팀이 책임을 무한대로 지지 않고도 실험을 할 수 있는 '자유의 섬' 또는 '샌드박스'를 만들 수 있다. 린 스타트업 방법론에서는 이처럼 책임 범위가 제한된 실험으로 만들어지는 제품을 '최소 요건 제품'이라고 부른다. 여기서 말하는 '최소'의 수준을 어떻게 결정할지에 대해서는 4장과 6장에서 자세히 논할 것이다. 우선은 팀원들에게 자유롭게 실험할 수 있는 권한을 부여하면서도 일정 수준의 책임감은 느끼도록 해야 한다는 원칙 정도만 언급하겠다.

기업의 리더(특히 창업자)들과 자유의 섬에 대해 이야기를 할 때면 나는 그들에게 스스로 예산을 운영하고 결정을 내렸던 기억을 떠올려 보라고 말을 한다. 그리고 그 리더의 뒤를 이을 직원들에게 리더 자신의 경험과 느낌을 전할 수 있어야 한다고 말한다. 리더 자신이 다른 직원들에게 창업가의 경험을 전수해 주는 사람이 되어야 하는 것이다.

일반적인 관념과 달리 창업가들은 무모하게 덤벼드는 유형의 사람들이 아니다. 성공하는 창업가들은 절제할 줄 아는 사람들이다. 창업 초기에는 모든 자원이 부족하기 때문에 절제는 필수 덕목이다. 제한된 인원, 자금, 시간 내에 성과를 내야 창업한 기업이 유지될 수 있다. 사내 스타트업을 활용하려는 대기업은 이와 같은 제한의 수준을 세심하게 결정해야 한다. 회의에서 다음과 같은 발언이 나오는 경우를 생각해 보라. "이제 앞으로 6주 후에는 우리 회사의 현금이 고갈됩니다. 각자가 시도하고 싶은 것이 많이 있겠지만, 6주 내로 적어도 한 가지 제품을 출시하지 못하면 우리 회사는 끝입니다."[주6] 정말로 절박한 상황이고 팀원들은 큰 압박을 받겠지만, 이와 같은 상황 인식이야말로 가장 중요한 일에 집중하고 생산성을 극대화할 수 있는 길이기도 하다. 프로젝트나 사업을 추진하다 보면 자꾸만 일이 옆으로 번지고 복잡해지면서 비용만 유발하는 스코프 크립 문제가 발생할 수 있는데, 절박한 상황 인식은 스코프 크립 문제를 막아 주는 효과도 있다.

## 2. 투자 수익률을 모르는 상황에서 어떻게 예산을 투입할 수 있을까?

이 책을 통해 여러 차례 강조될 부분인데, 가장 성공적인 제품들은 처음에는 장난처럼 보이거나 터무니없어 보이는 아이디어로부터 시작된 것들이었다. 무가치한 프로젝트에 돈을 허비하지 않고 증거, 실험, 비전을 기초로 투자하는 법을 배우는 것은 매우 어렵지만 중요한 기술이다.

## 3. 자율적으로 운영되는 팀의 성장을 평가할 적절한 이정표는 어떻게 만들까?

미래를 예측하기 어려운 상황에서 스타트업 조직의 성장을 어떻게 정의할 수 있을까? 정확한 예측이 선행되지 않으면 전통적인 경영 도구들의 상당수는 더 이상 기능하지 못한다. 이런 문제 때문에 스타트업 투자자들은 곤란한 상황에 빠지곤 한다. 이상적으로는 투자자들은 자신들이 어느 시점에서 얼마의 이익을 회수하게 될지 미리 예상할 수 있기를 바란다. 예를 들면 전통적인 벤처 투자사는 '시리즈 A' 투자(시제품을 정식 제품으로 만드는 과정에서 받는 투자)를 한 후, 자신이 투자한 스타트업이 언제 첫 번째 제품을 출시할지, 언제 고객 수 100만 명에 도달할지, 언제 매출 1000만 달러에 도달할지 등에 대해 알고 싶어 한다.

하지만 현실에서는 이와 같은 예측을 정확하게 한다는 것은 불가능에 가깝다. 일부 예측은 맞을 수도 있다. 목표로 했던 시점에 첫 번째 제품을 출시할 수도 있다. 하지만 기대하는 만큼 고객들이 관심을 갖지 않을 수도 있고, 전혀 기대하지 않던 곳에서 열렬한 팬들이 나타날 수도 있다. 매출은 기대만큼 빠르게 늘지 않을 수도 있지만, 고객 한 명당 발생하는 매출액은 기대보다 훨씬 더 크게 나타날 수도 있다. 이처럼 정확한 예측이 불가능한 상황에서 우리는 어떻게 해야 할까?

일반적인 재무 전문가들은 어떤 조직이 단지 몇 퍼센트만이라도 목표에 미달하면 투자금을 회수하도록 훈련되어 있다. 하지만 스타트업에 투자하는 경우라면 목표에 크게 미달하더라도 더 많은 액수를 투자할 수 있어야 한다. 그렇게 하려면 정확한 예측을 할 수 없는 상황에서도 쓸 수 있는 새로운 성장 이정표가 필요하다.

## 4. 직원들이 창업가 정신을 키울 수 있도록 어떤 식의 교육 훈련과 코칭을 제공해야 할까?

전과는 완전히 다른 리더십을 지닌 멘토들이 필요하다. 젊은 스티브 잡스가 여러분의 조직에 들어온다면 어떻게 하겠는가? 이와 같은 질문을 제기하면 대부분의 리더는 만약 자신의 조직에 젊은 스티브 잡스가 들어온다면 그 사람이 퇴직해서 자신의 회사를 차리지 않고 지금 조직 내에서 비전과 능력을 최대한 발휘할 수 있도록 도와주겠다는 답을 한다. 그런데 이와 같은 대답과는 달리 기업들이 스티브 잡스와 같은 유형의 직원들을 내치는 게 현실이다. 새로운 시도를 하고 반복적으로 실패하는 직원들이 조직 내에서 자기 자리를 지키기란 너무나도 어려운 일이다. 하지만 성공한 창업가들은 실패야말로 최고의 스승이라는 점을 잘 알고 있다. 그리고 그들 대부분은 자신의 창업가 적 역량을 발전시켜 주고 도움을 주었던 멘토들과 투자자들을 만났기 에 성공할 수 있었다. 다음 장에서 구체적으로 다루겠지만, 실리콘 밸 리에는 창업을 하려는 사람들을 지원하는 광범위한 네트워크가 형성 되어 있다. 이러한 직원들을 사내에 계속 두고 싶은 회사는 그와 같은 지원 제도를 내부에 만들 필요가 있다.

### 5. 직원들이 스스로를 '창업가'로 분명히 인식하게끔 만들어 주기 위해 어떤 식의 인적 교류를 제공할 수 있을까?

'창업가'를 위한 간행물이나 협회도 없고 대부분의 조직은 회사에서 제공하는 인력 개발 측면의 지원도 거의 없다. 스타트업 방식을 전파 하는 사절로서 우리는 이러한 새로운 기능이 널리 퍼질 수 있도록 지 원 체계를 만들어야 한다. 이 책을 읽고 있는 독자들은 대부분의 경우 저마다 엔지니어링, 마케팅, 제품 개발, 영업 등 전문 분야를 가지고 있을 것이다. 이때 회사의 다른 사업부에서 일하는 같은 전문 분야의 동료들, 다른 회사에서 비슷한 일을 하는 사람들, 업계 전시회나 회의 에서 만나는 사람들, 이들로부터 얻을 수 있는 정보와 지식에 대해 생 각해 보라. 회사에 대한 기여도에 따라 다양한 이름의 상을 받을 수도 있고, 벤처 투자를 받은 창업가 중에도 상을 받는 사람이 있다. 하지 만 사내 창업가들에게는 상은 고사하고 필요한 지원도 제대로 제공하 지 않는 게 현실이다. 바로 몇 년 전까지 스타트업이었다가 폭발적인 성장을 통해 대기업이 된 회사들의 상황도 마찬가지다!

## 6. 어떻게 해야 적절한 팀에 적절한 사람을 배치할 수 있을까?

"스타트업 조직에는 아무나 배치할 수 있는 게 아닙니다." 한 대기업 내 창업가가 예전에 나에게 했던 말이다. 사실 너무나도 많은 사내 스타트업이 조직의 성공에는 무관심한 사람들을 팀원으로 두고 있다. 사내 스타트업 조직을 활용하려는 경영자들이 많은 어려움을 겪고 있는 문제가 바로 적절한 사람을 찾는 일인데, 사내 스타트업을 운영하기 위해서는 적절한 창업가를 찾는 방법이 회사의 인사 팀에 도입되어 있어야 한다. 오늘날 대부분의 직원은 자신의 경력 경로에 도움이 되는 일을 맡기를 바라며, 그와 같은 일을 찾는 데 매우 능숙하다. 표면적으로는 경영자가 직원을 어떤 임무에 배치하는 것처럼 보이지만 사실 직원들은 자신이 생각하는 잘못된 프로젝트에는 배치되기를 바라지 않는다. 그리고 그들은 그와 같은 일을 막기 위해 다양한 방어책을 가지고 활용한다. 이는 내가 기업 경영자들과 대화를 나눌 때 종종 농담처럼 하는 이야기다. 경영자들과 직원들이 생각하는 바가 달라 양측에서 정치 공작을 하게 된다면 그 과정에서 엄청난 에너지 낭비가 발생할 뿐이다. 위험하고, 불확실하고, 대부분의 직원이 기피하는 사내 스타트업에 기업 내 창업가들을 유인하기 위해서는 기존 체계와는 분리된 인사 체계가 필요하다.

## 7. 새로운 승진 체계와 장려금 제도는 어떻게 만들까?

좋은 결과를 위해 선의를 가지고 규정을 우회하는 경우와 역량 부족이나 준법 의식 부족으로 규정을 어기는 경우 간의 차이를 구분해 내는 것은 매우 어려운 일이다. 그리고 가짜를 구분해 내는 것도 매우 어려운 일이다. 실리콘 밸리에는 스티브 잡스처럼 옷을 입고 행동하는 짝퉁 창업가들이 있는데, 그런 사람들 때문에 한 유명 벤처 투자사에는 똑같은 실패를 반복하는 사람을 조심해야 한다는 말이 돌고 있을 정도다. 실제로 실리콘 밸리에는 자꾸만 똑같은 실패를 반복하면서 비슷한 사업 계획서를 들고 와서 투자금을 유치하려는 사람들이 있고, 이들 중에는 계속해서 투자금을 유치해 내는 사람들도 있다. 역사적으로 가장 성공한 창업가들 다수는 자신의 스타트업 시절에 한번 또는 그 이상의 실패를 경험했던 사람들이라는 점에서 진짜와 가짜를 구분해 내는 것은 매우 어렵다.

• • •

이와 같은 역량을 갖추는 일이 무척이나 어려워 보일 수도 있다. 그러나 전통적인 경영 방식이 이끌어 내지 못하는 조직의 역량은 무척이나 거대하며, 이와 같은 사실은 새로운 가능성을 의미한다.

사실 창업한 지 몇 년 지나지 않은 스타트업이라 하더라도 업계의 문화와 규범 같은 것들에 얽매이게 되며, 이는 창업가들의 가능성을 제약하는 결과로 이어진다. 이와 같은 상황을 당연한 것으로 받아들여 누구도 심각하게 문제 제기를 하지 않고 있을 뿐이다. 하지만 이와 같은 상황을 방치한 채로 스타트업이 성장하게 되면 그만큼 문제는 누적되고 커질 뿐이다.

그런 이유로 실리콘 밸리 스타트업들의 구조와 시스템을 깊이 살펴볼 필요가 있는데, 바로 다음 장의 주제다.

## 3장
# 실리콘 밸리의 스타트업들

**"크게 생각하라. 작게 시작하라. 빠르게 성장하라."**＿＿＿＿＿＿

스타트업 사람들은 괴팍하다. 우리는 많은 일을 두고 의견 충돌을 일
으킨다. 하지만 반목과 불화의 겉모습과는 달리 스타트업 사람들은
일련의 신념을 공유하며, 이러한 신념은 실리콘 밸리 스타트업들의
과감한 도전과 빠른 성장을 뒷받침하는 근간이다.

　이번 장에서 실리콘 밸리의 모든 것을 처음부터 끝까지 소개하지
는 않는다. 실리콘 밸리에 대해 다룬 책은 이미 많이 나와 있으며, 일
반에 많이 알려진 부분까지 여기서 반복해 다루지는 않을 것이다.[주1]
이번 장에서 소개하려는 것은 실리콘 밸리 스타트업들의 독특한 경영
방식과 경영 구조이며 나는 그 회사들의 성공의 열쇠가 여기에 있다
고 생각한다.

　실리콘 밸리에서는 오랫동안 시행착오를 거치며 위험을 관리하고
생산성을 높이고 초고속 성장을 가능하게 하는 독특한 경영 시스템을
만들어 냈다. 그리고 이 경영 시스템의 핵심은 단기적인 성과가 아니
라 장기적인 비전을 추구하는 문화를 만들어 내는 것이다.

　실리콘 밸리의 경영 시스템은 기업의 일반적인 문제들을 해결하는
데에도 매우 효과적이다. 따라서 이번 장의 내용은 대기업의 상황에
도 실질적으로 유용할 거라고 생각한다.

　미리 언급하고 싶은 점이 있는데, 내가 여기서 "실리콘 밸리"라고

언급하는 것은 미국 캘리포니아에 있는 특정 구역을 지칭하는 게 아니다. 내가 말하는 실리콘 밸리는 세계 곳곳에 있는 스타트업 허브를 통칭하는 것이며, 나는 스타트업 허브에는 공통된 신념과 행동 양식이 존재한다고 믿는다. 내가 실리콘 밸리를 스타트업 허브의 통칭으로 사용하는 것은 독자들의 이해를 돕고 이야기 진행의 편의를 위해서다(지금 세계 각지에는 계속해서 새로운 스타트업 허브가 형성되고 있으며, 스타트업 허브에서 활동하는 스타트업 창업가들의 관계 형성을 지원하는 조직들도 활성화되고 있다).[주2]

이제 본론에 들어가려고 한다. 스타트업들은 어떻게 움직일까? 스타트업 사람들이 공유하고 있는 신념이란 무엇일까? 스타트업들의 경영 방식과 경영 구조는 일반 대기업에서 어떤 식으로 적용될 수 있을까?

## 팀이 기본이다

실리콘 밸리 사람들이 공유하고 있는 가장 기본적인 믿음은 "팀이 기본이다"라는 것이다.[주3] 이 믿음은 많은 의미를 함축하고 있으며 실리콘 밸리 스타트업들에 투자하는 사람들 역시 팀을 기준으로 투자 여부를 판단한다.

일반적인 기업의 경영자들은 좋은 아이디어를 찾고 전략을 정하고 계획을 수립한다. 목표를 정한 후에는 그러한 목표를 수행할 사람들을 찾는데, 사람들을 찾을 때는 개인에 대한 평가가 기준이 된다. 이력서에 나와 있는 과거 성과와 출신 배경 등을 따져 보는 것이다(그리고 여기에 약간의 정치적인 요소가 가미되는 게 현실이다).

하지만 실리콘 밸리에서는 개인이 아닌 팀 기준으로 평가가 내려진다. 투자자들이 투자 결정을 할 때는 팀을 먼저 보고 그다음에 아이디어를 보는 것이다. 물론 투자자들도 강력한 팀에 탄탄한 아이디어와 좋은 전략이 있으면 성공 가능성이 높다고 믿지만, 그렇다고 아이디어나 전략에 꼭 동의하는 것은 아니다. 사실 대다수 경험 많은 투자자는 팀이 시간과 상황 변화에 따라 아이디어와 전략을 바꾼다는 걸 안다. 오히려 계획이 바뀌어도 미래의 성공을 위해 좋은 계획을 다시 만들어 내는 능력을 본다.

마찬가지로 팀이 빠른 매출 신장세를 보이고 첫 고객 그룹으로부터 좋은 반응을 얻고 유효 학습(실제 데이터에 기반을 둔)을 해내면 투자를 잘했음이 입증된다. 그런데 이번에도 역시 실리콘 밸리에서 투자자들이 주목하는 것은 매출 신장세 자체가 아니라 그와 같은 일을 이루어 내는 팀의 역량이다.

『린 스타트업』에서 IMVU의 투자 유치 사례를 소개한 바가 있다. 나는 IMVU의 공동 창업자 중 한 명이었는데, 당시 우리는 창업 초기부터 빠른 매출 신장세를 보이고는 있었지만 매출액의 절대적인 크기는 미미했던 상황에서 투자를 유치하기 위해 프레젠테이션에서 다녔다. 그때 한 투자자가 우리의 가능성을 인정해 주었다. 그는 우리가 움직이는 방식에 주목했다. 우리는 프레젠테이션을 통해 우리가 빠르게 움직이고, 과학적인 근거를 토대로 의사 결정을 하고, 제품 개발 역량이 뛰어나고, 부족한 자원을 효율적으로 사용하고 있다는 점을 내세웠는데, 그와 같은 프레젠테이션을 지켜본 그 투자자는 우리의 성공 가능성이 높다고 판단을 내렸다. 그리고 그의 판단은 옳은 것으로 판명 났다. 그 투자자는 제한된 정보에도 불구하고 우리 팀의 움직임에 주목했고 확신을 가지고 투자를 집행했고 큰 성공을 거두었다.

## 작은 팀이 큰 팀을 이긴다

실리콘 밸리 사람들은 작은 팀이 가지고 있는 힘을 믿는다. 전통적인 기업들이 중요한 프로젝트일수록 대규모 팀을 꾸려서 일을 진행하는 것과는 대조적이다. 이와 관련하여 USDS에서 책임자로 일했던 마이키 디커슨Mikey Dickerson은 이런 말을 한 적이 있다. "정부 기관에서 무언가 중요한 프로젝트를 추진한다고 하면서 수백, 수천 명의 인원을 배치하지 않았다면 그건 정말로 중요한 프로젝트가 아니라는 의미입니다. 하지만 구글 같은 기업은 검색 엔진을 개발하면서 아주 적은 숫자의 인원으로 그 일을 해냅니다. 10~15명 정도의 사람으로 해낼 수 있다는 판단이 들면 그 정도의 인원으로 팀을 꾸릴 뿐입니다. 그 인원으로 해낼 수 있는 최대한의 성과를 뽑아내죠. … 팀원 숫자는 최소한으로 가져가되 개별 팀원에게는 최대한의 권한을 주는 겁니다."

뚜렷한 목표를 가지고 있는 작은 팀은 상상 이상의 힘을 발휘할 수 있다. 이는 다수의 스타트업 조직에 직접 참여하여 일해 본 경험에서 나오는 말이다. 실리콘 밸리의 많은 사람이 불가능해 보이는 것을 이루어 내는 작은 팀을 수도 없이 목격해 오고 있기 때문에 그들은 작은 팀이 발휘할 수 있는 힘에 대해 확신을 가지고 있다.

그렇다면 소규모 스타트업 조직이 엄청난 힘을 발휘할 수 있는 이유는 무엇일까? 우선 공유하는 목표 의식이 분명한 진짜 동료들 사이에 존재하는 강한 연대감과 의사소통을 들 수 있다. 모두가 그곳에 있기를 원해서 있는 것이고, 특히 창업 초기 스타트업에 합류한 멤버들은 개인의 재정 상태나 경력 경로에 있어 상당한 위험을 감수하고 그곳에 있는 것이다. 팀에서 반드시 행해져야 하는 일을 행하려고 한다. 조직의 유연성도 중요한 이유가 된다. 모든 사람이 중요한 책임을 맡고 있고, 그 중요한 책임의 수행을 위해 수평적으로 의사소통을 하는 상황에서 관료주의가 형성될 여유는 없다. 사실 대기업에서 발생하는 조직 관리 측면의 문제 중에는 조직 구성원이 물리적, 감정적으로 가까이에 있었다면 발생하지 않았을 것도 많다. 린 스타트업 방법론에서 중요하게 소개한 개념 중 '방향 전환'(pivot: 비전은 계속 유지한 채 전략만 바꾸는 것을 의미)이라는 게 있는데 방향 전환을 유연하게 할 수 있는 것도 소규모 스타트업의 강점이다(자세한 내용은 4장에서 다룬다).

스타트업의 절박함도 강한 조직이 될 수밖에 없도록 만드는 요소다. 반드시 이루고자 하는 목표가 있지만 활용할 수 있는 자원이 매우 부족한 상황에서는 집중할 수밖에 없다. 시간이든 자금이든 불필요한 일에 낭비할 수 있는 여유는 없으며, 조금만 여유를 부려도 스타트업은 곧바로 사망에 이를 수 있다.[주4]

특히 기술 산업에서 스타트업들이 기존 기술이나 제품 요소들을 차용하기 위해 애쓰는 것도 이 때문이다. 지금은 역사상 그 어느 때보다도 정식 허가나 제휴 없이 사용할 수 있는 기술이나 제품 요소가 많은 시절이다. 레딧reddit과 힙멍크Hipmunk의 공동 창업자인 알렉시스 오헤이니언Alexis Ohanian은 자신의 책 『Without Their Permission』에서 다음과 같이 쓰고 있다. "인터넷은 개방 시스템이다. 인터넷이 지금처럼 활성화되고 있는 것은 그 안에서 창의적인 활동을 할 때 누구의 허락도 받을 필요가 없고, 모든 사이트에 대한 접근성이 공평하게 보장되기 때문이다."[주5] 마크 저커버그가 하버드 대학 시절 떠오른 아이디어를 실행으로 옮기려고 했을 때 수십 곳의 기업을 찾아다니며 기술 사용 허가를 받아야만 했다면 과연 오늘날의 페이스북이 존재할 수 있었을지 의문이다.

그런데 실리콘 밸리 사람들이 작은 팀의 힘을 믿는다고 해서 소규모 기업을 선호한다는 의미는 아니다. 스타트업을 시작하는 사람 중자신의 기업이 계속해서 소규모 기업으로 남아 있기를 바라는 사람은거의 없다. 스타트업은 전위 부대 같아서 필사적으로 제품/시장 적합성product/market fit을 탐색한다. 그러다 공략 대상을 발견하면 그들은 최대한 빠르게 대규모 부대로 개편을 추진한다. 그리고 이러한 변신 과정에서 새로운 문제들이 출현한다.

**실리콘 밸리의 스타트업은 복합기능 구조를 가지고 있다**_____
스타트업은 본질적으로 복합기능 조직이다. 창업 멤버 모두가 엔지니어이고 새로운 제품 개발을 목표로 스타트업을 설립했다 하더라도 그들은 개발 업무 이외의 일들도 처리해야 한다. 재무, 고객 확보, 마케팅, 고객 서비스 같은 일들을 생각해 보라. 스타트업이 성공적인 초기를 보내고 추가 투자를 받아 개발 분야 이외에 다양한 분야의 전문가를 영입한다고 해서 상황이 크게 달라지는 것은 아니다(이런 상황일때 크로스 트레이닝이 때때로 기대하지 못했던 결과를 내기도 한다.내 경우도 개발자로서 공동 창업을 했으나 나중에 회사가 성장하면서마케팅 분야를 책임지게 되었고, 그런 다양한 분야에서 쌓은 경험 덕분에 린 스타트업 방법론을 만들 수 있었다. 물론 마케팅에 관한 지식이 거의 없었던 나는 개발자의 태도와 마음가짐으로 마케팅 업무에임할 수밖에 없었다).

실리콘 밸리의 투자자들 역시 투자 대상을 평가할 때 복합기능 팀인지를 중요하게 생각한다. 프로젝트 성격에 따라 또는 창업자들이 초기에 동원할 수 있는 자원이나 인력에 따라 다양한 모습으로 나타날 수는 있으나 복합기능 팀이 되어야 한다는 점은 달라지지 않는다. 어떤 스타트업의 경우는 제품 개발자, 생산 관리 전문가, 영업 전문가 같은 사람들로 구성될 수도 있고, 또 다른 스타트업의 경우는 제품 개발자, 마케팅 전문가, 회계 전문가 같은 사람들로 구성될 수도 있다. 그렇다 하더라도 각자의 역할은 자신의 전문 분야로 고정되는 게 아니다. 스타트업 구성원의 임무나 역할은 팀의 필요에 따라 끊임없이 순환된다.

## 모든 프로젝트에서 가장 기본이 되는 것은 고객이다

나와 협업을 진행했던 전통적인 기업 중 상당수가 문제를 해결하겠다고 나서면서도 고객 관점에서 문제를 바라보지 못하고 있었다. 어떤 팀의 경우는 이미 기존 경쟁자들이 장악하고 있던 시장에 비슷한 제품으로 뒤늦게 뛰어든 상태에서 제품이 팔리지 않는다고 고민하고 있었다. 나는 그 팀에 문제가 뭐라고 생각하느냐고 물었다. 그 팀의 리더는 이렇게 대답했다. "문제는 이 시장에서 우리 회사의 점유율이 충분히 높지 않다는 것이겠죠." 매우 적절치 못한 인식이었다. 사실 고객들은 시장 점유율 따위에 관심이 없다. 고객들이 관심을 갖는 것은 어떤 제품으로 인해 자신의 삶이 더 개선될 수 있을지 여부다.

재무, 인사, IT 같은 내부 프로젝트가 되었든, 아니면 외부 유통망을 통해 판매되는 제품에 관한 것이 되었든, 사람들은 '고객'이 무엇을 의미하는지 잘 모를 때가 많다. 한 대기업의 IT 팀에서는 회사 업무를 위한 시스템을 개발하면서 그 시스템을 사용하게 될 현장 부서 직원들의 의견을 전혀 듣지 않았다. 그저 자신들이 생각하는 가장 효율적인 시스템을 개발하려고 했을 뿐이었다. 그들에게 고객은 필수가 아닌 선택의 문제였고, 그래서 고객들과 논쟁을 하기보다는 자신들끼리 답을 찾으려고 했던 것이다.

나는 새로 개발한 IT 시스템에 관하여 실제 사용자인 현장 부서 직원들의 의견을 조사해 보라고 그 IT 팀에 제안했다. 조사 결과는 충격적이었다. 현장 부서 직원들은 새로운 IT 시스템이 너무나도 불편했던 나머지 가급적 그 시스템을 사용하지 않는 방향으로 업무를 처리하려고 했고, 심지어 일부 직원은 아예 그 시스템을 사용하지 않고 있다는 답을 했다. 회사 제품을 구매해 주는 고객들이건, 아니면 회사 내부 고객들이건, 고객들은 언제나 대안을 가지고 있다. 무언가를 고민하여 내놓았다고 해서 고객이 알아서 사용해 주는 것은 아니다.

아마존은 새로운 제품이나 서비스를 개발할 때 가장 먼저 고객을 탐구해야 한다는 원칙을 수립해 두고 있으며, 이러한 원칙에 입각한 업무 방식을 '워킹 백워드working backward'라고 부른다. 새로운 것을 개발하거나 업데이트할 때면 외부 고객 또는 내부 고객의 의견을 청취하고 이를 반영한다. 새로운 제품이나 서비스가 고객의 문제를 해결하고 고객의 삶을 개선할 수 있도록 만들어 나가는 것이다.[주6] 고객 관점에서 문제를 파악하고 해결책을 만들어 내지 않는 한 어떤 것도 이루어지지 않는다. 따라서 기업은 계속해서 탐구하고 확인해야 한다.

여기서 가장 강조하고 싶은 단어는 '개선'이다. 단순히 고객의 문제를 해결하는 게 아니라 전에 없던 방식으로 고객의 삶을 개선하고 고객에게 기쁨을 주려고 해야 한다. 이것이 바로 실리콘 밸리의 기업들이 추구하는 것이다.

## 실리콘 밸리 스타트업들의 독특한 재무 구조_____

세상을 바꾸겠다거나 고차원적인 사명을 추구하겠다는 선언을 할 수도 있겠지만, 스타트업을 창업하는 기본적인 목적은 이윤 추구다. 물론 모든 스타트업이 그렇지는 않다. 나는 국제 비영리 단체와 몇 년간 일해 보기도 했다. 그런데 이윤을 추구한다고 하더라도 거의 모든 스타트업이 창업 초기에는 이익을 내지 못하므로 스타트업의 가치를 평가할 때는 향후 미칠 영향력을 가늠하는 것이 합리적이며, 이에 관해서는 9장에서 자세히 논하려고 한다. 실리콘 밸리 업무 방식의 핵심적인 부분 중 하나는 직원 모두가 결과에 대한 보상을 기대하고 업무에 참여하는 것이다.[주7] 영리를 추구하는 스타트업에서 이는 직원들이 주식을 소유할 수 있음을 의미한다.

주식 배분은 스타트업 생태계를 활성화하는 매우 중요한 요소지만 상당히 복잡한 재무적 계산을 요한다. 실리콘 밸리에서 주식 배분은 이익 배분이나 조합 활동보다 훨씬 더 강력한 동기 부여책이다. 그렇다면 스타트업의 주식 가치는 어떻게 정해져야 할까? 이는 매우 복잡다단한 문제다. 스타트업은 투자를 받을 때마다 투자자들과 창업자들이 모여 주식 가치에 대해 협의한다. 스타트업의 주가를 결정짓는 주요한 요소는 두 가지다. 하나는 현재 시점에서 스타트업이 보유하고 있는 유무형의 자산 가치인데 이는 제품, 보유 인력, 영업망, 매출액 같은 것들로 산정된다. 그리고 다른 하나는 스타트업의 미래 가능성인데, 이는 말 그대로 스타트업의 성공 가능성으로 산정된다. 미래에 1000억 달러 가치의 기업으로 성장할 가능성이 1%라면 그 스타트업의 현재 가치는 10억 달러로 평가받는다.[주8] 물론 미래의 가치를 어떻게 예상할 것인지 그리고 그 가능성은 어떻게 정해지는 것인지와 관련하여 이 두 번째 부분은 많은 논란을 낳는 부분이기도 하다.

어쨌든 이와 같은 방식을 고려했을 때 스타트업의 가치를 높일 수 있는 방법으로는 다음 세 가지를 들 수 있다.

1. 새로운 제품들을 개발하고 유능한 인력을 채용하고 매출액을 늘리는 식으로 기업의 현재 가치를 높인다.
2. 미래의 성공 가능성을 높인다(1000억 달러 가치의 기업으로 성장할 가능성을 높인다).
3. 미래의 성공 규모를 키운다(1000억 달러보다 더 큰 미래 가치의 가능성을 제시한다).

스타트업의 기업 가치에 대한 평가가 겉으로 보이는 성장세와 상관없이 크게 달라지는 이유가 바로 여기에 있다. 현재의 실험적 도전이 미래의 성공 가능성을 높였다는 평가를 받으면 해당 스타트업의 기업 가치는 크게 높아진다. 새로운 고객이나 영업망을 확보하는 것도 스타트업의 기업 가치를 높이는 일이다.[주9] 그리고 이와 같은 요소들이 복합적으로 작용하면 스타트업의 기업 가치는 폭발적으로 높게 평가받을 수도 있다.

투자자들은 기업의 가치를 오직 외부에서 바라볼 수밖에 없는데, 스타트업의 빠른 성장세는 투자자들에게 확신을 주는 가장 강력한 증표다. 스타트업의 현재 가치만이 아니라 미래의 가능한 기업 가치와 미래의 성공 가능성을 전부 높게 평가받을 수 있다. 스타트업이 추진하는 혁신의 가치는 그것이 미래에 만들어 낼 가능성으로 평가받는다.

스타트업의 창업 멤버들에게 주식을 배분하는 것은 창업 멤버들을 스타트업의 미래 성공으로 유인하는 가장 강력한 수단이다. 단순히 현금으로 주는 상여금과 달리 주식 배분은 스타트업의 미래 성공을 함께 나눈다는 의미가 있기 때문이다.

주식을 배분받은 창업 멤버들은 회사의 성공에 필요한 위험을 감수하고, 자신에게 요구되는 일을 기꺼이 받아들인다. 창업 초기의 스타트업은 비영리 단체와 같은 모습으로 가동되며, 이때 가장 중요한 것은 미래에 끼칠 영향력이다.[10]

전통적인 소기업과 주식 배분을 하는 스타트업 사이의 가장 큰 차이점은 임직원들이 투자자처럼 생각하고 행동하느냐의 차이다. 전통적인 소기업 소유주는 이익이 발생하면 그 돈으로 무엇을 할지 혼자서 고민하고 판단한다. 그리고 기업 성장을 위해 투자되는 돈은 전부 소유주로부터 나온다. 당연히 기업의 미래를 위한 모든 결정은 소유주 혼자서 끊임없이 내려야 하는데, 이는 상당히 고통스러운 일이 될 수 있다. 게다가 투자 위험도가 클수록 그 고통은 더욱 커진다. 손실 회피 성향이라는 심리적 작용 때문이다.

스타트업의 초기 주식 배분은 기업의 미래 성공을 담보로 직원들에게 제공하는 보상이기 때문에 임직원들로 하여금 기업의 장기적인 발전과 자신의 성공을 동일선상에 놓도록 만드는 효과가 있다. 물론 주식 배분이 완벽하면서도 유일한 인센티브라는 말은 아니며, 실리콘밸리의 스타트업들이 임직원들에게 제공하는 보너스의 유형은 다양하게 나타난다.

금전적 보상은 만능 해결책이 아니다. 여러 연구에 따르면 생산성 향상을 위해 직원들에게 제공하는 금전적 보상은 오히려 생산성 제고에 역행하는 결과로 이어지는 경우가 종종 있다고 한다.<sup>주11</sup> 게다가 사람들이 스타트업에 참여하는 이유는 대부분의 경우 돈 때문이 아니다. 바로 스타트업이 제시하는 미래의 목표나 비전을 함께 이루어 내고자 하는 욕구 때문이다. 이러한 욕구에 가장 부합하는 인센티브가 바로 주식 배분이다. 주식 배분 덕분에 직원들의 본질적인 창의력, 헌신, 동기 부여가 활성화된다.

## 선행 지표에 주목하라

스타트업들은 자신이 미래에 어떤 영향을 끼쳐야 할지 잘 알아야 더 높은 기업 가치를 지닐 수 있다. 회사마다 다르지만 여러 가지 지표는 구체적 의미가 있고 성장의 모든 단계에서 가드레일 역할을 함으로써 위험을 완화하는 데 도움이 된다.

기업과 관련된 지표는 후행 지표와 선행 지표로 구분할 수 있다. 후행 지표는 매출액, 이익, 투자 수익률, 시장 점유율과 같이 이미 전개된 상황을 파악할 수 있도록 해 주고 선행 지표는 고객 충성도, 고객 만족도, 유닛 이코노믹스, 재사용률, 전환율과 같이 미래에 전개될 상황을 파악할 수 있도록 해 준다. 기업의 사업 계획은 예측을 기반으로 만들어지며, 총 지표gross metrics로 제시된다(린 스타트업 운동에서는 이를 허무 지표라고 부른다). 스티브 블랭크Steve Blank는 프러시아의 군사 전략가 헬무트 폰 몰트케의 말을 부연해 이렇게 말했다. "첫 번째 고객과 접촉하기 이전에 사업 계획은 모두 다 틀어지게 된다."<sup>주12</sup> 그런가 하면 아이젠하워 장군은 이런 말을 하기도 했다. "계획이란 소용없는 것이다. 하지만 계획 수립은 반드시 필요하다."<sup>주13</sup> 그리고 실리콘 밸리의 경험 많은 사업가들은 지난 수십 년간 쓰라린 경험을 통해 이를 배웠다.

스타트업 초기, 그러니까 후행 지표들이 의미 있는 숫자를 나타내기 전까지 기간에 우리는 어떤 지표들에 주목해야 할까? 『린 스타트업』에서 나는 소프트웨어 분야의 다양한 사례를 소개했고, 그중에는 나 자신의 실패 사례도 들어 있었다. 내가 창업한 스타트업은 계속해서 고객들을 끌어들이고 있었고 우리는 그와 같은 상황에 고무되어 있었다. 그렇게 만들어 놓은 고객 기반이 실제 매출로 연결되는 전환율은 그다지 높지 않은 상태로 계속 유지되고 있었지만, 우리는 전환율에 신경 쓰지 않고 제품 개선에만 신경을 썼다. 그와 같은 상태가 계속 유지되었다면 참담한 실패로 끝났을 테지만 우리를 살렸던 것은 대시보드였다. 그 대시보드에 나타난 지표들은 제품 개선에도 불구하고 고객들의 구매로 연결되지는 않고 있다는 점을 우리에게 알려 주고 있었다(지표들을 활용하는 방법에 대해서는 9장에서 더 자세히 다루려고 한다).

요즘은 거의 모든 스타트업에서 팀과 위원회가 정기적으로 볼 수 있는 지표 대시보드를 보유하고 있다. 좀 더 최근 추세는 사무실 한편에 설치한 대형 모니터로 실시간 대시보드를 모든 사람이 볼 수 있도록 하는 것이다. 스타트업에서는 이와 같은 투명성을 선호하는데 대기업에서는 이를 꺼린다. 하지만 협력 도구로 이는 매우 유용하다. 모두가 같은 지표를 공유하면 회사가 얼마나 잘 해 나가고 있는지 의문이 생기지 않는다.

## 실리콘 밸리의 계량 방식 펀딩

몇 년 전에 실리콘 밸리를 방문하고 싶어 하던 일단의 대기업 임원들에게 실리콘 밸리 안내를 해 준 적이 있다. 우리는 멋진 본사 건물을 신축한 성공한 기업들도 방문했고, 이제 막 시작한 스타트업들도 방문했다. 우리가 방문했던 스타트업 중에는 당시만 해도 상당히 낙후되어 있던 샌프란시스코 사우스 파크 인근에 위치한 창고 건물 한쪽 구석에 세 들어 있던 회사도 있었다. 그 스타트업 사무실은 건물 뒤편의 비상계단과 비상구를 거쳐 들어가야 했다.

그 스타트업 내부는 실리콘 밸리 기술 스타트업의 전형적인 모습이었다. 값싼 중고 가구가 놓여 있었고 멋진 디자인의 초고성능 컴퓨터 옆에는 흔히 먹는 간식이 수북하게 쌓여 있었다. 정장 차림의 대기업 임원들은 문화적 충격을 받은 듯한 모습이었다.

나는 그 스타트업 사람들과 내가 데려온 대기업 임원들 간에 대화의 시간을 주선했다. 대기업 임원들은 주로 이런 질문들을 했다. "투자자들에게 신뢰를 주기 위해 어떻게 하고 있습니까?" "투자자들에게 얼마나 자주 현황 보고를 하고 있나요?" "사업이 엉뚱한 방향으로 나아가거나 투자금이 잘못 사용되는 경우를 막기 위한 장치들은 있습니까?"

그 스타트업의 창업자 겸 CEO는 예상치 못한 질문들에 당황해하는 기색이 역력했다. 사실 나는 그 스타트업에 투자한 사람 중 한 명이기도 했다. 내가 창업자에게 내 투자금을 보고나 감독 없이 쓸 수 있게 해 주었다고 하자 임원진들은 경악했다.

나는 투자 위험을 낮추기 위한 실리콘 밸리의 투자 방식을 설명하면서 계량 방식 펀딩metered funding에 대해 이야기했다(계량 방식 펀딩은 정해진 액수를 일괄적으로 지급하는 자격 기반 펀딩과는 다른 방식인데, 이에 대해서는 7장에서 자세히 다루려고 한다).

이 회사의 창업 초기 펀딩은 수십만 달러에 불과했다. 창업자들이 초기 자금을 모으는 것은 쉬운 일이 아니며, 보통 몇 달간 이삼십 군데의 투자처를 찾아다니며 투자 요청을 해야 한다. 하지만 일단 투자를 받으면 그 돈은 온전히 창업자들의 것이 된다. 투자자들은 약정한 금액을 스타트업의 계좌로 이체해 준다.

실리콘 밸리에서는 투자받은 돈은 창업자들의 것이 된다. 이 돈을 쓰는 데 별다른 감독을 받지는 않는다(특히 창업 초기에 투자받은 돈의 사용은 매우 자유롭다). 하지만 아무런 진전을 이루어 내지 못한 상태에서 추가로 투자를 받는 일은 사실상 불가능하다(스타트업의 진전을 어떻게 평가할 것인지에 대해서는 4장에서 다룰 것이다).

창업 초기 투자금은 위험을 최소화하기 위해 규모를 작게 가져가면서도 혁신의 가능성을 높이기 위해 그 사용에 대해서는 최대한의 자유를 준다. 그리고 추가 투자를 받기 위해서는 스타트업 역시 책임의식을 갖고 자신의 시간과 노력을 가장 효과적인 방식으로 써야 한다. 스타트업은 투자받은 돈에 대해서는 별도의 감독을 받지는 않지만, 의미 있는 진전이 이루어진 경우에는 추가 투자를 받기 위해 그러한 사실을 기존 투자자들과 잠재적인 투자자들에게 적극적으로 알리려고 한다.

스타트업의 투자 보고에 관해 정해진 방식은 없다. 다만 스타트업이 성장하고 성공 가능성이 높아질수록 이사회가 열리는 빈도가 높아질 뿐이다. 물론 이는 실리콘 밸리의 일반적인 규범일 뿐이고, 규칙으로 정해진 경우는 거의 없다. 이사회를 언제 열고 어떤 내용으로 진행할지는 스타트업 쪽에서 결정한다. 전형적인 대기업에서는 예산을 배정받는 경우 그 집행에 대해 철저히 감독을 받지만 실리콘 밸리에서는 완전히 다른 상황이 전개된다.

## 투자자와 이사회의 역할도 중요하다

투자를 받은 스타트업에는 이사회가 있게 마련이고 스타트업은 이사회에 사업 보고를 한다. 이때 사업 보고는 일정표에 따라 정기적으로 이루어지는 게 아니라 창업자들의 판단에 따라 비정기적으로 이루어지며 그런 만큼 보고 내용은 사업 진척도가 중심이 된다. 이사회는 스타트업의 전략적 판단을 도와주는 역할을 하는데, 특히 방향 전환 같은 중요한 결정은 함께 내린다. 스타트업 창업자들과 투자자들이 이와 같은 식으로 움직이는 근간은 계량 방식 펀딩이다.

기존 투자자들은 스타트업에 대해 일상적인 통제를 하지 않는다. 대부분의 경우 이사회 투표에서 다수를 차지하지도 않는다. 투자자들의 영향력은 추가 투자에 대한 필요가 있을 때 발휘된다. 신규 투자자들은 기존 투자자들로부터 정보를 구하고, 기존 투자자들은 스타트업에 대한 평판을 만들어 낸다. 그렇기 때문에 스타트업은 투자자들 사이에서 좋은 평판을 얻을 수 있도록 해야 한다(새로운 투자자들은 자신이 잘 모르는 스타트업에 대해서는 회의적인 시각으로 접근한다). 스타트업 투자자들은 창업자들에 대한 평판을 중시하며 이것이 성공하는 스타트업 투자자들의 방식이다.주14

이사회는 해당 스타트업과 경제적 이해관계에 있는 사람들에게 정보를 제공하는 기능도 담당한다. 벤처 투자사에서는 일반적으로 파트너들이 투자에 관한 결정을 내리는데, 자신들이 투자한 스타트업들에 대해서는 이사회 한 곳에 파트너 한 명이 파견되어 업무를 담당한다. 이때 파트너는 자신이 담당한 스타트업에 관한 정보를 다른 파트너와 공유한다. 보통 벤처 투자사에서는 파트너들이 주간 회의를 열고(옛날에는 항상 월요일에 주간 회의가 있었다) 자신의 투자 포트폴리오에 관한 정보와 의견을 교환한다. 그리고 추가 정보나 분석이 필요한 경우에는 벤처 투자사의 파트너들이 자체적으로 이 문제를 해결한다. 스타트업에 정보 업데이트나 분석 자료를 요구하는 경우는 거의 없다.

벤처 투자사는 파트너들의 돈을 모아서 스타트업에 투자하지 않는다. 벤처 투자사에 돈을 대는 것은 주로 LPlimited partner: 유한 파트너라는 기관이나 개인인데 주로 연금 펀드, 학교 재단, 가족 경영재단, 부유한 개인이 투자금을 댄다. 이 유한 파트너들은 자신이 투자한 돈의 현황을 알고 싶어 하는데, 이들도 스타트업에 정보를 요구하지는 않는다. 이들이 특정 스타트업에 관한 정보를 알고 싶을 때는 해당 스타트업 이사회에 속해 있는 파트너에게 정보를 요구한다. 전통적으로 벤처 투자사는 유한 파트너들을 초청하는 연례 회의를 열고 이 자리에서 자신의 포트폴리오에 포함되어 있는 스타트업들의 현황을 종합적으로 보고한다.

이 역시 일반적인 대기업 방식과는 완전히 다르다. 대기업은 자신의 예산이 투입되는 산하 조직에 대해서는 끊임없이 보고서와 검토 자료를 요구하고, 회의를 열어 책임자들의 참석을 바란다. 내가 대화를 나누어 본 대기업 중간 관리자들의 상당수는 자신의 업무 시간 중 절반 이상이 상급자와 상급 조직에 보여 줄 보고서 작성에 투입된다고 말했다. 무언가를 생산하기 위해 필요한 일이라고는 하지만 너무 지나치다. 실리콘 밸리에서는 정보 요구가 사업 진척을 방해해서는 안 된다는 문화가 자리 잡혀 있다. 정해진 기간 내에 투자자들을 납득시킬 수 있는 성과를 내는 것이 우선이다.

## 실리콘 밸리에서는 능력주의를 믿는다

스타트업 운동에서 가장 널리 받아들여지는 믿음 중 하나는 다음과 같다. 바로 좋은 아이디어는 어디에서라도 나올 수 있고, 자원과 지원은 어떤 사람의 배경이 아니라 능력을 토대로 주어져야 한다는 것이다.

난 능력주의란 말을 쓸 때면 조심스럽고 논쟁의 여지가 있다는 점을 명시적으로 밝히려고 한다. 나는 실리콘 밸리식 능력주의의 허점에 대한 글을 여러 차례 썼는데 그러한 허점의 결과로 펀딩과 채용에서 불이익을 당하는 사례도 있었다.[주15] 게다가 능력주의를 주창하는 기업들이 실제로는 배경을 더 중시하는 행태를 보인다는 연구 결과도 꽤 있다.[주16]

그러나 능력주의를 빼놓고는 실리콘 밸리를 이해할 수 없는 것도 사실이다. 무엇보다 실리콘 밸리에서 일하고 살아가는 모든 이가 능력주의가 현실이 되기를 바란다. 능력주의에 반하는 여러 사례에도 불구하고 능력주의를 추구해야 한다는 믿음이 실리콘 밸리 사람들의 결정을 바꾼 사례도 무수히 많이 있다. 그리고 다른 업계와 비교했을 때는 실리콘 밸리는 분명히 능력주의 세계라고 말할 수 있다.

능력주의라는 것은 누군가가 가지고 있는 자격증이나 학위가 그 사람의 자금 조달이나 사업 성공 여부를 결정하지 않는다는 것을 의미하고, 이러한 믿음은 팀을 중시하는 실리콘 밸리의 문화와 연결된다. 그렇다면 창업자와 창업 팀에 능력이 있는지 여부를 어떻게 판단할 수 있을까? 게다가 실리콘 밸리는 특이한 이력이나 배경을 가지고 있는 사람들, 심지어 사회에서 부적응자라는 평가를 받는 사람들에게도 기회를 제공하는데 말이다. 가장 확실한 답은 부족한 자원으로 초기 성과를 이루어 내는지 여부다. 창업 초기에 이루어 내는 성공을 능력의 가늠자로 삼는 것이다. 그리고 많은 투자자는 창업자의 자금 조달 과정 그 자체를 보고 능력을 판단한다. 자금 조달 과정을 잘 이끌어 나가는 사람이 사업도 잘 이끌어 나가리라고 보는 것이다.

마크 저커버그가 처음 투자를 받을 때의 일화는 매우 유명하다. 그는 페이스북에 대한 아이디어를 가지고는 있었지만 자신의 아이디어를 구체적으로 설명하지는 못하고 있었다. 아마 그가 실리콘 밸리 이외의 전통적인 투자자들에게 투자를 요청했더라면 그의 요청은 단박에 거절당했을 것이다. 그는 투자자들과의 인터뷰에서 이렇게 말했다. "저는 정말로 괜찮은 대학교용 온라인 동문록을 만들고 싶습니다. 학생들에게 인기가 좋을 것 같아요. 하지만 아직은 구체적인 사업 계획은 없습니다."주17 그런데 스타트업 문화 덕분에 투자자들은 저커버그에게 투자했고, 그의 아이디어를 실험해 볼 수 있도록 지원해 주었다. 그는 구체적인 사업 계획은 없었지만 이미 대학 시절에 좋은 결과물을 만들어 냈고, 실리콘 밸리의 투자자들이 중요하게 생각한 것은 바로 그 점이었다. 강력한 선행 지표가 있으면 투자자의 신뢰를 얻을 수 있다. 대기업에서는 모든 것이 체계적으로 갖추어져야 사업이 추진되지만, 스타트업에서는 모든 것을 다 갖추고 있을 필요는 없다. 그리고 '제대로 된' 선행 지표가 있는 것도 아니다. 최고의 투자자들도 중시하는 지표가 저마다 다르다. 물론 경험 많은 투자자는 자신이 정해 놓은 판단 원칙이라는 게 있고, 그렇기에 제한된 정보에도 불구하고 올바른 판단을 내릴 줄 안다.

기업 규모가 커지더라도 능력주의가 계속해서 유지되는 사례도 많다. 몇 년 전 인튜이트에서 린 스타트인Lean StartIN 프로그램의 일환으로 워크숍이 열렸다. 터보택스TurboTax 사업부의 한 사원이 '터보택스 트레이닝 휠스TurboTax Training Wheels' 프로그램이라는 아이디어를 냈는데 터보택스로 세금을 내는 방법을 사람들에게 가르치자는 내용이었다. 그녀는 인튜이트 사용자들에게 터보택스 이용법을 알려 준다면 사람들이 더욱 적극적으로 터보택스를 사용하게 될 것이고, 더 나아가 그들이 주변 사람들에게 터보택스라는 시스템을 홍보해 줄 거라고 했다. 워크숍이 열린 며칠간 그녀의 팀은 일련의 실험을 했고 아이디어가 옳다는 점을 확인했다. 몇 차례 대규모 실험을 한 후 터보택스 파티스TurboTax Parties라는 프로그램을 발표했다. 이 프로그램은 처음에는 500개 파티로 시작했는데, 몇 년 후에는 1만 3000개가량의 파티로 규모가 커졌다. 그리고 지금도 빠르게 성장하는 중이다.

능력주의는 하나를 선택하면 하나를 버리는 방식이 아니다. 능력주의는 능력만 있다면 누구에게라도 기회가 주어지는 것을 의미한다. 조직 구성원 모두가 능력과 의지만 있다면 기회에 도전하고 지원을 받을 수 있는 것이다. 하지만 얼마나 많은 기업이 진정으로 능력주의를 추구하고 있는지는 의문이다.[18]

## 실리콘 밸리의 문화는 실험적이고 반복적이다

실리콘 밸리의 스타트업들은 좋은 아이디어가 나타나면 별도 조직을 만들어 해당 아이디어를 실험한다. 이와 같은 방식을 통해 재무적 손실을 최소화할 수 있는 것이다. 이때 중요한 것은 신뢰의 문화다. 사실 제대로 구성되고 움직이는 스타트업이라면 실패를 감출 이유가 없다. 실패 역시 성공을 찾는 과정이기 때문이다. 물론 신뢰의 문화라는 것은 완벽한 시스템과는 거리가 멀다. 인정받던 창업자가 투자자들을 속이는 일은 실리콘 밸리에서도 종종 벌어진다. 그리고 스타트업이 성장을 거듭할수록 처음에 가지고 있던 도전 정신, 정직함, 실험 문화 같은 것들을 잃어버리는 경우가 많다.

실험을 한다는 것은 실험 문화가 형성되어 있는 실리콘 밸리에서도 그리 간단한 문제는 아니다. 하지만 다양한 곳에서 생겨나는 좋은 아이디어를 수용하고, 제한된 자원으로 실험을 하고, 실패를 용납하는 문화를 유지하는 것이 스타트업 생태계의 흐름이고, 이러한 흐름이 있기 때문에 새로운 비즈니스 아이디어를 계속해서 추구할 수 있는 것이다. 물론 대부분의 아이디어는 불합격 판정을 받지만 그중 일부는 진정한 혁신으로 거듭나게 된다.

실리콘 밸리 사람들은 큰 성공을 거둔 스타트업에 거의 투자를 할 뻔했다거나 그 회사에 거의 취업할 뻔했다는 이야기를 한두 개씩은 가지고 있다. 믿을지는 모르겠지만 나도 구글과 페이스북에 거의 투자를 할 뻔했다(하지만 그러지 않았으니 나에게 투자 조언은 구하지 않는 편이 좋을 것 같다!).

내 경우만 그런 게 아니다. 내가 아는 어떤 벤처 투자사는 자신이 투자를 거절했지만 성장을 거듭해 큰 성공을 이루어 낸 스타트업 목록을 따로 만들어서 관리하고 있을 정도다.[19]

실리콘 밸리에 이와 같은 이야기가 흔하다는 것은 어떤 아이디어와 실험이 성공으로 이어질지 쉽게 예단하지 말아야 한다는 점을 시사한다. "최고의 투자 감각을 지녔다"라는 평가를 받는 벤처 투자자들도 성공한 투자보다는 기회를 놓친 투자가 더 많다.

실리콘 밸리에서 표적에 명중시키기 위해서는 남들보다 더 많이 쏘는 수밖에 없다. 황당해 보이는 아이디어에 대해서도 실험을 해 봐야 가능성을 확인해 볼 수 있다. 그리고 가능성이 보이는 아이디어에는 더 많은 자원을 집중하는 것이다.

## 스타트업을 움직이는 힘은 사명과 비전에서 나온다_____

"우리는 돈을 벌기 위해 서비스를 만드는 게 아닙니다. 더 나은 서비스를 만들기 위해 돈을 버는 겁니다."주20 페이스북의 마크 저커버그가 실리콘 밸리 바깥에서 이와 같은 이야기를 했다면 사람들은 의심의 눈초리로 그를 쳐다봤을 것이다. 하지만 실리콘 밸리에서 그런 이야기를 했기에 우리는 그의 말을 믿는다.

실리콘 밸리에서 가장 중요하게 생각하는 것 중 하나는 비전이고, 비전을 실현하는 리더가 주목을 받는다. 과학적 접근법, 지표, 실험 등을 강조하다 보니 린 스타트업 방법론에서 비전은 평가 절하한다는 비판이 나오기도 했는데, 이는 완전히 잘못된 해석이다(나는 『린 스타트업』을 처음 쓸 때부터 이와 같은 오해를 받지 않기 위해 신경을 많이 썼다. 그 책 1부 제목이 '비전'인 이유도 그 때문이다). 그 어떤 방법론도 비전을 대체할 수는 없으며, 비전이야말로 스타트업의 핵심이라고 생각한다.

그렇다면 비전이 그토록 중요한 이유는 무엇일까? 무엇보다 비전은 스타트업이 이루고자 하는 바를 제시한다. 스타트업 창업 멤버들은 저마다 권한을 가지고 움직이는데, 비전은 그런 창업 멤버 사이에서 협력과 조정을 이끌어 내는 중심 원리가 된다. 스탠리 맥크리스털 Stanley McChrystal 장군이 쓴 『팀 오브 팀스』Team of Teams에는 이런 문구가 나온다. "현장에서 스스로 판단하고 움직이는 팀의 성공을 이끌어 내는 핵심 요인은 공유 의식에 있다."주21 스타트업의 비전은 강력한 동기 의식을 부여하는 요인이면서 인재를 유인하는 가장 효과적인 수단이다. 스타트업들이 다른 분야에서 훨씬 더 높은 임금을 받으면서 일할 수도 있는 사람들을 영입할 수 있는 이유가 바로 비전이다. 나만하더라도 나보다 경험과 역량이 훨씬 더 뛰어난 사람들과 함께 일하는 경우가 많았는데, 그들이 현저하게 적은 액수의 임금을 받으면서 스타트업에서 일할 수 있는 것도 스타트업의 비전을 공유하기 때문이다.

그런데 스타트업에서는 비전 자체뿐 아니라 비전의 역할도 똑같이 중요하다. 기존 대기업의 '태스크 포스' 구조나 린 방법론의 '복합기능 팀'과 같은 개념과 업무의 핵심 단위로서 스타트업이 구별되는 것은 바로 그 역할 때문이다.

## 비전이 없으면 '방향 전환'을 할 수가 없다

'방향 전환'의 정의는 최종적인 목표는 계속 유지한 채 전략만 바꾸는 것을 의미하는데, 방향 전환을 효과적으로 해내려면 최종 목표, 즉 비전이 확고하게 자리 잡고 있어야 한다. 누구도 생각하지 못했던 위대한 혁신은 방향 전환을 시도함으로써 이루어지는 경우가 많기 때문에 비전이 중요한 것이다(이와 관련된 논의는 4장에서 더 자세히 진행될 것이다).

클라우드 기반 커뮤니케이션 서비스를 제공하는 트윌리오의 CEO 제프 로손Jeff Lawson은 이런 말을 한 적이 있다. "원대한 비전이 있더라도 고객의 문제를 해결할 수 없다면 아무것도 이루어 낼 수 없다. 고객의 문제를 해결해 주지 못하는 사람들에게는 비전을 이루어 낼 수 있는 수단 자체가 주어지지 않기 때문이다." 고객의 문제를 해결하기 위해 스타트업은 여러 차례 방향 전환을 해야 할 수도 있다. 그리고 방향 전환 과정에서 길을 잃지 않도록 해 주는 게 바로 비전이다.

스타트업 발전 과정에서 비전이 다듬어지기도 한다. 스타트업의 규모와 사업 영역이 변하면서 때로는 변화를 주어야 하는 부분과 계속해서 유지되어야 하는 부분을 구분해야 하는 일이 생길 수도 있으며 이 과정에서 비전이 다듬어진다.

너무나도 어려운 상황에 맞닥뜨렸을 때 무조건 앞으로 나아가다가 무너지는 팀이 있는가 하면 방향 전환을 통해 새로운 길을 찾아내는 팀도 있다. 이때 새로운 길을 찾아내려는 팀에 최종적인 목표의 위치를 알려 주는 등대와도 같은 역할을 하는 것이 바로 비전이다.

## 경력 경로로서 창업가 정신

실리콘 밸리에서 창업가로서의 사고는 창업자나 CEO에게만 해당되는 업무 방식이 아니다. 일반 직원들도 창업가적 사고를 기반으로 일을 하면서 자신의 경력 경로를 쌓아 나간다. 자신이 참여한 스타트업이 빠르게 성장하는 경우에는 일반 직원들도 새로운 직무를 책임지는 기회를 다양하게 갖게 되는데, 이와 같은 기회가 모두에게 주어지는 것은 아니지만 일단 이와 같은 기회를 갖게 되면 매우 불확실한 환경에서 비즈니스를 이끌어 나갈 수 있는 사람이라는 평판을 얻을 수도 있다. 그리고 실리콘 밸리에서 뛰어난 잠재력을 지니고 있는 미래의 창업자로 인정받게 된다.

스타트업을 창업하고 이끌어 나가는 데 필요한 능력은 경험과 훈련을 통해 습득할 수 있다. 이와 같은 능력은 대기업에서의 성공에 요구되는 능력과는 확연히 다르지만 모든 성공하는 창업자들이 그 능력을 타고나는 것은 아니다(물론 창업자로 성공하는 데 필요한 능력이 타고나는 것이냐, 아니면 습득될 수 있는 것이냐를 두고 여전히 논쟁이 진행 중이다. 나는 사람들이 그전까지 알고 있던 것보다는 더 높은 수준까지 습득될 수 있는 것이라고 말한다).

창업가 정신을 지니게 되는 경력 경로는 선형적이지 않다. 나는 다른 사람들이 창업한 스타트업에 취업해서 일한 적도 있고, 이미 성공한 창업자인 사람을 내가 창업한 스타트업에 임원으로 영입하여 함께 일한 적도 있고, 내 회사에서 직원으로 일하던 사람들이 자신의 스타트업을 창업할 수 있도록 도와준 적도 있다. 그런가 하면 큰 성공을 거둔 창업자 중에는 엔젤 투자자로 나서는 사람들도 있다. 경력 경로는 서로 깊이 연관되어 있다. 따라서 능력만이 아니라 신용이나 평판도 스타트업 허브에서 창업가적 성공을 이끌어 내는 데 중요한 의미를 갖는다.

우리 인간 경제에서 이와 같은 모습의 경력 경로가 자리 잡은 것은 최근 일이며, 나는 이와 같은 경력 경로 유형이 실리콘 밸리 같은 스타트업 허브만이 아니라 그 외의 영역에서도 점차 확산될 거라고 생각한다. 인재들은 어디에나 있다. 다만 그들에게 기회가 주어지는 문화를 지니고 있는 영역이 얼마 되지 않을 뿐이다. 앞으로 점점 더 많은 사람에게 자신의 혁신 역량을 드러내 보일 수 있는 기회가 주어질수록 세상의 모습은 더욱 크게 변화할 것이다.

• • •

스타트업의 다양한 사례를 소개한 이유는 실리콘 밸리 방식이 무결하다고 주장하거나, 실리콘 밸리 방식을 도입하기만 하면 다른 분야에서 혁신을 이루어 낼 수 있을 거라고 제안하기 위함이 아니다. 그것이 이 책에서 제안하는 경영 시스템을 이해하는 데 필요한 정보이자 지식이기 때문이다.

나는 『린 스타트업』을 쓰면서 사람들에게 어떤 체계를 가르쳐 줄 때는 구시대의 도제 방식보다 구체적인 언어로 기록된 정보를 이용하는 게 훨씬 더 효과적임을 알게 되었다. 일하는 방식을 개선할 때나 아이디어를 확산시킬 때도 마찬가지다. 나는 스탠퍼드나 버클리를 새롭게 졸업하는 학생들과 정기적으로 만나서 대화를 나누는데, 그 학생들은 린 스타트업 방법론에서 주요하게 다루는 '최소 요건 제품'이라는 개념을 당연한 것으로 받아들이고 있었다. 그들은 그처럼 명백한 개념을 설명하기 위해 책의 지면을 할애했다는 사실에 대해 의아해했을 정도다(게다가 그런 책이 1981년이 아니라 2011년에 출간되었다는 이야기를 들었을 때는 상당수 학생이 믿을 수 없다는 반응이었다).

이 책을 본격적으로 진행하기에 앞서 린 스타트업의 주요한 개념을 미리 알아 둘 필요가 있다. 다음 장에서는 린 스타트업 방식의 핵심 원리를 정리하려고 하는데, 잘 모르는 사람들에게는 4장의 내용이 이 책을 읽는 데 필요한 기본적인 린 스타트업 개념을 안내한다는 의미가 있다. 그리고 잘 아는 사람들은 성공에 필요한 원리를 실행으로 옮기는 방법이라는 관점에서 다음 장을 읽어 보기 바란다.

# 4장
# 린 스타트업의 주요 개념

이 책에서 말하는 스타트업 방식은 린 스타트업 운동에 근간을 두고 있다. 더 혁신적인 방식으로 일하고 싶어 하는 스타트업의 리더들은 언제나 있었지만, 그들에게 도움이 될 수 있는 종합적인 방법론, 즉 스타트업이 조직 내부적으로 또는 외부적으로 무엇을 해야 하고 어떻게 해야 하는지를 체계적으로 알려 주는 방법론은 아직까지 제대로 제시된 적이 없었다. 또한 목표에 얼마나 더 가까워졌는지 어떻게 구체적으로 평가할까, 어떻게 해야 보유하고 있는 조직 역량을 최대한으로 발휘하고, 실험을 통해 성공 가능성을 가늠해 볼 수 있을까? 린 스타트업 방법론이 알려 주는 내용이 바로 그것이다.

따라서 이 책의 논의를 본격적으로 진행하기에 앞서 이번 장에서는 린 스타트업의 주요 내용을 정리하려고 한다.

## 린 스타트업은 어떻게 돌아가는가

린 스타트업 방법론에서 제안하는 기본 내용을 개괄적으로 정리하면 다음과 같다. 그리고 각 부분을 특정한 용어로 더 상세히 설명하려고 한다.

1. 스타트업이 성공하는 데 필요하다고 믿는 것이 무엇인지 밝힌다. 우리는 이를 '가장 위험한 가정'이라고 부른다.

2. 가정을 검증하기 위한 실험을 실시하는데 가급적이면 빠르고 저렴한 방법을 찾는다. 여기서 말하는 빠르고 저렴한 방법이란 '최소 요건 제품'을 만들어 내는 것을 의미한다.

3. 과학자처럼 생각하라. 각 실험은 성공이나 실패 여부에 상관없이 무언가를 배우고 정보를 축적하는 기회로 작용하며, 우리는 이것을 '유효 학습'이라고 부른다.

4. 각 실험에서 배운 것들을 토대로 앞서 말한 과정을 반복한다. 우리는 이와 같은 반복 과정을 '만들기-측정-학습 피드백 순환'이라고 부른다.

5. 정기적으로 기존 전략에서 방향 전환을 할지, 아니면 기존 전략을 고수할지 결정한다.

지난 장에서 언급했듯이 스타트업에서 가장 중요한 것은 비전이다. 그리고 린 스타트업의 목표는 스타트업의 비전을 실현하는 가장 빠른 길을 찾는 것이다. 그 구체적인 방법은 각 프로젝트마다 다르겠지만 기본적인 단계는 같다. 과학적 방법을 사용하여 신속한 실험을 통해 계획을 구성 요소별로 체계적으로 나누는 것이다.

## 미국 교육부에서의 린 스타트업

2013년 8월, 오바마 대통령은 미국 대학교들이 학생들에게 더 나은 교육 서비스를 제공하는 데 책임을 다하도록 유도하는 방법을 찾고 있다고 발표했다. 대학생을 자녀로 두고 있거나 곧 대학교에 입학할 자녀를 두고 있는 부모라면 대학교 종합 순위나 전공별 대학교 순위에 관심을 가질 것이다. 그런데 대학교를 평가하는 항목 중 상당수는 학생들에 대한 교육의 질이나 취업 지원 등과는 상관이 없는 것들이다. 학교 시설에 대한 투자 규모, 졸업생들로부터 모금하는 발전 기금 규모, 일반 졸업률, 소득 계층별 졸업률, 졸업생 인당 부채 규모 같은 항목을 생각해 보라. 미국 교육부에서 이 새로운 프로젝트를 책임졌던 리사 겔롭터Lisa Gelobter는 당시 일에 대해 이렇게 말했다. "대통령은 교육 접근성, 학비, 졸업생 현황 같은 평가 항목을 활용하여 학교의 가치에 관한 새로운 담론을 만들어 내고 싶어 했습니다."

겔롭터의 팀에서는 새로운 대학교 평가 방식에 관해 많은 의견이 쏟아졌다. 사람들에게 단순히 등록금과 기숙사비만이 아니라 저소득층 장학금 같은 재정 지원에 관한 정보까지 함께 제공하여 입학생이 지불해야 하는 비용을 종합적으로 계산할 수 있도록 해 주면 어떨까? 졸업률이 15%에 불과한 대학교가 있다면 해당 학교에 입학하려는 사람들이 유의해야 할 점이 무엇인지 미리 알려 주면 어떨까? 추가적인 평가 요소와 새로운 평가 방식이 계속해서 제안되면서 겔롭터로서는 팀원들의 제안을 정리하는 것조차 어려운 지경에 이르렀다.

겔롭터의 팀은 그쯤에서 상황을 다시 한 번 살펴보기로 했다. "우리는 잠시 멈추고 이런 생각을 해 보았습니다. '그런데 우리가 해결하고자 하는 문제가 무엇이지?' 좋은 학교가 무엇인지에 관한 새로운 담론을 만들고, 교육 수요자들에게 정보를 제공하고, 학교 평가에 교육 수요자들을 참여시키는 것이 우리가 하려던 것이었습니다." 겔롭터의 말이다. 결국은 교육 수요자들을 중심에 두어야 한다는 판단을 내린 겔롭터의 팀은 교육 수요자들이 참여하는 실험을 실시해야 한다는 결론을 내렸다.

그들은 우선 교육 수요자들을 직접 만나 대화를 나누어 보기로 했다. "우리는 학생들, 학부모들, 고등학교 진학 상담 교사들을 만나 보기로 했습니다. 학생들의 대학교 선택을 도와주는 것이 우리가 해야 할 일이었으니까 이들과 직접 대화를 나눌 필요가 있었죠." 정책 수요자들로부터 직접 의견을 듣는 이와 같은 접근법은 정부 기관에서는 매우 드문 사례였고, 겔룹터 역시 당시 일에 대해 이렇게 말했다. "조금 색다른 방식이기는 했습니다."

이와 같은 유형의 너무나도 많은 프로젝트가 수개월 또는 수년이 걸리는 시장 조사 단계에서 그대로 주저앉곤 하는데 바로 '분석 마비 analysis paralysis' 때문이다. 그래서 겔룹터의 팀은 이 단계를 최대한 단순하게 진행하기로 했다. 그들은 청소년이 많이 찾는 워싱턴몰에 한 주에 한 번씩 나가서 고등학교 2학년과 3학년 학생들을 대상으로 대학교 진학 과정에 관한 설문 조사를 실시했다. 설문 문항은 여섯 개로 구성되어 있었고, 학생들의 응답을 토대로 교육 수요자들이 중요하게 생각하는 것이 무엇인지 파악하려고 했다.

짧은 기간의 설문 조사를 마친 후에는 실험에 들어갔다. 겔룹터의 팀은 비싼 소프트웨어 도구를 쓰지 않고 실험을 최대한 단순하면서도 효과적으로 설계했는데, 판지cardboard로 만든 스마트폰 모형에다 터치로 조작할 수 있는 패널을 달아서 사용자들이 앱을 사용하는 것 같은 경험을 하도록 했다. 그들은 그렇게 만든 스마트폰 모형을 가지고 다시 워싱턴몰에 나가 교육 수요자들의 반응을 보았다. "재미있었습니다. 사람들이 그 판지 모형을 이리저리 만져 보더군요." 겔룹터가 말했다.

겔룹터의 팀은 모든 걸 테스트하면서 사용자들이 실제로 찾고자 하는 정보가 무엇이고 무시하는 기능이 무엇인지 발견했다. 당시 일에 대해 겔롭터는 이렇게 말했다. "우리는 처음에는 검색 결과에 나온 학교들을 비교 목록에 추가할 수 있는 기능을 만들었습니다. 그러면 하나씩 비교할 수 있죠. 그런데 누구도 그런 기능에 관심이 없었습니다. 아무도 물어보지 않고 클릭도 하지 않더군요."

판지 모형은 사용자 의견을 반영하여 계속해서 개선되었고, 마침내 교육 수요자들의 요구를 파악했다는 확신을 가진 후에는 실제 디자인에 들어갔다. 그들은 교육 수요자들이 교육부 웹 사이트만이 아니라 API application programming interface를 통해서도 자신이 원하는 정보를 얻을 수 있도록 하는 수준까지 서비스 수준을 높였다.

## 린 스타트업 도구와 프로세스

겔롭터의 팀이 만든 칼리지 스코어카드 College Scorecard, collegescorecard. ed.gov는 다음과 같은 방식으로 개발되어 짧은 시간 안에 주목받는 서비스가 될 수 있었다.

### 1. 가장 위험한 가정

린 스타트업 방법론은 앞으로 전개될 상황을 정확하게 예측할 수 없는 극도로 불확실한 환경에서 활용하도록 만들어졌다. 그와 같은 환경에서 우리가 할 수 있는 최선의 대응은 가정을 수립하고 과학적인 방식으로 이를 검증하는 것인데, 린 스타트업에서는 프로젝트 초기에 수립하는 가정을 '가장 위험한 가정'이라고 부른다. 전통적인 사업 계획에는 이러한 가정에 전략이 어떻게 비전 실현을 이끌어 내는지에 관한 회사의 추측이 구체적으로 드러나 있다. 린 스타트업에서는 이러한 가정을 명확하게 드러내서 어떤 것이 사실이고 어떤 것이 사실이 아닌지를 가능한 한 빨리 알아내려고 한다. 칼리지 스코어카드 팀은 교육 수요자들이 대학교들을 비교할 수 있기를 바랄 거라고 가정했다. 프로그램을 만들지 않고 판지 모형으로 그 기능을 테스트해 보고 그들은 교육 수요자들이 그와 같은 기능을 전혀 원하지 않는다는 사실을 알 수 있었다.

가장 위험한 가정을 테스트할 때에는 사용자나 소비자가 무엇을 원하는지 직접 질문을 하거나 개별 고객 인터뷰, 포커스 그룹, 설문 조사 같은 방식으로 확인하려는 유혹에 빠지기 쉽다. 그러나 이 접근 방식에는 문제가 있다. 사용자나 소비자는 자신이 무엇을 원하고 있는지 확실하게 알고 있다고 생각하지만 사실은 전혀 그렇지가 않다는 게 문제다.[주1]

그래서 칼리지 스코어카드 팀은 워싱턴몰에 가서 설문 조사를 하지 않고 판지로 만든 시제품을 들고 가서 교육 수요자들이 원하는 것을 확인하는 방식을 취했다. 스마트폰 모형을 제시하고 사람들이 그것으로 무엇을 하는지를 관찰했던 것이다. 실험을 하는 이유는 소비자 행동을 관찰함으로써 실제 선호도를 파악하기 위함이다. 소비자에게 무엇을 원하느냐고 물어보지 말고, 소비자 행동을 관찰할 수 있는 실험을 설계하라.[주2]

## 몇 년 전에 있었던 일

몇 년 전에 한 대기업의 소프트웨어 팀원들을 대상으로 워크숍을 진행했을 때 일이다. 그들은 하이테크 분야에서 일하고 있었음에도 일하는 방식은 전통적인 폭포수waterfall 방식에 머물러 있었다. 미리 정해진 계획에 따라 단계적으로 프로젝트를 진행하고 있었던 것이다.

그들이 일하는 방식에 대해 이야기하던 중에 워크숍 참석자 중 한 명이 갑자기 이렇게 말했다. "잠깐만요, 지금 생각난 건데 현재 우리 프로젝트는 2년째 진행 중인데요, 프로젝트 결과물을 필요로 할 고객이 있을지 모르겠습니다." 그들은 프로젝트 계획 단계에서 수립해 놓은 가정이 여전히 유효할 거라는 전제하에 일을 진행하고 있었다.

나는 프로젝트의 시장성을 확인하는 책임이 누구에게 있는지 그리고 왜 시장성을 확인하는 작업이 2년이나 방치되고 있는지 물었다. 그러자 한 사람이 이렇게 답했다. "제가 프로젝트 관리자입니다. 제 일은 프로젝트가 제시간에 완수되도록 하는 것입니다." 이번에는 다른 사람이 답했다. "저는 엔니지어링 관리자입니다. 제 일은 명세 문서에 나와 있는 대로 소프트웨어와 하드웨어가 작동되도록 하는 것입니다." 제품 관리자는 자기 일이 제품이 사업 계획에서 미리 정해진 요구 사항을 충족했는지 확인하는 것이라고 말했다. 그런 식의 대답이 계속 이어졌다.

결국 프로젝트 관리자가 말했다. "저는 이 프로젝트를 하라고 지시받았고 제 일은 이 프로젝트가 되게 하는 겁니다." 그러자 그 자리에 있던 사람들은 그 제품의 실제 고객이 있는지 확인하는 일을 아무도 맡고 있지 않다는 사실을 깨달았다. 그들은 '이 제품을 원하는 고객이 있다'는 가장 위험한 가정을 받아들인 채로 오랫동안 프로젝트를 진행해 오고 있었지만, 그 생각이 가정인지도 인지하지 못했고 그 가정을 테스트하지도 않았다.

### 가정을 명확하게 하라

어떤 상황에 대해 가정을 하는 것은 우리 모두가 하는 일이다. 모든 사업의 비전은 가정에 기반을 두고 있다. 이를테면 무엇을 만들 수 있다, 고객이 무엇을 원할 것이다, 어떤 종류의 고객이 그것을 원할 것이다, 어떤 유통 채널을 활용할 수 있을 것이다 등의 가정이다. 사업 계획의 곳곳에도 가정이 들어 있다.

기업 리더와 관리자와 팀원은 회사의 계획을 정직하게 들여다보고 그 계획이 마케팅·판매 전략에 대한 상업적 가정과 제품 기능·명세에 대한 기술적 가정으로 가득함을 받아들여야 한다. 따라서 실험을 통해 가정이 유효한지 확인할 필요가 있으며, 실험을 통해 얻어진 정보를 토대로 그다음 단계 행동을 취해야 한다. 약간의 미세 조정만 취하고 기존 전략을 고수할지, 아니면 전략을 전환할지 판단하고 행동해야 한다.

추진하고 있는 프로젝트가 어떤 가정을 전제로 하고 있는지 명확하게 파악하라. 이는 복잡하거나 어려운 일이 아니다. 고객들과의 상호 작용에 대한 기대를 글로 적는 것만으로도 충분하다. "고객들이 제품 평가 과정에 기꺼이 참여해 줄 것이다," "우리 회사 재무 팀에서는 이번에 개발하는 시스템의 이 기능을 중요하게 여길 것이다," "지금 개발 중인 의료 장비에 대해 병원들이 관심을 가져 줄 것이다"와 같은 식으로 적는 것이다.

가정을 명확하게 했다면 다음 질문들을 제기해 보라.

- 프로젝트가 성공하기 위해서는 어떤 가정을 현실로 만들어야 하는가? 고객들에 관한 가정인가, 파트너들에 관한 가정인가, 아니면 경쟁자들에 관한 가정인가?
- 고객들의 습관, 선호도, 욕구 등에 대해 얼마나 잘 알고 있는가?

- 고객들이 문제를 겪고 있다는 증거가 있는가? 그리고 고객들은 그러한 문제에 대한 해결책을 원하고 있으며 해결책에 대해 기꺼이 비용을 지불하려고 하는가?
- 고객들이 문제 해결책에 대해 바라는 것들은 무엇인가?

가정을 명확하게 하고 그 유효성을 확인함으로써 팀원들은 자신들이 항상 옳은 것은 아니라는 점을 인식하게 된다. 그리고 이는 좋은 일이다. 목표는 학습이다.

### 단순하게 하라

새로운 제품이나 프로세스를 개발하는 첫 단계로 설문 조사를 진행할 때 어떻게 해야 하는지에 관하여 페드로 미겔Pedro Miguel이라는 사업가가 다음과 같은 자신의 방식을 소개해 준 적이 있다. 페드로 미겔은 내가 킥스타터Kickstarter 펀딩으로 만든 책 『The Leader's Guide』[주3]를 계기로 만들어진 온라인 커뮤니티 멤버다.

설문 조사를 통해 아이디어의 유효성을 확인하는 일은 어렵지만 중요하다. 내가 생각하고 있는 문제 및 해결책과 관련하여 사람들이 정말로 그러한 문제를 인식하고 있는지 미리 알아볼 필요가 있기 때문이다. 내 경우는 중요한 가정의 유효성을 확인하기 위해 다음과 같은 세 가지 질문으로 구성된 짧은 설문지를 활용한다.

1. 사람들이 정말로 내가 생각하고 있는 문제를 겪고 있는가?
2. 사람들은 오늘 그러한 문제에 대하여 어떻게 대응했는가?

3. 사람들이 내가 생각하는 해결책이 더 좋은 해결책이라고 생각
   해 주는가?

나는 잠재적인 소비자들을 대상으로 유효성을 직접 확인한 다음
에 본격적인 개발 프로세스를 진행한다.

너무 복잡하게 하면 안 된다. 팀 회의에서 제기되는 가장 위험한 가정
을 가능한 한 모두 포함시키려는 유혹에 빠지기 쉬운데, 다음과 같은
정의에 해당되는 것만으로 분석을 제한해야 한다. 즉 가장 위험한 가
정은 프로젝트의 성공과 실패에 가장 큰 영향을 끼칠 가정이다.

어떻게 해서든 분석 마비는 피해야 한다. 이 말은 대개 많은 가정
보다 적은 가정에 집중한다는 것을 의미한다(나와 함께 일했던 어떤
팀은 한 프로젝트에서 100가지가 넘는 가정을 찾기도 했었다). 가정
목록을 정리하는 한 가지 방법은 프로젝트 계획 중 가장 위험한 부분
을 찾아내어 그 부분에 집중하는 것이다. 어떤 팀은 너무 먼 미래의
상황에 대한 가정, 예를 들어 산업 트렌드, 석유 가격, 수년 후의 시장
상황 같은 것에 집중하느라 너무 많은 시간을 빼앗기기도 한다. 이것
자체가 잘못된 일은 아니지만, 스타트업이라면 좀 더 가까운 것들과
관련된 가정부터 시작하는 게 훨씬 더 중요하다.

왜 그럴까? 너무 멀리 있는 영역은 우리가 잘 모르는 영역이고, 성
공에 필요한 지식이나 정보를 얻기가 너무나도 어려운 영역이기 때
문에 그렇다. 우리가 잘 알아낼 수 있는 영역에서 가정을 검증하는 게
성공 가능성을 더 높이는 방법이다.

이것이 스타트업의 위험을 줄이는 쉬운 길이다. 우선적으로는 지

식이나 정보를 얻을 가능성이 가장 높은 영역에 집중하라. 칼리지 스코어카드 팀은 사용자들이 원하는 기능이 무엇인지에 대한 가정을 세우는 것이 프로젝트 계획 중 가장 위험도가 높은 부분이었고, 그래서 그러한 가정을 검증하는 일을 우선 실시했다.

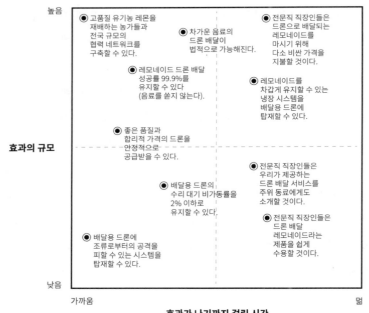

**가장 위험한 가정의 우선순위 정하기**

드론 배달 레모네이드 프랜차이즈 사업

## 가치 가설과 성장 가설

스타트업에는 두 가지 기본 가설, 즉 가치 가설과 성장 가설이 있다. 가치 가설[주4]은 고객이 제품이나 서비스를 사용하기 시작해서 기뻐하는지 테스트하는 것이다. 성장 가설은 주어진 고객 말고도 더 많은 고객을 얻을 수 있는지 테스트하는 것이다(다음 표를 보라).

### 가치 가설 및 성장 가설 확인하기

|  | 정의 | 예시 | 확인해야 할 것들 |
|---|---|---|---|
| 가치 가설 | 새로운 제품이나 서비스가 고객에게 가치를 창출해 주는지 확인한다. | 1. 고객들은 고품질 유기농 레모네이드를 원할 것이다.<br><br>2. 고객들은 드론으로 배달되는 레모네이드를 마시기 위해 다소 비싼 가격을 지불할 것이다. | 1. 대상 고객이 우리의 드론 배달 레모네이드를 좋아하는가?<br><br>2. 고객들이 제시된 가격을 기꺼이 지불하려고 하는가?<br><br>3. 고객들에게 재구매 의사가 있는가? |
| 성장 가설 | 새로운 고객이 제품이나 서비스를 계속해서 찾아 줄 것인지 확인한다. | 1. 고객이 자신의 동료와 친구에게 우리의 레모네이드 제품을 적극적으로 소개할 것이다.<br><br>2. 고객들은 우리의 드론 배달 레모네이드를 한 번 주문에 두 잔 이상 시킬 것이다. 동료나 친구와 함께 마시기 위해서다. | 1. 고객들의 재구매를 촉진하기 위한 방법으로는 무엇이 있는가?<br><br>2. 파일럿 시장에서의 성공이 다른 지역에서도 이어질 수 있을까?<br><br>3. 기존 소비자에 의한 입소문 효과를 촉진할 수 있는 방법으로는 무엇이 있는가? |

일반적으로 가치 가설을 먼저 수립하고 그다음에 성장 가설을 수립하는 게 순서다. 우선은 제품이나 서비스가 최초의 고객에게 기쁨을 주어야 고객 기반 확대와 반복적인 구매를 기대할 수 있기 때문이다.

미국 교육부에서 만든 칼리지 스코어카드의 예를 보면 사용자인 학생들이 각 대학이 제공하는 가치를 쉽게 파악하고 대학 진학과 관련된 올바른 판단을 내릴 수 있도록 도와주는 편리한 수단을 제공한다는 가정을 수립했는데 이것이 가치 가설이다. 성장 가설은 팀이 교육 수요자들이 원하는 데이터를 가지고 있으므로 데이터를 누구나 접근할 수 있는 API를 통해 공유해서(갤롭터는 "모든 사람이 ed.gov 웹사이트에 와서 학교를 조사하지는 않습니다"라고 말했다) 앱을 쓰지 않는 커뮤니티와 고객에게 접근하자는 것이다.

**가장 위험한 가정 분석이 틀렸다면 어떡하지?**

스타트업들은 가장 위험한 가정 분석이 틀리면 어떡하나 걱정한다. 그런데 지난 1장에서도 언급했듯이 틀리게 마련이다. 린 스타트업 방법론에서 '최소 요건 제품'으로 실험을 하는 것은 이 때문이다. 학문적 실험이 아니라 제한적이기는 하지만 고객 반응을 살펴볼 최대의 기회를 만들어 주는 실제 제품이다. 그리고 시장에서 소비자 반응이 어떻게 나타날지는 아무도 모른다. 종종 소비자 반응은 우리의 예상을 완전히 뒤집기도 하며, 그렇기 때문에 가장 위엄한 가정 분석을 최대한 단순하게 하라고 말하는 것이다. 페이스북의 기업 공개 신청서에 들어 있는 마크 저커버그의 다음과 같은 글도 한번 생각해 보기 바란다. "모든 것을 단번에 제대로 만드는 게 아니라 여러 번의 반복을 통해 빨리 출시하고 그것을 통해 학습해서 장기적으로 최고의 서비스를 만들어 내려는 게 우리의 목표입니다. … 우리 회사의 사무실 벽에는 '완벽함보다 실행이 더 낫다'는 문구가 적혀 있습니다. 항상 행동해야 한다는 점을 마음에 새기기 위함입니다."주5

## 2. 최소 요건 제품

다양한 측면에서 가정을 수립했다면 그다음으로 진행할 단계는 최소 요건 제품을 활용한 실험을 실시하는 것이다.

쉽게 말해 최소 요건 제품이란 시장에 출시할 신제품의 초기 버전으로 고객에 대해 최대한의 유효 학습(미래에 대한 추측이 아니라 실제 데이터 수집에 기반을 둔 학습)을 할 수 있다. 이상적으로 유효 학습은 최소한의 비용, 시간, 노력으로 가장 위험한 가정을 최대한 테스트할 수 있는 방법이다.

오늘날의 불확실한 시장에서는 실제 고객 데이터를 가장 빠르게 수집하는 기업이 승리한다. 린 생산 방식에는 '기본 사이클 타임'이라는 개념이 있는데, 이는 고객으로부터 주문을 받아 고객이 원하는 품질의 제품을 생산하기까지 걸리는 시간을 의미한다. 그리고 '혁신을 만들어 내는 공장'으로서의 스타트업에서 기본 사이클 타임은 어떤 아이디어를 떠올린 시점부터 해당 아이디어의 시장성을 확인하기까지 걸리는 시간을 의미한다. 확인 사이클 타임을 짧게 가져가는 스타트업일수록 제품/시장 적합성을 찾을 가능성이 더 커지고,[주6] 그럼 성공 가능성도 더 커진다(물론 성공이 보장되는 영역은 어디에도 없지만 말이다).

반복적인 테스트를 위해 최소 요건 제품은 아이디어를 불완전하더라도 실제적인 뭔가로 만들어 낸다. 개별적인 최소 요건 제품은 불완전하지만 그 목표는 낭비를 최소화해서 가능한 한 가장 성공적인 제품을 만드는 것이다.

앞서 칼리지 스코어카드의 초기 최소 요건 제품이 어땠는지 이야기했다. 소프트웨어를 대중에게 출시하지 않고 그들은 판지 모형으로

사용자 반응을 관찰했다. 그런 방식으로 칼리지 스코어카드 개발 팀
은 소프트웨어를 실험하고, 빨리 변경하고 다시 테스트할 수 있었다.

최소 요건 제품을 이용하는 방식은 대부분의 사람에게 매우 불편
한 방식이다. 완성되지 않은 결점 많은 제품을 소비자 앞에 내놓는 방
식이기 때문이다. 특히 사업의 미래에 대해 커다란 비전을 가지고 있
는 창업가들일수록 이 방식을 이용하기를 꺼린다.

초창기 린 스타트업 전도사이자 컨설턴트인 데이비드 블랜드David
Bland는 이런 말을 한 적이 있다. "최소 요건 제품과 관련하여 스타트업
쪽에서는 '최소'의 경계가 어디냐에 관심을 갖지만, 소비자들은 '요건'
에 관심을 갖죠. 최소 요건 제품으로 인해 스타트업은 최초의 실패라
는 경험을 하게 됩니다만, 이때 스타트업의 리더는 그 최초의 절망감
을 딛고 조직을 이끌 수 있어야 합니다. 최소 요건 제품은 시장을 늘
리기 위한 게 아니라 학습에 최적화된 것입니다. 최소 요건 제품이라
는 방식을 활용할 때 가장 힘든 점은 제품이라는 것은 처음부터 완성
해서 내놓아야 한다는 사고방식으로 평생을 살아온 사람들을 이끄는
일입니다. 그런 사람들은 무언가를 배우기 위해 만든다는 개념을 쉽
게 받아들이지 못하죠."주7

## 최소 요건 제품의 유형

최소 요건 제품은 우리가 무엇을 알려고 하느냐에 따라 매우 다양한
유형으로 만들어질 수 있다. 모든 기업은 빠른 실험을 위한 최소 요건
제품을 만드는 원칙, 그것을 활용하는 방법, 최소 요건 제품을 통해
알아내야 하는 것 등에 관한 분명한 지침을 마련해 두고 있어야 한다.

인튜이트에서는 이와 관련된 프로세스를 다음과 같이 설명하고 있

다. "빠른 실험의 목표는 아이디어나 기업 활동의 방향에 대해 추가 투자를 하기에 앞서 고객의 실제 행동을 통해 최대한 빠르게 정보를 얻어 내는 것이다." 부록 2에 최소 요건 제품 활용에 관한 인튜이트 내부 지침에 들어 있는 최소 요건 제품의 여러 가지 유형을 소개해 놓았으니 참고하기 바란다(감사하게도 인튜이트에서 자사 자료 공개를 허락해 주었다).

## 최소 요건 제품은 마음먹기에 달렸다

한 대기업의 사내 스타트업을 대상으로 워크숍을 진행했을 때 일이다. 그 사내 스타트업은 정해진 방식으로 일하는 것 외에는 아무것도 하지 못하는 전형적인 사례를 보여 주고 있었다. 그들은 통상적으로 개발 기간이 3년에서 5년 걸리는 소비재를 만들고 있었는데, 개발 기간을 줄이는 방법을 찾는 것이 워크숍 주제였다. 나는 3D 프린팅 같은 새로운 기술을 이용하여 개발 기간을 줄일 수 있을 거라고 제안했지만, 그들은 생산 측면의 시간 단축에만 관심을 가질 뿐이었다. 나는 소비자 반응을 더 빠르게 알 수 있다면 결과적으로 개발 기간을 단축할 수 있다는 점을 설득하려고 노력했다.

그들이 만드는 것은 하드웨어 제품이었기 때문에 소비자들이 제품 기능을 확인할 수 있는 프로토타입 제품을 빠르게 만들어 내는 것이 관건이었다. 그런데 그 팀원들은 이미 프로토타입은 만들어 놓았다고 말했다! 안전 관련 인증을 받기 위해 언제나 프로토타입은 일찍 만들어 둔다는 것이었다.

그렇다면 이제는 그 프로토타입을 고객들에게 선보이는 게 문제라는 생각이 들었다. 나는 그 팀원들에게 전시 장소를 물색하고 고객들에게 전시 장소를 알리는 방법을 생각해 보자고 말했다. 그러자 그들은 이렇게 말했다. "우리는 이미 전시 장소를 가지고 있습니다. 우리의 대표 제품과 최신 제품을 그곳에서 전시합니다." 그렇다면 그 사내 스타트업이 전시 장소를 쉽게 이용할 수 없는 걸까? 그 팀원들은 또 이렇게 말했다. "쉽게 이용할 수 있습니다. 전시장 매니저가 새로운 제품이 나오면 바로 전시해 달라고 말했거든요."

그렇다면 소비자들에게 프로토타입을 선보이지 못하는 이유가 무엇일까? 전시 장소가 너무 먼가? 아니다. 전시장은 본사 건물에 함께 있다. 혹시 프로토타입이 너무 무거운가? 별도 장비를 섭외해야 프로토타입을 옮길 수 있는 건가?

그날 프로토타입을 고객에게 선보이는 실험을 하는 데는 아무런 물리적, 조직적, 정치적 문제나 규제와 관련된 문제가 없었다. 다만 그 팀의 누구도 그런 생각을 하지 않고 있었을 뿐이다. 이와 같은 사례는 너무나도 흔하다. 최소 요건 제품을 빠르게 만들어 고객에게 선보일 수 없는 게 아니라 그와 같은 생각을 하는 사람이 거의 없다는 점이 문제다. 언제나 하던 대로만 한다는 생각이 자리 잡고 있는 조직에서는 돌파구를 찾기 어렵다. 린 스타트업 방법론은 그와 같은 고정된 사고방식을 바꾸기 위해 만들어졌다.

## 최소 요건 제품의 평가

무엇을 최소 요건 제품으로 만들지에 관한 지침은 없다. 학습을 극대화하기만 하면 된다.

다만 어떤 프로젝트에 대해 최소 요건 제품으로 무엇을 만들어야 할지에 대해서는 팀원들의 브레인스토밍을 통해 다양한 의견을 이끌어 내는 것이 가장 중요하다. 인튜이트에서는 디자인 포 딜라이트(Design for Delight: 인튜이트에서 시행하고 있는 린 스타트업 프로그램으로, 패스트웍스와 비슷하다)라는 프로그램을 시행 중인데, 여기에서 중요한 것은 조직 구성원 사이에서 다양한 차원의 의견을 이끌어 내는 것이다.[주8]

효과가 확인된 해법이 있으면 그것을 고수하려는 게 우리 인간의 본성이다. 나와 함께 일했던 기업 중 너무나도 많은 기업이 맨 처음에 수립했던 최소 요건 제품 계획을 자신의 유일한 계획인 것처럼 받아들였다.

하지만 기존 해법과는 근본적으로 다른 더 나은 해법을 찾으려는 시도를 계속해서 행하는 게 중요하다. 워크숍을 진행하면서 나는 종종 참가자들에게 자신의 사업 계획에 있는 가정 하나를 선택하고, 해당 가정을 기반으로 하는 최소 요건 제품 세 가지를 생각해 보라고 주문한다. 첫 번째는 자기가 하고 싶은 것을 생각해 보라고 주문한다. 참가자들은 쉽게 생각해 낸다. 두 번째는 재미있을 것 같은 제품을 생각해 보라고 주문한다. 참가자들이 생각해 내는 제품은 일반적으로 비용이 많이 드는 것들이다. 그리고 마지막으로는 처음 두 가지보다 훨씬 더 간단하고 비용이 적게 드는 것을 생각해 보라고 주문한다. 그렇게 해서 나오는 세 번째 최소 요건 제품에 대해서는 참가자 대부분이 당혹해한다. 전혀 생각지도 못했던 아이디어가 나오기 때문이다.

이와 같은 브레인스토밍은 워크숍에서만 할 수 있는 게 아니다. 인튜이트의 스콧 쿡 회장은 임직원 회의에서 이와 같은 방식을 이용해 아이디어 도출을 유도하는데, 15분의 시간이면 충분한 효과를 볼 수 있다고 말한다. 그는 회의에 참석한 사람들에게 이번에 추진하고 있

# 최소 요건 제품을 이용한 가설 검증

**매우 중요한 가장 위험한 가정**

> 소비자들은 제대로 만든 유기농 레모네이드를 원한다.

**가설 기술**

> 제대로 만든 유기농 레모네이드를 주문하자마자 배달받아 마실 수 있다면 소비자들은 레모네이드 소비를 늘릴 것이다.

### 최소 요건 제품에 관한 브레인스토밍

**기본적인 질문들**
- 이 제품은 누구를 위한 것인가?
- 학습을 시작하기 위해 만들 수 있는 가장 단순한 형태의 제품은 무엇인가?

> **최소 요건 제품 1:** 소비자들이 고품질 레모네이드를 시음할 수 있는 가판대 설치
>
> **최소 요건 제품 2:** 소비자들이 레모네이드 배달 주문을 할 수 있는 웹 사이트를 만들고, 주문이 들어오면 사람이 배달
>
> **최소 요건 제품 3:** 웹 사이트와 더불어 스마트폰 앱을 만들고, 배달 주문이 들어오면 샌프란시스코 소마(SoMa) 지역에 한하여 드론으로 배달
>
> **최소 요건 제품 4:** 캘리포니아 전역에 드론 배달 실시

는 프로젝트와 관련하여 가장 위험한 가정을 5분 동안 적어 보라고 주문한다. 그런 다음 여러 가지 가장 위험한 가정 중 딱 하나만 선택하여 해당 가정이 사실인지 아닌지 알아내는 데 쓸 수 있는 지표를 5분 동안 브레인스토밍해 보라고 주문한다. 마지막으로 그는 지표 중 딱 하나만 선택하여 데이터를 얻어 낼 수 있는 서로 다른 최소 요건 제품을 5분간 브레인스토밍해 보라고 주문한다. 이렇게 15분 동안만 브레인스토밍을 하면 최소 요건 제품들에 관한 매우 다양하면서도 흥미로

운 아이디어를 이끌어 낼 수 있다고 한다.

좀 더 체계적인 접근법을 적용하고자 하는 경우에는 이어지는 부분에서 소개하는 최소 요건 제품 평가표를 활용할 수도 있다. 이 평가표는 최소 요건 제품 선정에 관하여 나에게 컨설팅을 의뢰하는 고객사들과 함께 사용하는 유형의 것이다(100쪽 표를 보라).

이와 같은 평가표를 사용하면 서로 직접적인 연관이 없는 최소 요건 제품과 가장 위험한 가정이 무엇인지 쉽게 알아볼 수 있다. 물론 직접적인 연관이 없어도 괜찮다. 최소 요건 제품은 가정을 확인할 수 있는 출발점이 되어 주는 것만으로도 그 역할을 해냈다고 할 수 있다. 그런가 하면 종합적인 평가를 위해 여러 가지 최소 요건 제품을 동시에 진행하는 게 필요할 때도 있다.주9

하지만 특정한 가정을 검증하기 위해 여러 가지 최소 요건 제품이 제안되는 경우에는 각 최소 요건 제품에 의해 유발되는 비용을 고려하는 게 일반적이다. 그리고 가장 비싼 최소 요건 제품부터 고려 대상에서 지운다. 지워지는 최소 요건 제품들이 아무리 마음에 들더라도 말이다.

### 3. 유효 학습

나는 아주 오래전 여섯 달에 걸쳐서 소프트웨어를 만들었는데 사람들이 다운로드조차 하지 않았던 일을 경험한 적이 있다. 이는『린 스타트업』에서도 소개했던 일화다. 그런데 그 소프트웨어를 여섯 달에 걸쳐서 만들 필요도 없이 그 소프트웨어에 대한 간단한 제품 정보를 웹사이트에 올려놓기만 했어도 단 하루면 사용자 반응을 알아낼 수 있었을 것이다. 효율성 관점에서 보자면 엄청난 차이가 있으며, 내가 린

# 최소 요건 제품 평가표

평가표를 활용하여 어떤 실험을 실행하고 어떤 순서로 실행할 것인지 결정한다.
각 최소 요건 제품을 통해 확인할 수 있는 가정에 표시하고, 각 실험에 소요되는 비용과 시간을 미리 계산해 보라.
비용이나 시간이 너무 많이 들면서 다른 실험으로 대체될 수 있는 실험의 경우는 행하지 않을 수도 있다.

| 가장 위험한 가정 | 최소 요건 제품 1<br>레모네이드 시음<br>가판대 설치 | 최소 요건 제품 2<br>단순한 배달 주문<br>웹 사이트 개설 | 최소 요건 제품 3<br>드론 배달 시범 실시 | 최소 요건 제품 4<br>본격적인<br>드론 배달 실시 |
|---|---|---|---|---|
| 고객들은 고품질 레모네이드를 원할 것이다. | ✓ | ✓ | ✓ | ✓ |
| 고객들은 지역에서 재배되는 유기농 레모네이드를 마시기 위해 비싼 가격을 지불할 것이다. | ✓ | ✓ | | |
| 레모네이드를 배달해 주면 고객들은 우리의 레모네이드를 더 많이 마실 것이다. | | ✓ | ✓ | ✓ |
| 고객들은 드론 배달에 대해 기꺼이 추가 요금을 지불할 것이다. | | | ✓ | ✓ |
| 고객들이 드론 배달이 용이한 장소에 있다. | | | | ✓ |
| 고객들은 가상 화폐로 지불하는 편을 선호할 것이다. | | ✓ | ✓ | ✓ |

## 각 실험에 소요되는 비용과 시간을 추정하라.

| | | | | |
|---|---|---|---|---|
| 비용 | 250달러 | 2500달러 | 2만 5000달러 | 150만 달러 |
| 시간 | 1주 | 1개월 | 6개월 | 18개월 |

스타트업 방법론에서 제안하는 내용이 바로 이러한 것이다. 비용과 노력을 몇 퍼센트 줄이는 수준이 아니라 훨씬 더 저렴하고 빠른 방법으로 목표로 하는 가치를 창출하자는 것이다.

간단한 웹 페이지로 얻을 수 있었던(당시 나는 그렇게 하지 못했지만) 정보를 우리는 유효 학습이라고 부른다. 최소 요건 제품을 만들어서 우리가 추측하는 사용자의 필요가 아니라 사용자가 실제로 원하는 것을 알아낼 수 있다. 최소 요건 제품을 만드는 목적은 실험을 거듭할 때마다 이전 실험에 비해 더 나은 고객 반응을 이끌어 내고 있음을 확인하는 것이다.

아무도 다운로드하지 않았던 그 소프트웨어는 시간이 지나 사용자가 크게 늘지는 않았지만 몇몇 고객 집단은 우리가 제공하는 것을 더 좋아했다. 그게 우리의 선행 지표였다. 그렇지만 모든 회사와 팀은 고객이 무엇을 원하는지 학습하기 위해 무엇을 측정할지 정해야 한다.

대부분의 스타트업에는 중요하게 생각하는 지표가 있다. 전자 상거래 기업은 고객 구매와 그에 수반되는 전환율이 중요하다. 앱이나 장난감 같은 소비자 제품은 소비자의 선호와 정기적인 사용이 요구된다. 측정해야 할 가장 중요한 보편적인 고객 행동은 없다.

그런데 이러한 행동에서 공통으로 드러나는 것은 가치의 교환이라는 개념이다. 가치란 소비자가 어떤 상품에 접근하기 위해 기꺼이 지불할 수 있는 무언가를 의미하는데, 가장 흔하게는 돈으로 표시되지만 그 외에도 시간, 노력, 평판, 평가 같은 것으로 나타날 수도 있다. 칼리지 스코어카드 개발 팀은 사용자들이 대학교들을 서로 비교하는 기능을 원하지 않는다는 것을 알게 되고 나서 판지로 만든 스마트폰 모형을 쓰는 사람들을 계속 관찰하면서 진전을 이뤄 낼 수 있었다.

실험을 거듭하면서 고객의 가치 교환 행동이 더 나아지고 있는지 판단하는 과학적 추론이 바로 유효 학습이다(이에 관해서는 6장과 9장에서 자세히 논하려고 한다). 이때 과학적 추론의 기반이 되는 지표는 A로 시작하는 세 가지 속성, 즉 '실행 가능성actionable', '접근성accessible', '감사 가능성auditable' 등을 지니고 있어야 한다.

실행 가능성. 실행 가능한 지표라고 판단하려면 데이터의 인과 관계가 명확해야 하고 제품 자체의 변화와 관련이 있어야 한다. 그렇지 않다면 허무 지표일 뿐이다. 웹 사이트 방문자 숫자가 크게 증가했다는 것만 보고 제품이 개선되었다고 판단할 수는 없다. 왜 갑자기 사람들이 몰려온 것인가? 사람들은 웹 사이트에서 무엇을 하고 있는가? 제품 측면에서 어떤 변화가 그와 같은 상황을 유발하게 된 것인가? 이런 질문들에 답할 수 있어야 한다.

접근성. 프로젝트에 관여하는 모든 사람이 지표를 볼 수 있어야 하고 그에 대해 자신의 의견을 개진할 수 있어야 한다. 많은 스타트업이 팀원들과 데이터를 공유하기 위해 사무실 벽에 대형 스크린을 걸어 놓는다. 아마존의 창업자 제프 베이조스에 의해 인수된 워싱턴 포스트는 얼마 전에 아크Arc라는 테크놀로지 플랫폼을 만들었다. 고객 경험을 활용하는 아마존 방식을 신문 사업에도 도입한 것인데, 아크는 신문사 웹 사이트를 방문하거나 앱을 사용하는 고객 행동을 분석하고 거기서 얻은 데이터를 기반으로 타깃 마케팅을 할 수 있도록 도와준다. 워싱턴 포스트는 아크 플랫폼 서비스를 다른 언론사에도 판매하고 있다.주10

감사 가능성. 데이터는 신뢰할 수 있어야 한다. 경영진에서 어떤 프로젝트에 대해 중단 결정을 내리는 경우 중단시키기로 결정한 근거가 무엇이냐고 해당 팀이나 담당자는 그 결정에 이의를 제기할 것이다. 지표와 분석 결과는 투명하면서도 철저해야 하고 복잡하거나 아무 내용이 없어서는 안 된다.

내 책 『The Leader's Guide』를 계기로 만들어진 온라인 커뮤니티의 멤버인 댄 스미스Dan Smith라는 제품 관리자는 이런 말을 한 적이 있다.

> 다른 모든 것이 같다고 했을 때(물론 이런 상황이 실제로 일어나지는 않지만) 저는 '가장 중요한 한 가지 지표'에 주목합니다. 유료 사용자 전환율, 구매율, 점유율, 업로드 횟수 같은 것들 말입니다. 저는 제가 정한 한 가지 지표의 속도를 봅니다. 속도라는 건 각 모델에 따라 단위 시간이 어떻게 되느냐 또는 변동률이 어떻게 되느냐에 따라 결정되기는 하지만, 어쨌든 저는 주간 단위나 월간 단위로 계속해서 빠른 속도의 성장을 추구합니다. 소매업계에서 재고율 변동은 무언가 일이 일어났다는 것을 의미한다고 하죠. 저는 겉으로 드러나는 지표를 통해 현상을 봐야 한다고 믿습니다. 잠재적인 문제와 성장 기회는 모두 지표를 통해 드러납니다. 물론 이는 제가 시장을 명확하게 파악하고 있어야 한다는 것을 전제로 하지만 말입니다.

똑같은 지표라 하더라도 팀원들은 저마다 다른 해석을 내릴 수 있으며, 해석이 다른 팀원들의 의견을 일치시키는 것은 무척이나 어려운 일이 될 수 있다. 하지만 지표에 대한 올바른 해석을 내려야 그다음 개선이나 성장을 기대할 수 있다.

## 4. 만들기-측정-학습 피드백 순환

최소 요건 제품을 만드는 것은 일회성 이벤트가 아니다. 최소 요건 제품의 결과를 측정하고 분석하면 아이디어의 어느 부분에 매력이 있고 어느 부분에 매력이 없는지 알 수 있다. 그리고 나서 또 다른 최소 요건 제품을 만들어 출시하고 학습을 계속해 나가는 것이다.

**만들기-측정-학습 피드백 순환**

칼리지 스코어카드 개발 팀은 최소 요건 제품으로 실험을 하면서 사람들이 대학교에 관한 정보를 찾을 때 주로 방문하는 웹 사이트가 어디인지, 왜 그러한 웹 사이트들을 방문하는지 알아냈다. 칼리지 스코어카드 개발 팀은 사람들이 공립 대학교는 학비가 저렴할 거라고 생각하며, 희망 전공을 이미 결정한 다음에 대학교에 관한 정보를 찾는다는 점도 알아냈다. 그들은 사람들이 실제로 관심을 갖는 항목들을 토대로 기능을 개선해 가면서 계속 실험을 했다. 만들기-측정-학습 피드백 순환을 반복하면서 사람들이 만족할 만한 기능을 만들어 내려고 했던 것이다.

완벽하다고 생각되는 제품을 단번에 만들어 내려는 게 아니라 실험을 하고 거기서 얻은 정보를 기반으로 최초의 아이디어를 개선하고 점점 더 완벽에 가까운 제품을 만들어 내는 식으로 접근해야 한다. 그리고 만들기-측정-학습 피드백 순환을 진행할 때는 한 번 도는 데 소요되는 시간을 최소화하려고 해야 한다.

### 트월리오의 만들기-측정-학습 피드백 순환

클라우드 기반 커뮤니케이션 서비스를 제공하는 트월리오는 2008년에 소수의 개발자가 모여 창업한 스타트업이었는데 현재 시가 총액은 25억 달러가 넘고 최근에는 기업 공개initial public offering, IPO에도 성공했다. 시장 기회를 확인하고 붙잡기 위한 그들의 방식은 창업 초기부터 지금까지 계속 유지되고 있는데 그것은 바로 실험이다. 최근 트월리오는 콜 센터 시장에서 기회를 보고 있다. 이때 트월리오 경영진은 담당 팀에 무엇을 개발하라고 지시를 내리지 않고 현행 콜 센터와 관련된 문제가 무엇인지부터 확인해 보라고 주문한다. 트월리오의 새로운 제품 개발 프로세스는 PRFAQ라는 기법으로 시작되는데, 이는 잠재 고객을 직접 만나 현재 추진하려는 아이디어에 대해 물어보고 그에 대한 잠재 고객의 의견을 듣는 과정이다.

PRFAQ 기법에서 담당 팀은 새로운 제품을 소개하는 자료를 만들어 일반에 공개하고(아마존 방식과 비슷하다), 제품 출시일이나 가격을 비롯한 기본 정보를 담은(예상 출시일이나 예상가라도 담는다) FAQ 문서를 작성하여 고객들에게 제시한다. 그다음에는 고객들로부터 제품에 대해 의견을 듣는다. "우리는 실제 제품 개발에 시간을 쓰기 전에 최종 제품에 대한 고객 의견을 최대한으로 입수하려고 합니다." 트윌리오 패트릭 맬러택Patrick Malatack 부사장의 말이다. 고객들은 개발 팀에서 제시하는 어떤 아이디어에 대해서는 전혀 관심이 없다는 의견을 줄 수도 있고, 또 어떤 아이디어에 대해서는 매우 좋다는 의견을 줄 수도 있다. 그리고 개발 팀에서 생각하지도 못했던 기능을 주문할 수도 있다.

정보를 수집한 다음에는 앞으로 나아갈지 여부를 결정하게 된다. 그리고 앞으로 나아가겠다는 결정을 내리는 경우에는 곧바로 반복 실험을 할 수 있는 '최대한 간단한 형태의' 제품을 만든다(이미 가지고 있는 제품에 화상 채팅이나 MMS 기능을 부가한 새로운 제품을 만드는 식이다). 이와 같은 프로세스를 진행하는 데 있어 정해진 시간 계획은 없다. 단 모든 팀은 무엇을 학습했느냐에 따라 다음 단계를 진행해 나가면 된다. 이와 관련하여 트윌리오의 전 COO 로이 응Roy Ng은 이렇게 말했다. "각 개발 팀이 전적으로 책임을 지고 자신의 개발 과정을 진행해 나가는 겁니다." 그런가 하면 패트릭 맬러택은 이렇게 말했다. "고객 피드백을 최대한 빠르게 받아 내야 한다는 원칙 정도만 제시할 뿐입니다. 그러고 나서 반복 실험을 통해 확인하는 겁니다. 우리가 개발 팀에 요구하는 바는 이것 하나뿐입니다. 그 나머지 모든 것은 개발 팀에서 스스로 판단하고 진행해 나가게 됩니다."

## 5. 방향 전환 또는 고수

이러한 모든 실험의 목표는 현재 전략을 고수할지, 아니면 방향 전환을 할지 판단하는 데 필요한 정보를 얻는 것이다. 실험의 성과가 계속 개선되는 방향으로 나타나고 있다면, 즉 가장 위험한 가정이 옳다는 점을 보여 주는 근거가 수집되고 있다면 개발 팀의 선택은 고수다. 현재 전략과 방향으로 만들기-측정-학습 피드백 순환을 진행해 나가면 된다.

하지만 실험에 대해 부정적인 피드백(또는 무관심)이 계속해서 전해지고 있거나 이미 수립한 가정이 틀렸다는 근거가 수집되고 있다면 개발 팀의 선택은 방향 전환이 되어야 한다. 린 스타트업 방법론에서 가장 중요한 용어를 하나 꼽으라면 나는 이 '방향 전환'을 꼽을 것이다. 책의 앞부분에서도 설명한 바 있지만 '방향 전환'이란 비전은 계속 유지한 채 전략만 변화시키는 것을 의미한다.

**방향 전환**

비전은 계속 유지한 채 전략만 변화시키는 것

**최적화**

미세 조정을 통해
제품의 개선을
이루어 낸다.

**방향 전환**

비전 실현을 위해
전략에 변화를 준다.

창업자들은 누구나 비전을 가지고 있다. 그리고 목표를 이루어 내고 비전을 실현하기 위해서는 전략이 중요하다. 전략이 영원히 똑같아야 할 이유는 없지만 비전은 거의 늘 그대로일 수 있다. 이때 비전 실현을 위해 전략에 변화를 주는 것을 방향 전환이라고 한다. 방향 전환을 하면 그에 따라 새로운 가정이 만들어져야 하고 그럼 개발 프로세스도 다시 시작된다.

스타트업의 역사는 성공한 방향 전환의 이야기로 가득하다. 페이팔은 처음에는 팜파일럿용 송금 시스템으로 시작했지만 지금은 웹 기반의 성공적인 글로벌 결제 시스템으로 자리를 잡았다. 넷플릭스는 DVD 대여 업체로 시작했지만 지금은 세계 최대 온라인 스트리밍 서비스가 되었다. 『린 스타트업』에서 소개한 회사 중에 온라인 게임 사업으로 시작했던 웰스프런트Wealthfront나 온라인 쿠폰 사업으로 시작했던 그루폰도 성공적인 방향 전환 사례다.

방향 전환은 스타트업만 해낼 수 있는 게 아니다. 한 전통적인 출판사의 경영자는 얼마 전에 나에게 이렇게 말했다. "오래전부터 해 오던 출판 프로세스의 모든 것을 바꾸려고 합니다."

그들은 어떤 저자의 책을 출간할 때 그 저자의 기존 독자들만이 아니라 그 저자를 모르는 사람들을 대상으로도 책의 표지 디자인, 내용, 제목 등에 관한 새로운 전략을 실험했다.

그 출판사는 예전에는 독자나 저자로부터 별다른 피드백을 받지 않았다고 한다. 하지만 그 출판사의 경영자는 이렇게 말했다. "예전에는 그냥 우리 자신만 믿었습니다. 우리 자신의 판단이 옳으리라고 생각했던 거죠. 하지만 우리가 독자들보다 더 많이 알고 있다고 생각했던 것은 일종의 오만이었습니다."

출판 시장은 크게 달라졌다. 얼마 전까지만 해도 사람들은 서점에 가서 책을 구입했으나 지금은 절대 다수의 사람이 온라인으로 책을 구입한다. 독자들의 행동 변화에 따라 출판사 역시 전략을 바꿀 필요가 있는 것이다. "이제는 독자들에게 직접 다가갈 수 있는 방법을 찾아야 합니다." 그 출판사 경영자의 말이다.

그 출판사는 한 번은 전체 원고를 테스트하기도 했다. 책이 이미 제작에 들어간 상태여서 원고에 큰 수정을 할 수는 없었지만 출판사에서는 잠재적 독자들이 책에 어떻게 반응할지 더 잘 알아낼 수 있었다.

그 출판사는 자신의 주요 독자는 35세에서 60세까지의 사람들일 거라고 생각했었다. 하지만 피드백을 받아 데이터를 정리한 결과 어떤 책들은 밀레니얼 세대가 더 많이 구입한다는 사실을 알게 되었다. 그 출판사는 이와 같은 새로운 정보를 토대로 방향 전환을 추진했는데, 이와 관련하여 그 출판사 경영자는 이렇게 말했다. "우리는 나이 많은 사람에게 집중되어 있던 기존 마케팅과 광고 캠페인을 바꾸어 밀레니얼 세대에게도 관심을 기울이기 시작했습니다." 그들이 출판업을 통해 추구하는 비전은 달라진 바 없었다. 다만 독자들을 대상으로 하는 전략에 변화를 주었을 뿐이다.

## 언제 방향 전환을 해야 하는가

실제로 방향 전환을 해 본 사람이라면 그것이 얼마나 극심한 스트레스를 유발하는지 잘 알 것이다. 그래서 많은 경우 방향 전환이 무의미해질 때까지 너무 오래 시간만 끈다. 불이 우리 집에 옮겨 붙어서 지붕이 타는 상황이나 벽이 무너져 내리는 상황을 생각해 보라. 내일 아침에 이사회 회의가 열리는데 이미 현금이 바닥나 있는 상황을 생각해 보라. 이미 이성적인 판단을 내릴 수 있는 상황은 아니다.

우리는 다양한 이유를 대면서 방향 전환을 뒤로 미룬다. "우리의 현재 전략이 옳은 건가요?"라는 의문을 제기하면 팀을 비난하는 것처럼 여겨진다. 팀에서 추진하고 있는 현재 전략에 의문을 제기하는 것은 팀 분위기를 망치고 갈등을 유발할 위험이 있다. 게다가 스타트업에는 특유의 낙관론이 있다. "이대로 조금만 더 해 보면 성장이 가시화될 것 같다"는 낙관론 말이다.

하지만 스타트업의 성공은 거의 다 방향 전환의 결과물이다. 스타트업이 생존해 나가는 환경은 극도로 불확실한 환경이기 때문에 방향 전환은 필수다. 방향 전환이 필수인 환경에서 생존하면서 방향 전환을 최대한 회피하려는 이유가 무엇인가? 성공하는 스타트업이 되고자 한다면 방향 전환/고수 여부를 판단하기 위한 회의를 팀원들과 정기적으로 할 필요가 있다. 이를 중요한 업무로 인식하고, 일정 시기마다 팀원들과 의견을 교환하라.

여러분의 상황에 적합한 회의 주기를 찾아보라. 나는 6주로 하는 게 적절하다고 생각한다. 한 달에 한 번 주기는 너무 짧고 한 분기에 한 번 주기는 너무 길다. 이 회의를 너무 심각하게 받아들이지는 말라. 기업의 생사 여부를 결정하는 회의도 아니고 실패를 상징하는 회의도 아니다. 이 회의는 스스로에게 질문을 제기하는 회의다. "우리가 지금 비전의 실현을 위해 제대로 나아가고 있다는 증거는 무엇인가?"라는 질문 말이다.

심각한 위기가 닥치기 전에 미리 전략을 돌아보는 것도 좋은 일이지만 방향 전환 회의가 주는 중요한 이점은 한 가지가 더 있다. 팀원들이 일에 집중할 수 있게 하는 역할을 하는 것이다. 프로젝트 초기부터 "지금 하고 있는 일이 6주 후에 쓸모 있을까?"라는 질문을 팀원들 스스로에게 제기한다면 자원과 시간과 노력의 낭비를 얼마나 예방하게 될지 생각해 보라. 고객들이 원하지도 않는 기능을 제품에 집어넣거나 잘못된 타깃 고객들을 대상으로 마케팅을 하거나 서비스 센터 직원을 많이 채용했는데 정작 매출이 별로 발생하지 않거나 지나치게 일찍 대량 생산 체제를 갖추는 것 모두 기업으로서는 엄청난 낭비를 초래하는 의사 결정이다.

**프로젝트 포기도 좋은 선택이 될 수 있다**

방향 전환을 여러 차례 진행하다가 결국에는 프로젝트를 통해 이루고자 했던 비전 실현이 불가능하다고 판단하게 되는 경우도 있다. GE의 터보머시너리 솔루션스Turbomachinery Solutions 팀에서도 이와 같은 일이 있었는데, 그들은 프로젝트를 취소했던 것을 훌륭한 판단으로 인식하고 있었다.

원래 그 개발 팀은 FLEFlash Liquid Expander라는 설비를 개발하여 LNGliquefied natural gas: 액화 천연 가스 생산 기업의 생산량과 효율성을 높여 준다는 계획을 가지고 있었다. 이 설비를 이용하면 기존 생산 시설에서 생산량을 더욱 늘릴 수 있고, 함께 설치되는 에너지 회수 장치를 이용하면 생산 시설 전체의 에너지 효율성을 높일 수 있다는 것이었다.

GE 오일 앤드 가스GE Oil & Gas의 패스트웍스 프로그램 매니저인 실비오 스페루짜Silvio Sferruzza는 FLE 개발 프로젝트에 관하여 이렇게 말했다. "기술적인 관점에서 보면 그 프로젝트는 실현할 수 있는 것이었습니다. 설비를 만들 수 있었으니까요. 판로만 찾으면 되는 일이었습니다." 그 팀은 FLE 설비를 설치하면 기존 생산 시설에서 연간 최대 1억 달러의 추가 이익이 발생할 거라고 추정했고, 그렇기 때문에 전 세계 LNG 생산 기업이 자신의 새로운 설비를 구매할 거라고 생각했다. 또한 지금 건설 중이거나 건설을 계획하고 있는 LNG 생산 시설에서도 자신의 설비를 구매할 거라고 생각했다.

당시 일에 대해 스페루짜는 이렇게 기억하고 있었다. "계획 자체는 엄청났습니다. 고객의 기존 생산 시설에 쉽게 설치할 수 있으면서도 생산 효율성을 높일 수 있었으니까요. 게다가 생산량 자체를 늘릴 수 있었는데 이는 곧 매출 증대를 의미하는 거였죠." 하지만 그 팀의 계획은 전부 가정으로 구성된 것이었다. "우리는 기술 기업입니다. 기술적인 도전들을 바라보고 그러한 일들을 해내려고 하죠. 우리는 이렇게 하는 데서 즐거움을 찾는 사람들입니다." 스페루짜가 말했다.

그런데 그 팀은 자신들이 FLE 설비를 만들어 낼 수 있느냐에 초점을 맞춘 게 아니라 그 설비를 만들어도 되느냐에 초점을 맞추었다. 고객들이 이 새로운 설비를 구매하는 데 돈을 지불할지에 관해 의문을 제기했던 것이다. 스페루짜는 이렇게 말했다. "패스트웍스 프로그램을 도입하기 이전의 우리였다면 고객 측면의 가정을 고려하지 않고 그냥 그 프로젝트를 시작하고 설비를 만들어 냈을 겁니다. 기술적인 위험성에만 관심을 가지면서 말입니다."

그 팀은 상업적인 측면에서 가장 위험한 가정을 다음과 같이 수립했다.

- 이러한 아이디어를 들고 시장에 진입한 경쟁자는 아직 없다.
- LNG 생산 프로세스 라이선서(licensor: 생산 프로세스에 대한 특허

권을 가지고 있는 기업으로, 새로운 기술이나 설비를 기존 생산 시
설에 부가할 때는 라이선서의 허가를 얻어야 한다)는 GE와의 협의
에 개방적으로 임할 것이다.

- LNG 생산 프로세스 라이선서는 GE의 새로운 설비를 기꺼이 수용
해 주고 그것을 업계의 새로운 표준으로 인정해 줄 것이다.
- GE의 새로운 설비는 다른 시장 분야에서 다양한 용도로 활용될 수
있다.
- 고객들은 실험 과정에 적극적으로 참여하고 새로운 설비를 빠르게
도입할 것이다.

터보머시너리 솔루션스 팀은 영업 팀의 지원을 받아 평소 좋은 관계
를 유지하고 있던 고객사들을 만나고 다니기 시작했다. 그들이 초기
에 이용한 최소 요건 제품은 새로운 설비가 어떻게 작동하고 어떤 성
과를 이루어 낼 수 있는지를 알려 주는 프레젠테이션 자료였다. 당시
의 일에 대해 GE의 패스트웍스 코치인 줄리오 카네갈로Giulio Canegallo는
이렇게 설명했다. "가치의 교환은 주로 정보에 관하여 이루어졌습니
다. 여러 고객과 그 설비에 대한 정보를 공유하고 고객 의견을 청취했
던 거죠."

그 팀은 최소 요건 제품을 이용하여 가장 위험한 가정이 옳은지 여
부를 확인할 수 있었는데, 그들은 시장 진출 방법에 관한 몇 가지 핵
심 아이디어가 상당 부분 틀렸다는 것을 배웠다.

이와 같은 피드백을 얻은 후에 그 팀은 새로운 시장을 찾기 시작했
다. 방향 전환을 시도했던 것이다. 새로운 시장을 찾기 위해 여기저기
알아보던 중에 한 고객사에서 FLE 설비를 산업용 냉장 설비를 이용하

고 있는 공장에 팔면 어떻겠느냐는 의견을 주었다. GE 개발 팀에서는 새로운 가능성을 발견했다고 생각했다.

그 팀에서는 두 달 반의 시간과 수천 달러의 비용을 투입하여 시장 조사를 했는데, 산업용 냉장 설비를 이용하고 있는 공장 중 충분히 규모가 큰 공장은 별로 없었고, 따라서 FLE 설비 개발에 들어가는 대규모 투자를 하기에는 적절한 시장이 아니라는 결론에 이르렀다. 이러한 결론을 내린 그 팀에서는 방향 전환/고수 회의를 통해 프로젝트를 포기하기로 결정했다.

기대를 가지고 오랫동안 추진했던 프로젝트를 그만두어야 한다는 의견이 나왔을 때 대부분의 팀원은 크게 실망했다. 하지만 그와 같은 감정과는 별개로 그 팀의 최종적인 포기 결정은 좋은 평가를 받고 있다. 그 팀의 최종 결정에 대해 GE의 패스트웍스 코치 줄리오 카네갈로는 다음과 같이 말했다.

> 여러 가지 감정이 혼재했죠. 한편으로는 큰 기대를 가지고 있던 제품에 시장성이 없다는 판단이 내려졌기 때문에 팀원들은 크게 아쉬워했습니다. 하지만 다른 한편으로는 대규모 투자가 이루어지기 전에 시장성을 정확하게 파악했고, 결과적으로 큰 비용 낭비를 막았기에 자랑스러운 마음도 가지고 있었습니다. 회사의 돈과 동료들의 시간을 아낀 것이고 그렇게 아낀 돈과 시간은 수익성 높은 다른 프로젝트들에 투자되었으니까요.

고객에게 아무런 가치를 창출해 주지도 못하고 회사에는 손실을 유발할 프로젝트에 시간과 노력을 크게 낭비하지 않았다는 점에 대해서는 팀원들도 다행이라고 생각했다. 시장이 존재하지도 않는 그 프로젝트를 본격적으로 시작했다면 수년의 시간과 막대한 비용이 들어갔겠지만, 결과적으로 그 팀이 쓴 것은 3만 달러의 비용과 일곱 달의 시간 정도였다. 그 개발 팀을 관리하던 GE의 내부 위원회(성장 위원회라고 불린다주11)에서도 그 팀의 결정에 대해 높은 평가를 내렸다. 카네갈로는 이렇게 말했다. "성장 위원회에서는 프로젝트에 대한 가정을 확인하고 학습을 하기 위해 노력했던 그 팀을 높게 평가했습니다. 자신이 틀렸다는 점을 받아들이고 프로젝트를 포기하는 결정을 내린 용기에 대해서도 마찬가지였고요. 팀원들은 모두 성공에 준하는 보상을 받았습니다." 이 사례에서는 학습 자체를 높게 평가해 회사는 시간과 돈의 낭비를 막을 수 있었다. 카네갈로는 이렇게 덧붙였다. "그 팀의 사례는 터보머시너리 솔루션스 사업부의 모범 사례로 기록되어 있습니다."

## 린 스타트업에서 리더의 역할

린 스타트업 방법론에서 리더들이 수행해야 하는 가장 중요한 역할 중 하나는 만들기-측정-학습 피드백 순환을 진행하는 사람들에게 질문들을 하는 것이다. 그리고 반드시 빼놓지 말아야 하는 중요한 질문은 다음 두 가지다.

1. 무엇을 배웠습니까?
2. 그것을 어떻게 알아냈습니까?

이 책에서 계속해서 언급할 테지만 진정한 의미에서 경영 방식 변화는 조직문화, 마음가짐, 습관 등의 변화를 의미한다. 낡은 경영 방식에서 가장 떨쳐 내기 어려운 생각은 리더가 궁극의 능력자일 거라는 사고방식이다. 리더가 계획을 짜고 직원들이 계획을 실행하는 것, 불확실한 상황에서는 리더의 판단만 기다리는 것, 직원들이 성과를 내는 데 실패했을 때는 리더가 질책을 하는 것 모두 이와 같은 생각에서 비롯된 것들이다. 실패에 대해서는 직원 역량이 부족했기 때문이라는 해석이 내려진다.

하지만 이런 낡은 패러다임이 틀렸음을 보여 주는 사례는 무수히 많으며, 여러분도 그러한 상황을 인식하고 있기를 바란다. 실패는 직원 역량 부족 때문에 발생하는 게 아니라 주로 계획의 근간이 되는 가정과 현실이 서로 달랐기 때문에 발생한다. 사업 계획에서 예상한 대로 고객이 움직여 주지 않았기 때문에 실패하는 것이다!

성과를 내는 리더가 되기 위해서는 지시를 내리는 리더가 아니라 정보를 습득하는 리더가 되어야 한다. 인튜이트의 스콧 쿡 회장은 이러한 리더의 역할에 대해 거대한 도전을 위한 준비를 하는 것이자 실험을 위한 플랫폼을 만드는 것이라고 표현한 바 있다. 실험과 정보 습득을 위한 준비를 하는 리더가 실패에 대해 질책하는 리더보다 팀을 성공으로 이끌 가능성이 훨씬 더 높다.

이와 같은 사고방식의 변화는 스타트업만이 아니라 모든 유형의 기업과 조직에서 성과 개선으로 이어질 수 있다. 한 대기업의 임원이 나에게 해 준 이야기가 생각난다. 그는 린 스타트업 교육을 이수하고 자신의 회사에서 원래 책임에 추가적으로 사내 스타트업을 지원하는 책임을 맡게 되었는데, 그는 자신이 맡은 사내 스타트업과 정기적으로 회의를 하고 있다고 했다.

하루는 그 사내 스타트업과 방향 전환 회의를 열고 새로운 방향 전환에 대한 합의를 했다. 여느 대기업 임원이 그렇듯 그 역시 바쁜 일정을 소화해야만 했는데, 그다음 일정은 중부 유럽의 판매를 책임지고 있는 판매 책임자로부터 분기 실적에 관한 전화 보고를 받는 것이었다. 그 판매 책임자는 나쁜 소식을 전해 왔다. 기대를 가지고 있던 신제품 판매량이 예상에 미치지 못했다는 것이었다.

그는 그런 보고를 받으면 예전에는 부하 직원에게 "해고당하고 싶습니까?"라고 말했다고 한다. 하지만 그날은 그 직원에게 소리를 치려고 하는 순간에 다른 생각이 떠올랐다고 한다. 사내 스타트업 팀원들을 대하는 식으로 그 판매 책임자를 대하면 어떨까? 그는 그 판매 책임자에게 소리를 치는 대신에 차분한 목소리로 질문을 하기 시작했다. "그 일로 뭘 배웠습니까? 그것을 어떻게 알아냈습니까?"

그 판매 책임자는 놀라서 전화를 떨어뜨릴 뻔했다고 한다. 하지만 곧이어 자신이 알게 된 것들을 이야기하기 시작했다. 시장 진출 과정에서 예상하지 못한 상황을 맞이한 것이다. 우선 그 지역에서 판매를 하기 위해서는 미국과는 다른 시장 요건들을 충족시켜야 했다(그런데 도대체 왜 미국 기업들은 언제나 이와 같은 상황을 예상하지 못하는 걸까?). 그리고 중부 유럽에 기반을 두고 있는 기업들이 이미 시장에서 확고한 위치를 차지하고 있었다. 게다가 그 임원 회사의 브랜드는 중부 유럽에서 인지도가 낮았기 때문에 유통이 예상보다 어려웠다. 다시 말하면 누구도 깨닫지 못했는데 시장 진출 계획이 불분명했던 것이다. 원래 그 임원과 판매 책임자는 중부 유럽 시장에 쉽게 안착할 수 있고 처음부터 높은 매출을 올릴 수 있을 것으로 기대했다. 하지만 현실은 그와 달랐다.

보고 내용이 변명이 아니라 사실임을 확인한 후 그 임원은 새로운 시장 접근 계획을 수립했고 결국은 큰 성공을 거둘 수 있었다. 그 임원은 질문을 달리 하기만 해도 낡은 업무 방식으로는 거둘 수 없었던 비즈니스 결과를 성취할 수 있음을 깨닫게 됐다.

낡은 방식을 버리고 새로운 접근법을 취함으로써 성과 개선을 이루어 내는 리더들의 이야기는 무수히 많으며, 앞으로 책을 진행해 나가면서 다른 사례들도 계속해서 소개할 것이다. 이러한 이야기들의 공통점은 지속적인 혁신을 가능하게 하는 경영 방식으로 린 스타트업을 받아들였다는 것이다. 이어지는 장에서 이러한 체계적 접근 방식이 실제로 어떤 모습인지 살펴보자.

## 5장

# 거대 조직에서의 혁신을 위한 경영 시스템

다른 기업들과 협업을 하다 보면 색다른 지역을 많이 방문하게 된다. 그런데 그러한 지역 중 가장 기억에 남는 곳은 미국의 러스트 벨트 지역이다. 나는 러스트 벨트 지역에 공장을 두고 있는 한 가전 회사의 초청을 받아 가동된 지 수십 년이 지난 공장을 방문하게 되었다. 그 회사는 린 생산 방식으로 전환을 추진하던 중이었다. 당연히 제품 품질과 공장의 안전 수준을 높이고 재고의 효율적인 관리를 통해 낭비를 줄이려고 하고 있었다.

그 회사의 제품 관리자 한 명이 공장을 안내하며 그동안 이루어 낸 성과를 직접 확인시켜 주었다. 꽤 오랫동안 린 생산 방식에 대해 공부를 하고 강의를 해 오고 있었지만 이렇게 생산 현장을 직접 방문하는 기회가 그렇게 자주 있지는 않았다. 린 생산 방식에서 강조되는 원리 중 일본어로 겐치겐부쓰現地現物라는 게 있는데, 현장에 가서 상황을 직접 확인해야 한다는 개념이다.[주1] 그 공장에서 생산되고 있던 제품은 꽤 단순한 가전제품이었는데, 직원들은 숙련되어 보였고 일도 열심히 하고 있었다. 인공 지능과 자동화의 시대였음에도 가전제품 전면부의 버튼들과 회로 기판을 전선으로 잇는 공정은 전부 사람 손으로 이루어지고 있었다.

나는 우리 집 주방에 있는 전자레인지를 떠올려 보았다. 가격이 꽤 저렴한 제품인데도 전면부에는 조작 버튼이 스물아홉 개가 있다. 그런데 아무리 생각해 보아도 내가 사용하는 조작 버튼은 다섯 개를 넘지 않았다. 스물네 개의 조작 버튼은 나에게는 무용지물일 뿐이었다. 나는 그 회사의 경영자들에게 물어보았다. "직원들이 숙련된 기술로 일일이 연결하는 그 조작 버튼 중 아무도 사용하지 않는 버튼이 있는지 확인해 보셨습니까? 불필요한 버튼의 비중은 몇 퍼센트나 되나요?"

경영자들은 모른다고 답을 했다. 아주 오래전 같았으면 모를 수도 있다. 그와 같은 데이터를 정확하게 수집하는 일 자체가 매우 까다로운 일이었을 테니까.

하지만 지금은 21세기다. 이미 가전 회사들은 자신이 판매한 제품들을 통해 사용자 데이터를 받고 있다. 수리 센터에서는 흔하게 벌어지고 있는 일이고, 가전제품을 인터넷에 연결하여 실시간으로 사용자 데이터를 확보하는 경우도 있다. 고객 대상으로 설문 조사를 하는 것도 매우 저렴하고 간편한 시대다. 그 가전 회사의 경영자들에게 사용자 데이터는 가지고 있는지 물어보았더니 데이터는 가지고 있다고 답했다. 다만 그것을 활용하지 않고 있을 뿐이었다.

왜 그 경영자들은 데이터를 가지고 있었음에도 눈을 가리고 있었던 것일까? 나는 그들의 잠재의식 속에 그 데이터를 마주하는 데 대한 거부감이 있었을 거라고 생각한다. 수많은 직원이 그토록 많은 시간을 투입하여 버튼을 장착하고 있는데, 정작 소비자들이 상당수의 버튼을 사용하지 않고 있다는 사실이 공론화된다면 그다음에는 어떻게 하겠는가. 엄청난 노동력과 잠재력이 낭비되고 있다는 현실을 마주하게 된다면 그다음에는 어떻게 하겠는가.

이와 같은 상황이 공장 직원들의 잘못일까? 아니다. 그들은 자신에게 주어진 임무를 훌륭하게 수행하고 있었다.

그렇다면 공장 관리자들의 잘못일까? 당연히 아니다. 그들 역시 품질과 효율성 제고라는 임무를 제대로 수행하고 있었다.

공장에서 낭비를 없애야 하는 책임을 수행하던 린 전문가들은 어떨까? 그들의 잘못도 아니다. 버튼은 지금 줄이려고 하는 '재공품 재고work in process inventory'의 일부분이 아니기 때문이다.주2 버튼이 기존 제품 명세의 일부분이기 때문에 린 전문가들에게는 버튼을 제거할 권한이 주어지지 않았다.

그렇다면 제품 관리자들에게 책임이 있는 걸까? 이 문제를 거론하자 그들은 강력하게 책임을 부인했다. "우리는 그냥 고객들의 요구에 대응했을 뿐입니다!"

누르지도 않을 버튼을 잔뜩 설치하는 게 구매자들의 바람이라는 말인가? "사용자 인터페이스가 너무 단순하니 가급적 많은 버튼을 설치해 주세요!"라고 요구하는 사람을 나는 한 번도 본 적이 없다.

그런데 제품 관리자들이 지칭한 고객이란 소비자가 아니었다. 그들은 이렇게 말했다. "우리가 말한 고객이란 대형 소매 판매자를 의미합니다. 우리 제품은 거의 다 그들이 구입해 갑니다. 우리 영업 팀에서 의견을 청취하는 대상도 그들이고요."

그렇다면 영업 팀에서 뭔가를 잘못한 걸까? 그렇지는 않다. 그들은 가장 중요한 고객들로부터 의견을 듣고 개발 팀에 그대로 전달해 주었다. 그렇게 하는 게 영업 팀의 일이다.

대형 소매 판매자들이 뭔가를 잘못한 걸까? 그럴 리는 없다. 그들의 요구는 당연한 것이었다. 가전제품을 판매해야 하는 소매점 입장에서는 판매대에 올려놓는 제품이 한 가지라도 더 많은 기능을 가지고 있으면 더 잘 팔릴 거라고 생각한다. 특히 제품의 판매 가격이 높을수록 더 많은 기능과 버튼이 있어야 한다고 생각한다.

"버튼을 많이 장치해 두어야 소비자들이 제품을 구매할 가능성이 더 커지고, 앞으로도 계속해서 이 가전 회사의 제품을 구매할 거라는 증거는 무엇입니까?" 전체 가치 사슬 중 이 질문에 답하는 사람은 아무도 없었다.

모두가 각자 책임을 수행하고 있었다. 모두가 임금을 받고 있었고 리더들은 승진을 하고 상여금을 받았다. 비난을 받는 사람은 아무도 없었다.

하지만 불필요한 버튼은 계속해서 조립되고 있었다. 날마다 수많은 직원이 아무도 사용하지 않는 버튼을 무의미하게 만들어 내고 있었다. 그리고 이와 같은 일은 미국 러스트 벨트에 있는 그 공장만의 일이 아니다.

디스토피아적인 미래의 암울한 상황을 상상하고 있는 게 아니다. 이것은 지금 전 세계 곳곳에서 벌어지고 있는 현실이다. 무언가 개선이 필요한 상황이다.

## 무엇을 해야 하는가?

대기업에서 처음 나에게 컨설팅을 해 달라는 의뢰를 해 왔을 때 나는 그것이 '실리콘 밸리에서 일하는 방식'을 알려 달라는 뜻이라고 생각했고 실제로도 그렇게 했다. 그런데 이번에는 린 스타트업 방식을 대기업에 이식하는 내 이야기에 실리콘 밸리 사람들이 관심을 갖기 시작했다. 전혀 생각지도 못했던 상황이었다. 그러다가 결국은 스타트업과 대기업 모두 혁신과 변화를 필요로 하고 있다는 사실을 알게 되었다.

실리콘 밸리 방식 또는 전형적인 대기업 방식, 어느 한 가지 방식으로만 일을 해서는 선도적 기업이 될 수 없다. 한 가지 방식만으로도 선도적 기업이 될 수 있다면 일은 참 간단해질 것이다. 스타트업 방식이 옳다면 대기업 쪽에서 새로운 제품이나 서비스가 필요할 때 다른 스타트업을 인수하기만 해도 문제가 해결될 것이고, 대기업 방식이 답이라면 스타트업은 대기업 방식을 전수받으면 될 테니까 말이다.

하지만 스타트업 방식과 대기업 방식 모두 자기만의 문제점을 가지고 있다. 대기업에서는 낡고 경직된 조직 구조와 고착화된 시장 접근법으로 인해 엄청난 양의 에너지와 능력이 낭비되고 있다.

그런가 하면 실리콘 밸리 스타트업들은 성공 후에 한 가지 문제에 부딪힌다. 바로 규모 확장이다. 성공을 거두고 기업 규모가 커지면 조직 체계를 갖추어야 하는데, 조직 내에서 기능이 분화되는 것 자체를 꺼리는 게 스타트업 문화다. 그러나 기업 규모가 일정 수준 이상 커지면 예전처럼 한 팀으로 움직이는 것은 사실상 불가능하다. 소규모 스타트업일 때는 효과적이던 방식이 더 이상 적절하지 않게 되고, 이러한 변화에 대응하지 못하면 갑자기 성장이 멈추게 된다.

## 경영의 근간은 책임이다

창업가적 경영은 21세기의 불확실한 상황에서 작동하도록 만들어진 리더십 체계이지, 전통적인 경영 방식을 대체하기 위해 만들어진 게 아니다. 일반적인 경영 부분뿐 아니라 경영 포트폴리오 중 창업 부분을 효과적으로 관리할 수 있도록 도와주기 위해 만들어진 것이다. 일반적으로 혁신은 권한 분산을 통해 진행되고 또 진행 과정을 예측하기도 어렵지만 그렇다고 해서 혁신이 관리될 수 없는 것은 아니다. 다만 전통적인 경영 관리 범주에 들어가는 업무들에 적용한 것과는 다른 도구들과 다른 장치들이 필요할 뿐이다. 스타트업 방식의 힘은 두 가지 서로 다른 방식의 강점을 결합해야 나온다.

『린 스타트업』에서 스타트업 방식을 쉽게 설명하려고 나는 다음과 같은 도표 하나를 제시한 적이 있다(『The Toyota Way』에 나오는 유명한 도표에서 따온 것이다).주3

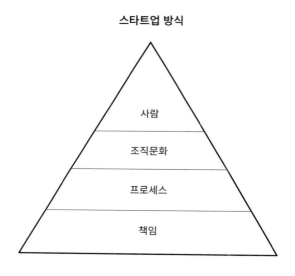

**스타트업 방식**

스타트업 방식에서도 가장 기본이 되는 것은 **책임**이다. 직원들에 대한 보상이나 승진 그리고 징계를 어떻게 운영하느냐에 따라 직원들의 관심사와 행동이 달라진다. 직원들은 무엇에 대해 보상을 받고 어떻게 해야 승진을 하게 되는가? 직원들이 자신의 경력 경로를 성공적으로 이끌어 나가기 위해서는 어떤 목표를 이루어 내야 하는가? 직원들에 대한 성과 및 보상 체계는 기업이 추구하는 장단기 목표에 부합해야 한다.

프로세스는 프로젝트 계획, 관리, 팀 조정, 협업 같은 직원들이 일하는 데 일상적으로 사용하는 도구와 접근법을 의미한다. 도표에 나타나 있듯이 책임이 있어야 프로세스가 진행된다. 앞에서도 언급했듯이 보상이나 승진 체계가 직원들이 일하는 방식이나 내용을 결정하기 때문이다. 대부분의 팀은 적절한 인센티브가 주어지면(또는 해로운 문책이 없다면) 새로운 도구와 전략에 따라 스스로 조직된다. 예를 들어 기업에서 어떠한 유형의 실패에 대해서도 징계를 내리는 식으로 책임 체계를 운영한다면 빠른 반복 실험 같은 프로세스는 진행될 수 없다(빠른 실험은 실패 확률이 매우 높기 때문이다).

조직 구성원들이 일하는 방식이나 습관은 시간이 지나면서 조직문화가 된다. 구체적으로 문서화되어 있지는 않아도 '이런 상황에서는 이렇게 하면 될 거다'라는 믿음이 조직 구성원 사이에 자리 잡는 것이다. 조직 내에서 실제로 이루어지는 행태가 조직 구성원의 믿음을 결정하고 그것이 조직문화가 되는 것이기 때문에 기업에서 단순히 "혁신을 이루어 내자! 틀을 벗어나 생각하자!" 같은 구호가 인쇄된 포스터를 만들어 붙인다고 해서 조직문화가 달라지지는 않는다. 페이스북의 "빠르게 움직여서 걸림돌이 되는 것을 부수라" 같은 유명한 문구를 자기 회사 벽에 걸어 놓는다고 해도 아무런 효과가 없을 것이다. 조직문화는 기업이 만들고 운영하는 책임 체계와 프로세스에 의해 서서히 정립되어 가는 것이다.

각 기업의 조직문화는 그 조직문화의 성격에 맞는 사람을 끌어들인다. 그리고 인재는 기업의 궁극적인 자원이다. 낡고 문제가 많은 조직문화가 형성되어 있는 기업에 혁신적인 인재가 오래 붙어 있기를 바랄 수는 없다. 결국 기업의 성공은 유능한 직원들을 유인하고 그들을 오래 유지해야 가능한 일인데, 이와 관련하여 GE의 제프리 이멜트 회장은 "누구도 낡은 기업에서 일하고 싶어 하지 않습니다"라는 말을 한 적도 있다. 그뿐 아니라 우리는 낡은 조직문화가 싫어서 자신이 일하던 조직을 그만둔 적이 있다고 말하는 재능 있는 창업가들의 이야기를 많이 알고 있다.

새로운 조직문화는 외부에서 주입되지 않고 자생적으로 형성되는데, 이를 위해서는 조직 구성원이 새로운 성공 방식을 직접 목격할 필요가 있다. 특히 사내 스타트업이 성숙하면 새로운 조직문화의 씨앗으로 작용할 수 있다. 실제로 나는 성공적인 전환을 많이 목격했다. 조직 변화의 주도자가 된 사람들은 처음에는 초기 파일럿 프로젝트에서 일하던 평범한 직원이었다. 그 직원들은 무엇이 가능한지 보고서는 자신의 경력을 바쳐 그러한 혜택을 회사의 다른 사람들에게 전하려고 결심했다.

지난 1장에서도 언급했듯이 일을 하는 새로운 방식은 과거에 이루어진 혁신, 이를테면 과학적 관리 방식, 대량 생산, 린 생산 방식, 식스 시그마, 애자일 소프트웨어 개발, 고객 개발, 기동전, 디자인 사고 등의 토대 위에 만들어진 것이다. 다시 말해 창업가적 경영과 전통적인 경영 방식은 동일한 토대(장기적 사고의 중요성)를 가지고 있으며, 동일한 가치관(실행의 엄격함과 원칙) 위에 정립된 것들이다. 128쪽에 두 가지 방식의 공통점과 차이점을 정리해 놓았다.

## 새로운 조직 형태

혁신이 필요한 프로젝트나 불확실성이 큰 상황에서 창업가적 경영의 도구들을 이미 사용하고 있더라도 회사 내에 창업가 정신을 위한 전담 조직이 필요하다. 창업가 정신에도 전문 지식이나 구체적인 기법이 필요하기 때문에 담당 조직을 만들고 그 조직을 마케팅, 엔지니어링, 영업, IT, 인력 개발, 재무 등의 기능 조직과 같은 반열에 올려야한다는 게 내 생각이다(129쪽에 이러한 아이디어가 구체화된 도표를 만들어 놓았다).

창업 부서는 사내 프로젝트에 창업가적 경영 기법을 소개함으로써 다른 부서가 일하는 방식에 변화를 줄 수 있다. 이에 대해서는 2부에서 자세히 논하려고 한다. 또한 기업의 미래를 책임질 새로운 사업부를 탄생시키는 데 있어 인큐베이터 역할을 할 수도 있다. 이에 대해서는 3부에서 자세히 논하려고 한다.

이쯤에서 이렇게 말하는 사람이 있을지도 모르겠다. "기업의 조직도와 기능과 조직문화를 변화시키고 채용이나 승진의 기준을 바꾸는 건 너무나도 까다로운 작업이 아닙니까." 맞는 말이다. 매우 까다로운 작업이 될 것이다. 적당히 얼버무려 말하지 않겠다. 내 제안은 전과는 다른 새로운 유형의 조직을 만들라는 것인데 이는 무척이나 어려운 일이다. 무엇보다 조직 구성원 모두가 이미 일을 하는 자기만의 방식이나 습관을 가지고 있는 상태이기 때문이다.[주4]

하지만 이러한 고통스러운 변화의 과정을 추진할 만한 가치는 충분하다고 믿는다.

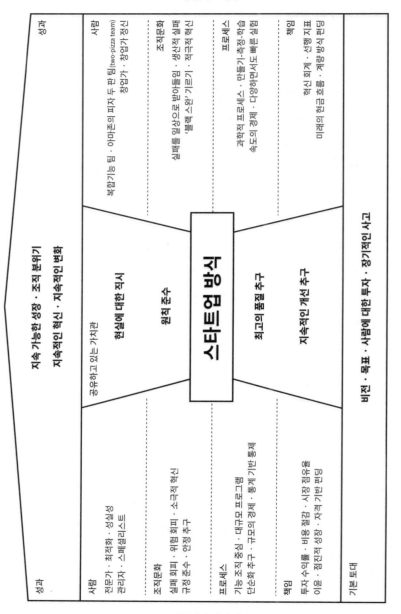

성과

지속 가능한 성장 · 조직 분위기
지속적인 혁신 · 지속적인 변화

**사람**
복합기능 팀 · 아마존의 피자 두 판 팀(two-pizza team)
창업가 · 창업가 정신

**조직문화**
실패를 일상으로 받아들임 · 생산적 실패
'빨리 쉽게' 기르기 · 적극적 혁신

**프로세스**
과학적 프로세스 · 만들기-측정-학습
속도의 경제 · 다양하면서도 빠른 실험

**책임**
혁신 회계 · 선행 지표
미래의 현금 흐름 · 계량 방식 편딩

**공유하고 있는 가치관**
현실에 대한 직시
원칙 준수

**스타트업 방식**

최고의 품질 추구

지속적인 개선 추구

비전 · 목표 · 사람에 대한 투자 · 장기적인 사고

기본 토대

**사람**
전문가 · 최적화 · 성실성
관리자 · 스페셜리스트

**조직문화**
실패 회피 · 위험 회피 · 소극적 혁신
규정 준수 · 안정 추구

**프로세스**
기능 조직 중심 · 대규모 프로그램
단순화 추구 · 규모의 경제 · 통계 기반 통제

**책임**
투자 수익률 · 비용 절감 · 시장 점유율
이윤 · 점진적 성장 · 자격 기반 편딩

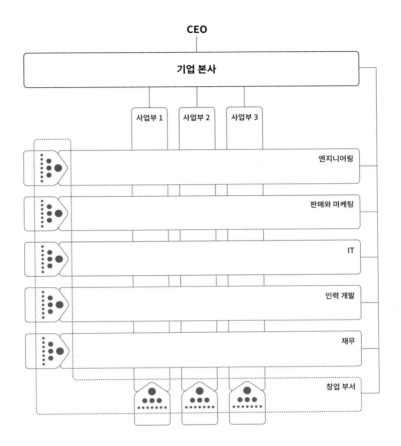

## 변화를 통해 얻을 수 있는 것들

### 1. 리더십을 검증할 수 있는 더 많은 기회를 제공한다

오늘날 조직의 수익성을 직접 책임지는 리더들의 자리는 점점 더 줄어들고 있다. 그리고 권한 범위가 작은 리더의 자리는 진정한 의미에서 리더의 자리로 인식되지 않는다. 대다수 조직에서는 역할이 작으면 무의미하다고 간주한다. 이와 같은 상황에서 사내 스타트업은 리더십의 기회를 제공하는 완벽한 기회로 작용하면서도 기업 입장에서는 실패하더라도 제한된 작은 규모의 손실을 입는 수준에서 그친다. 경력만 봤을 때 손익에 관한 책임을 충분히 지기에는 위험해 보이는 사람이라도 이런 작은 기회를 성공으로 이끈다면 자신이 진정한 리더임을 증명할 수 있다.

## 2. 혁신적인 인재들을 기업 내에 붙잡아 둘 수 있다

재능 있는 인재들이 자기 회사를 창업하기 위해 자신이 일하던 기업을 떠나는 것은 국가적인 규모로 보면 좋은 일이다.[주5] 그러나 그 인재들이 일하던 기업 입장에서는 커다란 손실이다.

성공한 스타트업을 인수하는 것은 기업 발전 측면에서 보면 그 자체로 성공이다. 하지만 그 스타트업 창업자들이 모기업에서 일하던 직원들이었다면 그것은 성공이 아니라 인사 관리 측면의 실패다. 결국 낡은 관료주의 때문에 그들은 회사를 떠난 것이다.

## 3. 시간과 노력의 낭비를 줄여 준다

"당신이 날마다 하고 있는 일이 다른 사람들에게 가치를 창출해 주고 있습니까?" 이 같은 질문에 대해 "그렇다"라고 확답할 수 있는 사람은 그렇게 많지 않을 것이다. 전자레인지에 사람들이 사용하지도 않을 조작 버튼을 장착하고 있는 공장 직원들을 생각해 보라.

린 생산 이론에서는 운송, 재고, 작업 동작, 대기 시간, 과도한 프로세싱, 과도한 생산량, 불량 등 일곱 가지 영역에서 낭비가 발생할 수 있다고 말한다. 그런데 최근 들어 린 커뮤니티에서 주목하고 있는 낭비 요인이 있다. 애초에 아무도 원하지 않을 제품을 열심히 만들어 내는 일이 그것이다. 기업의 시간과 노력을 아무런 의미 없는 제품의 개발과 생산에 투입하는 것은 대기업과 스타트업 모두에게 엄청난 손실을 가져다주는 일이다.[주6]

스타트업 방식은 처음부터 무엇을 만들어야 하는지 파악하는 데 필요한 관리 노력에 중점을 둔다.

### 4. 프로젝트에 대한 판단을 도와준다

대부분의 사람은 자신이 관여하던 프로젝트가 중단되면 대단히 기분 나빠한다. '그 아이디어는 정말로 좋은 것이었는데, 나쁜 사람들이 불합리하게 그것을 중단시켰어'라고 생각한다. 이와 같은 생각은 그것이 옳든 그르든 사기를 떨어뜨리고 더 나아가 조직 내 알력을 유발한다. 이와 같은 분위기에서는 조직 내에서 의사소통이 제대로 이루어지지 않고, 그렇게 되면 손실만 유발할 게 뻔한 프로젝트가 좀비처럼 살아남는 상황이 벌어지기도 한다. 프로젝트를 중단시키면 상당한 정치적 알력을 유발할 수 있기 때문에 많은 기업이 중단시켜야 할 프로젝트들을 그냥 진행시킨다.[주7] 일단 프로젝트가 정치적 동력을 얻으면 중간에 멈추기가 어려워진다. 프로젝트 중단에 관여하는 중간 관리자들은 종종 처형자처럼 인식돼서 프로젝트를 죽였다는 비난을 받으면서 상당히 힘든 시간을 보내기도 한다.

그동안 나는 기업들을 대상으로 컨설팅을 해 오면서 많은 기업의 상황을 직접 목격해 왔다. 대부분의 기업은 현재 추진 중인 프로젝트 현황을 평가할 때 '녹색, 노랑, 빨강' 세 가지 등급으로 평가하는 시스템을 활용하고 있는데, 프로젝트를 추진하는 팀들이 자신의 프로젝트에 대해 내리는 평가는 언제나 녹색 일곱 개, 노랑 두 개, 빨강 한 개로 나타났다. 정말로 신기한 일이었다. 언제나 일곱 개, 두 개, 한 개였다.

왜 그런 걸까? 프로젝트 책임자들은 녹색이 너무 많으면 거짓말을 한다는 의심을 받을 거라고 생각한다. 반면에 노랑이나 빨강이 너무 많으면 프로젝트가 중단될 위험이 있다. 그래서 의심을 사지 않으면서 프로젝트가 계속 진행될 수 있도록 적당히 평가치를 조정하는 것이다. 프로젝트 책임자들과 팀원들이 이런 작업을 위해 투입하는 시간과 노력은 엄청나게 크며 이는 프로젝트 성공과는 아무런 상관도 없는 낭비다.[주8]

하지만 스타트업에서 실패는 일상다반사다. 스타트업이 실패하는 최종 요인은 언제나 똑같다. 수익을 내기 전에 현금이 고갈되고 추가 자금 조달을 못하기 때문에 실패에 이르는 것이다. 일부 창업자들은 더 이상 자금 지원을 해 주지 않는 투자자들을 비난하기도 하지만, 스타트업의 실패는 스타트업 리더들에게 원인이 있다고 인식되는 게 일반적이다. 스타트업이 실패했다고 해서 책임이 있다고 인식되는 리더들의 경력 경로가 거기서 끝나는 것은 절대로 아니다. 나 자신도 스타트업을 창업했다가 실패한 경력이 여러 차례 있다. 하지만 책임은 져야 한다. 스타트업 리더들이 계량 방식 펀딩에서 다음번 펀딩을 받을 수 있을 정도의 확신을 투자자들에게 전해 주지 못한다면 더 이상의 자금은 확보할 수 없다.

대기업의 사내 프로젝트 책임자에게는 이와 같은 수준의 책임이 부여되지 않는다. 하지만 그렇게 되어야 한다. 그리고 프로젝트가 실패했고 중단되어야 한다는 판단은 대기업 최고 경영진이 아니라 프로젝트 책임자 수준에서 내려질 수 있어야 한다. 실패에 대한 책임을 진

다는 것은 단기적으로는 무척이나 힘든 일이 되겠지만 실패를 바라
보는 시각을 바꿔야 한다.[주9] 그리고 과학적 방식으로 배울 수 있는 가
장 중요한 교훈을 활용해야 한다. 무엇보다 실패는 기업 입장에서 많
은 것을 배우는 계기가 된다. 최소 요건 제품을 통한 빠른 실험은 고
객, 시장, 제품 경쟁력 등에 대해 일반적인 시장 조사로는 알 수 없는
것들을 알려 준다. 그리고 많은 실패한 프로젝트들은 이어지는 성공
의 토대가 되기도 한다. 1장에서 소개했던 아마존 파이어폰을 생각해
보라.

### 5. 다양한 문제를 더 빠르게 해결할 수 있다

기업 문제 중에는 전체 조직의 관심을 받는 문제들이 있다. 제품 대량
리콜 사태나 기업 외부에서도 관심을 가질 정도로 중대한 위기 같은
문제들 말이다.

그런데 기업 문제 중에는 긴급한 대응을 요하지만 최고 경영자의
관심을 받지 못하는 문제들이 있다. 아니면 어느 한두 부서에 국한된
문제라서 나머지 조직은 신경을 쓰지 않는 문제도 있다. 실무급 직원
들 수준에서만 관심을 갖는 문제도 있다. 기업 문제 중에는 전통적인
경영 방식으로는 효과적으로 대응하기 어려운 문제들이 있다. 그리고
이러한 문제들에 대해서는 창업가적 접근 방식이 더 나은 해답을 제
시할 수 있다. 문제 해결을 위한 스타트업을 만들고 실험을 실시하고
정보를 수집하고 그를 토대로 구체적인 해법을 만들라. 잘돼서 회사
전체로 확대할 수 있다면 최고 경영진의 주목을 받을 수도 있다. 실험
의 대부분은 실패할 것이기 때문에 최고 경영진에게 일일이 보고하지
않아도 되고, 오히려 최고 경영진이 개입하지 않는 편이 문제를 더 빠

르게 해결하는 길이 되기도 한다. 문제에 대한 해법을 정식으로 추진할 것인지 판단하는 전략적 논의가 행해지는 경우에는 전통적인 경영 방식에서 활용하는 실제 고객 데이터를 활용하는 식으로 접근할 수도 있다.

더 효율적이고 빠른 문제 해결이 사람들의 생명을 더 많이 살리는 결과로 이어질 수도 있다. ECLEmerald Cloud Lab이라는 웹 기반 생명 과학 연구소의 사례인데, ECL의 공동 창업자인 브라이언 프레짜Brian Frezza는 나에게 이런 말을 했다. "바이오테크는 린 방식과는 가장 거리가 먼 분야일 겁니다."주10 암, 알츠하이머, 우울증 같은 질병에 대한 더 나은 치료약을 찾기 위해 지금도 수많은 바이오테크 스타트업이 연구와 실험을 거듭하고 있다. 보통 바이오테크 스타트업들은 1000만 달러에서 많게는 2000만 달러의 초기 투자를 받고, 아주 오랫동안 연구를 진행한다. 매우 까다롭고 자금도 많이 소요되는 분야다. 신약이 시장에 나오기까지 10년이 넘게 걸리는 경우도 종종 있을 정도다.

일반적으로 바이오테크 스타트업의 연구소는 한 명의 소장이 다수의 연구원을 관리하게 되고, 연구원들은 자신이 수행하는 연구에 대하여 소장에게 보고한다. 그런데 어떤 연구들은 소장에게 보고되지 않은 채로 중단되기도 하고, 어떤 연구들은 소장에게 보고되기까지 몇 년이 걸리기도 한다. "실무적인 판단을 내리는 사람들은 높은 사람들이 무엇을 원하는지 고민하게 되죠. 그래서 많은 연구가 그대로 사장됩니다. 자신의 상사에게는 가장 나은 결과만 보고하고 싶어 하니까요." 브라이언 프레짜의 설명이다.

오늘날 보건 분야에 대한 사람들의 지출은 계속해서 증가하고 있다. 연구원 인당 연구개발 투자 액수가 가장 큰 분야는 아마도 생명 과학 분야일 것이다.

바이오테크 기업의 경우 실험 준비에만 6개월에서 12개월이 소요되고, 실제 테스트에도 그만큼의 시간이 더 소요된다. 모든 것이 순조롭게 진행된다면 말이다. 연구 과정에서 실수가 발견되거나 연구소에 문제가 발생하는 경우 추가로 시간이 얼마가 더 소요될지는 아무도 모른다. "자신이 소프트웨어 개발자인데 시스템 관리자가 와서 '시스템이 내년에나 복구될 겁니다'라고 말한다고 생각해 보세요. 그만큼 바이오테크 분야는 다른 분야와 다릅니다." 프레짜의 말이다.

하지만 ECL은 기존과는 전혀 다른 접근법을 제시하고 있다. 고객들로 하여금 온라인으로 실험을 설계할 수 있도록 하고, ECL 플랫폼을 통해 곧바로 실험을 진행한다.

ECL에서는 다양한 실험 장비를 다룰 수 있도록 훈련된 오퍼레이터들이 고객 요구에 따라 실험을 진행한다. 고객은 자신이 원하는 실험을 온라인으로 요청하고, ECL 오퍼레이터들이 생성한 실험 데이터는 서버에 축적되고, 고객은 실험 데이터를 활용하여 자신이 원하는 실험 단계를 진행하게 된다. 이와 같은 방식으로 인해 ECL 서버에는 매우 빠른 속도로 방대한 양의 실험 데이터가 축적된다. 그리고 이 실험 데이터는 다른 실험들에 반복적으로 활용될 수 있다. 새로운 실험을 시작할 때마다 기본적인 단계들을 되풀이하지 않아도 되는 것이다.

## 6. 그렇다면 구체적인 이득은 무엇인가?[주11]

스타트업 방식은 기업으로 하여금 불확실한 환경에 유연하게 대처하고 새로운 제품을 빠르게 시장에 내놓을 수 있도록 해 준다. 즉 스타트업 방식은 시장에서 적응력과 속도를 높여 주는 방식이다.

얼마 전에 인튜이트의 린 스타트업 전환 과정을 배우고 싶어 하는 일단의 대기업 재무 담당 임원들을 안내하여 인튜이트를 방문한 일이 있다. 인튜이트의 조직문화는 매우 개방적이고 사무실 내 분위기도 좋다. 전형적인 실리콘 밸리 기업인 인튜이트는 모든 것의 중심에 고객과 제품을 두고 일을 진행해 나간다. 대기업 임원들은 인튜이트 사람들과 대화를 나누기도 했는데, 그들은 대화를 나누면서 상당한 문화적 충격을 받은 것처럼 보였다. 특히 인튜이트 사람들이 인튜이트에서 시행하고 있는 디자인 포 딜라이트Design for Delight에 대해 이야기하자 그 재무 담당자들은 회의적인 반응을 보이며 여러 가지 질문을 하기도 했다. "성공을 평가하기 위한 지표로는 무엇을 사용하고 있습니까? 조직문화와 프로세스 변화가 성과 개선을 이끌어 냈다는 것을 어떻게 확인할 수 있습니까?" 그러자 인튜이트 사람들은 대기업 임원들 앞에 화면 하나를 띄웠다. 그 화면에는 인튜이트에서 추구하는 최고 수준의 혁신 목표들과 각 사업부와 팀 수준에서 달성해야 하는 목표들이 구체적으로 나타나 있었다. 하지만 거기에는 재무적인 목표들은 나타나 있지 않았다. 이에 대해서도 대기업 임원들은 당황해하는 것 같았다. 인튜이트에서 추구하는 목표들은 거의 다 고객과 제품에 관한 것들이었다.

그 시점에서 대기업 임원들의 속마음을 짐작할 수 있었다. '인튜이트 방식은 대기업에는 적용할 수 없다, 그것은 작은 스타트업들이나 할 수 있는 유행일 뿐이다, 재무에 관심이 없는 기업은 곧 위험에 처할 것이다.' 대기업 임원들은 인튜이트 사람들을 당황하게 만들 수도 있는 질문 하나를 던졌다. "지금 인튜이트 주가는 어떻게 되지요? 최근 인튜이트의 주가 수익률price-earnings ratio은 어떻게 변했습니까?" 그러자 인튜이트 사람들은 모른다고 답했다. 그들은 좋은 제품을 만들면 고객들이 그것을 알아주고 좋은 결과도 나올 거라고 믿을 뿐이라고 말했다.

대기업 임원 중 한 명이 직접 자신의 랩톱 컴퓨터로 인튜이트 주가를 찾아보기 시작했다. 결과는 놀라운 것이었다. 주가는 최근 들어 계속해서 오르고 있었고, 주가 수익률 등도 긍정적으로 개선되고 있었다. 그러자 대기업 임원들의 표정과 태도가 달라지는 게 보였다.

인튜이트 방문 후에 대기업 임원 중 한 명이 나에게 이렇게 말했다. "우리 회사의 주가는 계속해서 낮은 수준에 머물러 있습니다. 사람들이 우리 회사에는 성장성이 없다고 생각하니까요. 이익을 많이 내도 히트 상품을 내놓아도, 투자자들은 거기에 지속성이 없다고 생각합니다. 우리가 혁신을 추구한다고 말해도 투자자들은 관심을 갖지 않습니다. 반면에 투자자들은 인튜이트의 성장이 근본적으로 다른 프로세스에 의한 것이고 빠른 성장세가 유지되리라고 믿고 있는 것 같습니다. 인튜이트는 성장성에 대한 확신을 시장에 준 것입니다."

나는 일을 하는 새로운 방식이 이와 같은 차이를 만들어 낸다고 생각한다. 새로운 성장 동력을 계속해서 찾아내는 시스템을 마련하고, 투자자들과 직원들과 세상 사람들에게 그것에 대해 분명하게 설명할 수 있는 기업으로 탈바꿈하는 것이다.

• • •

지금까지 우리는 기존의 낡은 조직 구조로는 전자레인지의 너무 많은 조작 버튼 같은 문제를 해결하기가 어렵다는 점을 이야기했다. 어떻게 보면 이와 같은 작은 낭비도 획기적 발전 못지않게 중요한 문제다.

선도적 기업들은 조직 내의 모든 영역에서 언제든지 실험이 행해질 수 있도록 해 놓는 방식으로 이와 같은 사소한 낭비까지 없앨 줄 안다. 일을 하는 새로운 방식은 조직 내 문제들을 없애고, 조직 구성원의 사기를 높여 주고, 조직의 수익성을 개선해 준다. 그뿐 아니라 작은 문제들을 해결하는 과정에서 예상치 못했던 커다란 기회와 맞닥뜨리기도 한다.

그렇다면 스타트업 방식을 도입한 기업이 전자레인지의 너무 많은 조작 버튼 같은 문제를 어떻게 해결할 수 있을까? 우선은 그 문제 해결을 담당할 사내 스타트업을 만드는데, 사내 스타트업의 규모는 '피자 두 판 팀' 정도로 한다. 그리고 최소 요건 제품들을 만들어 고객들을 대상으로 실험을 한다. 앞서 말한 내가 컨설팅을 했던 제조 기업은 최소 요건 제품을 만들어 그것을 일부 지역에서만 판매하고, 제품에 대한 고객들의 실제 반응과 의견을 수집하는 식으로 시장에 접근했다. 이와 같은 실험을 통해 많은 수의 조작 버튼이 고객들의 구매 의사 결정과 어떤 관계가 있는지 파악할 수 있었다. 어쩌면 이런 실험으로 전체 제품 라인에 대해 극적으로 다른 전략을 제시하게 될 수도 있고 새로운 해법을 확대할 수도 있다. 물론 실험을 통해 많은 수의 조작 버튼을 장착하는 현재 방식이 옳다는 결론에 이를 수도 있다.

어떤 결론에 이르건 실험을 통해 얻은 정보는 매우 값진 것이다. 새로운 사업 기회를 찾게 될 수도 있고, 아니면 조직 구성원들에게 지금 행하고 있는 방식이 옳은 것이라는 확신을 줄 수 있기 때문이다.

사실 기업에서 생산하는 수십 가지 제품 중 어느 한 제품에 있는 조작 버튼 숫자가 적절한지 확인하자는 것은 최고 경영진에게 곧바로 제안되기에는 너무 사소한 문제다. 이와 같은 문제가 해결될 수 있으려면 실험을 하고 방향 전환을 하고 학습을 하는 접근법이 조직 전반에 걸쳐 일반적인 것이 되어 있어야 한다. 또 모든 직원이 이를 활용할 수 있어야 한다.

그런데 이와 같은 방식에 대해 내가 아는 대부분의 경영자는 SF 소설에나 나오는 이야기 같다는 반응을 보였다. 대기업은 어느 정도의 낭비는 피할 수 없다는 인식을 가지고 있다. 하지만 변화를 원하는 기업도 있을 거라고 생각한다. 그리고 그 변화를 위한 구체적인 방법을 소개하는 것이 2부의 내용이다.

## 2부

# 변화를 위한 로드맵

**"일이 어떻게 진행되고 있는지 전혀 모르겠습니다."**

내가 제시하는 방식을 현장에 적용하기는 어려울 거라고 말하는 사람들에게 나는 미국 HealthCare.gov 프로젝트를 이야기해 준다. 어떤 사람이든 자신이 일하고 있는 조직이 어느 정도는 정치적이고 관료적이라고 생각할 것이다. 그런데 미국 연방 정부의 보건복지부(8만 명이 넘는 직원이 일하는 거대한 정부 조직이다<sup>주1</sup>)만큼이나 정치적이고 관료적일까? 오바마 케어만큼이나 큰 갈등을 겪을 일이 있을까? 정말로 자신의 조직이 오바마 케어를 추진하는 것보다 더 복잡한 상황에 처해 있다고 생각하는가?

2013년 10월, 구글에서 사이트 안정화 엔지니어로 일하고 있던 마이키 디커슨Mikey Dickerson은 그 자신의 인생만이 아니라 수백만 미국인의 삶을 바꾸게 되는 전화 한 통을 걸게 된다. 그는 2012년 오바마 대통령 재선 운동에 참여했는데, 2013년 가을에 이르러 오바마 대통령이 의욕적으로 추진했던 HealthCare.gov 프로젝트와 관련된 여러 가지 문제가 터져 나오자 관련 뉴스를 복잡한 심경으로 바라보고 있었다. HealthCare.gov는 오바마 대통령의 주요 정책 중 하나였던 오바마 케어(부담적정보험법Affordable Care Act이라고도 한다)의 기술적 핵심 부분인데, 간단히 말하면 미국 시민들이 온라인으로 건강 보험에 가입할 수 있도록 해 주는 마켓플레이스로 만들어진 웹 사이트였다. 2013년 10월 1일에 개시된 이 온라인 마켓플레이스에는 8억 달러의 자금이 투입됐고 3년이 넘는 개발 기간이 소요됐으며 개발에 참여한 업체는 55개에 이르렀다.<sup>주2</sup> 그런데 HealthCare.gov는 서비스 개시 첫날부터 문제를 일으켰다. 수많은 사람이 접속했지만 사이트 불안정

으로 인해 고작 여섯 명만 건강 보험에 가입할 수 있었다. 둘째 날에
도 문제가 해결되지 않아 248명만 건강 보험에 가입하는 데 그쳤다.주3
오랜 시간의 정치적 조정을 통해 만들어진 HealthCare.gov에서 일어
난 문제는 정치적인 문제에서 그치는 게 아니라 일반 시민들에게까
지 커다란 불편을 초래하고 있었다. 연일 미국 언론과 인터넷에서는
HealthCare.gov 문제가 다루어지고 있었고 이로 인해 오바마 행정부
의 입지까지 흔들리는 상황이었다.

디커슨은 오바마 대통령의 재선 운동에 참여하면서 알게 된 한 친
구로부터 이 문제와 관련하여 연락을 받았다. 그 친구는 HealthCare.
gov 문제에 관한 회의가 있을 텐데 그 회의에 전화로 참여해 달라고
부탁했다. 캘리포니아 시간으로 어느 금요일 오전 5시 30분에 전화를
해 달라는 것이었다.

이른 아침에 디커슨이 전화를 걸었을 때 회의는 이미 진행 중이었
다. 당시 일에 대해 그는 이렇게 말했다. "사람들은 HealthCare.gov
문제에 대해 무엇을 해야 하는지에 관하여 한창 이야기하고 있었습
니다. 한동안 회의 내용을 듣고 있던 나는 이렇게 끼어들 수밖에 없었
죠. '지금 어느 분이 말씀하시는 거죠? 무엇에 대해 말씀하시는 건가
요? 일이 어떻게 진행되고 있는지 전혀 모르겠습니다.'"

그러자 자신을 미국 행정부 CTO라고 밝힌 토드 박Todd Park이라는
남자가 그 회의에 참석하고 있던 사람들을 소개해 주었다. 디커슨은
토드 박이 누구인지도 몰랐고 다른 사람들의 이름도 생소했다. 그는
소개를 받는 대로 위키백과에서 사람들의 이름을 찾아보았다. 당시
일에 대해 디커슨은 이렇게 말했다. "문제를 어떻게 풀지 계획을 세우
는 회의가 아니었습니다." 그날 회의에 참석한 사람들은 정부 관료들

과 민간 부문 전문가들로, HealthCare.gov 문제를 해결하기 위해 구성된 최초의 팀이었다. "새벽 다섯 시 반에 집 거실에 있는 빈백beanbag 의자에 앉아 무심코 전화를 걸었다가 아주 당황했습니다." 디커슨은 그때 일을 떠올렸다. 그로부터 사흘 뒤에 그는 수도 워싱턴으로 향하는 비행기에 몸을 실었다.

워싱턴에 도착하자마자 그는 토드 박의 주도로 결성된 팀에 합류하여 문제 해결을 위한 작업에 들어갔다. 하지만 곧바로 기술적인 부분을 파고들 수는 없었다. HealthCare.gov를 개발하는 과정에는 수십 개 민간 기업이 참여했는데, 이들의 업무를 조정하거나 협력을 요청할 수 있는 기구조차 구성되어 있지 않았다. 정부 발주 프로젝트에서는 드문 일도 아니었지만 말이다. 디커슨이 회상했다. "사람들을 한자리에 모으는 데만 3~4주가 걸렸습니다. 그렇게 한 다음에야 본격적으로 사이트 문제를 들여다볼 수 있게 되었습니다."

그런데 HealthCare.gov의 아키텍처는 너무나도 문제가 많아서 어느 한 부분에서 문제가 발생하면 전체 시스템 작동이 중단되는 일이 비일비재했다. 문제의 원인을 추적하기도 어려웠고, 고장 허용 한계 수준도 극히 낮았다.

이런 곤경에 직면하여 디커슨과 팀원들은 문제를 되짚어 가면서 소규모 팀, 빠른 반복, 책임 지표, 비난을 두려워하지 않고 투명하게 문제를 공유하는 것 같은 관리적·기술적 기법을 적용하기 시작했다. 특히 이 마지막 사항은 쉬운 일이 아니었다. 이제 디커슨은 오전 열 시와 오후 여섯 시 반, 하루에 두 번씩 스탠드업 미팅을 하기로 했고, 다음과 같이 팀의 업무 규칙 세 가지를 정했다. 그는 회의실 이름도 '작전실war room'로 바꿨다.

규칙 1: 작전실에서 하는 회의는 오직 문제 해결만을 위한 것이다. 창의적인 에너지를 누군가를 비난하는 데 쓰고자 하는 사람들은 다른 장소를 찾아봐야 한다.

규칙 2: 문제에 대해 가장 잘 아는 사람이 그날 회의를 주도한다. 현황에 대해 잘 모르는 높은 직급의 사람이 회의를 주도하고 나머지 사람들은 수동적으로 회의에 참여하고 있다면 무언가 잘못된 것이며 그와 같은 일이 일어난다면 나에게 알려 주기 바란다.

규칙 3: 향후 24~48시간 이내에 가장 심각한 상황을 야기할 거라고 판단되는 문제들을 우선적으로 다룬다.[주4]

사람들을 한자리에 모으고 함께 일하도록 만들고 우선순위 원칙을 마련해 주고, 능력주의를 도입하고, 정보를 투명하게 공개하도록 만드는 것(책의 앞부분에서 다룬 내용이다)은 디커슨이 구글에서 일하면서 알게 된 가장 효과적인 업무 방식이었다. 그렇게 두 달이 지난 후에는 HealthCare.gov가 어느 정도 정상 가동되기에 이르렀고 디커슨의 팀은 하루가 다르게 사이트를 개선해 나갔다. 이 일에 대해 워싱턴 포스트는 다음과 같이 쓰기도 했다. "공무원들, 개발 업체들, 외부에서 영입된 전문가들이 협력하여 일하는 새로운 문화가 도입되면서 상황은 크게 달라졌다."[주5]

그해 12월 1일에 이르러 HealthCare.gov는 동시에 5만 명의 보험 계약을 처리할 수 있게 되었고, 일간 사이트 가동 시간은 11월 초에는 43%였는데 95%까지 올라갔다. 그리고 이렇게 되기까지 디커슨의 팀이 고친 버그는 400개가 넘었다.[주6]

## 스타트업 방식을 도입하는 구체적인 방법

HealthCare.gov를 되살린 사례는 연방 정부가 디지털 서비스를 구현하고 관리하면서 이뤄 낸 지속적이고 거대한 변화의 작은 부분일 뿐이다. 이제 2부 나머지 부분에서는 스타트업 방식을 도입하여 새로운 도약을 이루어 낸 그 외의 여러 사례가 소개될 것이다. 2부에서는 일을 하는 좀 더 효과적이고 창업가적인 방식과 그 과정에서 겪을 수 있는 문제들에 관하여 논하려고 한다. 그리고 2부를 마칠 때쯤에는 다음과 같은 세 가지 질문에 대한 답이 제시되어 있을 것이다.

1. 어떤 시스템과 조직 구조를 도입해야 하는가?
2. 아주 오랫동안 해 오던 방식과 상당히 다른 방식을 시도하도록 경영자들과 직원들을 어떤 식으로 설득할 수 있을까(초고속 성장을 한 스타트업에서도 대다수 직원은 창업 멤버가 아니다)?
3. 기업이 이러한 변화를 추진할 준비가 되었다는 것을 어떻게 알 수 있을까?

## 3단계 과정

스타트업 방식을 도입하는 과정은 세 단계로 진행되는 것이 일반적이다. 1단계는 실험과 자기 상황에 맞는 적용을 통해 토대를 만드는 단계다. 스타트업 방식을 통해 성공을 이루어 낼 수 있다는 사례를 만들어 내고 이 방식이 더 나은 방식이라는 확신을 전파함으로써 결정적인 변화의 순간을 준비하는 것이다. HealthCare.gov 사례에서는 외부에서 영입된 전문가들이 변화를 주도했는데 이들은 필요한 데이터를 수집하며 변화의 토대를 만들었다. 일을 하는 새로운 방식을 팀 전체가 받아들일 수 있도록 준비했던 것이다.

2단계는 확산 단계다. 이 단계에서는 숨어 있던 반대론자들과 가려져 있던 장애물들이 여기저기서 나타난다. 이 단계에서 스타트업 방식이 조직 내에서 정치적 지지를 얻지 못한다면 변화는 중단된다. 마이키 디커슨이 전화를 걸었을 때 그는 실제로 정부 변화의 한가운데로 뛰어들어 영향력을 발휘한 것이다.

이러한 초기 노력이 성공한다면 마지막 3단계는 조직 시스템으로 파고드는 단계다. 예전 시스템이나 조직 구조가 유지된다면 사람들은 자꾸만 과거 방식으로 되돌아가려고 할 것이다. 디커슨과 오바마 행정부의 경우는 USDS와 TTS 같은 새로운 조직을 만들어 변화를 지속하려고 했다. 이 단계가 무시된다면 변화는 단기적인 것에서 그치고 만다. 반대로 이 단계를 너무 일찍 진행하려고 한다면 충분한 지지를 얻지 못해 변화는 좌초될 수도 있다.

6장부터 8장까지는 이 3단계를 진행해 나가는 방법에 대해 논할 것이다. 그리고 다른 기업들에서는 어떤 일이 일어났는지 실제 사례도 함께 소개할 것이다.

2부에서는 스타트업 방식을 도입하는 과정부터 그로 인한 효과에 이르기까지 상당히 많은 분량의 이야기를 다루게 될 텐데, 여러분의 기업에서 그 모든 것을 전부 다 도입해야 한다는 의미는 아니다. 다만 여기에서 소개되는 방법과 사례를 응용하여 여러분의 기업이 맞닥뜨릴 도전에 대한 적절한 대응 방법을 찾기를 바란다. 당연한 말이지만 여러분의 기업에 맞는 최적의 대응 방법을 찾기 위해서는 시장에서 직접 실험해 보는 것이 가장 효과적인 방식이다. 다른 성공한 창업가들은 어떻게 사고하고 가장 효과적인 방법을 찾기 위한 실험을 어떤 식으로 설계하는지 주의 깊게 읽어 보기 바란다.

다음에 나오는 표는 스타트업 방식을 도입하는 3단계 과정이 조직 규모에 따라 어떤 식으로 전개되는지 개괄적으로 정리해 놓은 것이다. 그와 동시에 2부에서 다룰 내용의 줄거리이기도 하다.

## 스타트업 방식 도입 3단계 과정

| | 1단계: 토대 구축 | 2단계: 확산 | 3단계: 시스템 만들기 |
|---|---|---|---|
| **팀 단위** | 작게 시작해서 기업에 맞는 최적의 방식을 찾아낸다. 다양한 부서, 사업부, 지사와 접촉한다. | 스타트업 방식을 도입하는 팀 숫자를 늘려 나간다. 필요하다면 외부 전문가나 외부 프로그램을 활용한다. 모든 사업부, 부서, 지사를 포함한다. | 극도로 불확실한 프로젝트를 추진하는 조직만이 아니라 모든 유형의 조직에서 스타트업 방식을 도입한다. |
| **사업부 단위** | 새로운 변화를 주도할 리더들을 선별해서 필요하다면 회사 정책에서 예외로 한다. | 일정 직급 이상의 리더는 전부 다 스타트업 방식을 추진할 수 있는 소양을 갖추도록 교육 훈련을 실행한다. | 모든 리더가 변화를 위한 자원을 배치할 수 있도록 성장 위원회, 혁신 회계, 엄격한 책임 등의 제도를 확립한다. |
| **전체 기업 단위** | 최고 경영진에서 성공에 대한 새로운 기준 (사이클 타임, 생산성, 사기)을 마련한다. 선행 지표들에 집중하고, 새로운 방식을 전체 조직으로 확산시키는 데 관심을 갖는다. 성공에 대한 자신감을 조직 전반으로 확산시키고, 재능 있는 인재들을 영입하거나 발굴한다. | 영향력을 갖춘 변화를 위한 조직을 만든다. 코치를 양성하고 회사에 특화된 계획을 세우고 성장 위원회 같은 방식을 도입한다. | 보상, 승진, 재무, 자원 배분, 공급 체인, 회사 규정 등을 스타트업 방식에 적합한 것으로 바꾼다. |
| **목표** > | 최고 경영진에서 스타트업 방식으로의 변화에 대한 필요성을 인식한다. 스타트업 방식을 기업 문화 속으로 받아들인다. | > 변화 과정에서 발생하는 여러 가지 문제를 극복할 수 있는 새로운 방식에 대한 정치적 지지를 이끌어 낸다. | > 지속적인 변화를 위한 시스템을 구축하고 이를 전체 조직에 도입한다. |

각 단계에 대하여 자세히 논한 다음에 2부 마지막 장에서는 스타트업 방식에 적합한 회계 방식, 즉 혁신 회계에 대하여 논할 것이다. 스타트업 방식이 지속되기 위해서는 이를 뒷받침하는 특별한 회계 방식이 필요하다.

# 6장

# 1단계: 변화의 토대 구축

해마다 8월이 되면 GE의 크로톤빌 연수원에서는 연례 임원 회의가 열린다. 그리고 2012년 8월 회의에서 나는 GE의 제프리 이멜트 회장과 베스 컴스탁 부회장의 초청을 받아 GE 임원들 앞에서 『린 스타트업』의 주요 원리에 대해 강의를 하게 되었다. 그 강의 다음에는 시리즈 X<sub>Series x</sub> 개발 팀의 워크숍에 참석했다. 수십 명의 GE 임원이 워크숍에 참관인으로 참석을 했다. 그 워크숍은 일종의 방향 전환 회의였다. 책 도입부에서도 밝혔듯이 나는 엔진에 대해서는 전혀 아는 바가 없었지만, 워크숍에서 여러 가지 발언을 했다(그리고 고맙게도 워크숍 참석자들은 내 발언을 경청해 주었다). 지금 돌이켜 보면 당시는 GE가 새로운 기업으로 변화하기 시작하는 단계였다.

GE 임원들에게 강의했던 크론토빌 연수원 강의실은 아주 넓은 강당 형태였다. 강의할 때 연단에 선 나를 200명가량의 GE 임원들이 내려다보게 되었다. 모두들 미심쩍다는 표정으로 나를 내려다보고 있었다. 분위기를 조금 밝게 만들려는 의도였는지 베스 컴스탁 부회장은 나를 참석자들에게 소개해 주면서 이런 말을 했다. "이 자리에 있는 사람들은 개발이나 재무를 책임지고 있는 사람들입니다. 지역 시장을 책임지고 있는 사람들도 있고요. 다들 저렇게 팔짱을 끼고 몸을 이리저리 비틀고 있는데, 속으로 무슨 생각을 할지 짐작할 수 있을 겁니다. '소프트웨어 쪽에서 일하는 사람이라는 건가. 소프트웨어와 관련된 일이라면 어떨지 모르겠지만 제트 엔진에 대해서는 뭐라고 할 이야기가 있으려나.'"

GE 최고 경영진에서 스타트업 방식을 적용하는 첫 번째 프로젝트로 시리즈 X 프로젝트를 선정한 데에는 이유가 있었다. 산업용 엔진은 소프트웨어와는 정말로 거리가 먼 상품이고, 그렇기 때문에 시리즈 X 프로젝트에 새로운 방식이 적용될 수 있다면 린 스타트업 방법론을 GE 전체로 확장하여 적용하는 것도 가능하겠다는 판단에서였다. 당시 GE는 조직 전체에 적용할 수 있는 새로운 업무 방식을 찾고 있었다.

## 시리즈 X: "이 예측을 믿는 분들은 손을 들어 주세요."

나는 임원들을 대상으로 강의를 하고 몇 시간 뒤에는 자리를 옮겨 시리즈 X 워크숍에 참석했다. 경영 대학원 강의실처럼 생긴 그 워크숍 장소에는 시리즈 X 엔진 개발에 관여하는 각 사업부의 엔지니어들, 사업부 책임자들, 프로젝트를 총괄하는 복합기능 팀 사람들이 참석하고 있었다. 그리고 앞에서도 언급했듯이 워크숍의 참관인으로 참석한 수십 명의 GE 임원도 있었다.

당시 GE의 제프리 이멜트 회장은 시리즈 X 개발 팀에 "시리즈 X 엔진을 개발하는 데 5년이나 걸리는 이유가 무엇입니까?"라는 질문을 했는데, 여기에 대한 답을 찾아내는 것이 워크숍에서 해결할 주된 과제였다.

나는 시리즈 X 개발 팀이 수립했다는 5개년 계획을 소개해 달라고 요청했다. 시리즈 X 엔진의 총괄 책임자였던 코리 넬슨을 처음 만난 것도 그 자리에서였다.[주1] 당시 내 역할은 개발 팀이 추측하고 있는 것과 실제로 알고 있는 것을 분명하게 구분 지어 주는 것이었다. 이 제품은 앞으로 시장에서 어떻게 될 것인가? 누가 고객들이고 그 고객들이 이 제품을 원한다는 것을 어떻게 알 수 있는가? 개발 진행은 물리적 법칙에 맞추어진 것인가, 아니면 GE의 내부 프로세스에 의한 것인가(4장에서 논했던 가장 위험한 가정을 떠올려 보라)?

시리즈 X 개발 팀은 예상 매출액 그래프도 보여 주었는데 그 그래프는 매우 빠르게 우상향으로 나아가는 모습이었다. 아직 만들어지지도 않은 엔진이 향후 30년에 걸쳐 해마다 수십억 달러의 매출을 올리는 것으로 되어 있었다. 당시에 대해 컴스탁 부회장은 이렇게 회상한다. "늘 보는 유형의 사업 계획이었죠. 5년 후부터는 매출이 빠르게 늘고 모든 것이 완벽하게 돌아가는 그런 계획 말입니다."

나 역시 이렇게 생각했던 기억이 난다. "디젤 엔진에 대해서는 잘 모르지만 이 사업 계획은 항상 보던 거야. 스타트업 창업자들이 세우는 환상적인 계획과 똑같잖아. 우리 사무실에도 이런 게 있다고!" 나는 그 자리에 있던 사람들에게 이렇게 말했다. "이 예측을 믿는 분들은 손을 들어 주세요."

과장 하나 보태지 않고 그 자리에 있던 모든 사람이 손을 들었다. 그리고 내가 보기에 그들은 살짝 불쾌한 것 같았다. 엔진에 대해 하나도 모르는 실리콘 밸리 사람이 자신들의 사업 계획에 대해 회의적인 시각을 내보이고 있었기 때문이다. '돈도 안 되는 사업에 수백만 달러의 돈을 투자하겠는가!' 이렇게 생각하는 사람도 있었을 것이다. 게다가 그 개발 팀은 이미 몇 달 전부터 조직되어 제품 요구 사항 조사를 마쳤고, 회사의 최고 경영진에서는 시리즈 X 프로젝트에 대해 승인을 내린 상태였다. 그런 계획에 대해 회의적인 시각을 내보이는 내 태도에 대해 모욕적이라고 생각하는 사람도 분명히 있었을 것이다.

하지만 나는 멈추지 않았다. 이번에는 그들이 제시한 그래프의 특정 시점을 가리키며 이렇게 말했다. "2028년에 이 정도 매출을 올리게 될 거라고 믿는 분들이 정말로 있습니까?"

이번에는 아무도 손을 들지 않았다.

아무도 그렇게까지 먼 미래의 상황을 정확하게 예측할 수는 없는 일이다. 그런데 그 자리에 있던 많은 사람은 먼 미래의 상황을 예측하면서 자신의 경력 경로를 만들어 온 사람들이기도 했다.

분위기는 꽤 불편해졌지만 그래도 워크숍은 계속 진행되었다. 그들은 시리즈 X 엔진은 현재 시장 점유율 1위인 다른 경쟁사의 엔진보다 성능이 뛰어날 것이기 때문에 시리즈 X의 가능성은 크다고 말했다. 시리즈 X 엔진은 현재 시장 점유율 1위를 차지하고 있는 엔진보다 20~30%가량 에너지 효율성이 좋고, 이러한 강점을 이용하면 경쟁사 고객들을 빼앗아 올 수 있다고 말했다.

그 순간 나는 그 개발 팀이 만든 사업 계획서의 부록 부분에 있는 다음과 같은 내용을 보게 되었다. "경쟁사의 핵심적인 성공 요인은 지역 유통망과의 네트워크에 있다. 고객들과의 관계를 유지하는 데 있어 이 네트워크는 방대한 지원 체계로 작동한다." 이는 경쟁사에 강력한 경쟁 우위로 작용하고 있을 터였다. 나는 GE의 개발 팀에 유통 쪽에 대해서는 어떤 계획이 있냐고 물어보았다. 그러자 그들은 이렇게 말했다. "우리도 유통 네트워크를 만들 겁니다." 나는 다시 물어보았다. "유통 네트워크를 어떻게 만드는지 아십니까? 전에도 해 본 적이 있겠죠? 그럼 언제 GE의 유통 네트워크를 만들 건가요?" 이에 그 개발 팀 사람들은 이렇게 말했다. "그거야 제품을 다 만든 다음에 시작해야죠."

제품을 개발하는 데 5년이 걸린다면서 그 후에 유통 네트워크를 만드는 데 상당한 시간을 추가로 쓰겠다는 것이었다. 그럼 제품은 지금으로부터 얼마 후에 판매를 시작하겠다는 말인가.

이 시점에서 제프리 이멜트 회장의 오랜 질문 하나를 다시 생각해 보았다. 시리즈 X 엔진을 개발하는 데 5년이나 걸리는 이유가 무엇인가?

원래 5년이란 계획이 나오게 된 기술적 어려움을 과소평가하는 건 아니다. 제품 사양을 정하는 데는 까다로운 설계 관련 변수가 연관된 대담한 엔지니어링 노력이 필요할 뿐 아니라 대량 생산 시설과 전 세계적 공급망도 필요하다. 그리고 그 개발 팀의 사업 계획은 현장 경험이 풍부한 사람들이 여러 가지 요소를 고려하여 실현 가능한 수준에서 작성했을 터였다.

어쨌든 엔진 개발을 어렵게 만드는 가장 큰 요인은 제품에 요구되는 사양 그 자체에 있다. 시리즈 X 엔진의 경우는 매우 다양한 물리적 환경에서 사용되는 용도로 개발될 예정이었는데 선박, 열차, 석유 시추 설비, 발전소, 이동식 파쇄 장비 등의 다섯 가지 영역을 목표로 하고 있었다. 이와 같은 목표는 시장 규모, 경쟁 제품, 재무적 이익 등에 대한 일련의 가정을 토대로 설정된 것이었다.

제품에 대한 '요구 사항'은 전통적인 시장 조사 기법들을 이용하여 작성된 것이었다. 그런데 여기에서 이용된 설문 조사나 포커스 그룹 기법은 실험은 아니다. 고객은 자신이 정말로 원하는 게 무엇인지 항상 정확하게 알고 있지 않으며, 기업들이 행하는 시장 조사에 응할 때 자신의 진짜 욕구와는 다른 대답을 하는 경우도 종종 있다. 시장 조사를 통해 실제와는 다른 잘못된 정보를 얻게 될 수도 있는 것이다(특히 외부 기관을 이용하여 시장 조사를 행할 때 오류는 더 많아진다).

똑같은 제품을 다양한 분야의 고객에게 제공할 수 있다고 해서 꼭 그렇게 해야 하는 것은 아니다(오히려 이와 같은 전략은 스코프 크립 문제를 유발하고, 제품에 요구되는 사양을 너무 복잡하게 만듦으로써 개발 팀의 일을 너무 어렵게 만든다). 제품 사양을 조금 더 단순하게 가져갈 수 있다면 그렇게 하는 게 개발 기간을 줄이는 길이다.

그 사업 계획에 있는 판매에 관한 가정도 많은 의문을 유발했다. 당시 GE에서 글로벌 혁신과 신제품 개발을 책임지고 있던 스티브 리구오리Steve Liguori는 당시 일에 대해 이렇게 말한 바 있다. "우리는 시장과 고객에 대해 가장 위험한 가정 목록을 가지고 있었습니다. 고객들이 원하는 효율성 개선은 어느 정도인가? 직접 판매 방식을 이용해야 하는가, 아니면 간접 판매 방식을 이용해야 하는가? 판매, 리스, 렌탈 중 어떤 방식 위주로 시장에 접근해야 하는가? 판매 보조금을 지급해야 하는가? 이와 같은 질문 스물네 개를 만들어 개발 팀에 물어보았더니 개발 팀이 확신을 갖고 대답한 질문은 겨우 두 개였습니다." 리구오리는 바로 이 시점에서 생각을 달리하게 되었다고 말했다. 그전까지 GE는 기술적인 위험만을 고려했을 뿐 마케팅이나 판매에 관한 위험에는 거의 관심을 갖지 않았다. 그러니까 "이런 제품이 만들어질 수 있을까"에만 관심을 갖고 "이런 제품을 꼭 만들어야 하는가?"에는 신경을 쓰지 않았던 것이다.

시장에 관한 가정을 확인하는 가장 좋은 방법은 고객들을 대상으로 직접 실험해 보는 것이기 때문에 나는 최소 요건 제품을 만들어 실험해 보자고 제안했다. 당시 GE 개발 팀에는 너무나도 파격적인 제안이었다. 그 개발 팀은 다양한 환경에서 사용될 수 있는 복잡한 사양의 엔진을 개발하는 것만 생각하고 있었기 때문에 시제품을 일찍 만들어 실험해 본다는 생각은 하지도 못하고 있었고, 길어지는 개발 기간에 수반되는 예산 문제와 사내 정치 문제를 겪고 있기도 했다. 하지만 단 한 가지 용도만 상정하여 엔진을 개발한다면 어떻게 될까?

강의실 내부가 소란스러워졌다. 엔지니어들은 그렇게는 할 수 없는 일이라고 말했다. 그리고 엔지니어 한 사람은 이런 농담을 던졌다. "그건 말 그대로 불가능한 일입니다. 경쟁사 엔진을 사다가 상표를 지우고 우리 상표를 그려 넣는다면 모를까." 강의실 곳곳에서 실소가 터져 나왔다.

당연히 그렇게 하면 안 되는 일이었다. 그러나 그 농담으로 인해 강의실 분위기가 누그러졌고, 우리는 시리즈 X 엔진이 사용될 다섯 가지 영역 중 가장 만들기 쉬운 영역의 엔진이 무엇인지에 대해 이야기를 이어 나가게 되었다. 선박용 엔진은 방수 기능이 필수였고 이동식 파쇄 장비용 엔진은 장비의 바퀴까지 움직여야 했다. 우리는 석유 시추 설비용 엔진이 가장 만들기 쉽다는 결론에 이르렀고, 엔지니어들은 이 엔진의 경우는 5년이 아니라 2년이면 개발을 마칠 수 있다고 말했다.

나는 이렇게 말했다. "2년이라면 종전의 5년에서 크게 단축된 거네요. 하지만 조금 더 나가보죠. 석유 시추 설비용 엔진을 가장 빠르게 만들어 낸다면 언제가 되겠습니까?" 강의실 분위기는 다시 불편해졌다. 개발 팀 사람들은 규모의 경제에 대해 나에게 설명해 주기 시작했다. 어차피 엔진 생산 공장을 짓는 데 투입되는 돈과 노력은 엔진을 몇 대를 만들건 똑같이 들어간다는 이야기였다.

나는 사과를 할 수밖에 없었다. "죄송합니다. 제가 잘 몰라서 그럴 수도 있습니다. 하지만 엔진 생산 라인에서 본격적인 생산이 이루어지는 걸 말하는 게 아닙니다. 단 한 대의 엔진을 만든다면 그건 언제가 되겠습니까? 테스트를 위해서라도 미리 몇 대씩은 만들지 않나요?" 그러자 개발 팀 사람들은 프로토타입은 보통 1년 이내에 만든다고 말했다. 그 말을 듣고 나는 그 프로토타입을 구매하는 데 관심을 가질 만한 고객이 있냐고 물어보았다. 그러자 그 자리에 있던 부사장 한 명이 이렇게 말했다. "내 사무실에 한 달에 한 번씩 찾아와서 새로운 엔진이 나온 게 있다면 프로토타입부터 달라고 하는 고객이 있습니다. 시리즈 X 프로토타입이라면 곧바로 구매해 갈 겁니다."

워크숍이 진행되던 강의실 분위기가 달라지기 시작했다. 1년 이내에 실제 제품을 만들어 실제 고객에게 전해 줄 수 있다는 점이 확인된 것이다. 그때 개발 팀의 엔지니어 한 명이 이렇게 말했다. "엔진 하나를 한 고객사에 판매하는 거라면 새로운 시리즈의 엔진을 만들 필요는 없습니다. 기존 제품을 손보는 것으로 충분하거든요." 그 방에 있는 다른 사람들이 의심의 눈빛으로 그 사람을 바라봤다. 그 엔지니어는 제품명 616이라는 엔진에 조정을 가하면 발전소용으로 개발하게 될 시리즈 X 엔진의 사양과 똑같이 맞출 수 있다고 말했다(물론 616 엔진을 시리즈 X 엔진의 사양에 맞도록 조정하여 판매를 하는 식으로는 이익을 내기 어렵기 때문에 새로운 엔진 시리즈를 개발하려는 것이었지만, 시장 테스트를 위해 엔진 하나를 만드는 거라면 616 엔진을 조정하는 편이 GE의 대차 대조표를 위해서라도 훨씬 더 나은 선택이었다).

616 엔진을 활용한 최소 요건 제품은 6개월 이내에 만들어질 수 있다고 했다. 5년이 지나야 시리즈 X 엔진에 대한 고객들의 평가를 받아

볼 수 있다고 여겨졌던 것에 비하면 엄청난 개선이었다.

몇 시간 동안 열린 워크숍에서 서로 아이디어를 교환하는 것만으로도 실제 제품에 대한 고객들의 실제 반응을 수집할 수 있는 기간을 크게 단축할 수 있는 방안을 찾아냈다. 그리고 그 개발 팀이 이 방안을 받아들이기로 결정한다면 회사로서는 막대한 금액의 개발비를 절약할 수 있게 될 것이다. 새로운 사양의 엔진을 고객들이 원하지 않으면 어떡하지? 서비스나 사후 지원 문제로 고객들로부터 불만을 듣게 되지는 않을까? 이와 같은 의문들에 대한 대답을 5년씩이나 기다렸다가 듣는 게 아니라 최대한 미리 듣고 싶지 않은가?

솔직히 말해 그 순간 나는 크게 흥분되었다. 내가 참가한 워크숍은 완벽한 성공인 것 같았다.

하지만 그때까지 아무 말도 하지 않고 있던 임원 한 명이 반대 의견을 내놓기 시작했다. "한 대의 엔진을 한 고객에게 판매한다는 게 무슨 소리인가요?" 연간 수십억 달러의 매출이 발생하게 될 프로젝트에 대해 이야기를 하다가 갑자기 엔진 한 대로 실험부터 하자니 무슨 이야기를 하느냐는 것이었다.

게다가 엔진 한 대로 실험을 하는 것도 신뢰하기 어렵지만 다섯 군데 시장 영역 중 한 영역에 대해서만 실험을 하고 그것을 토대로 막대한 투자를 결정할 수 있겠느냐는 말도 했다.

그 임원의 발언에 대해 나는 이렇게 답을 했다. "그 말씀이 맞습니다. 이 사업 계획에 들어 있는 모든 예측과 프로세스를 확고하게 믿고 아무것도 학습할 필요가 없다면 제가 제안하는 이 일들은 시간 낭비일 뿐입니다. 계획대로 일을 진행시켜야 하는 상황에서 괜히 옆길로 새는 셈이죠." 내가 이렇게 대답하자 농담이 아니라 그 임원은 자기 말이 받아들여졌다고 만족해하는 것처럼 보였다.

그렇게 마무리됐다면 GE에서 내 시간도 끝났을 것이다. 하지만 그 임원의 옆자리에 있던 다른 임원 몇 명이 계속해서 다른 의견을 내놓았다. 좀 전에 우리가 이 예측이 정확하다는 걸 확신하지 못한다고 인정하지 않았느냐는 이야기였다. 그들은 내가 제안한 최소 요건 제품으로 밝혀낼 수 있는 문제들에 관해 주로 이야기했다. "고객들이 다른 사양을 요구하는 경우에는 어떻게 하겠는가? 고객들이 더 높은 수준의 서비스와 사후 지원을 주문하는 경우에는 어떻게 하겠는가? 제품을 사용하는 물리적 환경이 더 가혹한 경우에는 어떻게 하겠는가? 우리 브랜드에 대한 신뢰도가 낮은 시장에서는 어떻게 하겠는가?"

자신들의 프로젝트에 대한 외부인의 생각을 들어 보자는 취지에서 시작된 워크숍이 자신들이 어떻게 생각하고 있는지 알아보려는 양상으로 변하고 있었다.

GE 글로벌 리서치GE Global Research CTO인 마크 리틀Mark Little 수석 부사장도 마음이 바뀐 것 같았다. 그는 GE 엔지니어들이 가장 존경하는 인물이었는데 그날 회의적인 시각을 보여 주기도 했었다. 그런 그가 말문을 열기 시작했다. "지금 든 생각인데 바로 제가 문제의 원인 같습니다." 이멜트 회장이 원하는 만큼 조직이 빨라지기 위해서는 마크 리틀 같은 조직의 리더들이 먼저 달라져야 한다는 점을 이해했던 것이다. 리더들이 생각하는 표준적인 프로세스 때문에 속도가 느려지고 있었고, 기업이 움직이는 속도를 높이기 위해서는 리더들이 달라져야 했다.

"그 워크숍 이후 개발 팀의 태도가 완전히 달라졌습니다. 그건 정말로 중요한 일이었습니다. 그전까지 개발 팀은 실수를 범하는 것을 극도로 두려워했지만, 워크숍 이후에는 위험을 감수하고 실제로 무언가를 해 보는 일에 적극적으로 나서게 되었죠. 경영진에서는 계획의 기반이 된 가정이 맞는지 확인하는 일을 실패로 보지 않게 되었고요." 마크 리틀이 말했다. "실패에 대한 두려움으로부터 해방되는 느낌이었습니다."

이야기는 여기서 끝이 아니다. GE는 패스트웍스라는 혁신 프로그램을 시작하게 되었고 시리즈 X 프로젝트를 포함한 수많은 프로젝트가 패스트웍스 프로그램하에서 진행되었다. 시리즈 X 개발 팀의 경우는 앞에서 이야기했던 최소 요건 제품의 엔진을 빠르게 만들어 고객들과 접촉했고 곧바로 다섯 대의 주문을 받았다. 과거의 표준적인 프로세스에서였다면 연구개발만 진행하고 있었을 시간대에 벌써 실제 시장 정보를 얻으면서 매출까지 발생시키고 있었다.

다음 장에서는 스타트업 방식을 도입하는 과정에서의 패스트웍스 코치들의 역할에 대해 이야기할 텐데, 사실 시리즈 X 프로젝트를 진행하는 중에는 개발 팀의 엔지니어들 스스로가 자신이 해야 할 일을 찾아서 진행했다. 나는 물론이고 GE 경영진에서 일일이 관여하지 않았어도 그저 자신들의 계획에 들어 있던 가정을 다시 검토해야 할 필요가 있다는 자각만으로도 GE 엔지니어들은 자신들의 분석과 통찰을 토대로 새로운 계획을 수립하고 진행했다. 그리고 그 새로운 방식이 아니었다면 이루어 내지 못했을 결과를 이루어 냈다.

코리 넬슨은 당시 일에 대해 이렇게 말했다. "린 스타트업 방법론 덕분에 많은 과정을 단순하게 할 수 있었습니다. 그전까지 우리는 일을 아주 복잡하게 진행하면서 한꺼번에 모든 것을 해내려고 했죠. 하지만 린 스타트업 방법론은 한 번에 하나씩 진행하는 것이죠. 일단 엔진 하나를 시장에 내놓고, 뭔가를 학습하고, 필요한 경우에는 방향 전환을 하고, 그렇게 일을 진행해 나가면서 잠깐 멈출 수도 있고요. 처음부터 길을 정해 놓고 그 길로 계속 나아가는 게 아니라 목표로 하는 지점으로 나아가는 방향이 옳은지 확인하면서 나아가는 게 중요하다는 사실을 알게 됐습니다."

## 1단계: 전형적인 패턴

GE에서는 시리즈 X 엔진 개발을 계기로 스타트업 방식을 도입하게 되었다. 스타트업 방식을 도입하는 기업들은 저마다 다른 계기나 이유를 가지고 있겠지만 다른 한편으로는 상당히 전형적인 모습으로 변화를 시작한다. 기업 유형이나 규모에 상관없이 스타트업 방식 도입은 좁은 지역에 대해, 특별한 목적을 위해 상당한 혼란을 겪으며 시작하게 된다. 스타트업 방식을 도입하는 최초의 팀은 그전까지는 행해진 적 없는 실험들을 하게 되고, 이 과정에서 내부 또는 외부 코치들의 도움을 받는 경우도 있다. 스타트업 방식 도입은 직접적으로 실행을 하고 실패를 통해 정보를 얻는 식으로 진행되는데, 경영진의 판단으로 시작되는 경우도 있고(하향식), 실무 팀의 필요에 의해 시작되는 경우도 있다(상향식). 다양한 유형의 기업에서 다양한 계기에 의해 스타트업 방식을 도입하지만 그 진행 과정에서는 다음과 같은 전형적인 패턴이 나타난다.

- 제한된 수의 프로젝트에서 시작해 사례, 스토리, 결과를 구축해서 일을 하는 새로운 방식이 특정 조직에서 잘되는지 본다.
- 기능적 다양성의 필요에 의해 전담 복합기능 팀을 조직하여 파일

럿 프로젝트 추진을 맡긴다.

- 파일럿 프로젝트에 대해 **빠르면서도** 투명한 판단을 내리기 위해 사내 이사회를 만든다. GE의 경우는 이 사내 이사회를 성장 위원 회라고 명명했다.
- 불확실한 환경에서 처음 가 보는 길을 가는 팀들에 린 스타트업 타 입의 실험을 설계하는 방법을 알려 주기 위한 교육 훈련을 실시 한다.
- 이러한 실험들로 인한 결과를 평가하기 위한 적절한 스타트업 스 타일 지표들을 만들어 이용한다.
- 일을 하는 새로운 방식이 기존의 전통적인 업무 방식과 충돌을 빚 을 때 발생하는 여러 가지 문제를 해결하기 위해 조직 리더들의 네 트워크를 만든다. 처음에는 변화를 빠르게 추진하기 위해 예외 규 정을 두어 적용하지만, 궁극적으로는 기업 시스템과 조직 구조를 새로운 변화에 맞도록 정립한다.
- 새로운 개념을 해당 기업의 언어와 방식 속으로 도입한다.

## 변화를 이끌어 가는 동력

이와 같은 단계를 진행하는 것은 결코 쉬운 일이 아니다. 그렇다면 기 업들은 스타트업 방식 도입에 필요한 동기를 어디에서 얻는 걸까? 기 업들은 보통 다음과 같은 세 가지 원천에서 변화에 필요한 동력을 얻 어 낸다.

1. 위기: 진정한 위기의식을 느낄 때 사람들은 변화를 추진하거나 받 아들이게 된다. HealthCare.gov 프로젝트의 초기 실패는 미국 행

정부로서는 최고 수준의 위기였고, 여기서 발생한 위기의식은 진정한 의미에서 변화를 받아들이는 촉매가 되었다. HealthCare.gov 프로젝트를 되살리기 위해 추진한 변화는 나중에 미국 연방정부를 변화시키는 수준으로까지 확대된다. 낡고 진부한 접근법으로는 아무것도 이루어 낼 수 없다는 인식을 가질 때 사람들은 새로운 방식을 시도하게 된다.

2. **전략:** 새로운 전략이 일을 하는 새로운 방식의 도입에 대한 절실한 필요를 만들어 내기도 한다. GE와 인튜이트의 경우는 새로운 전략을 도입하고 일을 하는 새로운 방식에 대한 필요성을 인식한 최고 경영진에서 주도적으로 변화를 추진했다. 이런 경우는 회사 최고 경영진이 새로운 접근 방식을 도입하고 이를 지켜보기로 결정할 때만 가능하다. 이는 쉽게 내릴 수 있는 결정이 아니다. 따라서 1단계 후에 새 방법론이 어떻게 기능하는지 보여 주고 이를 전체 조직에 자리 잡도록 토대를 닦는 것이 중요하다.

3. **초고속 성장:** 초고속 성장은 그 자체로 위기의 원인이 되기도 한다. 스타트업이 제품/시장 적합성을 달성하면 갑작스럽게 폭발적인 성장을 거듭할 수 있는데, 그렇게 된다면 스타트업은 일을 하는 새로운 방식을 빠르게 찾아내야만 한다. 넷스케이프 창업자였고 지금은 실리콘 밸리의 벤처 투자자로 명성을 얻고 있는 마크 앤드리슨Marc Andreessen은 스타트업의 초고속 성장에 관하여 다음과 같이 말한 바 있다(다음 글은 미국 실리콘 밸리 사람들 사이에서는 널리 알려져 있는 글이다).

실제 잠재 고객이 많은 아주 좋은 시장에서는 스타트업의 제품을 시장이 빠른 속도로 뽑아 간다. … 그와 같은 일이 일어난다면 창업자들은 제품/시장 적합성을 느낌으로도 알게 된다. 제품을 만드는 대로 고객들이 구입해 가고, 서버를 확충하는 대로 사용자가 늘어난다. 회사에는 고객들이 지불하는 돈이 빠른 속도로 쌓이고 판매 직원들과 고객 서비스 직원들을 계속해서 채용한다. 기자들은 끊임없이 전화를 걸어올 것이다. 여러분 회사의 제품에 대해 취재를 하고 여러분과 인터뷰를 하고 싶기 때문이다. 하버드 경영 대학원에서 선정하는 올해의 창업가로 선정될 수도 있다. 그리고 투자 은행 담당자들이 여러분을 만나기 위해 집 앞까지 찾아올 것이다.주2

이 세 가지 상황이 발생하면 그로부터 엄청난 에너지가 발산된다. 이때의 에너지는 세심하게 통제되어야 하고, 에너지를 통제할 수만 있다면 이를 기반으로 긍정적인 변화를 이끌어 낼 수 있다. 하지만 이러한 상황에서 발산되는 에너지를 효과적으로 통제하지 못한다면 그 에너지로 인해 파괴적인 결과를 맞을 수도 있다. 이 세 가지 상황에서 발산되는 에너지를 효과적으로 통제할 수 있는 리더의 존재 유무가 기업에 있어서는 결정적인 경쟁 우위의 차이를 만들어 낸다.

## 시리즈 X 프로젝트의 성공과 GE의 변화

시리즈 X 프로젝트가 성공한 이후 GE에서는 스타트업 방식을 더욱 적극적으로 받아들이기로 했다. 우선은 GE의 각 사업부, 지역 본부, 기능 조직에서 일을 하는 다수의 임직원이 스타트업 방식 활용에 필요한 지식과 경험을 갖출 때까지는 새로운 스타트업 팀이 만들어질 때마다 해당 팀에 대한 코칭을 해 주기로 했다. 초기 참여자들은 아무렇게나 뽑지 않았다. 중요한 일이기는 했지만 일 자체가 끝이 아니었다. 초창기에 증명된 결과는 경영진에게 일을 하는 새로운 방식이 조직 전체에 유효하다는 사실을 보여 주기 위한 것이었다.

GE에서는 이 패스트웍스 프로그램 초기부터 프로그램을 관리하고 지원하는 기능을 하는 일종의 사내 이사회를 만들었다. 엔지니어링, 마케팅, 인사, IT, 재무 등의 다양한 기능을 책임지고 있는 임원들이 이 사내 이사회를 구성하게 되었는데, 이는 패스트웍스 프로그램을 더욱 효과적으로 관리하고 지원하기 위해서였다(나중에 이 사내 이사회에는 성장 위원회라는 이름이 붙게 된다).주3 어떤 프로그램을 시도할 때 해당 프로그램의 성공을 이끌 적절한 리더들을 선발하는 것은 무척이나 중요한 일이다.

GE의 제프리 이멜트 회장은 스타트업 방식이 신제품을 더 빠르게 개발하는 것 그 이상의 효용을 지니고 있음을 인지했다. 컴스탁 부회장에 따르면 시리즈 X 프로젝트에 관한 보고서를 받아 본 이멜트 회장은 이렇게 말했다고 한다. "이거 굉장한데. 이걸로 제품 개발 그 이상의 것을 할 수 있지 않을까? 이거라면 관료주의를 몰아낼 수도 있을 것 같은데." 그런가 하면 비브 골드스타인Viv Goldstein 부사장은 이렇게 말했다. "시리즈 X 프로젝트의 성공은 매우 복잡하고 어려운 환경에서 사용될 수 있는 효과적인 접근법을 찾아냈다는 것을 의미했습니다. 그렇다면 그 접근법으로 우리가 무엇을 해야 할까요?"

우리는 일을 하는 새로운 방식을 더 많은 팀에 알려 주기 시작했다. 처음에는 한 번에 한 팀씩 교육을 진행했다. 그리고 그다음에는 한 번에 네 팀씩 교육을 진행했고 나중에는 한 번에 여덟 팀씩 교육을 진행했다. 그 팀들 중에는 냉각기, 엔진, 신생아 인큐베이터 같은 신제품을 개발하는 팀도 있었고 프로세스 재설계, ERP 개발, IT 시스템 개발, 채용 시스템 개선 같은 회사의 내부적인 업무 프로세스를 새롭게 바꾸려는 팀도 있었다. 교육 과정에 들어가는 팀들은 의도적으로 선택했다.

가능한 한 많은 팀을 교육하여 GE 내의 어떤 사업부나 지역 본부나 기능 조직에서도 패스트웍스 프로그램을 활용할 수 있음을 보여주는 것을 목표로 했다. 충분히 많은 숫자의 임직원이 패스트웍스 프로그램을 통해 스타트업 방식에 필요한 지식과 경험을 쌓게 되자 회사 전체적으로 긍정적인 반응이 일어나 경영진이 이 방식을 확신하게 되었다.

· · ·

## 1. 작게 시작하라

첫 번째 단계에서는 초기 프로젝트들의 시행착오와 성과를 통해 앞으로의 변화에 필요한 정보를 축적하게 된다. 어떤 행동과 판단이 실험과 도전을 성공으로 이끌었는가? 조직 혁신을 주도할 잠재력을 지니고 있는 직원들은 누구였는가?

현재 GE는 전 세계 사업장에 30만 명의 임직원을 두고 있는 거대한 기업인데, 처음 패스트웍스 프로그램을 시작했을 때는 극히 일부 직원만이 프로그램에 참여하게 되었다. 우선은 작게 시작했던 것이다. 스타트업 기업에서는 회사 크기에 따라 프로그램 규모가 결정된다.

기업 규모는 계속해서 변한다. 지금은 임직원 수가 60명이라 하더라도 얼마 후에는 65명이 될 것이고, 100명이 됐다가 더 시간이 지난 후에는 600명이 될 것이고, 경우에 따라서는 6000명이 될 수도 있다. 따라서 스타트업들은 작은 규모에서 효과적이던 방식을 기업 규모가 커짐에 따라 더 큰 규모의 조직에 맞도록 전체 경영 프로세스로 점진적으로 통합해 나갈 수 있어야 한다. 트윌리오의 패트릭 맬러택 부사장은 이런 말을 했다. "기업 규모가 커지면 작은 스타트업 시절의 방식을 그만두어야 합니다. 그걸 고수한다면 실패하게 됩니다. 예전에 하던 식으로 기업 전체를 실험에 투입한다면 막대한 손실이 발생할 뿐이죠. 기업이 성장하면 성장한 기업에 맞는 새로운 방식을 시도해야 합니다." 트윌리오는 35명의 조직으로 시작했고 지금은 650명의 임직원을 두고 있는 기업으로 성장했다. 그리고 지금도 여전히 새로운 실험들을 하고 있다. "세심하게 접근하지 않으면 조직 규모가 커진 후에는 실패에 빠지기 쉽습니다." 맬러택 부사장의 말이다.

## 미국 연방 정부의 변화

앞에서 소개한 HealthCare.gov와 마이키 디커슨의 이야기는 미국 오바마 행정부에서 한창 변화를 추진하던 무렵의 이야기다. 백악관 CTO 토드 박이 이끄는 전문가 그룹은 여러 파일럿 프로젝트와 팀을 기반으로 일련의 혁신을 추진하고 있었다. 특히 미국 연방 정부의 IT 서비스를 한 차원 발전시키는 것이 이들의 목표였다. 이 전문가 그룹에는 헤일리 밴 다이크Haley Van Dyck 같은 사람도 있었는데, 그녀는 오바마 대통령 선거 캠프에서 모바일 선거 운동을 책임진 이후에 백악관에 합류한 상태였다. 밴 다이크가 주도했던 모바일 선거 운동은 미국 대통령 선거에서는 사실상 처음으로 시도된 것이었다. 그리고 미국 연방 정부의 IT 혁신을 추진하던 전문가 그룹의 목표는 "IT를 통해 시민들에게 더 높은 수준의 서비스를 제공하고 시민들과 소통한다"라는 것이었다.

사실 오바마 대통령은 대통령 취임 첫날에 "투명하고 열린 정부를 위한 약속"에 서명했고, 몇 달 지나지 않아 애니시 초프라Aneesh Chopra를 초대 백악관 CTO로 임명했다. 그전까지 애니시 초프라는 버지니아주에서 주지사 IT 보좌관으로 일하던 인물이다. 애니시 초프라 외에도 비벡 쿤드라Vivek Kundra와 제프리 자이언츠Jeffrey Zients 같은 사람들이 오바마 행정부 초기에 연방 정부의 IT 혁신을 주도했는데, 이들은 "IT 혁신을 촉진하여 우리의 가장 시급한 목표들의 달성을 지원한다"라는 것을 모토로 삼고 있었다. 그리고 이들이 변화시키고자 하는 대상은 280만 명이 일하고 있는 거대하면서도 복잡한 조직, 1950년대부터 자신만의 컴퓨터 시스템을 구축해 온 조직, 바로 미국 연방 정부였다.주4

미국 연방 정부를 혁신하기 위해 '뉴 미디어New Media'라는 팀들이 연방 정부의 각 부처에 만들어졌다. 이와 같은 팀은 백악관에도 만들어졌는데 이 팀의 역할은 디지털 커뮤니케이션 및 시민들과의 소통을 개선하는 것이었다.

이때는 서툴렀고 실험적이었고 변화의 1단계답게 모든 게 혼란스러웠다. 팀 사이에 업무 조정이 거의 없었고 보고에 관한 일관된 구조도 없었으며 개인 업무 합의도 이뤄지지 않았다.

하지만 이 개척자들은 변화의 가능성을 발견했고 저마다 역할을 찾아냈다. 그리고 성과들을 만들어 내기 시작했다(정식으로 개시된 HealthCare.gov의 성공 뒤에는 이 프로젝트를 위한 파일럿 프로젝트가 있었다). 밴 다이크의 경우는 FCCFederal Communications Commission: 연방 통신 위원회에 속해 일했는데, 그녀는 연방 공무원 중 변화를 이끌 역량이 있는 사람들을 찾아내는 역할을 수행했다. 이와 같은 초기 노력과 시도가 없었다면 HealthCare.gov 같은 성과는 나타나지 못했을 것이다.

### 대통령 직속 혁신 펠로 프로그램Presidential Innovation Fellows Program

애니시 초프라의 뒤를 이어 백악관 CTO가 된 토드 박은 대통령 직속 혁신 펠로Presidential Innovation Fellows, PIFs라는 프로그램을 제안했다. 좀처럼 해결되지 않는 정부 조직 내의 IT 관련 문제들을 해결하기 위해 IT 업계 전문가들이 직접 정부 조직으로 들어가 공무원들과 함께 일하는 것이 PIF 프로그램의 내용인데, 정부 조직에서 일하는 공무원들과 외부 전문가들의 경험과 지식을 결합하여 문제 해결 역량을 극대화하자는 것이었다. 이 프로그램을 제안했던 토드 박 자신도 HealthCare.gov의 문제를 해결하는 과정에 참여했다. "우리는 공무원들에게 이렇게 물어보았습니다. '지금 해결하고자 하는 문제가 무엇입니까? 그 문제를 해결하기 위해 외부에서 가져오고자 하는 역량이나 기술은 무엇입니까?' 그런 다음 정부 조직 내부 사람들과 외부 사람들로 팀을 구성하여 린 스타트업 방식으로 일하자고 제안했습니다. 정부 조직 내부와 외부 역량이 합쳐지면 훨씬 더 큰 역량을 발휘할 수 있고 성공적으로 문제를 해결할 수 있을 테니까요." 토드 박의 설명이다.주5

이 프로그램은 다분히 실험적인 시도였다. 실리콘 밸리 사람이 정부 조직에 들어가 공무원들과 함께 일하는 모습은 그전까지는 누구도 상상하지 못했던 모습이다. PIF 프로그램의 가능성을 타진하기 위해 토드 박은 창업가, 투자자, 해커, 기술 애호가들이 모이는 행사인 테크크런치 디스럽트TechCrunch Disrupt에 직접 참석하여 그곳에서 PIF 프로그램을 설명하기도 했다.

반응은 놀라웠다. 거의 700명의 IT 분야 사람들이 PIF 프로그램에 지원했다.[주6] 그들 중 열여덟 명이 최종적으로 PIF 프로그램에 선발되었다. "그들을 곧바로 몇몇 프로젝트에 투입했습니다. 그러자 성과가 속속 나타나더군요." 밴 다이크의 말이다. 이 책을 쓰고 있는 2017년까지 모두 112명의 펠로가 선발되었고 그들 중 절반 이상은 지금도 여전히 정부 조직 문제들을 해결하고 있다.[주7]

PIF 프로그램은 GE의 패스트웍스 프로그램의 정부 버전이라 할 수 있다. 당장의 문제들을 해결하는 것만이 아니라 정부 조직의 체질과 일하는 방식 자체를 바꾼다는 더 원대한 목표를 향해 가동되고 있다.

## 2. 전담 복합기능 팀을 편성하라

복합기능 팀은 전체 조직 내 다양한 분야의 역량을 한자리에 모아 통합적인 힘을 이끌어 내는 목적으로 만들어진다. 기대하는 수준의 힘을 발휘하는 복합기능 팀을 단번에 만들어 내는 것은 거의 불가능한 일이기 때문에 프로젝트를 진행해 나가면서 복합기능 팀의 조직을 보완해 나갈 필요가 있으며, 상황에 따라서는 복합기능 팀에 속하지 않았지만 시간과 전문성을 자원하기 원하는 사람들의 조력을 구할 수도 있다.

내가 함께 일했던 한 대기업 복합기능 팀의 경우는 풀타임 산업 디자이너를 필요로 했으나 예산도, 사내 정치력도 부족해서 산업 디자이너를 정식 팀원으로 영입할 수 없는 상황이었다. 디자인 업무는 별도 팀에 속해 있어서 다른 팀에서 산업 디자이너를 영입하려 해도 계속해서 반대에 부딪히고 있었다. 복합기능 팀이 제대로 기능하려면 그 안에 다양한 역량이 충분히 갖추어져야 한다는 점을 설득하려 하지만, 경영진한테 이러한 설득이 통하지 않는 경우도 상당히 많다.

그런데 그 복합기능 팀의 팀장은 개인적으로 친분이 있는 산업 디자이너를 한 명 알았고, 그 산업 디자이너는 팀장의 비전에 신뢰를 보내고 있는 상황이었다. 결국 그 산업 디자이너는 자신의 시간을 쪼개어 비공식적으로 그 복합기능 팀의 일을 도와주기로 했다. 그녀에게도 자기 업무가 있어서 많은 시간을 내지는 못했지만 복합기능 팀에서 필요로 하는 조언 정도는 해 줄 수 있었다. 프로토타입이 완성되면 그것을 검토하고 문제점이 있는 경우에는 지적해 주는 식이었다.

물론 복합기능 팀에 모든 기능이 담겨야 하는 것은 아니다. IT 기능이 없어도 되는 경우가 있고, 법무 기능이 없어도 되는 경우도 있다. 중요한 것은 프로젝트 진행에 필요한 기능은 최대한 전부 담으려 해야 한다는 점이다.

스페인의 통신 회사 텔레포니카에서 혁신 포트폴리오를 책임지고 있는 수사나 후라도 아프루세세Susana Jurado Apruzzese는 텔레포니카가 당면한 가장 큰 도전은 혁신 프로젝트에서 제안된 지식을 실제 상품으로 바꾸는 일이라고 말했다. 프로젝트가 다음 단계로 나아가기 위해서는 거기에서 나온 아이디어들이 판매나 마케팅 부서 쪽으로 연결될 수 있어야 한다. 후라도 아프루세세는 혁신 팀을 만들 때 다른 실무 팀의 직원도 몇 명 참여를 시키는데, 이와 같은 방식으로 아이디어 상품화를 더 용이하게 할 수 있다고 한다. 판매나 마케팅 직원을 그렇게 참여시키는 것이 제품이 나왔을 때 자신이 파는 제품이 무엇인지 완전히 이해할 수 있도록 제품에 대한 지식을 갖추게 하는 이상적인 방법이다.

"처음부터 다른 실무 팀들을 참여시키고 그들에게도 지분을 주어야 합니다. 그렇게 하지 않으면 실무 팀들이 제품을 자기 것으로 인식하지 않아서 상품화 과정이 잘 진행되지 않습니다." 후라도 아프루세세의 말이다.

## 복합기능 팀에 대한 이해 부족 문제

대다수 조직에서 복합기능 팀으로 일하는 데 반감을 보인다. 복합기능 팀이 추진하는 프로젝트들은 예산 부족 문제로 멈추기도 하지만 사내 정치 문제로 멈추기도 한다. 물론 복합기능 팀과 관련된 여러 가지 실패는 그대로 기업의 소중한 경험 자산이 될 수도 있다.

나는 GE 생명 과학 부문의 한 복합기능 팀에서 추진하고 있던 의료 장비 개발 프로젝트에 관여한 적이 있다. 그 프로젝트는 3500만 달러의 예산과 수년의 개발 기간을 두고 진행되고 있었는데 판매를 위해서는 FDA 승인을 거쳐야 하는 제품이었다. 수년간 연구개발을 거쳐 회사에서는 그 제품이 기술적으로 안정되어 제품화하는 데 충분하다고 판단했다.

패스트웍스 프로세스에 따라 그 개발 팀에서는 최소 요건 제품을 만들어 한 고객사에 제품을 보여 주기로 했고 이 과정을 몇 주 내로 마치기로 했다. 그들은 실제로 작동하는 제품이 아니라 제품이 어떻게 생겼고 어떤 식으로 작동하는지 설명하는 데 사용할 프로토타입을 만들어 고객사와의 미팅 날짜까지 잡았다.

그런데 고객사와의 미팅일 바로 전날 밤에 개발 팀의 팀원 한 명이 나에게 급하게 전화를 걸어 왔다. "법무 팀에서 제동을 걸었습니다."

그 개발 팀은 복합기능 팀으로 조직되었지만 당연히 법무 팀 사람은 포함되어 있지 않았다. 법무 지원이 필요한 경우에만 별도로 회사 법무 팀에 지원이나 조언을 요청했을 뿐이었다.

그 개발 팀에서는 최소 요건 제품에 관해서는 법무 팀에 의견을 구하지도 않았고 사전에 설명하지도 않았다. 법무 팀 사람이 그 복합기능 팀에 처음부터 편성되어 있었고, 그래서 그 법무 팀 사람이 최소 요건 제품이 직접 환자에게 사용되는 게 아니라는 점을 잘 이해하고 있었다면 법무 팀에서 최소 요건 제품 활용에 대해 제동을 거는 일은 없었을 것이다. 고객사들이 정식으로 작동되는 제품을 구입하는 것은 18개월 후에나 계획되어 있던 일이다. 그 18개월 동안 FDA 승인을 비롯한 법적인 문제들을 풀어 나가면 되는 일이었다. 결국에는 최소 요건 제품 사용에 대한 재가를 받아 내기는 했지만, 그 개발 팀은 법무 팀과의 협력 부재로 인해 중요한 순간에 상당한 갈등과 시간 낭비를 겪어야만 했다.

## 사내 외교관으로서의 복합기능 팀원들

복합기능 팀원들에게는 자신의 전문 영역에서 지식을 보태는 것 외에도 한 가지 중요한 임무가 있다. 바로 복합기능 팀에서 추진하는 프로젝트의 사내 외교관이 되는 것이다. 그러니까 자신이 원래 속해 있던 팀에 해당 프로젝트와 스타트업 방식을 설명하고 이해시키는 역할을 해야 한다.

사내 외교관은 자신의 역할을 다른 팀원들이 이해할 수 있는 용어로 이야기하는 통역사 역할도 한다. 나는 이러한 역할의 중요성을 직접 경험한 적이 있다. 한 대기업의 복합기능 팀과 함께 일할 때였는데, 최소 요건 제품을 만들고 실험하는 과정에서도 엄격한 프로세스가 유지될 수 있도록 한 엔지니어가 투입됐다. 그 엔지니어는 그 복합기능 팀에서 하는 일을 잘 이해하지 못하던 다른 실무 팀들이 이해할 수 있도록 기술적인 용어로 설명했다. "일을 빠르게 하려는 것도 좋지만 당신들의 방식은 규정에 어긋나는 것 같아서 받아들일 수 없습니다"라고 말하는 실무 팀들이 나올 때마다 그 엔지니어는 다음과 같은 식으로 설득하고 다녔다. "우리 방식이 규정에 어긋나는 게 아니라는 점을 제가 설명할 수 있습니다. 우리 방식은 기존의 통상적인 방식과 다르게 보이지만 실제로는 안전 규정 및 법규를 전부 준수하는 방식입니다."

### 3. 골든 소드Golden Sword 프로세스

GE에서 우리는 혁신 1단계에 있는 팀들을 대상으로 사흘짜리 훈련 프로그램을 실시하고, 그 마지막 순서로 '보고' 시간을 진행했다. 최고 경영진 앞에서 팀원들이 프로젝트 성공에 필요한 것들에 관한 자신의 생각이나 요구를 발언하는 시간인데, TV 쇼를 보는 것 같은 느낌이 들기도 했다. 이때 나는 팀원들에게 적당히 얼버무리거나 포장하지 말고 정말로 필요하다고 생각하는 것들을 솔직하게 발언하라고 주문했다.

팀원들이 더 많은 예산을 편성해 달라고 요청하는 경우는 거의 없었다는 점에 경영진은 놀랄 수밖에 없었다. 팀원들이 가장 높은 빈도로 요청하는 것은 최고 경영진 및 다른 부서들의 협력 그리고 관료주의로 인한 장벽 제거였다. 어떤 사람은 위원회 형식으로 구성된 자신들의 조직을 전담 팀 형식으로 조직해 달라고 요청하기도 했고, 또 어떤 사람은 자신의 성과를 사업부를 통하지 않고 최고 경영진에게 직접 보고하게 해 달라는 요청을 하기도 했다. 이 프로세스를 통해 팀원들은 자신들에게 필요한 것들을 매우 효율적으로 얻어 낼 수 있었다.

놀라운 것은 불가능해 보이던 많은 일이 이 간단한 프로세스를 통해 해결된다는 점이다. 내가 이 프로세스를 '골든 소드'라고 부르는 이유는 관료주의를 단칼에 베어 내기 때문이다. 최고 경영진 앞에서 자신의 생각이나 요구를 솔직하게 말할 기회를 받은 팀원들은 주로 "실험 사이클을 더 빠르게 진행하게 해 달라, 현장에서 무슨 일이 일어나는지 통찰이 더 필요하다, 실무 팀 사이에 있는 관료주의적 장벽을 없애 달라"는 등의 이야기를 한다. 그리고 프로젝트 추진에 필요한 지원을 얻어 낸다. 최고 경영진 입장에서 보더라도 이는 일을 진행하는 상당히 효율적인 방식이다. 사내 정치 문제를 해결하거나 약간의 실무적인 지원을 해 줌으로써 미래를 위한 프로젝트의 성공 가능성을 크게 높일 수 있기 때문이다.

그렇다고 해서 지원을 해 줬으니 당연히 성공해야 한다는 생각을 가져도 된다는 의미는 아니다. 일을 하는 새로운 방식을 도입하는 기업의 경영자들에게 나는 "지금 시작한 저 사내 스타트업 중 하나라도 성공을 하면 그게 성공인 것입니다"라는 말을 한다. 물론 기업 경영자로서는 100% 성공을 추구하고 싶겠지만, 이는 스타트업에 맞지 않는 사고방식이다. 실험과 실패를 성공 과정의 일부로 받아들이는 게 스타트업의 사고방식이며, 골든 소드 프로세스를 진행할 때도 마찬가지다.

## 골든 소드 프로세스와 방향 전환

내가 함께 일했던 GE의 어떤 팀에서 차세대 무정전 전원 장치uninter-ruptible power supply, UPS를 개발하려고 했다. 무정전 전원 장치는 정전 사고가 발생했을 때 비상 발전기가 가동되기 전까지 안정적으로 전원을 공급해 주는 장치로, 대형 데이터 센터 등에서 주로 사용된다. 그 팀은 고전압 아키텍처를 이용해서 효율성을 비약적으로 높일 수 있다고 믿었다. 워크숍에서 그 팀은 3년의 개발 기간과 1000만 달러의 개발비가 주어지면 커다란 시장을 만들어 낼 수 있을 거라고 제안했다.

이때가 GE에서 사내 스타트업을 감독하는 일종의 내부 이사회인 성장 위원회를 조직하여 가동하기 시작했던 시기였고, 그 팀은 성장 위원회의 감독을 받은 최초의 GE 사내 스타트업 중 하나가 되었다. 그 팀과 성장 위원회는 정기적으로 방향 전환/고수 회의를 하면서 최근 최소 요건 제품을 평가했고, 성장 위원회에서는 그 팀이 추진하는 프로젝트의 진척 상황에 따라 계량 방식으로 펀딩을 결정했다.

첫 워크숍에서 그들은 3년이 아니라 3개월 내로 최소 요건 제품을 만들어 고객들에게 선보이기로 했다. 팀은 제품을 만들 수 있는지 확인하러 전기 다이어그램을 그리는 데 몇 주를 보냈다. 그러다 진실을 깨닫게 되는 순간이 왔다. 한 고객이 제안서를 요청해 다이어그램을 보냈는데 바로 거절당했다. 그 팀은 다른 고객을 접촉했으나 또 거절당했고 이후로도 그와 같은 거절을 되풀이해 당했다. 그 팀은 자신들의 계획이 잘못되었다는 생각을 갖게 되었다.

전략에 대한 잘못된 판단을 인정하는 게 결코 쉬운 일은 아니지만 그 팀은 고객을 만나면서 무엇을 배웠는지 골든 소드 프로세스를 통해 솔직하게 이야기했다. 그 팀은 그 후 여러 번에 걸쳐 방향 전환을 했고, 결국에는 성공적인 제품을 만들어 내는 데 성공했다. 그들이 최종적으로 만들어 낸 제품은 최초 구상과는 크게 달랐다.[주8]

## 4. 좋은 실험의 설계

프로젝트 추진 여부처럼 실험을 통해 무엇을 배워야 한다면 그 실험에는 갖춰야 할 사항이 있다. 실험은 분명한 목적을 가지고 설계되어야 한다(단순히 어떤 일이 일어나는지 지켜보기 위해 실험을 행하는 것은 아니다). 고객의 표면적인 발언이 아니라 고객의 실제 행동을 파악하기 위해 실험을 행하는 것이며 좋은 실험은 다음과 같은 특징을 가지고 있어야 한다.

- 쉽게 조작할 수 있는 명확한 가설: 실험을 통해 성공과 실패를 판단할 수 있는 기본적인 가정이 있어야 한다. 실패가 없다면 실험을 통해 배우는 것도 없다.
- 다음 단계에 취할 분명한 행동: 만들기-측정-학습이 한 주기라는 말은 실험이 끝날 때마다 다음 행동이 이어져야 한다는 의미다. 실험 한 번으로 필요한 결론이 나올 수는 없다. 실험을 거듭해야만 필요한 사실에 다가갈 수 있다.
- 엄격한 위험 억제: 나쁜 일이 일어나는 것을 회피하는 식으로는 실험을 할 수 없다. 실험을 제대로 행하기 위해서는 나쁜 일이 일어나더라도 그로 인한 피해를 억제하는 식으로 실험을 설계할 수 있어야 한다. 위험 억제 전략에는 실험에 참여하게 되는 고객 숫자를 최소한으로 정하는 것, 최소 요건 제품에 브랜드는 노출시키지 않는 것, 안전과 관련된 규정을 철저하게 지키는 것(컴플라이언스

compliance 전문가를 팀에 포함시키는 것도 좋은 방법이다), 고객들에게 경제적 가치 이상의 것을 제시하는 것, 계약 불이행에 대한 추가적인 제재 조치를 마련하는 것 등이 있다. 비용이 얼마가 들든 고객에게 필요한 무언가를 항상 해야 한다(처음에는 고객이 많지 않으니 비용이 많이 들지는 않을 것이다).

- 최소 한 개 이상의 가장 위험한 가정 검증: 실험으로 가정을 테스트하지 않는다면 유용한 정보를 얻을 수 없다.

## 커넥티드 카

1장에서 언급했던 토요타 임원들과의 회의 이후 그들은 린 스타트업 프로젝트를 시작하기로 했다. 그리고 2013년 3월에 토요타의 혁신 허브라 할 수 있는 토요타 ITC<sub>InfoTechnology Center</sub>의 디렉터 비누스 라이<sub>Vinuth Rai</sub>와 ITC 연구원 매트 크리시<sub>Matt Kresse</sub>는 자신들이 개발하고 있던 커넥티드 카<sub>connected car</sub>에 관한 몇 가지 실험을 실시했다.

1단계는 가정을 테스트하는 것이었다. 그들은 우선 커뮤니티 사이트인 크레이그스리스트<sub>Craigslist</sub>에 "혹시 출퇴근이 힘드십니까?"라는 제목으로 홍보문을 하나 올렸다. 관심 있는 사람들은 자신의 자동차에 대한 불만을 이야기해 달라는 내용이었다. 한 시간도 안 되어 300명에 달하는 사람이 자신의 자동차에 대한 불만을 적었다. "즉각적이면서도 엄청난 반응이었습니다. 그전에도 우리는 소비자 불편 사항을 확인한 다음에 무언가를 개발하기는 했지만 이번처럼 직접적인 소비자 목소리를 실시간으로 확인했던 적은 없었습니다. 그전에는 정제된 환경에서 소비자 의견을 구하려고 했었는데 그런 환경에서는 사람들의 솔직한 대답을 얻기가 어렵죠. 이번 실험은 무척이나 신선한 경험이었습니다." 매트 크리시가 말했다.

크리시의 팀은 제품 인터뷰에 참여한 사람들에게 개발 중이던 제품의 프로토타입을 무료로 지급하고는 그 제품을 차량 내부에 설치하고 한 달 동안 사용해 볼 것을 제안했다. 한 달 후에도 그 제품이 마음에 들면 그대로 설치해 사용하면 되고, 그 제품이 마음에 들지 않으면 제품을 반납하는 대신에 100달러를 받아 가는 방식이었다. 크리시 팀의 프로토타입이라는 것은 안드로이드 태블릿에 몇 가지 앱이 설치되어 있는 제품이었고, 차량 내부 전기 장치에 손쉽게 연결해 사용할 수 있었다. 그 실험에 대해 크리시는 이렇게 말했다. "사람들 앞에 제품을 선보이고 가급적 빠르게 피드백을 받아 내야 합니다."

크리시의 팀이 실제 고객들을 대상으로 자신의 제품을 실험해 본 것은 그때가 처음이었다. 그들은 프로토타입을 받아 간 운전자들이 어떤 앱들을 주로 사용하는지 추적했고, 계속해서 제품에 대한 운전자들의 의견을 청취했다. "우리는 이 과정을 거쳐 애플리케이션을 빠르게 반복 개선했습니다." 크리시의 말이다. 한 달이 지났을 때 60%의 사람들이 제품을 계속해서 사용하겠다고 말했고, 특히 그중 40%는 그 제품을 다른 사람들에게 소개할 의향이 있다고 말했다.

토요타 본사 경영진에서는 이 결과에 주목했다. 게다가 위험을 최소화하는 것은 잘 만든 최소 요건 제품의 핵심이다. 매트 크리시와 비누스 라이는 인큐베이터 스타일의 ITC 안에서만 제품을 발표해서 실패하더라도 부정적인 평가가 매우 좁은 범위에서 내려지도록 했다. 그들의 작업이 인정을 받자 토요타 본사에서는 그것을 제품화하기로 결정했다.

2016년 11월 토요타는 도모야마 시게키가 이끄는 토요타 커넥티드 사업부에서 새로운 MSPF<sub>Mobility Service Platform</sub>를 발표했다. 크리시의 팀이 크레이그스리스트를 통해 실험을 시작하고 완성한 바로 그 제품이었다.

## 비즈니스 모델 실험

GE에서 나와 함께 일했던 팀 중에는 발전소용 가스 터빈을 개발하는 팀도 있었다. 그들의 목표는 시장에서 가장 효율성이 높은 제품보다 효율성을 5% 더 높이는 것이었는데, 그들은 4년의 개발 기간과 새로운 공급 체인을 요구하고 있었다. 계획 단계에서는 팀원들 사이에 다음과 같은 말이 오가기도 했다. "4년 후에는 다른 경쟁 제품들도 효율성이 올라가 있을 겁니다. 그러니 우리는 4년 후에 가장 효율성이 높은 제품보다 5% 더 높은 효율성을 목표로 정합시다." 그들은 경쟁자들의 효율성 제고를 고려하여 목표치를 수정했고 그 수정된 목표하에서는 개발 기간이 6년으로 늘어나야 한다는 결론에 이르렀다. 그러자 다음과 같은 말이 나왔다. "6년이면 효율성 목표를 더 높여야 하는 거 아닙니까?" 일을 시작하기도 전에 계획 과정이 너무 복잡해졌는데 이런 식으로는 스코프 크립 문제를 겪게 될 뿐이었다.

결국 그들은 새로운 비즈니스 모델을 만들어 냄으로써 문제를 해결했다. 전통적으로 GE에서는 제품을 판매하고 나중에 고객이 요청하는 경우에 한하여 업그레이드를 통해 제품을 개선하는 식으로 시장에 접근했다. 그런데 그 팀에서는 제품을 판매할 때 아예 미래의 업그레이드와 제품 개선을 함께 묶어서 판매하는 새로운 비즈니스 모델을 만들어 냈다. 업그레이드와 제품 개선이 늦어져 고객에게 필요한 수준의 효율성을 제공하지 못하는 경우에는 GE에서 손실을 배상한다는 조건이 덧붙여진 판매 방식이었다.

한 팀원이 새로운 비즈니스 모델을 다음과 같이 요약했다. "효율성이 5% 더 높은 가스 터빈을 만들어 낼 때까지 10년을 기다리는 게 아니라 지금 수준에서 경쟁력 있는 제품을 판매하고, 앞으로 정기적으로 주요 부품을 업그레이드해 줌으로써 고객들에게 지속적으로 최고 수준의 효율성을 제공하는 겁니다. 물론 업그레이드는 희망하는 고객들에 한하여 유로로 해 주고요."

우리는 이 새로운 비즈니스 모델을 경영진에게 가져갔고, GE의 경영진은 이 새로운 모델을 아주 마음에 들어 했다. 곧바로 매출을 일으키면서도 제품 효율성을 높이고 수익까지 창출하는 방식이었기 때문이다. 그리고 고객 입장에서는 최고 수준의 효율성을 갖추고 있는 가스 터빈을 미래에도 계속해서 사용할 수 있는 방식이었다. 그런데 누군가가 이런 질문을 제기했다. "부품 업그레이드로부터 발생하는 매출은 제품 매출입니까, 아니면 서비스 매출입니까?"

이 질문에 대해 나는 의아함을 느끼며 이렇게 말했다. "그게 무슨 상관입니까? 매출은 그냥 매출이죠." 그런데 GE 사람들에게는 그게 아주 중요한 질문이었던 것 같다. 제품 매출로 잡아야 하는지, 아니면 서비스 매출로 잡아야 하는지를 두고 한참을 논쟁을 벌였으나 그날은 결론에 이르지 못했다. 어쨌든 그 팀은 자신들의 계획을 진행했고 고객들로부터도 긍정적인 피드백을 받았다. GE 경영진에서도 내부적인 성과 배분 문제로 프로젝트를 지연시키기보다는 우선은 프로젝트를 진행시키는 게 좋겠다는 판단을 내렸다. 당시 일에 대해 GE의 가스 터빈 제품 책임자 가이 드레오나르도Guy DeLeonardo는 이렇게 말했다. "프로젝트를 지연시켰다가는 당장 10억 달러짜리 계약이 무산될 위기에 처해 있었습니다. 그래서 매출을 어디에 귀속시켜야 하는지를 두고 다툼을 벌였던 임원 두 사람이 서로 적정한 수준에서 타협했죠. 이상하게 여겨질 수도 있지만 지난 30년 넘게 회사에서 성과 배분은 중요한 문제였습니다."

내부적인 문제가 조율되자 프로젝트는 속도를 내게 되었고, 그렇게 해서 출시된 가스 터빈이 7HA.02라는 모델이었다. 이 제품은 업계 최고 수준의 효율성을 지니고 있는 제품으로 평가를 받았고 2016년에는 20억 달러의 매출을 거뒀다. 판매 계약에는 고객이 원하는 경우에는 유상 부품 업그레이드를 통해 효율성을 높여 준다는 내용이 포함되었다. 드레오나르도는 이렇게 말했다. "매출이 어느 부서로 가느냐는 중요하지 않습니다. 고객에게 옳은 일을 하는 게 중요하죠."

• • •

비즈니스 모델을 실험할 때는 다음과 같은 점을 염두에 둘 필요가 있다.[주9]

• 어느 사업부의 매출로 잡아야 하는가? 고객에게 어떤 지불 방식을 요구할 것인가?
• 제품 매출과 서비스 매출을 구분 지어야 하는가? 제품을 판매한 후에 정기적으로 정비 서비스를 제공해야 한다면 누가 담당할 것인가?
• 고객이 절실하게 필요로 하지 않는 제품을 통해서도 이익을 낼 수 있을까? 이와 같은 유형의 제품은 고객의 제품 사용량이나 빈도에 따라 사용 요금을 부과하는 식으로 매출을 올릴 수 있다.

- 고객 서비스 부문이 강력하다면 제품 출시 사이클을 빠르게 가져 갈 수 있다. 우리 회사는 새로운 혁신 제품을 빠르게 출시할 수 있을 정도의 서비스 역량을 지니고 있는가?
- 고객 편에서 거래를 진행한다면(고객 이익을 먼저 챙긴 후에 우리 이익을 만들어 낸다면) 더 많은 거래의 기회를 만들어 낼 수 있다.
- 전에 없던 새로운 경쟁력을 발견할 수 있는가? GE의 조명 부문에서는 상업용 빌딩들에 대해 소켓을 관리해 주는 서비스를 판매하기 시작했다. 단순한 조명 제품 판매가 아니라 빌딩의 조명 시스템을 관리하는 장기 계약 서비스로, 이는 GE에 새로운 경쟁 우위를 만들어 줌으로써 시장 점유율을 높이는 결과로 이어지고 있다.

린 스타트업 방법론에서는 제품 개발 과정에서 겪는 기술 이외의 문제를 비즈니스 모델을 바꿔서 해결할 수도 있다. 내가 함께 일했던 어떤 팀의 경우는 제품 개발이 끝나면 1년 또는 그 이상의 시간이 지난 후에야 고객들에게 실제 판매가 이루어지는 상황을 겪고 있었다. 신제품을 들여놓으면 전시장을 새롭게 꾸며야 하기 때문에 판매 대리점들이 신제품을 빠르게 주문하지 않는 경향이 있었고, 특히 경쟁이 치열하지 않은 지역의 대리점들은 신제품을 최대한 천천히 주문하려고 했다. 개발 팀도 이러한 상황을 당연하게 받아들이고 있었다. 아주 오래전부터 대리점들과의 관계가 그와 같은 식으로 형성되어 있었기 때문이다. 그리고 신제품 개발 사이클도 어느 정도는 대리점들의 주문 행태에 맞추어져 있기도 했다. 하지만 신제품이 판매되는 기간을 단축할 수 있다면 수익성이 좋아질 것은 분명한 일이었다. 그렇다면 대리점들이 전시장을 새롭게 꾸미는 데 지출하는 비용의 일부를 본사에서 지원해 준다면 어떨까? 개발비에 비해 이 비용이 훨씬 더 적다면 합리적인 방식이 될 것이다.

## 5. 성공을 측정하는 새로운 방식 만들기

스타트업 방식 도입 1단계에서 조직은 복합기능 팀을 만들고 실험을 한다. 그런데 팀이 성공했는지는 어떻게 알 수 있을까? 바로 유효 학습에 의한 선행 지표의 변화를 기반으로 이루어진다.

### 선행 지표

선행 지표의 종류는 다양하다. 팀에서 행하고 있는 프로세스가 제대로 진행되고 있다면 선행 지표도 좋게 나오는데 이는 앞으로 좋은 일이 일어날 가능성이 커지고 있다는 것을 의미한다. 나와 함께 일한 어느 임원은 성공을 판단하는 선행 지표로 사이클 타임에 주목했다. 수익이 창출되지 않더라도 사이클 타임을 줄일 수만 있다면 결국은 그로 인해 기업 매출과 수익이 증가하리라고 판단한 것이다. 그리고 그와 같은 판단은 옳은 것으로 판명이 났으며, 그 대기업의 스타트업 팀들도 더욱 과감하게 프로젝트를 추진하는 결과로 이어졌다.

또 다른 대표적인 선행 지표로 고객 만족도와 고객 충성도가 있다. 드롭박스의 토드 잭슨 부사장은 이런 말을 한 적이 있다. "우리 제품을 매우 좋아하는 사용자들은 다른 사람들에게도 우리 제품을 추천해 줄 것입니다. 그리고 최고의 마케팅은 입소문 마케팅이고요."

어느 GE 팀의 한 고객이 완벽한 제품이 나오기까지 5~10년이 더 걸린다는 걸 알고 짜증을 냈다. 그러다 그 팀은 GE의 패스트웍스 프로그램을 거쳐 새로운 계획을 마련한 후 그 고객에 가서 이렇게 제안했다. "이제 막 초기 버전이 완성된 상태이고 앞으로 계속해서 개선될 모델이기는 하지만, 지금 고객사에서 사용하고 있는 제품보다는 훨씬 더 나은 제품인데, 이 모델을 사용해 보시는 게 어떻습니까? 이 모델은 바로 내년에 공급할 수 있고 모델 개선 과정에 고객사도 참여할 수 있습니다." 그 고객은 좋은 제품을 곧바로 공급받을 수 있다는 점과 그 제품 개선 과정에 자신들도 참여할 수 있다는 점 모두를 마음에 들어 했다. 이와 같은 시장 접근법은 GE의 그 팀으로서는 처음 시도하는 것이었지만, 그에 대한 고객사의 반응은 무척이나 좋았다. 그 팀은 옳은 길로 들어섰음을 알았다.

팀의 사기도 중요한 선행 지표다. 고객들과 새로운 관계를 맺으면서 미래에 대한 긍정적인 전망이 만들어진다면 팀의 분위기는 좋아지는데, 이러한 분위기와 변화에 대한 의지는 전염성을 띠게 된다. 주위의 다른 사람들 및 다른 팀들에 긍정적인 분위기를 전파하게 되는 것이다. 일에 즐겁게 몰입한 팀이 있는 경우 주위 사람들은 이런 말을 하게 된다. "우리 팀도 저렇게 일하면 좋겠어." "우리 사업부도 저렇게 생각하고 행동하면 좋을 텐데." 좋은 분위기가 만들어 내는 힘은 매우 강력하다.

이런 이야기가 회사에서 보편적이 되려면 선행 지표에 대한 경영진의 확신이 뒷받침되어야 한다. 선행 지표가 만들어 낼 긍정적인 미래에 대한 확신이 없다면 실험은 아무런 의미를 갖지 못한다. 물론 선행 지표가 좋다면 이후 단계에서 좋은 일들이 일어나게 되지만 경영진의 확신이 없다면 이후 단계로 나아가는 것 자체가 불가능해진다.

## 지표

창업가적 프로젝트의 성공을 평가하기 위한 지표들을 개발하는 것은 매우 중요한 일이다. 그렇게 하려면 투자 수익률 같은 전통적인 지표를 빈번한 실험으로 수집한 과학적 정보, 즉 유효 학습 같은 지표로 대체할 필요가 있다. 일례로 드롭박스는 캐러셀과 메일박스라는 서비스의 연이은 실패 후 새로 페이퍼라는 서비스를 개시하면서 기존 실패를 되풀이하지 않기 위해 두 가지 핵심적인 지표를 찾아냈다. "그전에는 단순히 사용자가 많아지는 데만 관심을 가졌습니다. 하지만 이번에는 사용자 기반의 확장성에 관심을 두기로 했습니다." 드롭박스의 아디트야 아가르왈 부사장의 말이다.

드롭박스는 페이퍼 서비스를 개시하면서 다음과 같은 두 가지 지표를 우선시하기로 했다.

1. 사용자 기반의 확장성: "페이퍼가 단일 사용자 도구single user tool가 되는 것을 바라지 않는다. 또한 누군가가 할 일 목록 관리 소프트웨어인 에버노트Evernote 대신 페이퍼를 쓰는 데에도 흥미가 없다. 새로운 사용자들이 페이퍼를 사용하고 또 그들이 다른 사람들과 연결되어 페이퍼를 사용하기를 바란다."
2. 2주 내 재방문: "페이퍼를 사용했던 사용자가 2주 이내에 다시 페이퍼를 사용했는가?"

지표는 복잡할 필요가 없다. 2014년부터 IBM의 CIO가 되어 IBM이 애자일 방법론으로 옮겨 가도록 일하고 있는 제프 스미스Jeff Smith는 이런 말을 했다. "그전까지 우리는 비즈니스 가치를 실제로 높이는 일과는 관련이 없는 것들까지 포함하여 너무 많은 지표를 사용하고 있었습니다." 지금 IBM에서는 다음 네 가지를 최우선의 것으로 사용하고 있다. (1)새로운 작업을 얼마나 빠르게 완료할 수 있는가, (2)통상적인 작업 사이클을 통해(작업 사이클은 팀마다 다르겠지만) 몇 개의 작업을 완료할 수 있는가, (3)어떤 작업이 백로그에 머무는 시간은 얼마나 되는가, (4)백로그에 머물고 있는 작업 숫자는 얼마나 되며 그것들 중 시간이 너무 지나 사실상 중단된 작업은 얼마나 되는가.

"지표가 단순해야 목표도 단순해지는 겁니다. 특별한 설명 없이도 목표가 무엇인지 모두가 알 수 있다면 일은 훨씬 더 빠르게 진행되겠죠." 제프 스미스의 말이다.

구글과 아마존에서 일하다가 지금은 정부 기관으로 자리를 옮긴 브라이언 레플러Brian Lefler라는 소프트웨어 엔지니어는 이와 관련하여 다음과 같이 말했다. "소프트웨어 기업들에는 얼마의 수익을 올리고 있는지 명확하게 파악하기 어려운 부서가 많이 있죠. 구글에서 광고 쪽 개발을 할 때 거기서는 팀원 한 명이 얼마의 수익을 올리고 있는지 정확하게 계산할 수 있을 정도로 수익 구조가 명확했습니다. 반면에 아마존에서 일할 때는 아마존 오더링Amazon Ordering이라는 부서에 있었는데 거기는 비용을 쓰기만 하는 팀이었죠. 성과 평가를 하기 위해 이런저런 시도를 많이 해 봤는데, 모두가 만족하는 성과 평가를 하기는 어려웠습니다. 나중에는 다른 팀의 성과에 연계하여 우리 팀의 성과를 평가하기도 했습니다."

정부 기관으로 자리를 옮긴 레플러는 프로젝트를 수행하면서 다음과 같은 지표를 제시했다.

- 시스템 버그를 몇 개 발견했는가?
- 시스템이 얼마나 자주 멈추었는가?
- 민원인이 민원을 처리하는 데 시간이 얼마나 소요되고 있는가?
- 그린카드의 일간 발급량(미국 이민국 그린카드 발급 시스템 프로젝트의 경우)은 얼마인가?

레플러는 이렇게 말했다. "지표는 중요합니다. 그게 없다면 팀원들은 하는 일마다 상사에게 물어보고 처리해야 할 테니까요. 좋은 지표의 1차적인 효과는 좋은 의사 결정을 만들어 낸다는 것입니다. 그리고 좋은 지표의 2차적인 효과는 실무자들에게 무엇을 해야 하는지에 관해 지표를 제시함으로써 업무 진행이 빨라지게 한다는 것입니다."

## 6. 예외적인 업무

스타트업 방식으로 일하는 모든 팀은 조직 전체의 반발을 사거나 심각한 규제를 받을 수도 있는 일을 진행해야 하는지 판단해야 하는 경우가 있는데, 이런 경우에 의견을 구하거나 팀을 옹호해 줄 사람을 최고 경영진 내에 최소 한 사람 이상 두고 있어야 한다. 스타트업 팀에 이와 같은 사람이 없다면 다른 조직들에 설명이나 사과를 하는 데 엄청난 시간을 써야 할 수도 있고, 먼 길을 돌아가는 바람에 엄청난 자원을 낭비하게 될 수도 있다.

후원자가 되는 기업 중역들은 두 가지 유형으로 구분된다. 첫 번째는 기업 전체의 변화를 추진하는 과정에서 스타트업을 후원하는 유형이다. GE에서는 비브 골드스타인과 재니스 셈퍼Janice Semper가 직접 대규모 프로젝트를 진행하면서 변화를 주도했다. 변화를 주도하는 사람들의 주된 관심은 프로그램을 1단계에서 2단계로 이행시키는 것이다. 그들은 변화가 계속될 수 있게 팀을 보호해 준다. 두 번째 유형은 개별 팀이 필요로 하는 지원을 해 주는 유형이다. 큰 조직에서 이들은 개별 팀 앞에 놓여 있는 장애물을 치워 주거나 특정한 자원을 제공해 준다. 모든 팀이 같은 후원자를 둘 필요는 없지만 적어도 한 명은 만들어 둘 필요가 있다.

『린 스타트업』에서 나는 "나쁜 모기업으로부터 스타트업을 보호해야 한다"라고 생각하는 것이 실제로는 바람직하지 않다고 강조했다. 스타트업 업무가 위험한 게 아니라는 점을 설득하는 일, 특히 중간 관리자들을 설득하는 일은 사내 스타트업이 성공하는 데 매우 중요하다. 비밀스러운 혁신 방식은 처음에는 성공할지 몰라도 두 번째에는 통하지 않는다. 회사 전체적으로 변화를 이끌어 내는 유일한 길은 일을 공개적으로 추진하는 것이다. 그렇다면 우리는 장애물을 어떻게 치워야 할까?

창업자들이 여전히 현직에 있는 대기업에서라면 창업자들은 실무급 책임자들과 계속해서 활발히 소통을 하고 있을 것이고, 사내 스타트업 문제들을 해결하는 일에도 창업자들이 직접 나설 수 있다. 구글과 드롭박스에서 일하면서 사내 스타트업 문제들이 해결되는 과정을 자주 봐 왔다는 토드 잭슨은 이렇게 말했다. "최고 경영진에 있는 창업자들이 결단을 내리면 그게 그대로 진행됩니다. 그런데 그와 같은 결단은 창업자들로부터 직접 나와야 합니다. 그렇지 않으면 결국은 내부 저항에 의해 사내 스타트업이 추진력을 잃게 됩니다."

전통적인 대기업에서는 후원자가 사내 스타트업 앞에 놓인 장애물을 없앨 정도로 지위가 높아야 하지만, 회장이나 부회장 정도의 사람들은 개별 팀의 상황을 제대로 알기가 어려운 게 현실이다. 충분히 지위가 높으면서도 실무 현장의 상황을 제대로 아는 사람이 스타트업의 후원자가 되어야 장애물을 효과적으로 없앨 수 있다.

## 법적 문제를 판단하는 사람이 누구인가요?

어떤 IT 기업의 한 팀에서 전 세계에 대대적으로 동시 출시할 소프트웨어 신제품을 개발하고 있었다. 개발 기간은 18개월을 예상하고 있었다. 그런데 그 팀은 내가 진행하는 린 스타트업 연수에 참가한 이후에 자신들의 제품에 대한 사용자 반응을 개발 완료 시점 훨씬 이전에 페이스북 광고 같은 방법을 이용해 확인해 볼 수 있다는 점을 알게 되었다. 제품 개발에 너무 많은 시간과 돈을 쓰기 전에 사용자들이 자신의 신용 카드 번호를 넣고 소프트웨어를 선주문하는지 미리 알아보는 게 목표였다.

팀원들 모두 이 계획에 찬성했다. 그런데 누군가가 이런 질문을 제기했다. "그런데 법무 팀에서는 어떻게 생각할까요?"

갑자기 팀원 여러 명이 법무 팀에서 이 실험에 반대할 거라는 의견을 내놓았다. 제품을 판매하지도 않으면서 신용 카드 번호를 받아 놓는 게 가능하겠느냐, 신용 카드 번호를 받아 놓은 후에는 그것을 해킹으로부터 안전하게 지킬 수 있을 것이냐, 환불을 원하는 사용자들에게 쉽게 환불이 되겠느냐 등 다양한 우려가 제기되었다. 그들은 원래 계획대로 하려고 했다.

그때 내가 물어보았다. "법적 문제를 판단하는 사람이 누구인가요?" 다들 아무 말도 못하고 서로를 쳐다보았다. 많은 대기업에서 이런 두려움은 수년간 전해진 문화의 일부분이다.

나는 그들이 걱정하는 것을 누구에게 물어보고 확인을 받아야 하는지 알려 달라고 말했다. 사실 그들이 팔고자 하는 것은 의료 장비나 항공기용 엔진이 아니다. 구매자의 생명이 위협받을 수 있어서 엄격한 안전 규정이 적용되는 유형의 제품이 아닌 것이다. 실험을 행하고 선주문을 받아도 별로 문제 될 일은 없어 보였다.

그 팀은 자기 사업부에 법무 자문이 한 명 있다고 말해 주었다. 나는 그 법무 자문에게 전화를 걸어 우리가 우려하는 것들에 대해 물어보자고 제안했다. 팀원 중 한 명이 전화를 걸었고 스피커폰에서 그 법무 자문의 목소리가 들렸다. 간단히 상황을 설명한 후에 전화를 건 팀원이 법무 자문에게 이렇게 물어보았다. "아직 출시도 하지 않은 제품에 대해 선주문을 받고 신용 카드 번호까지 받아도 괜찮겠습니까? 회사에 너무 무리한 부담을 지우게 되는 건 아닐까요?" 법무 자문이 뭐라고 답했을지 다들 짐작할 수 있을 것이다.

법무 자문이 장황한 설명을 하려는 순간에 내가 끼어들었다. "변호사님, 말씀을 끊어 죄송합니다만 이 팀에서 하려는 것은 100명 정도의 사용자에게 선주문을 받으려는 겁니다. 제품 가격은 29.95달러고요." 그러자 법무 자문이 대답했다. "그렇다면 3000달러가 조금 안 되는 액수인가요? 그 정도 액수에 대해 크게 고민할 게 뭐가 있겠습니까? 그걸 고민하느라고 사용한 시간을 비용으로 따져도 그 액수를 넘어갈 것 같은데요. 그 실험은 진행해도 되겠습니다."

팀원들은 너무나도 좋아했다. 실험은 승인을 받았고 그 경험을 통해 그 팀은 일을 하는 새로운 방식이 지니고 있는 가능성을 발견하게 되었다. 그리고 나중에 3단계에서 이 회사는 좀 더 체계적인 정책을 도입했다. 1단계에서 경험한 한 번의 예외적인 업무가 기업 전체의 변화로 이어진 것이다.

## 스타트업 팀만 예외적으로 움직여도 되나요?

1단계가 항상 매끄럽게 진행되는 것은 아니다. 기존 시스템 및 그러한 시스템하에서 움직이는 사람들과 충돌을 빚는 일도 많다. 기업에 문제가 발생하는 경우를 생각해 보자. 예를 들어 이번 분기에 증자를 해야 하는데 하필이면 이번 분기 실적이 근래에 가장 나쁜 수준으로 떨어졌다고 하자. 이와 같은 상황을 보고받은 CEO는 이사회에 상황을 알려 주고 경영진에게는 이렇게 말할 것이다. "긴급한 상황입니다! 이제부터는 우리 회사의 모든 임직원이 실적 개선을 위해 움직여야 합니다. 한 사람의 예외도 없이 100% 모든 사람이 실적 개선을 위해 움직이는 겁니다!" 그렇다면 이번 분기의 실적과는 상관없는, 미래를 위한 혁신을 추진하던 팀은 어떻게 해야 하는 걸까? CEO가 "몇 명은 빠져도 됩니다"라거나, "99%만 노력합시다"라고 말하는 모습이 상상이 되는가? 이와 같은 상황이 일어나면 혁신 프로젝트는 취소되는 게 일반적이다.

기업 시스템이나 임직원들의 조직문화와 충돌을 빚을 때 프로젝트를 옹호해 줄 사람이 최고 경영진 내에 있어야 하는 이유가 바로 여기에 있다. 이들은 스타트업 팀을 보호해 주고 미래를 위한 혁신도 중요한 일이라는 점을 최고 경영진에게 상기시키는 역할을 하게 된다. 그리고 이와 같은 사람이 최고 경영진 내에 있어야 기업의 장기적인 역량이 강화될 수 있다. 기업 중역 중에 후원자가 없다면 기업의 장기적이고 지속적인 성장은 불가능하다.

## 7. 개별 기업에 맞게 조정하라

스타트업 방식을 도입하는 기업들은 그 기본 원리를 이용하되, 이를 자기 조직에 맞게 조정할 필요가 있다. 개별 기업의 언어에 맞도록 바꾸는 것이다. GE의 베스 컴스탁 부회장은 패스트웍스에 관해 이렇게 말했다. "어떤 기업이 되었든 자신만의 방식을 가져야 합니다. 훌륭한 방식을 도입하기로 했다면 그것을 자신에 맞게 조정하여 사용할 줄 알아야 합니다. 우리는 스타트업 방식에 우리만의 도구를 추가했는데 성장 위원회가 그 한 예입니다. 성장 위원회는 우리 회사 내에서 벤처 투자사처럼 기능하는 조직이죠. 성장 위원회가 어떤 식으로 작동하는지 살펴본다면 스타트업 방식이 우리 회사에서 어떤 식으로 자리 잡았는지 알 수 있을 겁니다." 린 생산 방식을 정립한 것은 토요타이지만 그런 토요타도 린 생산 방식이라 부르지 않고 토요타 생산 시스템이라고 부른다.

이 새로운 방식을 도입하는 과정은 내가 제시하는 원리를 철저히 답습하는 게 아니라 실제 행동을 통해 자사에 맞는 방식을 찾아 나가는 것이어야 한다. 인튜이트의 혁신 리더 베넷 블랭크Bennett Blank는 인튜이트의 혁신을 배우고 싶다고 찾아오는 사람들에 관해 이렇게 말했다. "사람들이 물어봅니다. '어떻게 해야 인튜이트처럼 할 수 있죠?' 그럼 저는 이렇게 대답합니다. '인튜이트와 똑같이 할 수는 없습니다. 직접 실험해 보고 추진하는 프로세스에 대해 여러 가지 것을 적용해 보고 효과적인 방식을 스스로 찾아내야 합니다'라고 말입니다." 정확히 내가 사람들에게 해 주고 싶은 말이다. 그리고 이것이 성공적으로 혁신을 이루어 낸 기업들의 방식이다. GE의 패스트웍스, 인튜이트의 디자인 포 딜라이트Design for Delight, 미국 정부의 USDS 모두 비슷한 원리를 지니고 있는 혁신 프로그램들이지만, 그와 동시에 상당한 차이점을 가지고 있기도 하다. 그리고 이러한 차이점은 혁신 프로그램을 추진하는 조직의 문화와 성격을 반영한다.

내가 GE와 함께 추진했던 패스트웍스의 성공이 사람들 사이에 알려지면서 많은 이들이 나에게 연락을 취해 온다. 패스트웍스와 같은 프로그램을 자기 회사에도 도입하고 싶다는 것이다. 나는 컨설팅 회사를 운영하고 있지 않다고 하면(나는 현재 LTSELong-Term Stock Exchange의 CEO다) 어떤 사람을 고용해야 이런 변화를 이끌어 낼 수 있느냐는 질문을 자주 받는다.

그럼 나는 외부에서 영입할 필요 없이 현재 조직 내에서 사람을 찾아 책임을 맡기고 필요한 지원을 해 주면 될 거라고 말한다. 기업의 조직문화와 강점을 잘 이해하고 있는 사람이 프로그램을 추진해야 그 프로그램이 영속성을 갖게 된다. 물론 외부 코치로부터 도움을 받는 것도 효과를 볼 수는 있지만 외부인에게 전적으로 맡기면 그 프로그램은 어느 정도 시간이 흐른 뒤에는 반드시 멈추게 된다. 이와 관련하여 소셜 미디어 관리 서비스를 제공하는 후트스위트Hootsuite의 CEO 라이언 홈즈Ryan Holmes는 이런 말을 했다. "잘못된 프로세스가 스스로 고쳐지는 경우는 없습니다. 특히 실무 직원들이 변화를 추진할 권한이 없고 경영자들이 그와 같은 상황을 잘 모르거나 무시하고 지나치면 잘못된 프로세스는 계속해서 방치되죠. 무언가를 변화시키고자 한다면 누군가에게 책임을 부여하는 게 좋습니다. 공식적인 자리를 만들지 않더라도 어떤 문제에 대해 누군가와 이야기를 나누어야 하는지 직원들에게 알려 줄 필요는 있습니다."주10

GE의 재니스 셈퍼는 원래 다른 직무를 맡고 있다가 자신이 먼저 나서서 GE의 스타트업 관련 프로젝트에 관여하고 싶다고 경영진에게 요청했다. GE에서 그와 같은 프로그램을 처음 도입했을 때는 프로그램을 총괄적으로 책임지는 사람이 아직 없었다.

GE에서 나와 함께 린 방식으로 일했던 최초의 여덟 팀이 각자 업무로 복귀한 후 약 3개월 만에 재니스 셈퍼와 비브 골드스타인은 그 팀들을 본사로 불러들여 린 방식을 어떻게 실천했는지 파악하려고 면담을 진행했다. GE 경영진은 셈퍼와 골드스타인에게 새로운 프로그램이 원활히 진행되게 하고 다음 단계로 진입할 수 있도록 하라는 새로운 책임을 맡긴 상태였다. 셈퍼는 최초의 여덟 팀과 면담했던 일에 대해 이렇게 말했다. "그들과 면담을 진행하면서 저는 모든 게 잘 되고 있다는 이야기를 듣고 린 방식을 확대하는 몇 가지 새로운 방법도 들을 줄 알았습니다. 하지만 그들은 정말로 힘들다고 말하더군요. 그들은 자기 사업부에서 거부 반응 같은 것을 겪고 있다고 했습니다. 다른 동료들이 그전과는 다른 방식으로 일하려는 자신들을 이해하지 못하고 끊임없이 거부 반응을 내보이고 있다는 것이었습니다."

그 순간 셈퍼는 일부 직원을 훈련 프로그램에 참여시키고 그들을 통해 조직 전체로 메시지가 확산되기를 기다리는 식으로는 아무것도 진행되지 않겠다는 판단을 내렸다. "직원들이 생각하고 행동하고 조직을 이끄는 방식을 재정립할 필요가 있겠다는 자각을 하게 되었습니다." 셈퍼의 말이다. 이러한 자각 이후 셈퍼와 골드스타인은 일을 하는 새로운 방식에 대해 수용적인 조직문화를 만들기 위한 작업에 들어갔다. 그들이 GE에서 패스트웍스를 만든 것도 이 무렵 일이다. "우리는 린 프로세스의 본질과 뿌리가 무엇인지 살펴보고 그것을 GE의 업무 방식에 맞게 도입해 실질적인 변화를 이끌어 내려고 했습니다."

패스트웍스 프로그램이 만들어진 이후 GE는 짧은 시간 내에 큰 변화를 맞게 된다.

## 새로운 가치관: GE의 신념

직원들이 생각하고 행동하는 방식을 재정립할 필요가 있겠다는 자각을 한 이후(훈련 프로그램을 진행하는 것만으로는 진정한 의미에서 변화를 이끌어 낼 수 없다는 것을 알게 된 이후) 재니스 셈퍼는 다음과 같은 질문을 스스로에게 던져 보았다. "조직 변화를 이끌어 내기 위해서는 어디를 건드려야 할까?" 이 질문에 대해 재니스 셈퍼가 찾아낸 해답은 GE의 가치관을 변화시키자는 것이었다. 셈퍼는 그전까지의 GE 가치관에 대하여 이렇게 말했다. "성장을 우선시하는 가치관이었습니다. GE의 채용, 인력 개발, 평가 등의 인사 관리는 성장을 중심으로 진행되었죠." 이와 같은 원리는 회사가 나아가야 할 방향을 알려주는 북극성이었고 진정한 의미에서 조직 변화를 이끌어 내고자 한다면 새로운 북극성이 제시될 필요가 있었다.

셈퍼와 골드스타인은 과거의 가치관을 조금 고치는 수준이 아니라 완전히 새로운 가치관을 만들어 내고 싶어 했다. "우리가 바랐던 것은 점진적인 변화가 아니라 새로운 도약이었고 그러기 위해서는 일하는 방식을 완전히 바꿀 필요가 있었습니다."

셈퍼와 골드스타인이 바랐던 변화는 더 빠르게, 더 간결하게, 더 고객 중심적으로 일하는 것이었다. 그들은 새로운 가치관 정립을 위해 다른 기업 사례를 참고했지만 단순한 답습이 아니라 GE 상황에 맞는 방식을 찾으려고 했다.

그들은 GE가 추구하는 주요한 목표들과 유사한 결과를 이루어 낸 기업들의 특성을 최소 요건 제품을 만드는 것처럼 열두 개로 정리했다. 그리고 GE 임직원을 '고객'으로 보고 그들에게 무엇을 최종적인 가치관으로 정해야 하는지 물어보았다. 그들은 200명가량의 주요 임원과 4000명가량의 책임자급 직원에게 다음과 같은 두 가지 질문을 제시했다.

• 이 열두 가지 특성 중 GE가 잘하는 것들은 무엇입니까?
• 이 열두 가지 특성 중 GE에 가장 부족한 것들은 무엇입니까?

GE 임직원들은 이 열두 개의 특성 중 일곱 개는 GE가 잘하고 있지만 다섯 개는 많이 뒤처져 있다고 답했다. 셈퍼와 그녀의 팀은 이러한 설문 조사 결과를 토대로 GE의 새로운 가치관을 정립하기 시작했다. "제품 중심이 아니라 고객과 사용자 중심으로 접근해야 했습니다. 또한 더 간결하고 빠르고 실험을 기반으로 하는 프로세스를 도입해야 했습니다." 셈퍼의 말이다.

셈퍼의 팀은 가치관을 정립할 때도 직원들로부터 계속해서 피드백을 받았다. 그리고 새로운 가치관에 대해서는 낡은 가치관과 구별하기 위해 다른 이름을 붙이기로 했다. 이에 대해 셈퍼는 다음과 같이 말했다. "우리는 새로운 가치관을 'GE의 신념'이라고 부르기로 했습니다. 임직원들의 머릿속이 아니라 가슴속으로 파고들어야 하기 때문이었습니다. 우리는 일을 하는 새로운 방식을 받아들여야 했고 이는 업무 패러다임 자체를 바꿔야 하는 것을 의미했습니다. 사고방식을 바꿔야 새로운 행동 양식을 받아들일 수 있는 겁니다."

셈퍼의 팀은 임직원들의 피드백을 기반으로 몇 차례 수정을 거친

후 2014년 8월에 'GE의 신념'이라는 것을 발표했다. 그것은 다음과 같은 다섯 가지 항목으로 이루어져 있었다.

1. 우리의 성공을 결정하는 것은 고객이다.
2. 빠르게 움직이기 위해 린 방식을 수용한다.
3. 승리하기 위해 학습하고 적용한다.
4. 서로를 격려하고 서로의 의견을 존중한다.
5. 불확실한 세상에서 성과를 만들어 낸다.

GE가 이루어 낸 변화와 성과는 리더들이 이를 위한 시스템을 도입했기 때문에 가능한 것이었다. 내가 GE 사례를 자세히 소개하는 이유는 내가 현장에서 직접 목격한 성공 사례이기 때문이다. 이와 같은 성공 사례는 GE에서만 가능한 것이 아니다. 헌신적인 창업자는 의도적이든 우연에 의해서든 조직에 창업가 정신을 고무하는 엔진 역할을 한다. 책의 앞부분에서도 언급했듯이 모든 기업은 혁신에 필요한 역량을 갖추고 있다. 그것을 찾아내어 활성화하기만 하면 되는 일이다.

## 7장
# 2단계: 변화의 확산

스타트업 방식을 도입할 때 1단계에서 2단계로 넘어가야 할 시점이라는 것을 어떻게 알 수 있을까? 언제, 어떤 식으로 초기의 성공을 기반으로 변화를 확산시킬 수 있을까?

책의 앞부분에서도 언급했듯이 변화는 계획에 의해서도 진행될 수 있다. 그리고 갑작스럽게 발생한 예기치 못한 위기에 의해 변화를 추진해야 하는 경우도 있다. 위기가 긍정적으로 작용하면 초기 스타트업에서 폭발적인 성장이 이뤄질 수도 있지만 부정적으로 작용하면 HealthCare.gov가 겪었던 문제 같은 것에 직면할 수도 있다.

1단계에서 준비가 잘되어 있다면 2단계로 넘어가는 과정에서 겪는 문제들을 최소화할 수 있다. 사실 2단계로 넘어가는 과정은 가파른 S자 곡선 모양이어서 새로운 이론을 실험할 시간이 없다. 운이 좋아야 새로운 이론을 조금이나마 테스트해 보고 약간 검증해 볼 수 있을지도 모른다. 평소에는 조직이 느리게 움직인다고 불평하지만 변화의 시간이 오면 그러한 변화는 놀랄 만큼 빠르게 일어나기 때문이다.

전통적인 대기업이 스타트업 방식을 도입해서 페이스북이나 드롭박스처럼 폭발적인 성장을 이루어 낼 수 있다고 말하면 상당수의 사람은 믿지 않는다. 하지만 나는 이와 같은 일이 실제로 일어나는 경우를 여러 차례 직접 목격해 왔다.

대기업이 추진하는 변화가 잠자고 있던 조직의 창의성과 역량을 일깨우고 그러한 것들이 불가능해 보이던 일을 가능하게 만드는 것이다. 이때 중요한 것은 얼마나 준비되어 있느냐 하는 점이다.

## 2단계: 전형적인 패턴

2단계는 1단계에서 확인된 방식을 빠른 속도로 확산시키는 단계다. GE에서도 어떤 아이디어가 스타트업 팀 수준에서 확인되면 그것을 프로젝트를 추진하는 일반적인 방식으로 받아들였다. 물론 개별 사업부 수준으로 보면 새로운 방식에 대해 거부감을 나타내는 경우도 여전히 있었지만 말이다. 미국 연방 정부에서는 대통령 직속 혁신 펠로 프로그램의 성공 이후 외부 전문가들을 정부 조직에 영입하는 방식이 본격화되었고, 연방 정부의 디지털 프로젝트들을 지원하는 외부 전문가들의 조직도 만들어지기 시작했다.

2단계를 진행하는 규정된 방식은 없지만 이 단계를 진행하는 기업들은 일반적으로 다음과 같은 것들을 해야 한다.

- 1단계에서 나타난 문제들을 파악한다.
- 일을 하는 새로운 방식에 맞는 시스템을 개발하고 그러한 시스템을 조직 전체에 적용한다.
- 최고 경영진 내에 있는 새로운 방식의 후원자가 적극적으로 자신의 역할을 수행한다.
- 변화 프로세스에 내부 기능들을 투입한다.
- 내부 코칭 프로그램을 가동한다.
- 성장 위원회를 만들고 계량 방식 펀딩으로 자원을 배분한다.

## GE 패스트웍스 프로그램의 2단계

GE와 함께 일을 시작하고 1년이 지났을 무렵, GE에서 나에게 확대 임원 회의에 참석해 스타트업 방식 도입에 관한 중간 설명을 해 달라고 요청했다. 이미 GE에서는 많은 사람과 조직이 나를 지원해 주고 있었고, 나는 그들을 대표하여 GE에서 추진하는 변화를 보고하게 된 셈이었다. 나는 지난 12개월간의 성과와 더불어 우리가 겪었던 구조적인 문제까지 가감 없이 보고하려고 했다.

우리는 GE의 모든 사업부와 모든 지역 본부에서 실험을 실시했는데, 그중에는 변화에 대한 저항이 특히 심한 곳들도 있었다. 그리고 나는 그와 같은 문제들에 대해 솔직하게 이야기했다(그날 발표자 중 외부 인사는 내가 유일했기 때문에 다소 공격적인 발언을 할 사람도 나밖에는 없었다). 물론 나와 함께 변화를 추진했던 GE측 사람들도 함께 발표를 했고 그들은 내 발표에 신뢰감을 더해 주는 역할을 했다.

우리는 1단계 파일럿 프로젝트에서 겪었던 성공과 실패에 대해 균형 잡힌 시각을 제시하려고 했다. 이멜트 회장은 일을 하는 새로운 방식을 조직 전체로 확산할 수 있는 계획을 마련해 달라고 주문한 적이 있었다. 이멜트 회장은 제출된 2단계 시작에 관한 포괄적인 제안을 살펴봤다. 그 제안에는 CEO와 임원진 훈련, 내부 코칭 프로그램 구축, 각 사업부 수준에서 진행하는 패스트웍스 프로그램 등이 포함되어 있었다. 그 계획을 세운 팀이 예상한 기간은 2년이었다. 제안을 살펴본 이멜트 회장이 말했다. "계획이 훌륭하군요. 그런데 올해 말까지 했으면 좋겠네요."

그때는 이미 6월이었다.

이멜트 회장은 훈련 프로그램에 참여하는 사람들에 대한 평가표까지 만들어 달라고 주문했다. 당시 일에 대해 컴스탁 부회장은 이렇게 말했다. "갑자기 그 일은 회장님이 특별히 관심을 갖는 일이 되었습니다." 사흘짜리 훈련 프로그램에 대한 준비 과정은 그렇게 시작되었다.

## 새로운 단계를 시작하다

그때부터 거의 반 년 동안 나는 GE의 일선 사업장들을 방문하기 시작했다. 재니스 셈퍼, 비브 골드스타인, 데이비드 키더 같은 사람들과 함께였다.주1 솔직히 말하자면 미국 전역의 각 사업장 책임자를 만나 이야기할 때 거부감을 드러내는 이들도 꽤 있었다. 그럴 때면 우리는 1단계에서 이루어 낸 성과를 제시하며 그들의 참여를 이끌어 내려고 했지만, 사업장 책임자들로 하여금 새로운 방식을 수용하도록 설득하는 일은 쉽지 않았다. 그들은 일선 현장에서 발생하는 실제 비즈니스를 책임지는 사람들이었고 가설에 근거한 프로젝트나 실험을 하는 일에 자원과 관심을 투입할 만한 유인이 사실상 없기도 했다.

그들은 최소 요건 제품을 활용한 계획에 대해서는 까다로운 질문들을 던지기 일쑤였다. "이 일에 대해 책임을 질 수는 있는 겁니까?" "식스 시그마와 이 방법이 연계됩니까?" "이 방법을 사용하면 영업 실적이 좋아지는 겁니까?" "법적으로 아무 문제가 없는 게 확실합니까?" 그리고 이 모든 질문의 이면에는 다음과 같은 의문이 들어 있었을 것이다. "앞으로 성과가 나타난다 하더라도 그것이 이 방법 때문인지, 아니면 다른 요인에 의한 것인지 어떻게 구분할 수 있겠습니까?"

그들을 설득하기 위해 제시한 기존 성과에 대해서도 다음과 같은 의견이 제기되었다. "그와 같은 문제가 다른 사업부에 있다는 점은 알겠습니다. 하지만 그런 문제는 우리 사업부에 없습니다. 따라서 우리는 그 방식을 받아들이지는 않겠습니다." 하지만 이와 같은 의견이 나올 때면 나는 다음과 같은 식으로 대답했다. "하지만 저는 이미 이 사업부의 팀들을 코칭했고 그들이 겪고 있는 상황은 사업부장님이 아시는 것과는 상당히 다릅니다." 놀랍게도 이런 식으로 이야기를 이끌어나가는 편이 설득하는 데 훨씬 더 효과적이었다. "본사 경영진의 지시입니다. 이 일은 제가 제시하는 대로 진행되어야 합니다"와 같은 식으로 이야기하는 것은 상대방을 설득하는 데 별로 도움이 되지 않았다.

## 캐즘 뛰어넘기

제품 개발 분야에서 일하는 사람이라면 아마도 제프리 무어Geoffrey Moore의 책 『Crossing the Chasm』에 나오는 '기술 수용 라이프 사이클'과 '캐즘'이라는 개념을 알 것이다. 여기서 '캐즘'이란 신제품이 얼리어댑터들에 의해 수용되는 시기와 다수의 소비자에 의해 소비되는 시기 사이의 간격을 의미하는데, 이 캐즘을 좁히기 위해서는 제품 디자인과 품질을 좋게 만드는 것만으로는 부족하다. 캐즘을 좁히기 위해서는 제품에 대해 좋은 평가를 내리는 사람 수가 충분히 많아져서 다수의 소비자를 움직일 수 있어야 한다.

사람들은 자신과 친밀한 관계를 맺고 있는 주위 사람들이 최신 제품에 대해 좋은 평가를 내리면 해당 제품에 대해 구매 의사를 갖게 된다. 하지만 어느 정도 거리감이 있는 사람들이 내리는 제품에 대한 좋은 평가는 구매 의사에 긍정적인 영향을 끼치지 못한다. 일반적으로 사람들은 위험 회피 성향을 가지고 있으며, 어떤 제품이 자신에게 분명히 도움이 된다는 판단이 들기 전에는 구매 의사를 갖지 않는다. 오직 얼리 어댑터라는 소수의 사람만이 이와 같은 경향에서 예외일 뿐이다. 그런데 새로운 경영 방식이나 업무 프로세스도 마찬가지다. 신제품은 처음에는 많은 신뢰를 얻지 못하고 얼리 어답터들에 의해 일부 수용된다. 그리고 다수의 소비자로부터 신뢰를 얻은 후에야 본격적으로 판매가 이루어지게 된다.

2단계에서도 그와 비슷한 현상이나 긴장이 생길 수 있다. 일을 하는 새로운 방식이 제시되었을 때 소수의 얼리 어답터는 새로운 방식을 수용하지만 다수의 사람은 별다른 관심을 나타내지 않는다. 특히 책임자급에 있는 사람들은 새로운 방식이 엄청난 혁신을 이루어 낼수 있다고 말해도 좀처럼 받아들이지 않는다. 항상 그렇다. 이때 중요한 역할을 해야 하는 사람들이 바로 최고 경영진 내에 있는 후원자들이다(지난 6장에서 소개한 개념이다). 높은 직급의 임원이 훈련 프로그램에 참여한 후에 "나는 이 새로운 방식이 제시하는 미래를 믿는다"라는 식으로 말해 준다면 큰 변화를 만들어 낼 수 있다. 기업 내부에있는 책임 있는 사람의 발언은 외부 전문가나 컨설턴트의 발언보다훨씬 더 무게감이 있다.

물론 최고 경영진 내에 있는 후원자들 외에 다른 리더들의 역할도매우 중요하며 이들의 역할이 있었기에 GE의 패스트웍스가 확산될수 있었던 것이다.


## 한 사업부 이야기

GE에서 어느 사업부장과 함께 워크숍을 진행했을 때 일이다. 워크숍마지막 날에 사업부장은 팀장들에게 다음 분기에 린 스타트업 사고방식을 적용해 진행할 프로젝트를 하나씩 선정하고 프로젝트 책임자도 정해 보라고 말했다. 팀장들은 별로 내키는 것 같지 않았지만 사업부장의 의지는 강력했다. 결국 팀장들은 진행할 프로젝트와 프로젝트 책임자를 정했고 이 리스트는 커다란 화이트보드에 기록되었다.

그러고 나서 그 사업부장은 폭탄을 떨어뜨렸다. 해당 분기 말에 프로젝트 책임자들과 일일이 면담을 하면서 다음과 같은 것들을 물어본 것이다. "프로젝트 성과에 대해 어떤 평가를 받았습니까? 프로젝트 성과를 평가할 때 어떤 점들에 관해 주로 질문을 받았습니까?" 이와 같은 질문에 대해 프로젝트 책임자들은 명확한 답을 내놓지 못했다. 사업부장은 실질적인 일하는 방식이 별로 달라진 게 없다는 사실을 알게 되었다.

사업부장이 바랐던 것은 진정한 의미의 변화였다. 그 사업부 산하의 팀장들과 프로젝트 책임자들은 새로운 변화에 대한 사업부장의 의지를 확인할 수 있었고, 그렇다면 새로운 변화를 받아들이지 못하는 사람들은 앞으로 좋은 평가를 받기 어려우리라는 게 분명해 보였다. 그 사업부의 리더들은 변화를 사업부 전체로 확산시킬 방법들을 찾기 시작했다. 팀원들을 변화에 동참시키고 사업부장의 질문들에 대해 명확하게 답을 하기 위해서는 자신들이 무엇을 해야 하는지 고민했다.

예상대로 그 사업부는 GE에서 변화를 가장 먼저 받아들인 조직 중 하나가 되었다. 눈여겨볼 점은 사업부장이 그 일에 직접 나섰다는 것이다. 그에게는 적절한 동기가 있었기 때문에 그 과정을 진지하게 다뤘고 자기 사람들에게 동기를 부여할 때 효과적이면서도 창의적으로 접근했다.

그전까지 나는 GE에서 임원들에 대한 패스트웍스 훈련 프로그램을 6개월 동안 진행했었다. 해당 기간 동안 3000명가량의 임원이 패스트웍스를 거쳐 갔고, 그 과정에서 100개에 달하는 패스트웍스 프로젝트가 진행되었다. 그리고 이는 빙산의 일각이었다.

사실 GE의 패스트웍스 프로그램은 실험이기도 했고 그 자체가 최소 요건 제품이었다. 이멜트 회장이 제시한 시간이 상당히 짧았기 때문에 프로그램을 완벽하게 준비해 실행할 수는 없었고 몇 달 안에 계획을 세우고 실행해야 했다. 사실 대기업에서 이와 같은 훈련 프로그램을 시행할 때는 완벽한 계획안을 마련하고 대규모 연수 팀을 꾸리고 진행 상황을 확인해 가며 천천히 시행하는 게 일반적인 방식이다. 그런데 이멜트의 요청이 있고 나서 단지 몇 달 만에 첫 번째 훈련 프로그램을 실시해야 했다. 그래서 낮에는 훈련 프로그램을 진행하고 밤에는 부족한 부분들을 보완하는 식으로 프로그램을 이끌어 나갔다. 재니스 셈퍼는 당시 상황을 이렇게 기억하고 있었다. "한 번의 세션이 끝나면 우리는 회의실에 모여 무엇이 좋았고 무엇이 나빴는지, 프로그램 참가자 반응은 어땠는지, 어떤 부분을 보완해야 하는지 등에 대해 의견을 교환했죠. 무척이나 빽빽한 일정이었습니다."

내가 이 여정의 일부였다는 사실이 자랑스럽지만 정말 힘든 일—복잡하고 많은 업무나 정치적 알력—은 GE 직원들이 해냈다. 물론 경제지에 소개된 적도 없고 아직은 경영 대학원의 사례 연구 주제가 되지도 않았지만, 나는 그들의 헌신을 직접 목격했다. 그 모습은 지금도 나에게 열정을 불러일으킨다.

· · ·

## 1. 파일럿 팀들 앞에 있는 도전을 파악하라

변화의 2단계에 들어가는 기업이 활용할 수 있는 정보원은 크게 두 가지다. 어떤 정보를 얻느냐에 따라 팀의 실패와 성공이 좌우된다.

첫 번째 정보원은 프로젝트를 시작하는 팀에 주어지는 예외를 통해 알 수 있는 내용으로 구성된다. 프로젝트 팀에는 컴플라이언스, 채용, 허가 등 분야에서 예외가 적용된다(이와 관련한 내용은 6장에서 다루었다). 팀이 직면한 가장 큰 이슈는 무엇이었는가? 다양한 문제가 광범위하게 일어나기도 하지만 그 과정에서 깨닫게 되는 메시지는 분명하다. 프로젝트 초기에 임시방편적 명령으로 취한 조치는 반드시 체계화되어야 한다는 것이다.

또 다른 정보원은 초기 프로젝트들의 결과 자체다. 성공한 프로젝트는 따라 할 수 있는 모범 사례가 되어 줄 것이고 실패한 프로젝트는 실패 원인을 제시해 줄 것이다.

어떤 종류의 변화가 되었든 변화는 언제나 어려우며 변화가 성공하기 위해서는 조직 내부에 변화의 후원자들이 있어야 한다. GE의 경우는 비브 골드스타인과 재니스 셈퍼 같은 변화의 후원자들이 있었는데, 이들은 스타트업 팀들의 성공과 실패로부터 데이터를 수집하고 분석하고 왜 실패했는지 파악하려고 했다. 그리고 실패를 예방할 수 있는 방법을 찾으려고 했다.

## 저항도 도전의 한 종류다

2단계에서 혁신 팀들이 맞닥뜨리게 되는 주요한 도전 중 하나는 조직 내부로부터의 저항이다. 특히 회사에서 오래 일해 오며 일을 하는 고정된 방식을 갖게 된 중간 관리자들의 저항이 가장 크다. 나는 종종 기업 경영자들에게 "많은 기업은 조직 내에서 혁신을 방해하는 대가로 직원들에게 임금을 지급하고 있다"라는 말을 해 준다. 이와 같은 시스템을 바꾸는 것은 결코 쉬운 일이 아니다. 그리고 시스템을 바꾼다 하더라도 기존 조직문화가 하룻밤 사이에 사라지지는 않는다.

회사가 변화를 추진할 때 가장 곤란해지는 것은 중간 관리자들이다. 그리고 '일을 하는 표준적인 방식'을 지키는 것이 이들의 임무이기도 하다. 정해진 규정을 준수하면서 성과를 내는 것이 이들에게 요구되는 역할이다. 회사가 변화를 추진할 때 중간 관리자들은 위와 아래에서 동시에 압박을 받게 된다. 또한 이들이 배운 관리 이론은 다양성을 최대한 억제하는 것을 의미한다. 하지만 혁신은 긍정적인 형태로 다양성을 추구하는 것이며 그렇기 때문에 혁신을 추구하는 사람들과 중간 관리자들은 갈등을 빚을 수밖에 없다. 상황이 이와 같다면 중간 관리자들을 부정적으로만 볼 게 아니라 그들의 반대와 의심을 진지하게 다룰 필요가 있다. 그리고 그들을 변화에 대한 지지자로 변모시킬 방법을 찾을 필요가 있다.

## 2. 변화를 확산시키라

GE의 각 사업부 및 지역 본부 리더들을 대상으로 훈련 프로그램을 시행하는 식으로 우리는 변화를 조직 전체로 확산시키려고 했다. 우리는 짧은 기간 내에 성과를 내기 위해 최소한의 수준에서 훈련 프로그램을 준비하고 곧바로 시행했는데, 이는 제프리 이멜트 회장의 요구도 있었지만 원래 GE에서는 어떤 프로그램을 시행할 때 최대한의 추진력을 내는 문화가 있었기 때문이기도 했다. 하지만 변화의 확산은 조직에 따라 매우 다양한 형태로 나타난다.

앞에서 소개했던 마이키 디커슨과 HealthCare.gov 팀을 기억하는가? 그 팀에는 대통령 직속 혁신 펠로 프로그램PIF에서 파견된 사람들도 소속되어 함께 일했는데, 당시 PIF 프로그램은 시행 2년차를 맞아 펠로를 18명에서 43명 규모로 늘려 가고 있었다. 그리고 PIF 프로그램을 통해 다양한 성과가 나타나자 미국 행정부 CTO 토드 박은 제니퍼 팔카Jennifer Pahlka를 차석 CTO로 임명하여 PIF 프로그램을 체계화하는 임무를 맡겼다. 제니퍼 팔카는 원래 코드 포 아메리카Code for America라는 디지털 관련 시민 단체를 설립하여 활동하고 있었는데, 시민 단체 시절 그녀는 지방 정부를 위해 디지털 서비스를 구축했고 정부 계획을 실행할 때 법, 정책, 기술 측면에서 일어나는 실수를 처리하는 방법에 관해 방대한 지식을 제공했다.

오바마 대통령의 선거 캠프에서 모바일 선거 운동을 총괄하다가 나중에 백악관에 합류하게 된 헤일리 밴 다이크는 백악관에서 추진하던 IT 관련 프로그램에 대해 이렇게 말했다. "우리는 통합된 개발 능력과 설계 능력을 갖추고 있는 조직을 만들어 각 정부 기관의 IT 서비스를 개혁하는 일을 지원하려고 했습니다." USDS라는 이 새로운 조직은 두 사업부로 구성되어 있는데, 하나는 매우 중요하다고 판단된 특정 기관 프로젝트에 배치할 수 있는 팀으로 구성되어 있고, 다른 하나는 새로운 방식으로 일하는 데 흥미가 있는 기관과 빠른 협업을 위해 전문가를 연결해 주는 일을 한다.

결국 이 두 부서는 별도 조직으로 분리되었다. USDS는 아주 중요한 문제에 대응하는 팀으로 백악관에 남았고 전문가를 연결해 주는 부서는 18F(이 부서가 일하는 건물이 있는 수도 워싱턴의 교차로다)로 이름이 바뀌어 미국 총무청General Services Administration에 편입되었다.

미국 정부에서 USDS를 비롯한 기본 계획을 수립하고 토대를 닦은 것이 1단계였다면, 토드 박이 PIF 프로그램 펠로들과 외부 전문가들과 공무원들로 팀을 구성하여 HealthCare.gov 문제를 해결하려고 했던 시점부터는 2단계라고 할 수 있다. 당시 일에 대해 밴 다이크는 이렇게 말했다. "우리는 구상을 실제 행동으로 옮기려고 했습니다. 문제해결에 필요한 모든 것을 검토하기 시작했고요. 우리는 새로운 것을 즉석에서 만들어 내기보다는 익숙한 도구들을 먼저 사용하기로 했습니다. 정부 지원도 충분했고 문제를 해결할 역량도 충분히 갖추고 있었죠."

사이트 문제 해결에 나선 후 6주 후부터는 사이트가 어느 정도 정상적으로 가동되기 시작했다. 밴 다이크는 회상했다. "USDS라는 조직을 만드는 일과 예산을 받아 내는 문제에 대한 반응이 크게 달라졌다는 게 느껴졌습니다. 예산을 감독하는 사람들이 이렇게 말하기 시작하더군요. '알겠습니다. 이 일이 지니고 있는 가치와 중요성에 대해 전적으로 공감합니다.'" 이와 같이 위기가 대대적인 개혁의 도화선이 되기도 한다.

USDS는 처음에는 열 명 남짓한 규모로 각 정부 기관에서 가장 시급하게 여기고 있는 몇몇 프로젝트에 관여하기 시작했다. 조직에 필요한 예산으로는 3500만 달러를 요청했는데 그중 2000만 달러가 승인되었다. 민주당 출신 대통령이 있는 백악관에서 요청한 사업 예산을 공화당이 다수인 의회에서 승인을 해 주었다는 점에서 이 정도 액수라 하더라도 상당한 성과였다. 이에 대해 밴 다이크는 다음과 같이 말했다. "우리는 그것을 의회에서 받아 낸 대규모 투자라고 불렀습니다. 덕분에 우리에게는 정부 내 프로젝트에서 실제로 많은 것을 할 수 있는 가능성이 열린 셈이었죠." 2016년 여름에 이르러서는 USDS에 3000만 달러의 예산이 배정되었는데 이는 USDS 활동을 의회가 인정하고 있다는 것을 의미했다.

HealthCare.gov의 위기가 USDS와 18F 같은 조직의 탄생을 도와준 것은 맞지만 그와 같이 조직이 단순히 그 위기의 결과물은 아니다. 결국은 사람들이 준비가 되어 있었기에 가능했던 일이다. 재난이나 위기를 좋아하는 사람은 아무도 없다. 그러나 재난이나 위기는 변화를 가로막는 장애물을 치우는 효과를 내기도 한다. 이와 관련하여 마이키 디커슨은 다음과 같이 말했다. "더 이상의 논쟁은 사라졌습니다. … 백악관 최상층부의 의지는 분명했죠. HealthCare.gov 정상 가동보다 더 중요한 일은 없다는 것이었습니다. 그렇게 되니까 모든 역량을 하나로 모을 수 있었고 빠르게 전진할 수 있었습니다."

밴 다이크는 이렇게 말했다. "대규모 디지털 서비스를 구축하거나 운영할 수 있는 역량을 지니고 있는 많은 사람이 정부 기관에서 자신의 능력을 발휘할 수도 있겠다는 생각을 갖게 되었습니다. 그리고 정부 기관 프로젝트도 관료주의적이거나 서류 작업에 그치는 게 아니라는 점도 알게 되었습니다. 정부 기관 프로젝트가 수백만 명의 시민에게 실질적인 도움을 줄 수 있는 실제 서비스를 구축하는 일이라는 점을 많은 사람이 알게 된 거죠." 프로젝트 초기에는 혼란이 극심했고 그처럼 대규모 시스템을 구축한다는 게 불가능해 보이기도 했지만, 결국에는 훌륭한 결과물을 만들어 냈다.

2단계에서 가장 중요한 일 중 하나는 새로운 방식에 관한 정보를 조직 전체에 공유하는 것인데(GE에서는 훈련 프로그램, 교육 자료 개발, GE의 신념 같은 수단을 통해 조직 전체에 공유하려고 했다), USDS에서는 디지털 서비스 플레이북Digital Services Playbook이라는 자료를 만들어 자신들의 웹 사이트에 공개했다. 모두 열세 개 항목으로 구성되어 있는 디지털 서비스 플레이북은 일을 하는 새로운 방식을 정부 조직 전체로 확산시키기 위해 정립되고 공개된 것이었다.주2

### 3. 혁신의 후원자들

특히 대기업의 경우 2단계에서 중요한 역할을 수행해야 하는 사람들이 바로 최고 경영진 내에 있는 혁신의 후원자들이다. 조직 내 코치들이 실무적인 수준에서 돕는 역할을 한다면, 최고 경영진 내에 있는 후원자들은 조직 내 장애물을 해결하는 역할을 하게 된다. 그리고 이들의 역할은 사후적인 대응이 아니라 시스템적이고 사전적인 대응이 되어야 한다.

GE의 한 사업부에서 어떤 프로젝트를 책임지고 있던 사내 스타트업 팀장이 프레젠테이션을 했을 때 있었던 일이다. 그가 책임지고 있던 프로젝트는 필요로 하던 펀딩을 받지 못하고 있던 상황이었다. 그 팀장은 프레젠테이션을 마치고 궁금한 사항이 있다면 질문을 해 달라고 말했다.

그러자 사업부장이 이렇게 물었다. "이 상황과 관련하여 무슨 일이 일어나고 있는지 좀 더 자세히 말해 줄 수 있습니까?" 그 팀장은 자세히 설명했고 설명을 들은 사업부장은 이렇게 말했다. "좋아요. 필요로 하는 예산을 배정하겠어요."

팀장은 무척이나 당황한 표정을 지었다. 지금 일어난 상황을 이해하지 못하겠다는 눈치였다. 그것은 GE에서 오랫동안 일해 왔던 그가 알던 방식이 아니었다. 빠르고 효율적인 의사 결정이었기 때문이다. 오늘날 대기업이 가지고 있는 문제 중 하나는 실무자들에게 충분한 권한이 주어지지 않아서 넓은 시야를 가지고 상황을 인식하지 못한다는 점이다. 그 스타트업 팀장은 사업부장에게 이렇게 말했다.

"아, 저, 재무 팀에서 어떻게 생각할지…"

사업부장은 사업부의 재무 팀장을 바라보면서 이렇게 물었다. "어떻게 생각하죠?"

"문제 될 것은 없습니다." 재무 팀장의 대답이었다.

"좋아요, 재무 팀에서도 좋다고 했습니다. 그다음에 필요한 것은 없나요?"

"직원 한 명을 충원했으면 좋겠습니다. 인사 팀에서 반대만 없다면 말입니다."

"그래요. 인사 팀장도 여기 있죠? 반대하나요?" 인사 팀장도 반대할 게 없다고 대답했다.

스타트업 팀장은 정말로 그렇게 결정이 난 거냐고 거듭 물었고 사업부장은 그를 안심시키기 위해 조금 더 시간을 써야만 했다. 그것은 일회성 비용을 재가하는 문제가 아니라 프로젝트에 대한 대규모 예산을 결정하는 문제였다. 그날 프레젠테이션 이후 그 사업부는 사내 스타트업에 대한 예산을 집행하는 프로세스를 완전히 새롭게 고쳤다.

최고 경영진에 있는 후원자들은 특정 프로젝트 진행을 돕는 수준이 아니라 일을 하는 새로운 방식을 후원하는 모습을 조직 전체에 보여 줄 필요가 있다. 최고 경영진에 속해 있는 사람이 앞으로는 우리 조직에서 일을 하는 새로운 방식을 받아들일 거라는 메시지를 분명하게 전파해야 한다.

## 사라졌다가 다시 나타난 프로젝트

집중적인 교육 훈련 과정에서 또 하나의 중요한 자원은 1단계를 경험해 본 팀들이다. 우리는 교육 프로그램을 진행할 때 이미 린 방식으로 일해 보고 그 결과까지 직접 경험한 사람들과 대화를 나누는 시간을 프로그램에 포함시킨다.

그런데 대기업의 사내 스타트업들을 코칭하다 보면 꽤 흥미로운 상황을 겪게 된다. 사내 스타트업이 그냥 사라지는 것이다. 방향 전환 회의를 갖고 프로젝트를 포기하기로 결정을 내리고 팀이 해산되는 게 아니라 어느 날 갑자기 그냥 팀이 사라지는 것이다.

책의 앞부분에서 언급한 바 있는 GE 어플라이언스 부문의 마이클 마한과 그의 팀 이야기다. 원래 그의 팀은 패스트웍스 프로그램에 참여했던 최초의 팀 중 하나였고 그들은 새로운 냉장고를 개발하는 프로젝트를 진행하고 있었다. 앞에서도 말했듯이 패스트웍스 프로그램은 한 번에 여덟 팀씩 과정을 진행하는 게 일반적이었는데, 한 번은 프로그램을 진행하던 중에 스타트업 팀 하나가 더 이상 린 스타트업 훈련 프로그램에 참여하지 못하게 됐다는 통보가 나에게 전달되었다. 그 팀의 프로젝트가 취소되었다는 것이다. 사실 그와 같은 실패는 놀라운 일도 아니었다. 우리가 하고 있던 것은 스타트업 방식 도입이었고 스타트업 실패율이 높다는 것은 누구보다 내가 더 잘 알고 있었기 때문이다.

그런데 그 취소된 프로젝트는 바로 마한이 책임을 맡고 있던 프로젝트였다.

나는 그 팀의 실패에 대해 특별한 생각 없이 패스트웍스 프로그램을 진행했다. 그러다 그 팀의 실패에 대해 관심을 갖게 된 것은 패스트웍스 프로그램의 리뷰 과정 때였다. 리뷰 과정에는 처음 참여했던 여덟 팀의 로고가 아니라 일곱 팀의 로고만 들어 있었다. 실패한 한 팀의 리뷰는 아예 빠지고 성공한 일곱 팀에 대해서만 리뷰가 이루어 졌던 것이다. 그들은 실패한 그 팀은 처음부터 없었던 것처럼 취급했고 나는 그와 같은 모습이 대기업의 이중성 때문일 거라고 생각했다.

그로부터 몇 달이 지난 후에 진행된 한 워크숍에서 나는 갑자기 사라진 프로젝트의 리더였던 마이클 마한을 만나게 되었다. 그 워크숍은 GE의 책임자급들이 참여하는 워크숍이었고 마이클 마한은 성공사례 발표자로 소개되었다. 프로젝트 취소 통보와 함께 사라졌던 그가 성공 스토리의 주인공이 되어 나타난 것이다.

나중에 나는 마이클 마한으로부터 무슨 일이 있었는지 들을 수 있었다. 그가 진행하던 프로젝트는 부문의 여러 리더로부터 실패라는 평가를 받게 되었는데, 그로서는 그런 평가가 합리적이지 않다는 생각이 들었다. 그래서 그는 자원자들로 팀을 꾸려서 본업은 본업대로 하고 따로 시간을 내어 그 프로젝트를 추진했다. 공식적으로 린 스타트업 방법론 코칭을 받지는 못했지만 그들은 스타트업 방식의 원리를 계속해서 유지하면서 계획을 실행해 나갔다. "그의 프로젝트는 프로그램에서 빠지게 되어서 펀딩이나 인큐베이팅 같은 지원을 정식으로 받지는 못했습니다. 하지만 마이클 마한은 이렇게 말했습니다. '저는 포기하지 않았습니다. 이 프로젝트는 계속 추진하려고 합니다. 좋은 아이디어이고 스타트업 방식도 마음에 듭니다.' 그는 린 스타트업 방식으로 비밀 프로젝트를 추진했던 셈이고 결국은 그 성과로 승진까지 하게 되었습니다." 컴스탁 부회장의 말이다.

패스트웍스 프로그램에서 빠지게 되면서 정식으로 회사의 지원을 받지 못하게 되자 마한은 자신의 부문장을 찾아가 지원을 요청했다. 부문장을 혁신의 후원자로 지목한 셈이다. GE에서 글로벌 혁신과 신제품 개발을 책임지고 있던 스티브 리구오리Steve Liguori는 마한의 프로젝트에 대해 이렇게 말했다. "그건 차세대 냉장고였습니다. 혁신적인 기능들, LED를 이용한 조명, 쉽게 접히고 모든 방향으로 이동 가능한 선반 같은 특징들을 지니고 있었죠. 그들은 제품에 대한 소비자들의 반응을 빠르게 확인하고 싶어 했고, 그렇게 할 수 있는 가장 좋은 방법은 소비자들이 제품을 사용해 볼 수 있도록 하는 것이었습니다." 마한의 팀은 60명의 소비자에게 60일 동안 제품을 사용해 보도록 하고 그들로부터 피드백을 받기로 했다. 매주 냉장고 6000대를 생산할 수 있는 회사에서 시제품 60대를 만드는 일은 전혀 어렵지 않았다.

하지만 아무리 적은 양의 제품을 생산한다 하더라도 지켜야 하는 규정과 절차는 있다. 전기 부품의 경우는 새로운 부품들을 사용하는 경우에는 ULul.com 인증을 별도로 받아야 한다. 그러나 마한의 팀은 시간을 절약하기 위해 프로토타입에 대해서는 일단 기존 부품들을 활용하기로 했다. 마한의 팀이 설계한 냉장고에는 3D 프린터를 활용한 새로운 경첩을 사용하기로 했는데, 일반적인 상황에서라면 새로운 경첩이 사용되는 경우에는 100만 회가량의 물리적인 내구력 시험을 거치도록 되어 있다. 이 내구력 시험은 고객이 15년 동안 냉장고를 사용하면서 문을 여닫는 횟수를 가정하여 시행된다. 하지만 마한의 팀이 만들 프로토타입은 60명의 고객이 60일 동안만 사용하는 제품이다. 15년간 100만 번이라면 60일 동안에는 몇 번일까? 굳이 계산할 필요는 없을 것이다. 따라서 내구력 시험은 하지 않아도 된다는 판단을 내렸다.

그러나 이와 같은 계획을 들은 엔지니어링 부서에서는 내구력 시험 없이는 새로운 경첩이 사용될 수 없고 그것이 회사 규정이라고 말했다. 이 내구력 시험이라는 걸 하기 위해서는 50만 달러의 비용과 3개월이 시간이 소요되는데, 이는 마한의 팀이 계획하고 있던 소비자 실험보다 1개월이나 더 소요되는 일이었다. 마한은 겨우 프로토타입 60대만 만들 건데 그건 너무 심하지 않느냐고 말했다. 그러나 엔지니어링 부서에서는 절대로 안 된다는 말만 되풀이할 뿐이었다.

그 순간 마한에게 아주 간단한 해법이 떠올랐다. 부문장에게 상황을 설명하고 함께 엔지니어링 부서장을 찾아가 직접 부탁해 보자는 것이었다. "프로토타입을 60대 만들어 60일 동안만 실험을 해 볼 건데 규정에서 예외로 해 줄 수 있겠습니까?"라고 마한이 물어보자 부서장은 이렇게 답했다. "그 정도 실험이라면 괜찮을 것 같습니다." 장애물이 간단하게 걷혔고 그 이후 마한의 팀은 계획을 실행으로 옮기기 시작했다. 안전 문제도 없었고(이미 UL 인증을 받은 기존 부품들을 활용했다), 회사 규정에도 문제 될 것이 없었다(60일 동안만 사용될 프로토타입이었기 때문이다).

마한의 팀은 가시적인 성과를 내기에 이르렀고 그 후로는 그들의 프로젝트를 반대하던 사람들도 태도를 바꾸게 되었다(게다가 그들은 회사에서 추진하는 변화와 관련하여 성과를 보여야 하는 압박을 받고 있기도 했다).

워크숍에서 마한의 팀이 성공 사례로 발표된 것에 대해 중간 관리자 중에는 불만을 표하는 이들도 있었다. 회사 규정을 어긴 것으로 해석될 수 있는 부분이 있었기 때문이다. 하지만 임원들 중에는 마한이 추진했던 예외적인 방식에 문제를 제기하는 사람은 아무도 없었다. 마한의 실험은 최대한 규정을 지키면서 안전하고 투명하게 진행된 것이었기 때문이다. 워크숍에서는 마한과 같은 사내 창업가야말로 회사의 핵심적인 자원이라는 평가가 내려졌다.

## 백악관에 있는 혁신의 후원자

2015년 봄, 리사 겔롭터는 뉴욕에 있는 자신의 사무실에서 일하던 중에 백악관 CTO 사무실에서 온 전화를 받았다. IT 기술을 활용하여 국민들에게 더 나은 정부 서비스를 제공하려고 하는데 그와 관련된 원탁 토론회에 참석할 수 있느냐는 것이었다. 그로부터 얼마 후에 겔롭터는 페이스북이나 구글 같은 기업에서 일하는 몇몇 사람과 함께 백악관 루즈벨트 룸으로 초대되었고, 그 자리에는 겔롭터에게 전화를 건 미국 행정부 CTO 토드 박을 비롯하여 미국 관례 예산실Office of Management and Budget 사무차장 등도 참석하고 있었다.

토드 박은 그 자리에 모인 IT 업계 사람들에게 그 모임은 사실 원탁 토론회라기보다는 채용 설명회에 가깝다고 솔직하게 밝혔다. 미국 정부의 IT 혁신과 관련하여 자신들과 함께 일해 줄 IT 전문가들이 필요하다는 것이었다. 토드 박의 동료 중 한 명이 이렇게 말했다. "오바마 대통령은 정부의 IT 혁신을 매우 중요하게 생각합니다. 여러분에게도 매우 의미 있는 일이 될 수도 있고요." 그러자 IT 업계 사람 중 한 명이 이렇게 물었다. "여기서는 후원자가 될 분이 누구시죠? 우리가 여기서 일하게 된다면 어떤 지원을 받을 수 있는 거죠?"

바로 그때 오바마 대통령이 대통령 집무실에서 루즈벨트 룸으로 들어왔다.

대통령을 본 겔롭터는 그가 정책 홍보용 사진을 위해서 왔을 거라고 생각했다. "저는 닳고 닳은 냉소적인 뉴요커였거든요." 겔롭터는 회상했다. 실제로 대통령은 비디오 촬영 기사와 사진작가와 함께 루즈벨트 룸으로 들어왔다. 그는 그 자리에 초대된 IT 업계 사람들과 일일이 악수를 하고는 자리를 잡았다. 겔롭터는 당시 기분을 이렇게 표현했다. "뭐랄까, 그래요, 그냥 끝내주더군요."

대통령은 그 자리에 45분 동안 머무르며 대화를 했다.

먼저 오바마 대통령이 말문을 열었다. "정부는 관료주의적이죠. 그러나 백악관은 그렇지 않습니다." 그는 그 자리에 초대된 사람들에게 워싱턴으로 와서 일해 달라고 요청했다. "필요하다면 여러분의 배우자나 자녀들에게 전화를 걸어 이사를 와 달라고 부탁할 수도 있습니다. 정말 그럴 수 있어요." 그 자리에 있던 사람들 사이에서 가벼운 웃음이 터져 나왔다. "농담이 아닙니다." 그때 일에 대해 겔롭터는 다음과 같이 말했다. "당시에는 이런 생각이 들었습니다. '대통령이라면 다른 중요한 일도 많을 텐데 우리에게 와서 일해 달라고 부탁하는 것이 그렇게 중요한 일이었나?' 제 어머니는 항상 이런 말씀을 하셨어요. 직장을 구할 때는 가장 높은 사람이 채용 면접에 나오는 회사에 들어가라고. 그 회사가 바로 제 가치를 가장 높게 평가하는 회사일 거라는 말씀이었습니다. 미국에서 미국 대통령보다 높은 사람은 없겠죠?"

리사 겔롭터는 4장에서 소개한 미국 교육부의 칼리지 스코어카드 서비스를 만든 바로 그 사람이다. 즉 갤롭터는 오바마 대통령의 이직 제안을 받아들인 것이다. 오바마 대통령은 백악관에 있는 후원자였다. 조직의 대표가 후원자가 될 때 그 조직에서는 위대한 혁신이 이루어질 수 있다는 점을 증명해 보인 셈이었다. 오바마가 장애물을 치워 버리자 토드 박은 IT 업계 최고 전문가들을 정부 조직에 영입할 수 있었다. 바로 이런 것이 후원자에게 기대되는 역할이다. 변화를 추진하는 사람들이 장애물을 치우는 데 필요한 자원을 확보하도록 돕는 일 말이다.

## 4. 조직 내 모든 기능에서 교육 프로그램에 참여해야 한다

GE의 변화에 관해 이멜트 회장은 나에게 이런 말을 한 적이 있다. "패스트웍스가 우리 회사에서 진행했던 다른 프로그램들과 다른 점 하나는 회사 내의 각 기능 조직이 장애물을 다루는 방식입니다. 예산을 줄수 없다 또는 컴플라이언스에 위배된다 같은 이유를 대면서 프로젝트를 막으려고 하면 메시지를 전달할 수 있어야 하겠죠. 프로젝트를 진행하는 사람들이 아니라 그것을 멈출 수 있는 사람들에게 말입니다. 변화를 멈추게 된다면 어떤 일이 일어날 수 있는지 알려 주어야 합니다. 조직문화라는 게 쉽게 바뀌기가 어렵죠. 변화를 위한 운동을 추진하는 사람들은 빠르게 나아가려 하지만 모든 사람이 저절로 따라가는건 아닙니다. 프로그램이 성공하기 위해서는 그것을 가로막으려는 사람들의 생각을 바꿀 필요가 있습니다."

조직 여러 곳에서 이런 식으로 일하도록 사람들을 훈련시킬 수 있고 그들을 도울 후원자 명단을 만들 수도 있다. 그런데 회사 내 모든 기능에 이런 시스템이 도입되는 것이 중요하다. 그렇지 않으면 혁신팀은 앞으로 나아가는 데 필요한 지원을 받지 못할 것이다.

이를 위해서는 우선적으로 각 기능 조직의 책임자들부터 교육 프로그램에 참여할 필요가 있다. IT, 법무, 재무 등의 기능 조직 책임자들이 본사에서 진행하는 교육 프로그램에 참여하는 것이다. 이와 같은 교육 프로그램에 참여해 달라고 하면 어떤 이들은 다음과 같이 불만을 제기하기도 한다. "이건 좀 쓸데없는 일 같아요. 나는 인사 팀장인데 왜 내가 사우디아라비아 유전에서 깨진 파이프를 검사하는 데쓰는 엑스선 기술에 대해 배워야 하는 겁니까? 그게 인사 팀 업무와무슨 관계가 있다고?"

각 기능 조직의 책임자들부터 교육 프로그램에 참여해야 한다고 하면 당연히 반발이 일어난다. 여전히 상당수 사람은 회사에서 시행하는 교육 프로그램을 요식 행위 정도로 인식하고 있는 것도 사실이다. 그래서 나는 이와 같은 교육 프로그램을 진행하게 되면 참가자들과 문답을 주고받으며 대화를 하는 식으로 프로그램을 시작한다. 그들의 관심사가 무엇인지 알고 그러한 관심사가 이번 교육 프로그램에서 어떻게 다루어질지 알려 주는 식으로 적극적인 참여를 이끌어 낼 수 있기 때문이다. 나는 교육 프로그램에 참가하여 그들이 생각하는 것이 옳은지, 아니면 그들의 사고방식에 고칠 부분이 있는지 확인하라고 말한다. 정말로 중요한 점은 현실을 인식하는 것이기 때문이다.

## 5. 기업 내부 코칭 프로그램

린 스타트업이 무엇을 하라는 지시처럼 보일 수도 있지만 이 방법론을 잘 실천하는 사람은 기계적으로 따르기보다는 원리를 실천한다. 실천법과 전략은 팀이 공통된 용어와 방법을 찾도록 돕는 가이드라인이지만 어쩔 수 없이 추상적이다.

개별 산업, 개별 기업, 개인 모두 처해 있는 상황이 다르다. 그리고 스타트업 방식 도입에 대한 평가는 철저히 성과에 의해 이루어져야 한다. 기업 문화, 기업 규모, 사업 관행 등에 따라 가장 좋은 성과를 낼 수 있도록 조정될 필요가 있다.

전문가들의 도움을 받는 것도 고려해 볼 만하다. 일본에서 온 원조 린 생산 방식 전문가들을 '선생님'이라고 불렀는데, 스타트업 커뮤니티에도 멘토나 조언자가 많다. 그리고 린 스타트업 운동 때문에 컨설턴트나 전문가로 구성된 기업들이 등장하기도 했다.

나는 그러한 역할을 하는 사람들을 '코치'라고 부른다. 코치라는 명칭이 오해를 없애는 데 도움이 된다고 생각한다. 특히 2단계인 확산 단계에서는 팀이 새로운 업무 방식에 정신적으로 적응하는 데 도움이 될 수 있는 사내 코치의 존재가 필수다.

## 스타트업 방식 도입을 도와주는 코치들

나는 에너지 분야의 어떤 스타트업과 함께 일한 적이 있는데, 그 스타트업은 혁신적인 신기술을 보유하고 있었다. 그 기술이 상용화된다면 발전기와 송전 장치의 효율성을 크게 높일 수 있을 것으로 기대되고 있었지만 아직 그 기술은 실제 현장 검증을 거치지는 않은 상태였다. 어쨌든 그 개발 팀은 다가오는 전시회를 통해 신제품을 공개할 예정이었고 빠른 매출 성장세를 기대하고 있었다.

그런데 빠른 매출 성장세를 실제로 이루어 내기 위해서는 그 팀이 고객들과 관련하여 수립해 놓은 몇 가지 가정이 현실이 되어야 한다는 전제가 있었지만, 그 팀은 가정을 확인하는 작업에는 별로 시간을 쓰지 않았다. 내 경험으로 봤을 때 그와 같은 스타트업의 성공 가능성은 거의 없다. 그리고 시장에 출시된 이후에 고객들로부터 부정적인 평가를 받는다면 방향 전환을 할 물리적인 시간 자체가 부족하게 된다.

하지만 그 팀은 자신들의 제품이 성공할 거라고 자신하고 있었다. 이 책에서 소개한 GE의 시리즈 X 엔진 팀을 비롯하여 많은 성공한 스타트업들과 달리 그 팀은 실험에는 아무런 관심도 없었다. 자기 회사에 축적된 과거 경험만으로도 충분히 시장 상황을 예측할 수 있다고 생각했다. 그들은 내가 관여하는 것 자체를 기피했다. 내가 제기하는 질문들이 자신들의 자신감을 희석하고 팀 사기를 꺾는다고 생각하는 것 같았다.

린 스타트업 운동에서 가장 잘 알려진 조언은 프로젝트 초기부터 자주 고객들과 접하는 게 중요하다는 것이다. 그런가 하면 스티브 블랭크는 "사무실에서 나가라"라고 말했는데 나는 이 말이 매우 중요한 의미를 가지고 있다고 생각한다.[주3] 누군가 린 스타트업 모임에서 앞서 언급한 에너지 스타트업 같은 계획을 발표한다면 발표 도중에 단상에서 내려와야 할지도 모른다. 하지만 나는 그런 팀을 코칭할 때 "고객들에게 가서 이야기를 나누어 보세요"라는 직접적인 조언은 거의 하지 않는다. 이미 계획을 수립해 놓은 팀은 자신들이 고객 의견을 충분히 반영했거나 충분히 많은 정보를 가지고 있다고 생각하기 때문에 그와 같은 조언을 거의 받아들이지 않아서다.

대신 나는 내 일이 스타트업 팀들이 실험을 잘 수행할 수 있도록 돕는 것이라고 생각한다. 그들이 자신들의 믿음을 확인할 수 있도록 말이다. 그런데 이번 팀은 자신들의 제품이 다가오는 전시회에서 상당히 좋은 반응을 얻을 거라고 자신하고 있었기 때문에 최소 요건 제품을 활용한 실험을 해 보자는 말도 꺼낼 수가 없었다. 또한 혁신 회계 대시보드 같은 기법(9장에서 다룬다)을 이용해 보자는 말도 꺼낼 수가 없었다. 나는 그들이 가지고 있던 가장 위험한 가정을 검토해 볼 수도 없었다.

나는 이렇게 말할 수밖에 없었다. "여러분이 맞는지 확인할 방법을 찾아보죠. 전시회에서 상당한 매출을 올릴 수 있을 것으로 예상하고 있는데, 각자가 어느 정도 매출이 발생할 것인지 예상하여 종이에 적어 주십시오. 그 종이는 봉투에 넣어 두었다가 나중에 전시회가 끝나고 나서 확인해 보겠습니다." 우리는 전시회 다음 주에 만나서 봉투에 적힌 예상치를 확인해 보기로 했다.

그 사람들을 설득한 유일한 린 스타트업 이론은 전시회 출시를 최소한 한 가지 가설을 테스트해 보는 실험으로 여기라는 것이었다. 나는 그 전시회가 새로운 과정의 출발점이 될 거라는 점을 감지할 수 있었다.

전시회에서 그 팀은 매출을 전혀 올리지 못했다. 전시회 직후에 열린 회의에서 그들은 전시회에 관한 여러 가지 의견을 내놓았는데, 전부 상황을 지나치게 낙관적으로 해석하는 것들이었다. 매출은 올리지 못했지만 고객들이 많은 관심을 보였다, 많은 명함을 받아 놓았다, 업계 추세가 자신들에게 유리하게 변하고 있다는 식이었다. 그들은 계획의 방향성이 옳았다는 평가를 내놓았다.

그때 나는 그들에게 매출 예상치를 적어 놓은 봉투를 열어 보라고 말했다.

그러자 회의실 분위기가 완전히 달라졌다. 그들은 더 이상 말을 하지 않고 서로를 쳐다보기만 했다. 모두가 같은 생각이었을 것이다. '우리는 크게 실패했다.'

실패를 자각한 그 팀은 새로운 계획을 세우기 시작했다. 제품을 개선할 아이디어를 만들어 냈고 전시회에서 경험한 당황스러움을 겪지 않으려고 고객들로부터 직접적인 피드백을 받기 위한 방법을 설계했다. 그들은 피드백을 더 빨리 받는 방법을 물어보기도 했다. 제품의 다음 버전 개발 범위를 줄이라거나 최소한으로 만들면서도 유효한 제품을 만들라고 할 수도 있었는데 나는 말을 아꼈다.

나는 고객들을 만나 보라는 직접적인 조언을 하기보다는 그들이 스스로 배울 수 있도록 실험 설계를 돕는 일에 집중했다. 사실 코치의 전문적인 조언을 듣는다면 훨씬 더 수월하게 실험을 고안할 수 있고 대부분의 팀이 그렇게 할 수 있다. 하지만 스스로 실험을 설계한다면 그 나름대로 교훈을 얻을 것이다.

이런 스타일의 코칭이 스타트업에 특히 중요한 이유가 또 한 가지 있다. 나는 코칭하는 팀에 항상 이런 식으로 말한다. "여러분이 수립한 계획에 관하여 여러분이 옳고 내가 틀렸다고 가정하겠습니다. 그러한 가정을 확인하기 위한 실험을 설계해 보죠."주4 이와 같은 식으로 스타트업 스스로 실험을 설계하도록 유도하는 게 내 코칭 방식이다. 그리고 때로는 실험을 통해 스타트업이 옳고 내가 틀렸다는 점이 확인되기도 한다!

### 코치들을 어디에서 찾을까

코칭은 오래전부터 스타트업 세계의 일부분이 되어 있다. 무엇보다 스타트업의 성공을 바라는 투자자들이 자신이 투자한 스타트업에 멘토와 자문 같은 코치들을 소개해 주고 있고, 최근에는 Y 콤비네이터Y Combinator나 테크스타스Techstars 같은 스타트업 액셀러레이터 프로그램이 스타트업의 성공을 도와주고 있다. 그런가 하면 앤드리슨 호로위츠Andreessen Horowitz 같은 현대적인 벤처 투자사는 투자만이 아니라 스타트업에 대한 지원 서비스까지 제공하는 경우도 있다. 자문이나 멘토를 스타트업에 제공할 수는 있지만 그들이 리더 역할을 대신할 수는 없다. 특정 멘토의 말을 듣고 그대로 하라고 누구도 강요하지 않는다. 자문이나 멘토는 코치 역할을 할 뿐이지, 스파이나 리더나 임원이나 이사회 멤버가 아니다.

사내 스타트업 생태계를 구축하려는 대기업도 사내 코칭 프로그램을 개발할 필요가 있다. 사내 스타트업이 본격적으로 성장하기 시작한 후에는 그전과는 완전히 다른 운영 방식이 요구되기 때문이다. 그런데 실리콘 밸리에서조차도 창업자, CEO, CTO 등을 멘토링하는 프로그램은 아주 많지만 평사원을 위한 프로그램은 거의 없다시피 하다. 평사원이 사내 창업자가 될 수 있다고 여기지 않는 것이다.

물론 대기업의 사내 코칭 프로그램을 위해 조언을 제공하겠다는 컨설턴트는 많다. 하지만 조금 전에도 언급했듯이 이들이 대기업에서 추진하는 2단계에 대해 필요한 수준의 도움을 제공할 수 있을지는 미지수다.

나는 어떤 기업이든 사내 코칭 팀에서 훌륭하게 역할을 수행해 줄 인재들을 이미 보유하고 있을 거라고 생각한다. 이미 보유하고 있는 이와 같은 인재들을 활용하지 않는 것은 심각한 낭비다. 게다가 기업 내부인으로서 코치들은 새로운 방식에 대한 이해도만 높은 게 아니라 기업 내부 사정에도 밝다는 대체 불가능한 강점을 지니고 있다.

기업 내부인으로서 코치들은 변화의 강한 지지자들이 되어 줄 수도 있다. 전통적으로 기업의 중간 책임자들은 기업 내에서 자신의 영향력을 높이려고 하는데, 이를 위해 자신이 책임지고 있는 조직에 더 많은 예산과 인력을 끌어오려고 한다. 그런데 이런 행동으로 인해 복합기능 팀과 알력을 빚어내기 일쑤다. 특히 변화를 추진하는 초기에 기업의 중간 책임자들은 강력한 저항 세력이 되는 경우가 많다. 하지만 2단계로 들어서면 중간 책임자들은 전과는 다른 태도를 보인다. 이제 변화는 자신의 부서 내에서만 진행될 수 있다고 주장하는 것이다.

기업의 조직도상 어디에 위치하든 혁신 팀은 계속해서 성장해야 한다. 이때 기업 내에서 혁신 팀의 성공에 자신의 경력이 연계되어 있는 사람들이 많이 존재할수록 해당 혁신 팀은 더 오래 생존할 수 있다. 내부 코치가 되는 것은 앞서 말한 중간 책임자처럼 많은 신입 사원과 고연봉 전문가를 고용하지 않고도 사내 스타트업을 성공시켜 자신의 경력을 쌓아 갈 수 있는 훌륭한 방법이다.

코칭 프로그램이 어떤 형태이든 간에 내부 코치들이 어느 한 프로젝트에 투입되는 것으로 끝나지 않고 엄격한 훈련 프로그램을 통해 제대로 교육받고 코치로서 계속해서 활동할 필요가 있다. 회사 전체적으로나 동료 사이에서 코치들이 하는 일이 진지하게 취급되지 않으면 코칭 프로그램은 급속도로 약화되게 마련이다. 마이크로소프트의 사내 스타트업인 MS 거라지MS Garage의 프로그램 매니저 에드 에세이Ed Essey는 이런 상황과 관련된 세 가지 문제를 지적했다. (1)코치가 자신의 일을 계속하기 위해서는 많은 격려와 지원이 필요하다. (2)의욕적인 코치들은 자신의 일을 좀 더 잘할 수 있는 곳을 찾아 회사를 떠나는 경향이 있다. (3)각각의 코치가 마케팅, 디자인, 테크놀로지 등 서로 다른 역량을 갖추고 있는 경우에는 린 방식을 제대로 수행할 수 없다.

내부 코치들을 기업 미래 성장에 연계되어 있는 중요한 자리로 승진시킨다면 기업으로서는 사람들을 훈련시킬 수 있는 훌륭한 인적 자원을 기업 내부에 붙잡아 둘 수 있게 된다. 그리고 경력 경로의 비전을 제시함으로써 계속해서 현재 조직에 남을 수 있는 동기를 부여할 수 있다.

## 인튜이트의 내부 코칭 사례
인튜이트의 재무 팀 사원 몇 명이 고객 문제를 풀려는 아이디어를 가지고 사내 린 스타트업 워크숍에서 베넷 블랭크를 만났다. 이틀 동안 블랭크는 그 팀에 린 스타트업 기법과 디자인 포 딜라이트의 원리를 알려 주었는데, 고객 문제 및 각각의 가능성 있는 해법에 집중하는 방법과 실제 고객으로부터 진짜 증거를 얻는 법을 코칭했다. 그 팀은 아이디어를 살펴볼 준비가 됐지만 그들이 직면한 도전 한 가지는 서로 다른 두 유형의 고객을 상대해야 한다는 것이었다. 하나는 내부 고객들로 인튜이트의 전화 상담원들이었다. 상담원들은 회사 외부 고객의 결제 문제 해결을 돕고 있었다. 그 팀은 자사의 전화 상담원들 일부를 대상으로 실험을 실시하기로 했는데, 실험에서는 전화 상담원들의 목소리 톤이나 상담 내용을 비롯한 다양한 요소가 고려되었다. 실험 결과 그 팀은 두 가지 고객 유형 중 자사의 전화 상담원들에게 집중하기로 결정을 내렸다. 그리고 이와 같은 결정을 내린 후 린 스타트업 원리를 이 고객들에게 적용하기 시작했다.

고객을 확정하자 여러 가지 이점이 있었다. 베넷 블랭크는 팀의 진행 상황을 계속 확인했는데 고객 반응을 얻고 빠른 실험을 하는 이 새로운 방식으로 일하면서 팀은 일에 훨씬 몰두하게 됐다. 그 팀은 일주일짜리 코칭 프로그램을 추가로 두 차례 진행했는데, 이를 통해 프로젝트를 추진하면서 겪게 된 여러 가지 문제를 해결하려고 했다. 그 팀은 코칭 프로그램을 통해 찾아낸 해결책들을 통해 계속해서 성과를 내고 있고, 성공에 대한 팀원들의 의지나 자신감도 따라서 높아지고 있다고 한다.

그 팀은 변화의 마지막 단계에서 자신들의 일을 관리하는 운영 방식을 바꾸었다. 베넷 블랭크는 이렇게 말했다. "그들은 '계획'을 전통적인 '실행' 계획이라기보다는 자신들이 테스트해야 할 일련의 실험으로 여겼습니다. 자신들의 프로젝트에 불확실성이 많이 내재되어 있다는 점을 인식하고 그 불확실성을 줄이기 위한 실험들을 계획하고 그 것을 진행했던 거죠." 그 팀은 매월 이틀짜리 스프린트 회의를 하면서 다음번 실험을 준비하고 새로운 기술을 배우고 있다. 코칭의 힘을 경험한 팀원 몇 명은 다른 사람들을 코칭하거나 시간을 내서 비영리 단체나 인근 학교에 린 스타트업 원리를 가르치는 자원 활동을 하기도 한다.

## 다른 기업들의 코칭 프로그램

이번 절에서는 다른 몇몇 기업에서 운영 중인 코칭 프로그램을 간략하게 소개하려고 한다. 기업에서 도입하는 코칭 프로그램은 기업 규모와 조직문화를 비롯한 여러 가지 요소에 의해 결정되어야 한다.

### 테크스타스

스타트업 액셀러레이터 프로그램인 테크스타스는 코칭 역할을 매우 진지하게 수행하고 있으며 그에 관한 내용을 선언문 형식으로 발표했다.[주5] 선언문에는 "창업가가 멘토에게 요구할 수 있고 요구해야 하는 것"과 "멘토가 함께 일하는 창업가와 효과적인 관계를 맺고자 할 때 고려해야 하는 것"에 관한 내용이 담겨 있다.

- 소크라테스처럼 조언을 하자.
- 결과부터 기대하지는 말자(일하는 과정에서 즐거움을 찾자).
- 언행일치/자신이 진짜임을 보이자.
- 진실을 이야기해 주자.
- 상대방의 이야기를 듣자.

- 최고의 멘토 관계는 결국 양방향 소통에 의해 만들어진다.
- 물어보면 대답해 주자.
- 매년 한 개씩은 다른 기업을 경험해 보자. 경험이 중요하다.
- 실제 사실과 자신의 견해는 분명히 구분하자.
- 비밀을 지키자.
- 자신의 의견을 확실하게 전달하자. 반대 의견이라도 좋다.
- 모르는 것을 인정하자. 무언가를 모를 때는 허세를 부리지 말고 모른다고 말해야 한다.
- 통제가 아니라 인도를 하자. 멘토들은 무엇을 하라고 말하지 말고 결정은 팀 스스로 내리도록 하자. 멘토들의 회사가 아니라 스타트업 창업자들의 회사다.
- 함께 일하는 다른 멘토들과 소통하고 서로의 의견을 받아들이자.
- 낙관주의자가 되자.
- 구체적인 행동을 조언하라. 모호한 조언은 무의미하다.
- 과감하게 접근하되 무모한 도전은 하지 말라.
- 스타트업들은 대부분 어려운 처지에 있다. 그들의 어려움에 공감하자.

*IBM*

IBM에서 코치들은 어려움을 겪고 있는 팀을 돕는 일만이 아니라 팀의 성공 가능성을 높이는 방향으로 팀을 재조직하는 역할까지 맡는다. IBM의 코치들은 리더십, 협력, 테크놀로지 세 가지 분야에 집중한다. 코칭은 필수는 아니지만 8~10명으로 구성되는 복합기능 팀은 분기마다 성과 평가를 받고 평가 결과는 스코어보드를 통해 공개된다.

IBM에는 '애자일 닥터가 있습니다The Agile Doctor Is In'라는 프로그램이 있다. IBM에서 전 세계적으로 고용한 서른 명의 코치 중 한 명과 함께 개인이나 팀이 1~2시간 일정을 잡아 가장 곤란한 문제들을 해결하는 데 집중한다.

IBM에서 린 방식이나 애자일 방식을 도입하기 전에는 실무 팀의 팀장과 CIO 제프 스미스 사이에 열세 개나 되는 직급이 존재했지만, 지금은 그 숫자가 다섯 개로 줄어들었다. 제프 스미스는 이와 같은 혁신이 가능했던 것도 IBM의 코치들 덕분이라고 말한다.

## 시스코

시스코Cisco에서 코칭은 마이 이노베이션My Innovation이라는 프로그램의 한 부분이다. 이 프로그램은 시스코의 다른 혁신 프로그램과 더불어 7만 명에 달하는 시스코 임직원들이 새로운 아이디어를 실험할 수 있도록 지원하는 프로그램이다. 직원들은 필요하다고 판단되는 교육 프로그램을 스스로 찾아서 활용하거나 멘토들을 찾아 도움을 요청할 수 있다. 코칭 연수를 이수한 직원들은 지금까지 2000명 정도라고 한다.

혁신 리더 중 한 명인 매틸드 더비Mathilde Durvy는 혁신(디자인 사고와 애자일 프로토타이핑), 비즈니스(판매와 마케팅), 테크놀로지 세 가지 분야에서 코치를 교육시키는 것이 목표라고 말했다. 더비는 각 팀은 이 세 분야를 담당할 코치들을 선정해야 한다고 설명했다. 한 명이 세 기술을 모두 가지고 있어도 되고 여러 코치가 각각의 전문성을 지니고 있어도 된다. 회사의 코칭 자원은 새로운 아이디어를 개발하는 과정에 있는 팀에서 쓰이지만 프로젝트나 변화의 최종 단계에 이르지 못한 팀들에도 코칭 자원은 가치가 있다.

## 6. 계량 방식 펀딩과 성장 위원회

### 자격 기반 펀딩 대 계량 방식 펀딩

내가 아는 회사 중 직원 수가 수백 명 이상 되는 기업들은 거의 다 같은 방식으로 예산을 책정한다. 연간 예산 책정 프로세스가 있어서 여기에서 기업 내 부서들과 사업들과 프로젝트들에 필요한 예산이 타당한지 평가한다. 예산 결정의 승자들은 자신들이 요구한 1년 예산을 모두 책정받는다. 그런 다음에 분기 또는 그보다 짧은 주기로 예산 조정이 이루어진다. 분기 실적이 매우 나쁘게 나오는 경우에는 예산이 크게 감축된다. 1년 내내 예산 조정이 이루어지는 것이다.

결국 중간 책임자들은 연간 예산 책정 회의를 준비하느라 상당한 시간을 쏟으며 때로는 예산 지키기가 정치 문제가 되기도 한다. 나는 이 시스템을 자격 기반 펀딩entitlement funding이라 부른다. 중간 책임자들 모두가 자신들의 기존 프로젝트에 대한 예산을 지키려고 하기 때문에 새로운 프로젝트가 예산을 책정받기란 무척이나 힘든 일이 된다. 하지만 일단 예산을 책정받는 프로젝트가 되면 그 프로젝트에 대해서는 계속해서 예산이 책정된다. 분기마다 예산 규모가 달라질 수는 있지만 말이다.

엄청난 실패라는 평가가 내려지지 않는다면 한번 예산이 책정된 프로젝트에는 계속해서 예산이 책정되며 그 기간은 몇 년이나 이어질 수도 있다. 금년에 예산을 책정받은 프로젝트는 커다란 사고가 발생하지 않는 한 내년에도 예산이 책정될 거라고 기대할 수 있다. 똑같은 규모의 예산은 아닐지라도 예산이 갑자기 끊기는 경우는 거의 없다.

하지만 이와 같이 자격 기반 펀딩을 받는 팀들은 스타트업에 필요한 수준의 활력을 갖지 못한다. 그리고 미리 많은 액수의 예산을 받아 놓은 팀들이 돈만 낭비하고 아무런 성과도 내지 못하는 사례들은 어렵지 않게 찾아볼 수 있다.

자격 기반 펀딩 방식이 프로젝트 팀에 미치는 영향에 대해 생각해 보자. 신제품을 개발하는 경우 개발 팀은 가급적 늦게 신제품을 출시하는 게 예산 운영 측면에서 더 좋은 방법이라고 생각할 수도 있다. 빠르게 출시했다가 실패하는 경우 남은 기간에 대한 예산이 상당 부분 취소될 수도 있기 때문이다. 물론 출시 일정을 늦출 경우 경영진으로부터 비난을 듣게 되겠지만 지연 이유가 타당하다면(그리고 타당한 이유는 늘 준비되어 있다) 시간을 벌 수 있다. 게다가 출시를 늦추고 개발 기간을 길게 가져갈수록 제품을 더 완벽하게 만들 수 있고 미래의 성공 가능성도 높아진다.

좀 더 심각한 상황을 생각해 본다면 프로젝트를 책임지고 있는 책임자가 자신의 승진 시기와 맞물리는 경우 신제품 개발 완료 시기를 최대한 늦추려는 선택을 할 수도 있다. 프로젝트 결과에 대한 책임을 회피하고 무사히 승진하려는 선택을 하는 것이다. 그렇게 된다면 그 책임자의 후임자가 신제품 출시를 모두 감당해야 하는데 결과가 좋게 나온다면 특별히 문제 될 게 없지만, 결과가 나쁘게 나온다면 상황을 잘 모르는 후임자가 모든 비난과 문제 처리를 감당해야 한다.

자격 기반 펀딩의 또 다른 측면의 문제는 사내 정치로 인해 발생하는 막대한 비용이다. 예산을 더 많이 책정받거나 기존 예산을 지키기 위해 중간 책임자들이 참석하는 회의 횟수만 생각하더라도 엄청난 비용 낭비가 초래되고 있음을 알 수 있다.

이와 같은 방식으로 일하는 기업의 조직문화를 변화시키는 것은 단기간에 쉽게 이루어지는 일이 아니며 점진적인 변화를 통해서만이 가능하다. 이에 대해서는 책의 뒷부분에서 다루려고 한다. 그리고 자격 기반 펀딩 방식에 대한 대안으로 내가 제안하는 것은 계량 방식 펀딩metered funding이다.

계량 방식 펀딩의 기본 원리는 이미 지급한 예산에 대해서는 그 사용에 대해 완전한 자유를 허용하되 추가 예산 지급에 대한 조건은 엄격하게 적용한다는 것이다. 구체적인 성과를 만들어 내거나 유효 학습을 이루어 내는 경우에 한하여 추가로 예산을 지급하는 것이다.

실리콘 밸리의 스타트업이 벤처 투자사로부터 100만 달러의 초기 투자금을 받은 경우 그 스타트업 창업자들이 투자사로부터 다음과 같은 전화를 받을 가능성은 전혀 없다. "이번 분기 성과가 나쁜 것 같은데 20만 달러는 돌려주세요." 만약 이와 같은 말을 정말로 하는 벤처 투자사가 있다면 아마도 실리콘 밸리에서 쫓겨날 것이다. 현실적으로 이미 지급한 투자금을 회수할 수 있는 방법도 없기는 하지만 말이다. 스타트업은 독립적인 기업이므로 투자사가 돈을 도로 뺏을 수는 없다.

투자금을 제약 없이 사용할 수 있는 자유는 스타트업의 가능성을 만들어 내는 주요한 요소 중 하나다. 특히 스타트업에서 방향 전환의 필요성은 수시로 발생한다. 돈이 얼마나 남아 있는지 알고 있다가 필요할 때 꼼꼼하게 검토하지 않고 빨리 돈을 쓸 수 있어야 한다. 그리고 스타트업은 치열하게 운영되다 보니 많은 유명한 스타트업이 몇 주, 심지어 며칠 만에 돈이 바닥나는 경험을 하기도 한다. 중요한 순간에 예산을 10% 깎는다는 건 스타트업에 치명적이다.

일반적인 대기업 환경에서도 계량 방식 펀딩으로 예산을 집행한다면 다음과 같은 이점을 누릴 수 있다.

- 스타트업 팀들이 절박함을 가지고 일하게 된다.
- 프로젝트 실패의 책임 소재가 더욱 분명해진다.
- 기업 입장에서는 프로젝트를 효율적으로 관리할 수 있다.
- 사내 정치로 인한 낭비를 크게 줄일 수 있다.
- 더 많은 펀딩을 받기 위한 유효 학습에 더욱 집중하게 된다.
- 복합기능 협업에 도움이 된다(공통 예산을 받기 때문이다).
- 중간 관리자의 간섭이 줄어든다(모기업으로부터 자원을 빌리지 않기 때문이다).

계량 방식 펀딩은 국회 예산 위원회보다는 벤처 투자에 가깝다. 하지만 계량 방식 펀딩을 도입한다고 해서 대기업의 조직문화 자체가 갑자기 달라지는 것은 아니다. 기존 시스템이 변화하는 듯하다가 원래

**계량 방식 펀딩**

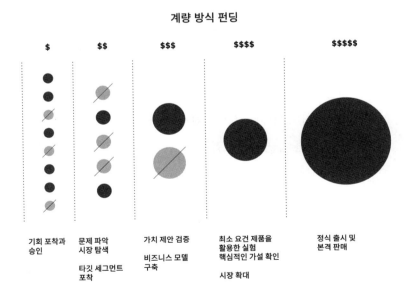

대로 돌아오기 쉽다. 조직문화와 업무 방식을 근본적으로 변화시키기 위해서는 계량 방식 펀딩과 더불어 성장 위원회 같은 시스템을 함께 도입할 필요가 있다.

## *비영리 기구와 계량 방식 펀딩*

글로벌 이노베이션 펀드Global Innovation Fund, GIF는 2014년에 설립되어 런던에 본부를 두고 있는 비영리 기구인데, 저개발 국가에 거주하는 빈민들의 삶을 개선할 수 있는 혁신적인 기술 개발을 지원하는 사업을 주로 행하고 있다.주6 GIF가 지원하는 많은 프로젝트에 의해 전 세계 수백만 명의 빈민이 이미 혜택을 받고 있는데, GIF의 CEO 알릭스 스와네는 GIF라는 기구에 대해 이렇게 말했다. "우리는 자선 단체와 투자 펀드가 혼합된 기구이면서 사회적 이득을 먼저 추구합니다."

　GIF는 양도, 대출, 지분 투자 등의 방법으로 프로젝트들을 지원하는데 자금 지급은 단계적으로 이루어진다. "우리는 벤처 투자사의 투자 방식을 응용하고 있습니다. 창업가의 아이디어와 추진 과정을 확인해 가면서 자금을 지급하는 거죠. 우리를 도와주는 전문가들이 그 추진 과정을 검토합니다." 스와네의 설명이다. 사회적으로 의미 있는 성과가 가시화되고 있다는 증거가 제시되어야 추가 자금이 지급된다는 것이다. 이러한 접근 방식은 특정 프로젝트를 하기 위해 비영리 기구에 자금을 지원하는 전통적인 자선 활동과는 다르다.

　GIF의 자금 지급은 세 단계에 걸쳐 이루어진다. 우선 첫 번째 단계에서는 혁신적인 아이디어를 가져오는 사람들에게 최대 23만 달러까지 자금이 지급된다(첫 번째 단계에서는 소액 자금만이 지급되는 경우가 대부분이지만 말이다). "이 단계의 자금은 학습을 위한 겁니다.

이 단계부터 결과를 바라지는 않습니다." 스와네의 말이다. 이 단계에서는 프로젝트가 해결하려는 핵심 문제의 답을 찾고 성공 가능성을 높이기를 기대한다. GIF에서 자금을 지원받은 우간다의 세이프보다SafeBoda라는 스타트업의 경우는 우버Uber와 같은 방식으로 오토바이택시 사업을 하겠다고 GIF를 찾아왔는데, 그들은 오토바이 운전자와 승객에게 반드시 헬멧을 쓰도록 하는 원칙을 제시함으로써 오토바이사고 시 머리 부상을 줄이고 싶다는 비전을 가지고 있었다. "운전자와 승객 모두가 헬멧을 쓰도록 함으로써 그들의 비즈니스를 이용하는 사람들을 더욱 안전하게 만든다는 것이 그들의 비전이었습니다. 헬멧을 쓸 수 있다는 점 때문에 세이프보다를 이용하려는 사람들이 많아지리라는 게 그들이 제시했던 가정이었습니다. 하지만 그들이 가장 먼저해야 했던 일은 오토바이 택시 이용자들이 정말로 헬멧을 쓰기를 바라는지 확인하는 것이었습니다." 스와네의 말이다.

GIF 자금 지급의 두 번째 단계에서는 최대 230만 달러까지 자금이 지급되는데, 이 단계에서는 비즈니스 모델을 확장한다. 스타트업은 자신들의 프로젝트가 사회적으로 의미 있는 성과를 내고 있다는 점을 보임과 동시에 비즈니스 모델의 수익성까지 보여야 한다. 세이프보다(이 글을 쓰는 현재 세이프보다는 아직 파일럿 프로그램 단계다)는 자신들의 시장 점유율이 높아지고 다른 경쟁자들이 세이프보다의 비즈니스 모델을 추종하면서 머리 부상을 당하는 승객 숫자가 줄어들고 있다는 점을 보일 필요가 있었다. GIF 자금 지급의 첫 번째와 두 번째 단계에 대해 스와네는 이렇게 말했다. "1단계에서는 자금의 80%가 학습에 투입되고 20%가 사업에 투입됩니다. 그리고 2단계에서는 이 비율이 50 대 50이 되죠."

GIF 자금 지급의 세 번째 단계에서는 최대 1500만 달러까지 자금이 지급된다. 이 단계에서 창업가들은 본격적으로 사업 규모를 확장하게 되며 사업 범위를 다국적으로 확대하기도 한다. "3단계에서는 자금의 80%가량이 사업적 성과를 위해 투입됩니다. 유효 학습에 투입되는 비중은 20% 정도가 됩니다." 스와네의 말이다. 이 단계에서는 기업 규모가 커짐에 따라 나타나는 사업적 문제들을 해결해 나가는 것이 주요 관심사가 되며 GIF보다 더 지원을 할 수 있는 협력사와 일하기도 한다. 훨씬 더 다양한 고객 요구를 충족할 수 있도록 혁신을 더욱 발전시키는 것이다.

비영리 기구의 사업 방식을 바꾸는 것은 무척이나 어려운 일이 될 수도 있지만 GIF 사례에서 보듯이 불가능한 일은 아니다. 그리고 그러한 변화가 만들어 낼 수 있는 효과는 엄청나다. GIF가 이루어 낸 혁신에 대해 스와네는 다음과 같이 말한다. "사회적 이득을 만들어 내도록 하는 인센티브를 제시하고 우리가 하는 일을 투명하게 공개한다면 새로운 개발 체계를 만들어 내는 데 있어 사람들의 지지를 이끌어 내고 정치적인 도움을 받을 수도 있습니다. 우리가 주목하는 것은 위험 관리와 분명한 증거와 사회적 이득입니다. 단계적으로 자금을 지급함으로써 이러한 것들을 더욱 효과적으로 이루어 내고 있다고 생각합니다."

## 성장 위원회

지난 3장에서도 언급했듯이 스타트업에는 이사회가 있다. 다양한 이해 관계자로 구성된 이사회 사람들은 서로 협의한 일정에 모여 보고를 받는다. 그리고 이사회에서는 스타트업이 이루어 내는 성과에 따라 추가 투자 여부를 결정한다. 대기업에서는 팀들이 성과를 발표할 때 회의에 참석할 관리자의 기대에 맞추려고 발표 내용을 어느 정도 수정하기도 한다. 하지만 스타트업 팀들은 달라야 한다.

대기업의 사내 스타트업은 독립된 스타트업 기업처럼 움직여야 한다. 팀은 성과에 대한 책임과 설명 의무가 있다. 개인의 성과와 급여는 해당 부서에서 관리한다. 그런데 사내 스타트업을 운영하는 많은 대기업이 스타트업의 성과를 관리하는 이사회와 같은 조직을 간과하고 있는 실정이다. 이와 같은 상황에서 내가 제안하는 것이 바로 성장 위원회다. 성장 위원회는 "이 팀에 더 많은 자금을 투입해야 하는지 여부를 어떻게 판단할 수 있을까?"와 같은 단순한 질문에서 시작할 수도 있다 (성장 위원회의 구성과 운영에 대해서는 9장에서 자세히 다룬다).

조직 내에서 스타트업 방식으로 움직이는 팀이 많아지고 이들의 성공 사례가 더욱 확산될수록 그 조직이 복제된다. GE에서는 패스트 웍스 2단계에서 성장 위원회와 함께 팀을 구성해 운영하도록 했다.

몇 년 전에 나와 함께 일했던 한 대기업의 스타트업 팀은 한 고객과의 협업으로 제품 출시 기간을 거의 2년이나 줄일 수 있는 계획을 세웠다. 제품 개발, 전시 및 시연, 판매로 진행되는 통상적인 방식이 아니라 고객 피드백을 기반으로 한 제품을 고객에게 가능한 한 빨리 전달해서 더 많이 빨리 학습하려는 것이었다.

그런데 그 대기업 재무 팀에서 의문을 제기했다. "그 제품의 투자 수익률은 어떻게 되나요?"

그 스타트업 팀이 계산을 해 보니 최소 요건 제품 단계의 투자 수익률은 마이너스로 나타났다. 그 팀은 기존과는 다른 방식으로 일했기 때문에 그 수익률은 그들의 계획 중 1단계만을 반영한 것이었다.

하지만 최소 요건 제품 단계의 투자 수익률을 보고 사업성을 판단하는 것은 도토리 크기만 보고 물 공급을 끊어 버리는 것과 같다. 나무는 아직 다 자라지 않았는데도 말이다.

그 스타트업 팀에서는 투자 수익률에 대해 예외를 둘 수 있는지 재무 팀에 타진해 보았으나 곧바로 거절당했다. 그리고 그 스타트업 팀의 프로젝트는 취소되었다.

일반적인 기업 환경에서 투자 수익률은 절대 무시할 수 없다. 하지만 처음에는 투자 수익률이 없더라도 계량 방식 펀딩으로 운영되고 성장 위원회에서 관리를 한다면 투자 수익률에 얽매일 필요가 없다. 그것이 바로 성장 위원회가 중요한 이유다.

## 다음 장의 이야기

GE와 미국 연방 정부에서는 2단계를 진행하면서 새로운 프로그램과 조직을 만들어 일을 하는 새로운 방식을 확산시키려고 했다. 이를 통해 많은 사람이 새로운 방식에 대해 교육을 받고 실제로 프로젝트를 진행하며 성공 사례와 실패 사례를 만들어 냈다. 스타트업 팀의 리더, 코치, 후원자 등 우리는 많은 사람에 대해 이야기했다.

하지만 거대한 조직 안에서도 이들의 숫자는 여전히 상대적으로 소수일 뿐이다. 그리고 소수의 사람이 추진하는 어떤 시도는 얼마 지나지 않아 멈추게 된다는 것을 우리는 잘 알고 있다. '캐즘'을 뛰어넘은 이와 같은 팀들과 사람들이 여전히 소수에 머문다면 조직 내에서 발생하는 저항과 반발에 의해 다시 예전 상태로 소멸되고 말 뿐이다.

변화가 힘을 유지하기 위해서는 조직의 시스템 안으로 들어가야 한다. 즉 조직의 시스템 안에서 평가가 이루어지고 인센티브가 주어지고 자원이 배분되어야 한다. 대부분의 조직에는 건드릴 수 없는 영역이라는 게 존재한다. 그리고 변화를 추진하면서 처음부터 그와 같은 영역에 대해 도전한다면 그 변화는 실패로 끝나기 십상이다. 하지만 변화는 반드시 필요하며 다음 장에서는 변화를 시스템 안으로 집어넣는 방법에 대하여 이야기하려고 한다. 바로 3단계다.

## 8장

# 3단계: 변화를 위한 시스템 만들기

우리 모두는 회사를 설립한다는 것이 무엇을 의미하는지 잘 알고 있다. 그것은 비전을 가지고 있는 리더와 그 리더의 비전으로부터 시작된다. 엄청난 성공으로 이어진 스타트업에는 저마다 창업 스토리가 있다. 대학교 기숙사에서 친구 두 명이 무언가를 개발하기 시작했다는 스토리, 커피숍에서 만난 친구 세 명이 창업을 결의했다는 스토리, 자동차로 여행을 하던 커플이 여행 중에 최초의 사업 계획을 구상하게 되었다는 스토리 같은 것을 떠올려 보라.

나는 아이디어를 실현하고 그 상품을 위한 시장을 찾아 큰 규모로 성장한 모든 회사에는 두 번째 이야기가 있다고 믿는다.

나는 이 이야기가 시작되는 순간을 두 번째 창업이라고 부른다. 두 번째 창업을 통해 성장을 지속할 수 있는 조직문화를 정착시키고 시장에 계속해서 머물 수 있는 기업이 되는 것이기 때문이다. 안타까운 일이지만 두 번째 창업에 실패한 스타트업들은 시장에서 밀려나는 게 현실이다. 스타트업이 최초의 성공을 통해 일정 규모 이상으로 성장한 후에는 조직 내에 관료주의가 자리 잡고 온갖 비효율이 생겨나기 시작한다. 그리고 이러한 상태가 지속되면 조직 내에서 가장 혁신적인 사람들이 조직을 떠난다. 최초의 성공 이후에도 '스타트업 DNA'를 유지할 수 있는 기업은 소수에 불과하며 이러한 기업들이 또 한 번의 도약을 하게 된다. 그렇다면 이와 같은 기업들은 어떤 기업들이고 미래의 스타트업이 이러한 성공을 재현할 수 있으려면 어떻게 해야 할까? 전통적인 대기업으로서는 어떻게 해야 스타트업 DNA를 자신의 조직 내부로 가져올 수 있을까?

3단계에 할 일은 조직 내부 프로세스를 변화시키는 것이다. 목표는 혁신을 지속할 수 있는 조직으로 거듭나는 것이다. 이 단계에서는 기업의 근본적인 시스템을 장기적인 혁신과 새로운 가치관에 적합한 것으로 바꿔야 한다.

이번 장의 내용은 여러 면에서 오해하기 쉽다. 큰 규모에서 일어나는 변화가 어떤 모습인지 다양한 각도에서 살펴보려 했지만 그러한 변화는 매우 크고 심오하며 회사마다 달라서 체계적으로 정리하기는 어렵다. 물론 3단계가 1, 2단계보다 덜 엄격하다는 것은 아니다. 사실 더욱 체계적으로 추진해야 한다. 그런데 각 조직마다 무엇을 바꾸어야 하는지에 대한 이해가 그 앞에서 이루어 낸 결과를 토대로 하기 때문에 기업마다 너무나도 다른 양상으로 전개된다. 3단계에서 할 일은 기존 변화의 결과를 가지고 조직 전체에 영향을 끼칠 해법을 만드는 데 이용하는 것이다. 따라서 이번 장에서 소개되는 원리와 사례를 통해 개별 기업 상황에 적합한 3단계를 구상할 수 있기를 바란다.

### 에어비앤비의 두 번째 창업_____

지난 1장에서 에어비앤비 트립스Airbnb Trips라는 에어비앤비의 새로운 서비스를 언급한 바 있는데, 트립스는 에어비앤비의 두 번째 창업이 제 궤도에 올랐음을 나타내는 일종의 신호다. 트립스 서비스의 개시 이전에도 에어비앤비는 계속해서 성장을 하고는 있었지만 조직 전체로는 활력을 잃어 가고 있었다. 에어비앤비의 공동 창업자 중 한 명이자 CEO인 브라이언 체스키는 이와 같은 상황에 위기의식을 느끼고 있었고, 회사를 다음 단계로 이끌어야 한다는 생각을 절실하게 하고 있었다. 그는 에어비앤비를 처음 창업하고 성공으로 이끌었던 때의 생각으로 돌아가려고 했다. 그 일련의 과정에서 그가 했던 일 중 하나는 그가 샌프란시스코로 이주를 하고 에어비앤비를 창업하기로 결심하는 계기가 됐던 닐 개블러Neal Gabler의 책 『Walt Disney: The Triumph of the American Imagination』을 다시 읽어 보는 것이었다. 그 책을 다시 읽는 과정에서 체스키의 관심을 붙잡았던 것은 월트 디즈니 최초의 장편 애니메이션 「백설공주」를 제작할 때 스토리보드를 활용했다는 부분이었다. 그는 곧바로 애니메이션 제작 스튜디오인 픽사Pixar의 아티스트를 영입하여 에어비앤비의 호스트와 게스트가 에어비앤비 서비스를 이용하는 과정을 스토리보드로 만들도록 했고 이것이 트립스 서비스를 만들어 내는 계기가 되었다. "그 스토리보드를 본 순간 우리는 여행 과정의 대부분에서 우리가 빠져 있다는 사실을 인식하게 되었습니다." 에어비앤비의 상품 담당 부사장 조 자데Joe Zadeh가 말했다. 곧바로 에어비앤비는 사용자들의 여행 계획과 여행 과정을 도와주는 서비스를 만들기로 결정했다. "우리는 기존 플랫폼에 부가 서비스를 덧붙이는 수준이 아니라 완전히 별개의 새로운 서비스를 만들어 내기로 결정했습니다." 조 자데의 말이다. 에어비앤비는 이 새로운 서비스 개발 프로젝트에 대해 '백설공주 프로젝트Project Snow White'라는 이름을 붙였다.

그런데 프로젝트는 몇 달이 지나도록 별다른 진전을 이루어 내지 못했다. 에어비앤비의 새로운 성장 동력을 만들어 줄 것으로 기대되던 프로젝트가 지지부진하자 에어비앤비 창업자들은 별도 사내 스타트업 팀을 만들어 프로젝트를 맡기기로 했다. 여섯 명으로 구성된 그 사내 스타트업 팀은 창업자 중 한 명인 조 게비아Joe Gebbia가 이끌기로 했고 그들은 뉴욕에 가서 3개월간 내부 인큐베이터 프로그램을 운영했다. 그들은 뉴욕에서 다양한 아이디어를 실험했고 몇 달 후에 다시 샌프란시스코로 돌아와 실험 결과를 토대로 더 다양한 아이디어를 탐색했다. 조 게비아의 팀이 발굴해 낸 아이디어 중 가장 유망해 보인 것은 '경험 장터Experience Marketplace'라고 이름 붙인 서비스였는데, 리 겔러거Leigh Gallagher가 쓴 『The Airbnb Story』에서는 경험 장터를 이렇게 설명하고 있다. "특정한 재능이나 지식을 가지고 있는 호스트가 자신이 거주하는 지역 내에서 게스트에 대해 유료로 어떤 경험을 제공할 수 있도록 하는 서비스 플랫폼이다."주1 백설공주 프로젝트는 그렇게 다시 살아났다.

에어비앤비는 CEO인 브라이언 체스키 자신이 프로젝트 리더를 맡기로 하고 백설공주 프로젝트 팀을 재정비했다. 이번에는 디자이너, 엔지니어, 프로젝트 매니저 등의 팀원들을 두고 필요에 따라 회사 내외부에서 추가적으로 인재를 영입하기로 했다. 그리고 프로젝트 팀의 활동 시한은 따로 정해두지 않았다. CEO가 직접 책임지고 회사의 전폭적인 지원을 받는 새로운 스타트업 팀이 출범한 것이다.

그 팀은 정기적으로 샌프란시스코의 관광 명소인 피셔맨스 워프Fisherman's Wharf를 찾아 그곳에서 만나는 관광객들과 대화를 나누었다. 그러면서 그들은 기회가 되는 대로 관광객들에게 다음과 같은 점들을 물어보았다. "이곳에는 어떤 이유로 오셨어요? 이곳에서 어떤 경험을 하기를 바라시나요?" 백설공주 프로젝트 팀은 2년에 걸쳐 온라인과 오프라인을 통해 트립스 서비스에 필요한 정보와 기술을 축적해 나갔다.

"우리는 스타트업 특유의 작은 팀으로 일하는 데 최적화되어 있었습니다. 팀원 모두가 그랬죠. 우리는 스타트업 안의 스타트업이었습니다." 조 자데의 말이다. 사실 월트 디즈니도 처음에는 디즈니랜드를 별도 회사로 설립했다. 나중에는 지분을 매입하여 모회사와 통합했지만 말이다. 이런 점에서 보자면 브라이언 체스키는 월드 디즈니로부터 경영 방식까지 배운 셈이었다.

백설공주 프로젝트는 초기 디즈니랜드처럼 별도 회사로 설립되지 않고 에어비앤비에 속해서 운영됐지만 체스키는 트립스 서비스가 디즈니랜드 방식에서 그 원리를 따온 거라고 말했다. 테슬라의 CEO 일론 머스크Elon Musk는 체스키에게 스타트업은 창업, 성장, 관리라는 세 시대를 거친다고 말했다고 한다. 이에 대해 체스키는 다음과 같이 덧붙였다. "에어비앤비는 관리의 시대로는 들어가지 않을 겁니다. 우리는 항상 성장의 시대에 존재할 겁니다."주2

항상 성장의 시대에 존재하겠다는 그의 의지대로 에어비앤비는 지난해에 사마라Samara라는 사내 혁신 및 디자인 스튜디오를 출범시켰다. 그리고 사마라 스튜디오의 책임자 조 게비아는 『메트로폴리스』Metropolis 잡지와의 인터뷰에서 다음과 같이 말했다. "우리는 사람들 곁에 오래도록 남는 브랜드를 구축하는 일에 아주 큰 관심을 가지고 있습니다. 그래서 이를 위한 공간을 만들 때가 되었다고 판단했죠. 조직의 일반적인 업무에 매여 있지 않고 과감하게 위험을 수용하고 실패도 용인되는 그런 공간 말입니다." 사마라 스튜디오를 통해 진행되고 있는 프로젝트 중에는 난민 지원 사업도 있을 정도로 그 사업 영역이 광범위한데 게비아는 사마라가 에어비앤비의 지속적인 성장과 발전의 한 축이 되기를 바라고 있다. 그는 계속해서 말을 이었다. "우리가 지난 2008년에 심은 씨앗은 이제는 전 세계 191개 나라에 뿌리를 내리고 있는 거대한 나무로 자라났습니다. 그러나 그 나무 주위에 더 많은 씨앗을 심지 못한다면 숲을 이루지도 못하고 결국에는 나무도 죽게 될 겁니다. 우리는 사마라 스튜디오를 통해 더 많은 씨앗을 뿌리려고 합니다. 새로운 아이디어를 통해 에어비앤비 주위에 다른 많은 나무가 자라날 수 있도록 할 겁니다."[주3]

## 날아오를 수 있는 비행기를 만들라

스타트업의 두 번째 창업에서 중요한 것은 브라이언 체스키나 조 게비아 같은 창업자들의 역할만이 아니라 회사에서 일하는 사람들이 사내 창업가로서 자기 경력을 계발할 수 있도록 투자해야 한다는 점이다. 결국에는 조직 내의 여러 창업가들이 역할을 해 주어야 회사의 장기적인 성장이 가능하다.

그런데 회사 내에 이를 뒷받침할 수 있는 시스템이 갖추어져 있지 않다면 창업자의 관점이 바뀌어도 소용이 없다. 기존 대기업 조직이 두 번째 창업을 경험하려면 이를 위한 지원 시스템을 갖추고 있어야 한다. 대기업에서는 초고속 성장을 이루어 낸 스타트업보다 조직을 정비하고 새로운 시스템을 갖추는 데 더 많은 일을 해야 할 수도 있다. 그러나 두 번째 창업을 통해 새로운 성장 동력을 만들어 내기 위해서는 이러한 과정이 필요하다. 스타트업 방식으로 변화를 추구하는 사람들은 실리콘 밸리 창업자들의 마음가짐과 태도를 지니고 있어야 한다.

대기업의 사내 스타트업 팀이 최소 요건 제품을 통한 실험과 계량 방식 펀딩 같은 스타트업 방식을 통해 성공을 이루어 냈다고 가정해 보자. 그럼 그러한 성공을 이루어 낸 사람들이 그다음에 생각하는 것은 자신의 경력 경로다. 이를테면 자신의 성과에 대한 조직의 평가, 승진, 동료들 사이에서의 평판 같은 것들에 대해 생각하게 된다. 사내 스타트업 팀은 일하는 과정에서 사내 컴플라이언스와 관련하여 여전히 옛 방식으로 일하는 다른 조직들과 충돌을 빚을 가능성이 있다. 재무 팀과 IT 팀 역시 전사적으로 달라져야 할 수도 있다. 몇몇 팀이 소규모 자금으로 실험을 하는 것과, 모든 사업부를 성장 위원회와 계량 방식 펀딩으로 운영하라고 주문하는 것은 완전히 다른 차원의 문제가 된다. 연방 정부에서 수백만 달러 규모의 IT 계약을 대체하려면 계약 체계를 먼저 반드시 바꿔야 하는 것과 같다.

변화 초기에는 예외 규정을 두고 스타트업 팀을 운영하는 것도 좋은 방법이다. 하지만 스타트업 팀이 성공을 이루어 내고 그 팀의 방식을 토대로 조직 전반에 걸쳐 변화를 추구하기로 했다면 이야기는 달라진다. 몇몇 리더는 중력에 도전하겠다며 하늘로 뛰어오를 수도 있다. 하지만 곧바로 땅으로 떨어질 뿐이다. 하늘을 날고 싶으면 비행기에 타야 한다. 그리고 변화의 마지막 단계가 바로 이 비행기를 만드는 단계다. 물론 기업 시스템을 바꾸는 일을 너무 일찍 시도하는 것은 자살행위다. 기업 시스템을 바꾸는 일은 1단계와 2단계에서 충분한 성공 사례를 만들어 내고 조직 내에서 정치적인 지지까지 얻어 낸 다음에 시도해야 한다. 그래야 작은 팀의 시도를 조직 전반으로 가져가는 일이 가능해진다.

## 한 쪽짜리 지침서

지난 6장에서 한 IT 기업의 개발 팀이 소프트웨어 제품과 관련된 실험을 진행하기를 두려워하고 고민했으나 법무 자문에게 전화를 걸어 단 몇 분 만에 실험을 진행해도 괜찮다는 답을 받았던 일화를 소개했다.

그런데 그 뒤의 이야기가 더 있다. 그 팀은 실험을 통해 시장에 관한 값진 정보를 수집할 수 있었고, 그와 같은 성과는 그 회사에서 프로젝트 후원자 역할을 하고 있던 사업부장에게 보고되었다. 사업부장은 혁신을 추진하는 사람들과 법무를 담당하는 사람들 사이에 상당한 단절이 있음을 인식했다. 그리고 그와 같은 단절은 많은 기회의 상실로 이어질 수 있다고 판단했다. 이런 새로운 방식을 코칭받지 못하는 팀이나 전화를 걸어 자문을 구하는 용기를 내지 못하는 다른 팀들은 그대로 기회를 놓칠 수도 있었다.

사업부장은 뭔가 조치를 취해야겠다고 생각하고는 나에게 의견을 물었다. "이와 같은 문제가 또 생기지 않도록 법무 팀과 협력할 수 있을까요?" 나는 할 수 있다고 말했다. 하지만 그렇게 되려면 법무 팀의 참여가 열쇠였다. 우리는 곧바로 법무 팀과 미팅을 잡았다. 팀이 실험을 하도록 도운 그 변호사는 프로젝트를 취소하고 걸림돌을 놓는 사람들로 가득한 꽉 막힌 부서의 변두리 인물이 아니었다. 법무 팀 자체도 그렇지 않았다. 미팅에 참석한 법무 팀 사람들은 이렇게 말했다. "우리 때문에 일이 가로막히는 것은 바라지 않습니다. 우리도 항상 안 된다고 말하기를 좋아하지 않고요. 그와 같은 실험을 하는 팀들에 도움이 되고 싶은데 어떻게 해야 할까요?" 대부분의 경우와 마찬가지로 그 법무 팀 사람들은 다만 위험을 최소화하도록 오랜 세월에 걸쳐 만들어진 회사의 기본적인 프로세스에 따라 일하고 있었을 뿐이다. 그들은 회사 규정을 지키려고 하다가 미래의 기회를 잃을 수도 있다는 점에 공감했다.

나는 법무 팀에 간단한 제안을 했다. 혁신 팀이 일하면서 따라야 할 조건들이 명시된 짧은 지침서를 쉬운 글로 써 달라고 한 것이다. 내 요청을 받은 법무 팀은 다음과 같은 지침서를 만들어 주었다.

1. 실험에 참가하는 고객 숫자 X명 이하, 책임 한도 Y달러 이하, 비용 Z달러 이하의 최소 요건 실험에 대해서는 법무 팀과 논의하지 않고 진행할 수 있다.
2. 실험이 성공하고 해당 최소 요건 제품의 판매 범위를 늘리기로 하는 경우에는 다음과 같은 조건하에서 법무 팀과 논의하지 않고 X, Y, Z의 숫자를 늘릴 수 있다: (a)성공을 거둔 첫 최소 요건 제품에 기반을 둔 제품이고 (b)본부장의 결재를 득한 경우.
3. 앞의 조건을 넘어서는 수준으로 판매를 확대하려는 경우에는 법무 팀과 논의를 거쳐야 하며 담당자 핫라인은….

지침서의 최종 결과물은 이렇게 한 쪽으로 짧아졌지만 처음에는 열 쪽 분량이었다.

이때 우리는 지침서 작성 과정에 린 방법론을 적용하기 시작했다. 처음 열 쪽 분량의 지침서를 만들어 주면서 법무 팀에서는 그 정도가 자신들이 만들 수 있는 가장 짧은 분량이라고 말했다. 나는 지침서에 대해서도 최소 요건 제품 방식의 실험을 통해 모두가 만족하는 최종적인 지침서를 만들어 낼 수 있을 거라고 생각했다. 나는 개발 팀과 법무 팀의 의견을 받아 지침서를 다듬고 다시 그들에게 보여 주고 피드백을 받았다. 그리고 새로운 버전의 지침서를 만들어 개발 팀과 법무 팀에 보여 주고 다시 피드백을 받았다. 이 과정을 몇 차례 반복한 다음에 최종적으로 만들어 낸 것이 앞에서 소개한 이해하기 쉬운 말로 된 한 쪽짜리 지침서였고 그에 대해 개발 팀과 법무 팀 모두 만족을 표했다.

믿을 만한 법적 조언이 담긴 지침서가 완성된 이후 팀은 프로젝트 초기부터 법무 팀에 전화를 걸거나 전담 변호사를 참여시키지 않고도 실험을 진행할 수 있었다. 물론 처음부터 법무 팀의 의견을 구해야 하는 프로젝트도 있다. 복잡한 컴플라이언스 문제가 엮여 있어서 신중하게 법적 검토를 해야 하기 때문이다. 하지만 상당수 프로젝트에서 그러한 경우와 상관없이 법무 팀이 무슨 말을 할지 모르고 실제 규정이 무엇인지 잘 몰라서 시도를 하지 않는 사례가 많았다. 그 지침서를 만들고 나서 법무 팀이 다른 팀에 영향을 미치는 방식도 달라졌다. 예전에는 규제하는 조직이었다면 지침서 이후로는 속도를 높이는 데 일조하는 조직이 된 것이다.

이러한 지침서의 또 다른 가치는 팀이 더 나은 실험을 하도록 장려한다는 점이었다.

흔히 팀은 아이디어가 생기면 사업 계획에 넣을 수 있는 멋진 수치를 내놓고 싶어 한다. 허무 지표를 만들어 내기 위해 그들은 수많은 고객을 대상으로 실험을 해야 한다고 생각한다. 그러나 이와 같은 지침서를 보고 법무 팀에 전화를 걸어야 한다는 걸 알게 되면 누가 그렇게 하고 싶겠는가? 그들은 작게 시작하는 것, 다시 말해 법무 팀 허가를 받고 1만 명을 대상으로 실험을 하기보다는 100명을 대상으로 실험을 하는 것이 더 쉽다고 깨달을 것이다. 프로젝트 팀들이 이러한 점을 고민하게 된다면 그들의 행동 역시 달라진다. 법무 팀이 이제는 규제가 아니라 문제를 해결하는 편이 되는 것이다.

## 규제와 지원 사이의 역할

앞에서 소개한 법무 팀의 역할은 규제를 하도록 되어 있는 조직이 직면한 도전이 무엇인지 보여 준다. 이제 회사 시스템을 감독하는 다른 규제 조직들을 살펴보자. 스타트업 방식의 목표는 기업 시스템을 감독하고 다른 팀들의 활동을 규제하도록 되어 있는 조직들도 고객 서비스의 마음가짐을 지니도록 하는 것이다. 규제를 하는 조직들은 다른 팀들의 활동을 감시하고 규정을 엄격하게 적용함으로써 프로젝트 진행을 느리게 만든다. 변화를 위해 무엇을 해야 하는지는 개별 기업에 따라 다르게 나타난다. 사실 규제를 하는 조직들이 변할 수 있다는 것에 대해 내 주위의 많은 사람은 불가능하다고 말한다. 정말 그럴까? 이어지는 부분에 나오는 몇 가지 사례를 읽어 보기 바란다.

## 법무

고객 요구에 대응하며 변화한 또 다른 법무 팀 이야기가 있다. 여기서 소개하는 사례는 피보털Pivotal의 사례인데, 피보털은 원래 EMC의 사내 조직으로 있던 팀이 2012년에 분사되면서 설립된 기업이다.주4

피보털의 비즈니스 모델은 오픈 소스와 자유 소프트웨어에 기반을 두고 있기 때문에 법적인 문제를 겪을 여지가 많아서 언제나 다음과 같은 점들을 고민하게 된다. 저작권은 누구에게 있는가? 그 코드는 유효한 것인가? 자주 문제를 일으키는 지적 재산intellectual property, IP은 무엇인가? 우리의 의도와는 다르게 소프트웨어가 사용되고 있지는 않은가? 피보털 법무 팀장 앤드류 코언은 다음과 같은 말을 했다. "법률가들은 오픈 소스라는 개념에 대해 처음부터 거부 반응을 내보입니다. 소프트웨어에 사용자도 모르는 무언가가 들어 있다면 위험하다고 생각하는 겁니다." 피보털 법무 팀에서는 '지적 재산 보호와 오픈 소스 라이선스 준수 사이의 조화'를 위한 프로젝트 하나를 추진하기로 했다. 피보털에서 사용하거나 기여하는 오픈 소스 소프트웨어를 진단하는 프로세스를 만들기로 한 것인데, 이 프로세스는 온라인을 통한 질문들과 법률적 검토로 구성되어 있다. "이 프로세스를 통해 미리 확인하고 검증한 오픈 소스 소프트웨어의 코드 저장소를 만들었습니다. 아직은 부족한 게 많은 상태였지만 좋은 출발점이기도 했습니다." 코언의 말이다. 소프트웨어 진단 프로세스가 최소 요건 제품 역할을 했다.

소프트웨어 진단 프로세스를 가동하고 나서 피보털 법무 팀 변호사 두 명이 개발 팀의 엔지니어들을 만나 이렇게 말했다. "소프트웨어 진단 프로세스를 가동했는데 수작업이 너무 많고 느립니다. 개발 팀에서 공개하는 소프트웨어들을 몇 달이 지나서야 진단하고 있는 실정입니다. 그러다 보니 사용자들은 우리 소프트웨어가 법적으로 문제가 없는지 의문을 제기하고 있습니다. 법무 팀과 개발 팀이 협력하여 프로세스를 개선해야 사용자들이 궁금해하는 것들에 대해 빠르게 응답할 수 있을 것 같습니다."

코언에 따르면 그 변호사 두 명은 변호사가 되기 전에 엔지니어로 일했기 때문에 개발 팀 엔지니어들과 대화가 잘 통했다고 한다. 피보털 법무 팀과 개발 팀에서는 고객들로부터 신뢰를 얻기 위해서라도 소프트웨어 진단 프로세스를 개선할 필요가 있다는 데 합의를 보았다. "우리는 규정을 만들어 내는 법률가들이 아니라 과학자이자 엔지니어의 마음가짐으로 일에 접근했습니다." 코언이 말했다.

그들의 목표는 프로세스를 자동화하는 것이었다. 수많은 질문과 기술적 세부 사항의 부담을 덜어서 엔지니어뿐 아니라 고객과 법무 팀이 처한 상황을 개선하려고 했다.

그들은 우선적으로 소프트웨어 라이선스를 확인하는 프로세스를 자동화하기로 했다. "오픈 소스 방식을 활용할 때 가장 신경 써야 하는 점 중 하나는 라이선스를 확인하는 것입니다." 피보털 개발 팀과 법무 팀은 라이선스 파인더License Finder라는 자동화 프로세스를 만들었다. 라이선스 파인더는 라이선스와 관련하여 녹색, 노란색, 빨간색 세 가지 등급을 매기는데, 녹색은 곧바로 공개할 수 있는 소프트웨어를, 노란색은 심층적인 검토를 요하는 소프트웨어를, 빨간색은 공개하면 안 되는 소프트웨어를 의미한다.

다른 기업에서는 수많은 법률가들이 투입되고 있었지만 피보털에서는 자동화 프로세스를 통해 엔지니어에게 영향을 덜 미치면서도 고객의 신뢰를 얻을 수 있게 되었다. "엔지니어링 규모가 거대한데도 자동화 덕분에 변호사 두 명이 시간제로 법적 문제를 지원할 수 있게 되었습니다." 앤드류 코언의 말이다.


## 재무

'원장元帳'이라는 용어는 스타트업과는 잘 어울리지 않는다고 생각하는 사람이 많은 것 같다. 너무 구식 용어 같다는 것이다. 하지만 원장 관리는 어느 회사에서나 재무의 핵심이다. 내가 가장 몰두해 참여했던 프로젝트 중 하나가 바로 GE의 ERPenterprise resource planning 통합 프로젝트였다. 밖에서 보면 답답해 보이겠지만 재무 같은 전통적인 기능에 대해서까지 실제적인 변화를 추진한다는 것은 조직 깊은 곳까지 문화가 바뀌고 있음을 보여 주는 방증이라고 생각한다.

내가 참여했던 그 프로젝트는 GE 글로벌 비즈니스의 ERP 시스템 네트워크를 통합하기 위한 5개년 프로젝트였는데, 프로젝트를 추진하던 당시 GE에서는 신사업 추진과 인수 합병의 결과로 전 세계 사업장에서 500종이 넘는 ERP 시스템을 사용하고 있었다. 당연히 조직의 자원과 재무를 관리하는 일이 필요 이상으로 복잡해져 있었다.

어떤 업무에는 150개가 넘는 나라에서 40개 이상의 ERP 시스템이 사용되기도 했다. 역사적으로 GE에서는 새로운 국가에 진출하면 가장 먼저 ERP 시스템을 구축해 왔다. 해당 국가의 모든 사업 부문은 일정 규모 이상 커지기 전까지는 같은 ERP 시스템을 계속 사용하게 된다.

이 프로젝트의 최종 목표는 회사의 모든 산업 부문을 같은 방법으로 통합하는 ERP 시스템을 하나 만들어서 재무 업무를 중앙 집중적으로 처리하는 것이었다. 프로젝트 팀에서는 이 프로젝트를 종전 방식보다 50% 더 빠르고 50% 더 저렴하게 완수하기를 희망했다. "요구 사항을 수집하는 데만 6~9개월을 소요하고 그런 다음에 개별 사업장별로 해법을 추구하는 기존 방식으로 돌아갈 수는 없는 일이었습니다." 당시 GE 본사에서 CIO로 일하고 있던 제임스 리처드의 말이다.

새로운 접근 방식으로 팀은 작게 구성됐는데 중남미의 두 나라인 칠레와 아르헨티나만 참여했다. 우선 두 나라에서 재무, 운영, IT 사람들로 팀을 구성했고 한 달 만에 표준적인 기능이 구현된 소프트웨어를 만드는 걸 목표로 하는 프로젝트에 뛰어들었다. 그러다가 팀 규모가 더 작아졌다. 새로운 소프트웨어의 모든 필요한 모듈을 단번에 만들어서(원장은 단지 한 가지 기능일 뿐이고 그 외에도 미지급금, 미수금, 현금 관리, 공급망 등 여러 기능이 있다) 18개월 안에 전부 내놓는 대신 각 나라에 필요한 모듈 하나만 만들기 시작했다. 당시 일에 대해 제임스 리처드는 이렇게 말했다. "우리는 가장 불편한 부분이나 제대로 만들지 않으면 일이 잘 돌아가지 않을 부분을 찾았습니다. 우리는 특정 분야에 대한 최소 요건 제품부터 만들기로 했습니다. 복합기능 팀이 기능을 일정 기간 사용자에게 공개해서 피드백을 받고 모듈을 하나 완성할 때마다 시험 모드로 들어갔습니다."

이는 과거의 방식과는 완전히 다른 접근법이었다. 프로젝트 팀에서는 어느 부분에 문제가 발생하고 있는지에 관한 GE 내부 고객들의 지적이나 의견을 받아 문제를 해결해 나가며 통합 프로젝트를 추진했다. "그게 핵심이었습니다. 우리는 일단 소프트웨어를 내놓았습니다. … 그런 다음에 사용자들이 컴플라이언스 문제나 비효율 문제를 제기하는 부분에 대해 문제 해결을 추진하는 식으로 일을 진행해 나갔습니다." 제임스 리처드가 했던 말이다. 그들은 이와 같은 방식으로 하나의 모듈을 완수하고 그다음 모듈로 넘어가는 식으로 일을 진행했다. 팀은 이런 방식으로 일한 결과, 18개월 걸리던 소프트웨어 배포를 4~6개월로 줄였다.

그 프로젝트 팀의 방식은 모범 사례가 되었고, GE의 전 세계 사업장으로 확산되었다. GE에서는 오라클의 ERP 클라우드를 도입할 때도 이와 같은 방식을 활용했다. "우리 프로젝트는 좋은 사례가 되었습니다. 그 이후 회사에서는 유사한 프로젝트를 추진할 때 우리의 사례를 참고하게 되었고, 직원들은 더 적은 비용으로 더 빠르게 무언가를 해낼 수 있다는 자신감을 갖게 되었죠. 우리는 새로운 가능성을 증명해 보인 셈이었고 회사로부터 인정을 받았습니다." 리처드의 말이다.

GE의 전 세계 사업장에서 이와 같은 방식을 통해 시스템 통합 프로젝트를 진행한 이후 500종이 넘던 ERP 시스템은 100종 이하로 줄어들었다. 4년 만에 80%를 줄인 것이다. 이러한 성과에 대해 리처드는 다음과 같이 말했다. "물론 추진 과정에서 상당한 갈등과 문제가 발생하기도 했지만 시스템 단순화와 속도에 대한 GE 최고 경영진의 의지와 추진력이 이와 같은 성과를 가능하게 했습니다. 변화를 추진하다 보면 옛날 방식을 고수하려는 사람들과 부딪히게 마련입니다. 이때 변화를 지지하는 사람들의 도움이 필요하죠. 조직 전체로 변화를 확산시키는 과정에서 최고 경영진의 지지가 상당한 도움이 되었습니다."

창업가나 제품 담당자들에게 이 이야기를 들려주면 상당수는 회의적인 반응을 보인다(사람들이 투덜거리는 소리가 연단 앞까지 들려올 때도 많다). 재무, 영업, IT 사람들로 팀을 구성하면 서로 주도권 싸움을 벌일 테고, 게다가 GE 같은 대기업에서 오래 일한 사람들이라면 관료주의에 익숙하고 변화에는 서툴 거라고 사람들은 흔히 생각한다. 그러나 GE의 프로젝트 팀은 빠르고도 창의적인 방식으로 문제를 해결하겠다는 의욕을 강하게 가지고 있는 스타트업처럼 움직였다. 단지 사흘짜리 워크숍에 참여함으로써 그들의 행동과 사고방식은 믿기 어려울 만큼 달라졌고 그들의 변화된 모습은 회사 내부 사람들도 놀랄 정도였다. 이 이야기를 들은 사람들은 거기에는 숨겨진 다른 이야기가 있는 게 아니냐고 묻기도 하지만 절대 마법 같은 기적이 일어난 게 아니었다. 팀을 방해하던 시스템과 사고방식을 바꾼 결과였다. 나는 가장 완고하고 불가능해 보이는 상황에서도 그러한 '기적'이 일어나는 걸 여러 번 목격했다.


## IT

한 번은 수도 워싱턴에 가서 새로 확장한 USDS 사무실에 들른 적이 있다. USDS는 조직을 확장하고 많은 프로젝트를 진행하고 있었는데, 나는 그중 몇몇 프로젝트 팀을 만나 대화를 나누었다. 우리는 미국 연방 정부가 겪고 있는 몇 가지 주요한 문제를 어떻게 해야 해결할 수 있을지에 관하여 의견을 나누었다.

그때 나와 대화를 나누던 사람 중 한 명이 다른 사람들에게 이렇게 말했다. "그 동굴 이야기를 좀 해 드려."

그들은 자유의 여신상 두 배 높이로 쌓여 있는 서류 뭉치를 상상해 보라면서 이야기를 시작했다. 그게 미국 이민국United States Citizenship and Immigration Services, USCIS에서 해마다 처리하는 서류 분량이라면서 말이다. 미국 이민국에서는 매년 700만 건의 신청서를 받아 업무를 처리하는데 상당한 업무가 수작업으로 이루어지고 있다고 했다.

내 머릿속에는 비효율이라는 단어가 가장 먼저 떠올랐다. 분명히 그 과정에서 엄청난 비효율이 만들어지고 있을 터였다!

그런데 USDS 사람들은 이민국에서 민원서류를 받아 업무 처리를 하는 게 전부가 아니라고 말했다. 업무 처리가 끝난 서류들을 보관하는 문제가 남아 있다는 것이다. 미국 이민국에서는 그만한 양의 서류를 어디에 보관하고 있는 걸까? 종이는 실제로는 꽤 조밀하고 묵직하다. 앞서 말한 분량은 막대해서 일반적인 사무실에 보관할 수 없다. 그만한 하중을 지탱하려면 건물을 특별히 보강해야 한다.

USDS 사람들은 이민국에서 처리된 서류들이 동굴에 보관된다고 말했다.

처음에는 그 말을 공무원의 근무 조건에 대한 농담이나 은유라고 생각했다. 그런데 진짜 동굴에 보관해 둔다는 것이었다. 그리고 그 동굴에서 근무하는 직원들은 미국 전역에 있는 이민국 지역 본부들을 오가며 서류를 운송하는 업무까지 맡아서 한다고 했다.

21세기 정부에 어울리지 않는 모습이었다. 그런데 이 상황은 미국 이민국에서 전자 이민 시스템Electronic Immigration System, ELIS을 구축하는 전환 프로그램을 개시한 2008년 상황이었다. 목표는 정부 기관의 프로세스를 종이에서 전산 방식으로 바꿔서 시민권부터 그린카드까지 모든 서비스를 사람들에게 더 빠르게 효율적으로 제공하는 것이었다.

그런데 신원 조회 업무만 하더라도 여전히 다음에 설명하는 방식으로 진행되고 있었다. NBCNational Benefits Center라는 동굴 내에 마련된 사무실 책상 왼쪽에 이민 신청 서류철이 쌓여 있다. 담당자는 신청 서류철 하나를 집어 들고 해당 서류철에 있는 신청자의 이름과 날짜를 신원 조회 소프트웨어에 입력한다. 그런 다음 결과물을 출력하는데 프린터의 상당수는 여전히 도트 매트릭스 프린터다! 담당자는 신원 조회 출력물의 테두리를 뜯어내고 스테이플러를 이용하여 신청 서류철에 첨부하고 처리가 끝난 서류철은 책상 오른쪽에 쌓아 둔다. 이렇게 해야 한 건의 신원 조회가 끝나는 것인데 경우에 따라서는 한 명의 이민 신청자에 대해 다수의 조회 시스템을 적용해야 할 수도 있다.

신원 조회 업무 외의 다른 업무도 상황은 비슷했다. 미국 이민국에서 전자 이민 시스템을 도입한 것이 2008년 일이었으나 2014년에 이르러서도 전산 기반 업무는 정착되고 있지 못했다. 사실 업무 처리 속도는 전자 이민 시스템이 종이 기반 프로세스보다 더 느렸다.

상황이 이와 같자 미국 이민국의 CIO 마크 슈워츠Mark Schwartz와 전자 이민 시스템의 도입을 책임졌던 캐스 스탠리Kath Stanley는 새로운 방법을 도입해 보기로 결정했다.

그 후 약 2년 동안 미국 이민국 프로젝트 팀은 외부 IT 계약 업체들을 정비하고 몇 달에 한 번씩 기능을 조금씩 개선해 내놓고 있었다. 그런데 당시 마이키 디커슨은 HealthCare.gov 작업 이후 실리콘 밸리를 돌아다니며 정부 일에 관심 있는 사람들을 물색하고 있었다.

디커슨의 제안에 응답했던 실리콘 밸리 사람 중 구글에서 소프트웨어 엔지니어로 일하던 브라이언 레플러Brian Lefler가 있었다. 그는 당시 일에 대해 이렇게 말했다. "제 개인적으로는 구글 지도 개발 팀에서 행복하게 일하고 있었습니다. 그러다 HealthCare.gov에서 시스템 장애가 일어나 문제들이 터져 나오는 것을 보게 되었습니다. 그리고 그러한 문제들을 해결하는 사람들도 보았고요. 제게도 그런 능력이 있는지 확인하고 싶었습니다." 정부 일을 하기로 하고 레플러가 에릭 하이슨Eric Hysen과 몰리 러스킨Mollie Ruskin과 함께 가장 먼저 참여한 프로젝트는 2주짜리 미국 이민국 전자 이민 시스템 개선 작업이었다.

레플러는 공식적인 2주가 지난 후에도 미국 이민국 전자 이민 시스템 개선 작업을 도왔고 6개월 후 개발 팀의 권고가 다 채택되기에 이른다. 그리고 이 시기에 USDS가 탄생하게 된다. 브라이언 레플러는 마크 슈워츠와 캐스 스탠리가 이끄는 다섯 명으로 구성된 팀의 일원이 되어 종이 기반에서 전자 이민 시스템으로 이전하는 작업을 돕는 일을 하게 되었다. 이 프로젝트 지원 팀에서는 시스템 설계, 개발, 개선 등과 관련된 다양한 문제를 다루었는데 레플러는 이렇게 말했다.

"사람들은 자신이 사용자들의 요구 사항들을 제대로 알고 있다고 생각합니다. 2년 전쯤에 작성된 보고서에 사용자들의 요구 사항들이 기록되어 있다는 이유로 말입니다." USDS에서는 이민국에 팀원들을 '동굴'로 파견 보낼 것을 제안했다. 현장에서 실제 업무가 어떻게 처리되고 있는지 볼 필요가 있다는 것이었다. 그와 동시에 전자 이민 시스템과 관련된 프로토타입 소프트웨어를 가지고 가서 동굴에서 근무하는 직원들로부터 지속적인 피드백도 받았다.

이민국 프로젝트 팀은 2014년 11월 새로 개선된 시스템을 사흘간 공개하면서 시스템을 전체적으로 테스트하고 팀에서 개발한 자동화 테스트(계속 개선됨)로 남아 있는 문제를 해결했다. 목표는 2015년 2월에 발효되는 영주권 갱신 규정I-90에 맞추어 새로운 시스템을 발표하는 것이었다. 이 새로운 시스템에 대해 사용자들의 92%가 "새로운 시스템에 만족한다"라는 반응을 보였다.[주5] 무엇보다 업무 처리 기간이 대폭 짧아졌다. 종전 6개월 정도 걸리던 그린카드 발급 기간이 새로운 시스템 도입 이후 최단 2주로 줄어들었다. "예전 것은 버그가 있는 시스템 같았습니다. 그전에는 신청서를 제출하고 한 달이 지나서야 지문 채취 과정에 들어갈 수 있었죠. 하지만 이제는 그 기간이 크게 줄어들었습니다." 브라이언 레플러의 말이다.

그 이후로도 미국 이민국에서는 USDS와 협력하여 전자 이민 시스템을 계속해서 개선하고 있다. 또 개발이 빨라지면서 생기는 보안 문제를 관리하는 방법을 검토했고 그 과정에서 불필요한 열한 가지 리뷰를 두 가지로 줄였다. 그리고 I-90 개시 후 18개월이 지났을 무렵에는 전체 시스템 중 40%를 디지털화하는 수준에까지 이르렀다.

국토 안보부 디지털 서비스Department of Homeland Security Digital Service라는

새로운 조직이 만들어지기도 했는데 이번에는 USDS의 도움 없이 자체적으로 IT 기술을 부서 안으로 통합했다. 요즘 미국 이민국에서 하는 일은 다른 부서에서도 활용할 수 있는 자원 풀이 되고 있다. 팀을 이끄는 에릭 하이슨은 이렇게 말했다. "옛날 방식으로 하면 외부 업체들에 지불되는 돈이 너무 많아집니다. 그러면서도 우리 시스템을 이용하는 사람들이 원하는 만큼 서비스를 제공하지는 못하고요." 하이슨에 따르면 국토 안보부, 교통 안전국, 미국 연방 재난 관리청 등 다른 정부 기관에서 이민국 사례를 배우기 위해 많이 찾아온다고 한다. 현재 미국 이민국에서는 연방 직원 1만 4000명과 외부 계약자 6000명이 일하고 있으며, 이들은 매년 400만 명의 민원인에게 서비스를 제공하고 있다. 지난 35년 동안 거의 바뀌지 않은 시스템을 사용해 오던 이민국 85개 현장 사무소 직원들이 전자 이민 시스템을 사용하기 시작하면서 서비스의 양상이 크게 달라지고 있다.

## 인사

### GE의 직원 관리 시스템

GE의 인사 관리는 세계 최고 수준으로 평가받고 있으며 전 세계 많은 기업이 GE의 인사 관리 시스템을 참고하고 있다. 이런 점에서 보더라도 GE의 인사 관리 시스템에 대해 문제를 제기하는 것은 상당히 부담이 가는 일이지만, GE에서 발전소용 가스 터빈을 개발하는 팀과 함께 일한 이후로 나는 GE의 인사 관리 시스템에도 상당한 개선이 필요하다는 생각을 갖게 되었다.

그 팀은 패스트웍스 워크숍에 참여한 이후 기존에는 5년이나 되던 신제품 출시 주기를 크게 단축할 수 있다는 결론에 이르렀다. 그리고 SBCE~set-based concurrent engineering~라는 린 개발 기법을 이용하면 최소 요건 제품을 18개월 이내에 고객들에게 선보일 수 있겠다는 결론에 이르기도 했다.[주6]

그 팀은 얼리 어댑터가 되어 줄 고객들을 찾아 그들을 개발 프로세스에 참여시킨다는 계획을 수립했다. 그렇게 된다면 제품의 문제점들을 개발 초기에 찾아낼 수 있기 때문에 프로젝트 성공 가능성이 크게 높아진다는 데 팀원 모두가 동의했다. 나 역시 그들과 생각이 같았기 때문에 이렇게 물어보았다. "그렇다면 이제 사업부장님에게 그 계획을 제안하실 거죠?" 팀원들이 이구동성으로 대답했다. "아니오. 당연히 안 할 건데요."

왜 그 좋은 계획을 제안하지 않는단 말인가? 이에 대해 팀원 중 한 명이 이렇게 대답했다. "직원 관리 시스템 때문에 안 됩니다."

그들은 SBCE에 따라 개발하면 동시에 여러 구성 요소를 작업해야 하는데 각 구성 요소를 독립적으로 설계할 때 더 많은 재조정이 필요해서 비용이 더 많이 든다고 설명했다. 내가 그 기법으로 인해 추가로 발생하는 비용이 어느 정도나 되느냐고 묻자 그들은 100만 달러 정도 된다고 답했다. 나는 잠시 혼란스러워졌다. 100만 달러라면 전체 프로젝트 예산 대비 매우 작은 액수일 뿐인데 고작 그것 때문에 제안할 수 없다고 하는 건가? 그 정도 비용을 추가로 투입해 신제품 출시 주기를 크게 단축할 수 있다면 그편이 더 나은 선택이 아닐까? 팀원들도 나와 같은 생각이었다.

"그렇다면 이건 밑지는 게 아니지 않나요?"

다들 그렇게 생각한다고 동의했다.

"그럼 새 계획대로 추진하기로 동의하시는 거죠?"

"안 됩니다. 절대로 안 됩니다."

"왜 안 되죠?"

"직원 관리 시스템 때문이라니까요."

내가 전에 직원 관리 시스템에 대해 들어 본 적이 없다고 하자 다들 믿지 못했다. 직원 관리 시스템이 도대체 무엇인데 팀원들이 스스로 찾아낸 최선의 방안을 추진하지 못하는 걸까?

팀원 중 한 명이 자신들의 상황을 설명해 주었다. GE의 모든 엔지니어는 연간 업무 목표가 있고 직원 관리 시스템으로 평가받는데 자기 직무에서 우수성을 측정하는 기준이 있다고 한다. 그 부서에서는 엔지니어가 재작업을 하면 해명을 해야 했다. 재작업이 늘어나는 계획은 엔지니어의 연간 평가와 경력에 부정적 영향을 미치게 된다. SBCE를 이용하여 신제품을 시장에 빠르게 내놓는다면 회사로서는 큰 이익을 보겠지만, 정작 개발자들은 경력 경로에 큰 지장이 초래될 수도 있는 것이다.

GE의 재니스 셈퍼와 비브 골드스타인 부사장 역시 패스트웍스에서 코칭을 받은 다른 팀들로부터 같은 문제에 대해 들었다. "GE의 직원 관리 시스템은 1976년에 처음 만들어진 이래로 GE의 조직문화에서 큰 비중을 차지하고 있었지만, 일을 하는 새로운 방식과는 맞지 않는 부분이 있습니다." 재니스 셈퍼의 말이다. 다시 한 번 언급하지만 GE의 직원 관리 시스템은 매우 효과적이면서도 다른 기업들이 배우려고 하는 훌륭한 시스템이다. 그러나 극도로 불확실한 환경에서 진행되는 스타트업 프로젝트를 고려하여 만들어진 시스템은 분명 아니었다.

GE의 직원 관리 시스템은 1년 단위로 작동한다. 이 시스템에 따라 직원들은 연초에 목표를 설정하고 연말에 평가를 받는다. GE 인사 팀의 제니퍼 베일Jennifer Beihl은 이 시스템에 대해 다음과 같이 언급했다. "그전부터 해 오던 방식 이외의 방식과는 잘 맞지 않는 시스템이기는 합니다."

재니스 셈퍼는 패스트웍스 프로그램을 거친 사람들로부터 이런 말을 듣는다고 했다. "저는 패스트웍스 프로그램에 참가했고 거기서 배운 것들을 현업에 적용하고 있습니다. 그리고 많은 경우에 제 가정이 잘못됐다는 걸 확인합니다. 그런데 방향 전환을 해야 하는데도 평가가 나쁘게 나올 것이 우려되어 방향 전환을 하지 못하는 경우도 있습니다." 이와 같은 이야기를 많이 듣게 되면서 셈퍼는 GE에서 중요하게 여기는 변화를 GE의 직원 관리 시스템이 가로막고 있다고 생각했다.

셈퍼는 'GE의 신념'이라는 것을 정립했던(6장 마지막 부분에 소개되어 있다) 조직문화 팀과 함께 패스트웍스의 원리에 맞는 새로운 성과 평가 시스템을 만들어 보기로 했다. 그녀는 생산성, 속도, 만족도 등 실제 데이터가 반영되는 성과 평가 시스템을 만들려고 했고 이를 위해 현장의 목소리를 적극적으로 반영하려 했다. 이어서 소개되는 GE 조직문화 팀의 사례는 3단계에서 어떤 일이 이루어져야 하는지 보여 주는 좋은 사례다. 그들은 프로젝트 팀들을 지원함과 동시에 자신들의 업무 프로세스 자체에 대해서도 변화를 추진했다(5장 129쪽에 나온 도표를 참고하기 바란다).

### GE의 새로운 평가 시스템

조직문화 팀에서 추진하는 중요한 변화를 지원하기 위해 GE 최고 경영진에서는 열두 명의 주요 임원으로 구성된 '시니어 리더senior leader 위원회'를 출범시켰다. 그런 다음 조직문화 팀에서 가장 먼저 했던 일은 수직적인 조직문화를 타파했던 다른 기업이나 조직의 사례들을 수집하는 일이었다. 심지어 조직문화 팀에서는 지휘자를 두지 않는 관현악단 사례까지 조사했다. GE가 이루어 내고자 하는 변화를 촉진할 수 있는 평가 프로세스를 설계하기 위해서였다.

GE의 조직문화 팀에서는 자신들이 설계하는 새로운 평가 프로세스의 내부 고객을 세 가지 유형으로 구분했다. 그런 다음 직능, 사업, 지역별로 1000명에 달하는 내부 고객을 대상으로 설문 조사를 하여 문제들을 파악하려고 했다.

고객 #1: GE 직원들
문제 #1: 현재 직원 관리 시스템은 조직 목표, 개인 발전, 직업적 성취 등에 연계되어 있는 것 같지 않다("특정 업적이 아니라 연속적인 과정을 토대로 평가가 이루어지기를 바란다.").

고객 #2: GE 중간 관리자들
문제 #2: 현재 직원 관리 시스템은 팀을 이끌어 최대의 성과를 이루어 내는 데 그리 효과적으로 도움이 되는 시스템은 아니다("과거를 돌아보는 데 너무 많은 시간을 써야 한다.").

고객 #3: GE 임원들

문제 #3: 현재 직원 관리 시스템은 개인 및 팀의 성과를 개선하는 데 그다지 효과적인 도구가 아니며, GE에서 추구하는 변화에 기여할 수 있도록 직원 역량을 높이는 데도 한계를 드러내고 있다.

조직문화 팀에 내부 고객들의 응답은 매우 가치 있었다. 그런데 직원 관리 시스템에 문제가 있음을 확인한 게 다가 아니었다. 너무 당연해서 콕 집어 물어보지 않았던 가장 위험한 가정이 잘못되었다는 점이 밝혀졌다.

오랫동안 GE에서는 5점 척도로 직원들을 평가해 왔는데 가장 낮은 점수는 '부족함'으로, 가장 높은 점수는 '롤 모델'로 표현되었다.*7 새로운 평가 프로세스 설계 초기에 조직문화 팀에서는 이 5점 척도는 계속해서 유지하려고 했다. 하지만 당시 일에 대해 제니퍼 베일은 이렇게 말했다. "직원들로부터 의견을 청취해 보니 상당수 직원이 그러한 평가 방식을 너무나도 싫어하고 있었습니다. '롤 모델'이라고 평가를 받아도 별로 자랑스러운 느낌이 들지 않는데 '부족함'이라고 평가를 받으면 의욕이 꺾인다는 것이었습니다." 조직문화 팀에서는 기존 평가 시스템을 완전히 뜯어고쳐야 한다는 생각을 하게 되었다.

이러한 인식 변화는 중요한 의미를 갖는 것이었다. 직원들을 단순한 평가 대상이 아니라 창업가로 대우해야 한다는 점을 알게 됐기 때문이다. 폭발적인 성장을 이루어 낸 스타트업의 창업자들 역시 이러한 인식 변화를 가져야 한다. 기업을 다음 단계로 이끌기 위해서는 자신의 기업 내에 소규모 팀들의 생태계를 구축할 수 있어야 하는 것이다 (이에 대해서는 지난 1장에서 논한 바 있다). 재니스 셈퍼는 평가 시스템의 변화를 추진했던 조직문화 팀에 대해 이렇게 말했다. "그들은 직원 관리 시스템을 주관하던 인사 조직을 단순한 내부 고객으로 본 게 아니라 새로운 변화를 지원하는 핵심적인 조직으로 보게 되었습니다."

### 최소 요건 제품 방식을 활용한 테스트

프로젝트를 시작한 지 석 달 만에 조직문화 팀은 첫 번째 최소 요건 제품을 만들어 냈다. 내부 고객들로부터 피드백을 받는 데 쓸 평가 시스템 앱이었다. 세 가지 유형으로 구분한 내부 고객들은 능력주의가 정착될 수 있도록 성과 평가 시스템이 개선될 필요가 있다는 의견을 주었고, 특히 직원들의 경우는 상향 평가와 동료 평가가 행해지기를 원했다. 최소 요건 제품을 만들기 전에 조직문화 팀은 다음과 같은 두 가지 가장 위험한 가정을 더 세웠었다.

1. 직원들 요청에 따라 피드백을 공유할 방법을 만들면 직원들이 그것을 사용할 것이다.
2. 직원들이 그 방법을 사용한다면 좋은 평가를 내릴 것이다.

그런 다음 조직문화 팀은 최소 요건 제품을 만들어 다음과 같은 식으로 실험을 진행했다.

- 피드백을 받는 데 쓸 앱을 대충 빨리 만들었다(나중에 필요할 기능은 뺐다).
- 직원과 중간 관리자 100명을 선발하여 앱 사용법을 교육했다.
- 교육을 받은 사람들에게 2주간 앱을 테스트해 보도록 했다.

첫 번째 실험이 진행된 2주 동안 무슨 일이 일어났을까? "직원들과 중간 관리자들이 활용한 앱을 확인해 보았는데 아무도 그 무언가를 하지 않았더군요." 재니스 셈퍼가 말했다.

어떻게 된 일일까? 팀은 앱에 문제가 있는지 검토했다. 너무 복잡했나? 아니다. 테스트가 실패한 건 기술적인 도구가 나빠서가 아니었다. 문제는 환경이나 문화가 조성되어 있지 않았다는 데 있었다. 설문조사에서는 상향 평가와 동료 평가가 행해지기를 바란다고 응답했지만 정작 상향 평가와 동료 평가를 하는 상황이 주어지자 불편해졌던 것이다. 그전까지 GE에서는 이와 같은 유형의 평가가 행해진 적이 없었고, 자신이 내린 평가 내용을 동료들이나 상사들이 알게 되면 어떤 반응이 나올지 걱정한 직원들은 아무것도 하지 않기로 결정했다.

조직문화 팀에서는 방향 전환을 결정했다(방향 전환이 필요한 상황에서는 방향 전환을 받아들이는 게 합리적인 판단이다). 새로운 평가 시스템을 위한 환경과 문화를 조성하는 일 쪽으로 초점을 돌린 것이다. "새로운 시스템을 만드는 일 자체보다 그것을 활용하도록 하는 일 쪽으로 무게 중심을 옮겼습니다. 사람들의 행동, 사람들과의 대화, 일을 하는 새로운 방식, 이러한 것들을 중심에 두고 변화를 이끌어 내는 일에 집중했던 거죠." 제니퍼 베일의 말이다. 예전 GE 같았다면 새로운 평가 시스템을 만들어 내는 경우 직원들에게 사용을 지시하고 일방적으로 프로젝트를 진행했을 것이다. 하지만 3단계에서는 조직이 성공했다는 느낌보다는 실험과 확인을 통해 가장 올바른 방식을 찾아 방향을 전환하는 것이 더 중요하다.

GE의 조직문화 팀은 진정한 의미에서 스타트업처럼 움직였는데 한 번에 20명가량의 직원과 중간 관리자를 대상으로 다양한 접근법에 관하여 실험을 했다. 그런가 하면 그들은 외부에서 구할 수 있는 성과 관리 시스템 중에는 GE에서 추구하는 목표에 도움이 될 만한 것은 없다는 결론에 이르렀다. 그들은 자체적으로 새로운 평가 시스템을 만드는 것이 가장 좋은 방법이라는 판단을 내렸고, 3개월 만에 대규모로 실험을 할 수 있을 정도의 최소 요건 제품을 만들어 냈다. 조직문화 팀의 시도로 인해 GE에서는 새로운 평가 시스템을 훨씬 더 저렴하면서도 빠르게 만들어 낼 수 있었고, 자신들이 추구하는 바와 잘 맞지 않는 외부 시스템을 이용하는 과정에서 발생할 수도 있었던 커다란 비효율과 낭비를 피할 수 있었다.

### 새로운 방식의 확산

새로운 평가 시스템을 만들기 시작한 첫 해의 마지막 분기에 GE의 조직문화 팀은 자신들의 최소 요건 제품에 관하여 좀 더 큰 규모로 실험을 했다(그래도 GE 전체 조직에 비하면 여전히 작은 규모였다). GE의 다섯 개 글로벌 조직에서 근무하는 직원 5500명의 연말 평가에 새로운 시스템을 활용하기로 한 것이다. 특히 이들 중 1000명은 기존 5점 척도 평가를 대신하는 완전히 새로운 평가 방식을 사용하도록 했고, 마지막 분기를 1년처럼 생각하고 평가를 해 달라는 요청을 받기도 했다. 새로운 평가 프로세스를 전체적으로 검증하기 위해서였다.

이 실험을 통해 조직문화 팀은 많은 내용을 학습했다. 통찰을 주는 말을 쓰거나 동료에게 행동을 계속하거나 고민해 보라는 제안을 하는 등 사용하는 언어가 미묘하게 바뀌었고 사람들이 남기는 노트를 보고 변화가 일어나는 걸 목격하기도 했다. "예전 같았으면 새로운 시스템을 도입하면서 직원들에게 '그것은 잘못된 것이니까 앞으로는 고쳐라'

는 식으로 말했을 겁니다. 하지만 지금은 직원들이 실제로 어떻게 행동하고 목표를 이루기 위해 어떻게 접근 방식을 전환하는지 이해할 수 있게 되었습니다." 제니퍼 베일의 말이다.

실험 후 확인한 선행 지표는 조직문화 팀에 좋은 소식이었다. 실험에 참여한 직원들의 80%가 1월이 끝나기 전에 새로운 시스템을 이용하여 연말 평가를 마친 것이다. 그리고 새로운 시스템 사용을 포기하고 다시 예전 직원 관리 시스템으로 돌아간 직원 비율은 2%에 그쳤다.

이와 같은 성과를 토대로 조직문화 팀에서는 2015년 초부터 다음과 같은 두 가지 방법으로 새로운 평가 시스템을 조직 전반으로 확산시키는 작업에 들어갔다.

- 전체 인사 조직에서 성과 평가의 기본적인 도구로 새로운 시스템을 사용하기로 했다.
- 새 시스템 시험 프로그램에 참여한 팀이 있는 사업부는 새 시스템을 얼마나 확대하기(하위 부서, 전체 사업부 등) 바라는지 질문을 받았다. 시험 프로그램에 참여하지 않은 사업부는 작은 팀에서 시도해 보도록 권장됐다. 참여가 강요되지는 않았고 새 시스템을 테스트하기로 동의한 사업부는 자원해서 참여했다. 자원해서 참여했다는 사실이 또 다른 성공 지표가 되었다.

2015년 말에 이르러 새로운 평가 시스템을 테스트하는 직원 수는 기존 5500명에서 9만 명으로 늘어났다. 그리고 테스트 그룹 내에서 기존 5점 척도 평가를 대체하는 완전히 새로운 평가 방식을 활용하는 직

원 수는 기존 1000명에서 3만 명으로 늘어났다(새로운 평가 시스템
에 대한 GE 직원들과 중간 관리자들의 반응에 대해서는 이어지는 절
에서 조금 더 다루려고 한다). 2016년에는 새로운 평가 시스템을 전사
적으로 도입했고 이 시스템을 효과적으로 활용할 수 있도록 지원하는
몇 가지 도구도 함께 마련되었다.

"매우 규범적이던 성과 평가 시스템이 2년 만에 전혀 새로운 것으
로 바뀌었습니다. 새로운 시스템에서는 직원들에게 성과 평가의 틀이
제시되고 직원들은 그 틀 안에서 자유롭게 평가를 하게 됩니다." 재니
스 셈퍼의 말이다. 그와 동시에 성공에 대한 개념이 바뀌었고 인사 조
직도 스타트업처럼 움직일 수 있다는 점이 증명됐다.

새 시스템 덕분에 회사가 더욱 잘 운영될 수 있었을 뿐 아니라 이
같은 변화는 조직의 모든 계층과 부서에 이러한 업무 방식이 새로운
표준이라는 분명한 신호가 되었다.

## 보상과 승진

GE는 연말에 지난 1년 동안의 성과에 대해 5점 척도로 평가를 하던
기존 방식에서 유효 학습, 성실, 실제 성과 등을 통해 평가를 하는 새
로운 방식으로 변화를 추진했는데,[8] 이러한 변화가 호응을 얻기 위
해서는 새로운 방식이 직원들의 경력 경로에 긍정적인 영향을 끼친다
는 점을 보일 필요가 있었다. 테스트에서 새로운 방식의 문제는 드러
나지 않았다.

GE에서는 새로운 평가 시스템을 도입하면서 다음과 같은 일들이
일어났다.

- 중간 관리자들이 연봉과 상여금을 책정하는 과정에 더 능동적으로 참여할 수 있게 되었다.
  - 중간 관리자들의 77%가 새로운 평가 시스템에서 연봉과 상여금 책정 작업이 전보다 더 단순하거나 같은 수준이라고 응답했다.
- 새로운 평가 시스템 도입 이후 직원 대부분이 연봉과 상여금이 오르는 효과를 보았다.
  - 새로운 평가 시스템이 직원들에게 더 큰 보상을 제공할 수 있다는 점을 분명하게 보인 셈이었다.
- 중간 관리자들은 새로운 평가 시스템이 성과와 연봉 인상을 효과적으로 연계시킨다고 생각하게 되었다.
  - 중간 관리자들의 70%가 새 평가 시스템에 아무 문제가 없다고 응답했다.

GE의 새로운 평가 시스템은 직원들과 중간 관리자들에게 더 이익이 되는 방식이라는 점이 분명해졌다(이것만이 아니라 직원들은 자신의 동료 및 상사와 의미 있는 대화를 할 수 있게 되었다고 응답했고, 중간 관리자들은 직원 기여도에 대해 더 올바른 평가를 내릴 수 있게 되었다고 응답했다). 2016년에 이르러 GE에서는 기존 평가 시스템을 폐기하고 새로운 평가 시스템을 전면적으로 도입하기로 결정했다.[주9]

## 인력 관리 수단으로서의 보상 시스템

3장에서 주식 소유에 대해 이야기했다. 스타트업에서 이런 인센티브가 중요한 것은 단지 재정적인 부분이어서가 아니라 스타트업에 참여하여 일하는 사람들이 결과로부터 자신의 몫을 얻을 수 있고 공동 운명체 속에서 주인 의식을 지니기 때문이다. 창업 멤버들만 하더라도 스타트업의 지분을 소유함으로써 자신의 몫을 받으리라는 믿음을 가질 수 있다. 그러나 회사가 성정하면서 나중에 합류한 직원들은 복잡한 상여금 체계의 일환으로 제공되는 매우 낮은 수준의 지분만 가질 수 있을 뿐이다.

워드프레스WordPress는 오프 소스 기반 블로그 플랫폼으로 이 글을 쓰는 현재 전 세계 웹 사이트의 27%에서 사용되고 있는데 개방적이고 비계층적인 방식으로 조직 구조를 운영하고 있다.* 전 세계에 500명이 넘는 직원을 두고 있는 워드프레스의 조직 구조는 우리가 생각해 낼 수 있는 모습과는 완전히 다르다. "저는 사람들이 완전한 자율성과 목표 의식을 가질 수 있는 근무 환경을 만들어 내고 싶었습니다. 다른 사람에게 무엇을 어떻게 하라고 말하지 않는 그런 근무 환경 말입니다. 중요한 것은 결과물이니까요." 워드프레스 공동 창업자 중 한 명인 매트 멀렌웨그Matt MullenWeg의 말이다. 당연히 워드프레스의 성과 평가나 보상 시스템도 이러한 원리에 따라 운영된다. 멀렌웨그는 이렇게 말했다. "우리는 규정이나 매뉴얼 같은 것으로 움직이지 않습니다. 사람들은 어떤 팀에 들어가서 그전과는 완전히 다른 방식으로 일할 수 있고, 마찬가지로 팀도 새로운 사람이 들어옴으로 인해 완전히 변할 수 있습니다." 워드프레스에서는 조직 리더도 수시로 바뀐다. 하지만 리더가 되지 않았다고 해서 연봉이나 상여금이 깎이는 시스템은

---

* 저자가 '워드프레스'로 통칭하고 있으나 블로그 소프트웨어인 워드프레스의 개발 주체는 워드프레스 재단(WordPress Foundation)이고, 워드프레스를 이용한 블로그 서비스인 WordPress. com의 개발사는 오토매틱(Automattic)이다. 오토매틱은 워드프레스 개발의 주요 기여자이기도 하다. 이 글에서 언급하는 회사는 오토매틱을 가리키는 것으로 보인다. 또 함께 언급되는 매트 멀렌웨그는 워드프레스 창시자이면서 오토매틱 창업자이기도 하다.

아니다. 멀렌웨그는 워드프레스 직원들이 자신이 리더 역할에 맞지 않거나 그 역할을 즐길 수 없다고 생각하면 언제든지 다른 역할을 맡기를 바란다. "대부분의 기업에서는 중요한 사람이 된다는 것은 더 많은 직원을 관리해야 함을 의미하죠. 하지만 우리 회사에서는 조직 내에서 성장한다는 것이 관리자가 되어야 함을 의미하지는 않습니다. 저는 사람들이 관리자가 되지 않는 것에 대해 불안감을 느끼지 않기를 바랍니다."주10

워드프레스는 2005년 창업 이후 계속해서 이와 같은 방식으로 인센티브를 운영해 오고 있다. 대기업 역시 직원들에게 보상을 하는 방식을 바꿀 필요가 있는데, 오랜 세월에 걸쳐 정립된 기존 방식이 있어서 시스템을 바꾸기 쉽지 않다. 대기업 경영자들과 이야기를 나누어 보면 자신들도 프로젝트 팀원들에게 프로젝트의 장기적인 성공과 연계된 지분을 챙겨 주고 싶다고 말한다. 사내 스타트업에서 일하는 직원들에게 그와 같은 보상을 제시해야 논리적으로 옳다는 것이다. 하지만 회사 재무 쪽에서 그와 같은 보상 제시를 반대한다고 한다. 그런데 대기업 재무 책임자들을 만나 이와 관련된 이야기를 하면 그들은 사내 스타트업 직원들에게 제시되는 인센티브에 지분을 포함시키는 것은 그리 복잡한 문제가 아니라고 말한다. 내가 보기에 이는 경영자들의 의지 문제이고, 경영자들이 사내 스타트업의 가치를 높게 평가한다면 얼마든지 가능한 보상 시스템이다.

다시 말해 재무 팀에서 사내 스타트업에 적합한 보상 시스템을 설계하고 경영진에서 이를 지지한다면 얼마든지 스타트업 방식에 맞는 보상 시스템을 운영할 수 있다.

GE 비즈니스 이노베이션스GE Business Innovations에서 글로벌 인사 팀장을 맡고 있는 라이언 스미스Ryan Smith는 이런 말을 했다. "대기업의 보상 시스템은 오랜 세월에 걸쳐 확고하게 정립되어 있는 경우가 많습니다. 혁신을 추구하기 어려운 영역이죠." 그래서 보상 시스템 혁신은 3단계에서 추진하는 게 적합하다. 사내 스타트업 팀과 새 프로세스로 성공 사례가 많이 만들어져야 보상 시스템을 개선하는 데 따르는 위험이 줄어든다. 그 단계가 되면 사람들이 실험이 작동하는 방식을 이해할 것이고 그와 같은 실험을 시도해 보려 할 것이다.

GE에서 2013년에 설립한 GE 벤처스GE Ventures는 이름에서 알 수 있듯이 GE의 벤처 투자사다. GE 벤처스의 리더들은 GE 벤처스에 유능한 인재들을 영입하기 위해서는 일반적인 연봉과 상여금 이상의 것을 제시해야 한다고 판단했다. "우리는 엔지니어에 대한 보상 시스템은 이미 가지고 있었습니다. 그러나 벤처 투자가들은 엔지니어들이 아니죠. 그들은 보상 시스템에 대해 엔지니어들과는 다른 관점을 가지고 있습니다." 라이언 스미스의 말이다.

한때는 규범을 파괴하는 일이라 여겨지던 방식이 이제는 일상적인 방식이 되었다. "우리는 GE 본사의 경영자들을 찾아가 이렇게 말했습니다. 'GE 벤처스에서 일하는 투자가들에게는 다른 방식의 보상 시스템을 적용하고 싶습니다. 그래서 새로운 보상 시스템을 마련했고요. 이 새로운 보상 시스템을 실험해 봐도 되겠습니까?'" GE 경영자들은 그 새로운 보상 시스템을 마음에 들어 했고 그에 관한 실험은 작은 규모로 진행되었다(최소 요건 제품을 활용한 실험이라는 개념은 보상 시스템에 대해서도 적용될 수 있다).

GE 벤처스의 리더들은 다음과 같은 두 가지 가설을 세웠다. (1)새로운 보상 시스템은 GE 벤처스의 핵심 인재들을 유지할 수 있도록 해 줄 것이다. (2)새로운 보상 시스템은 유능한 인재들을 영입하는 데 도움이 될 것이다.

그들은 가설을 테스트했고 테스트를 통해 배운 내용을 토대로 보상 시스템을 개선했고 정식으로 이를 활용하기 시작했다. "재능 있는 인재들을 채용하고 고용을 유지하고 그 사람들에게 보상을 하는 게 목표였는데 전에 없던 새로운 방식으로 그렇게 할 수 있었습니다. 새로운 영역에서 혁신을 이루어 내지 못한다면 목표를 달성하기 어렵습니다. 그리고 이번 목표는 최고의 인재들을 영입하고 그들을 유지하는 것이었고요." 스미스의 말이다.

## 정부 조달 부문

앞서 언급했듯이 이와 같은 변화는 어느 분야에서나 가능하다. 나는 온갖 조직에서 이를 목격했는데 정부 조달 부문도 예외는 아니다. 미국 정부만 하더라도 대통령 직속 혁신 펠로 프로그램의 지원을 받아 RFP-EZRequest for Proposal EZ: 간편 제안 요청 시스템라는 프로젝트를 진행했는데,주11 이를 통해 중소기업들이 온라인에서 미국 정부 조달 사업에 참여할 수 있는 길이 열렸다. 애자일 BPAAgile Blanket Purchase Agreement: 애자일 일괄 구매 계약 프로젝트도 있었는데,주12 이 덕분에 정부는 데브옵스DevOps, 사용자 중심 디자인, 애자일 소프트웨어 개발 같은 애자일 서비스를 제공하는 외부 계약 업체의 서비스를 구입하는 데 필요한 시간과 비용을 줄이고 중요한 문제를 더 빠르게 해결할 수 있었다. 하지만 이것이 전부가 아니다.

## 핵무기 발사 코드와 조달 부문 혁신

핵무기 발사 코드를 효과적으로 관리하는 일과 조달 부문 개혁을 서로 연관 짓는다는 게 잘 상상이 가지 않지만 그와 같은 일이 실제로 일어났다. NSANational Security Agency: 미국 국가 안보국에서 정보 보증부 혁신 책임자로 일하고 있던 매트 팬트Matt Fante는 지난 2016년 NSA 내에 아이코어I-Corps: Innovation Corps라는 일종의 스타트업 인큐베이터 조직을 설립했다. 아이코어가 먼저 추진했던 프로젝트 중에는 핵무기 통제소의 노 론 존no lone zone 운영 방식을 바꾸는 것이 있었는데, 노 론 존은 핵무기 발사 코드를 관리하는 물리적인 공간을 지칭한다.

노 론 존 운영은 NSA에서도 핵심적으로 다루는 업무였다. 그곳에서는 핵무기 통제 장비를 안전하게 운영하기 위해 항상 근무자 두 명이 동시에 근무하도록 되어 있었고(노 론 존의 뜻 자체가 혼자 근무하면 안 되는 곳이라는 의미다), 휴식이나 식사를 위해 세 명이 한 팀을 이루는 경우도 있었다. 노 론 존 근무자들은 다음 근무자들이 올 때까지 좁은 공간에서 오랜 시간 머물러야 했다. "그곳 근무자들이 가장 원하는 것은 행동의 자유입니다. 어떻게 해야 노 론 존 근무자들에게 자유를 줄 수 있을지 아이코어는 이 문제에 대한 해결책을 찾아보기로 했습니다." 매트 팬트가 회상했다.

이 문제를 해결하기 위해 아이코어는 노 론 존에서 쓸 KVMkeyboard video mouse 장치를 만들자는 아이디어를 냈다. 한 사람이 스마트 카드 같은 것으로 로그인하고 다른 사람이 같은 방식으로 로그인하면 시스템이 작동되고 KVM을 쓸 수 있게 되는 방식이었다. 두 사람이 같이 있지 않으면 KVM 동작이 인가되지 않아서 시스템이 동작하지 않게 되어 결국 두 사람이 종일 방 안에 있는 것과 같은 목표를 이루게 된다. 아이코어는 이 장치에 그리스 신화에 나오는 머리 둘 달린 개의 이름을 따서 '오르토스'라는 이름을 붙였다.

아이코어는 오르토스 개발에 들어갔는데 개발에 필요한 부품을 제때 공급받지 못하는 일이 종종 생겼다. NSA의 독특하고 불편하고 보안이 까다로운 조달 절차 때문이었다. 그러다 프로토타입 개발용 인쇄 회로 기판이 필요해 조달을 요청했는데 너무 오래 걸려서 기존 USB 케이블을 반으로 잘라서 기판 대신 사용하기로 했다.

자른 케이블을 가지고 팀은 7주 만에 최소 요건 제품을 만들고 반복 개발을 거쳐 짧은 기간 내에 사용자의 요구를 만족하는 동작하는 장치를 만들었다. 팬트와 그의 팀은 이 장치를 만들고 나서 두 번째 해에는 더 많은 장치를 만들었다. 오르토스에 대해 매트 팬트는 이렇게 말했다. "200달러짜리 장치로 생산성을 올리는 새로운 방법을 만들어 낸 겁니다. 그와 같은 개발 환경에서 이 정도 속도로 성과를 낸 것은 믿을 수 없을 만큼 괜찮은 거죠." 그야말로 놀라운 속도였다.

오르토스 프로젝트에서 좋은 결과를 얻고 나서 아이코어에서는 NSA의 조달 절차를 개선하는 작업에 들어갔다. "그전과는 다른 완전히 새로운 조달 절차를 도입하는 게 우리의 목표입니다." 팬트의 말이다.

### 시애틀 아동병원 물품실의 변화

조달 개혁은 의료 분야에서도 일어날 수 있다. 시애틀 아동병원은 병원 용품 관리에 토요타 방식을 도입했고, 토요타 방식의 효용성을 확인한 이후에는 린 스타트업 원리를 기반으로 하는 SCII Seattle Children's Improvement and Innovation 프로그램을 통해 지속적으로 개선을 추진하고 있다.[주13]

시애틀 아동병원 임상 공학 부서에서 근무하던 그레그 비치Greg
Beach는 2006년에 구매부로 자리를 옮기게 되었는데 그는 린 방법론에
관심을 가지고 있었다. 그는 시애틀 아동병원이 미국에서 처음으로
린 방식을 도입하는 병원이 되도록 하는 데 크게 기여하게 된다.

구매부로 자리를 옮긴 그는 처음에는 업무가 상당히 체계적으로
돌아가고 있을 것으로 생각했었다. 하지만 그는 병원 직원들이 별다
른 체계나 기준 없이 일하고 있다는 사실을 알게 되었다. "사람들은 7
시나 8시에 병원에 와서 3시 30분이 되면 집에 돌아갔습니다. 그리고
출근해 있는 동안에 하는 일도 명확하게 규정되어 있지 않았고요. 저
녁에 간호 팀장이 저에게 전화를 해서 소아과에 기저귀가 떨어졌는
데 어떻게 해야 하느냐고 묻는 일도 종종 있었죠." 그레그 비치의 말
이다.

그는 몇몇 병원 용품은 간호사들이 수시로 주문을 넣는다는 것을 알
게 되었다. 그리고 병원 용품 재고가 떨어지거나 바쁜 시기에 주문을
넣는 일을 막기 위해 한꺼번에 지나치게 많은 물량을 주문하는 간호사
들도 있었다. 이런 경우에는 사용되지도 않는 용품들이 오랫동안 물품
실 자리를 차지하고 있을 뿐이었다. 그레그 비치는 이렇게 말했다. "환
자들을 돌보거나 임상 실험을 담당해야 하는 간호사들이 용품 재고 관
리와 주문에 지나치게 많은 신경을 써야 하는 상황이었습니다."

이런 상황에서 시애틀 아동병원 구매부는 토요타 방식으로 눈을
돌렸고 비치와 몇몇 직원이 일본에 있는 토요타 본사로 파견되었다.
그들은 그곳에서 개선에 대한 아이디어를 이끌어 내고 실행하는 방
법, 낭비를 줄이고 효과적으로 재고 관리를 하는 방법 등을 배웠다.

그렇게 해서 2008년에는 시애틀 아동병원 고유의 재고 관리 방식

인 투 빈 시스템two bin system이라는 것을 만들어 냈다. 말 그대로 두 개의 보관함에 용품들을 보관해 두고 첫 번째 보관함이 비면 두 번째 보관함을 앞으로 밀고 동시에 해당 용품에 대한 주문이 들어가는 방식이었다. 각 보관함에는 바코드가 붙어 있어서 주문을 넣는 과정도 간단했다.

투 빈 시스템의 작동 원리만 보면 매우 간단하지만 이러한 변화를 추진하는 과정은 결코 쉽지 않았다(병원 내 여러 조직을 설득하고 참여를 이끌어 내야만 했다). 하지만 그로 인한 효과는 매우 컸다. 이 단순한 시스템만으로 연간 8만 시간의 업무 부담을 덜게 되었다. "병원 입장에서는 연간 40명의 직원을 추가로 채용하는 효과를 본 셈입니다. 그렇게 절약된 시간은 환자 돌봄이나 임상 실험 같은 업무에 투입될 수 있고요." 그레그 비치의 말이다. 투 빈 시스템 덕분에 간호사들은 병원 용품 재고를 확인하고 주문을 넣는 일에서 벗어나 자신이 해야 하는 본연의 업무에 충실할 수 있게 되었다.

시애틀 아동병원의 지역 진료소와 외래 수술 센터 역시 투 빈 시스템을 구성했고 미국의 다른 병원들도 그 시스템을 도입하기 시작했다. 이와 관련하여 그레그 비치는 다음과 같이 말했다. "간호사들이 물품실을 오가고 용품을 찾는 데 사용하는 시간을 최소화하도록 만드는 게 우리의 목표입니다." 시애틀 아동병원에서는 용품 보관을 위한 별도 건물을 지어 재고 관리를 체계화했고, 이로 인해 간호사들이 물품실을 오가고 용품을 찾는 데 사용하는 시간을 50%가량 줄일 수 있었다.

시애틀 아동병원에서는 얼마 전부터 간호사들이 사용하는 병원 용품 카트에 대한 관리를 시작했다. 카트에 자주 사용하는 용품들을 충분히 갖추어 놓음으로써 간호사들이 병실을 떠나 물품실로 가는 횟수를 크게 줄이는 것이 이 관리 방식의 목표였다. 특히 집중 치료실이나 응급실에서는 간호사들이 물품 때문에 자리를 비울 필요가 없게 됐고, 물품실에 다녀와서 가운을 갈아입고 손을 다시 씻는 시간을 줄일 수 있었으며, 물품실을 오가는 과정에서 생길 수 있는 감염을 예방하는 데도 도움이 됐다.

## 전사적인 혁신

스타트업 방식의 궁극적인 목표는 전체 조직이 사내 스타트업들로 구성된 포트폴리오로 운영되도록 도와주는 것이다. 이것이 바로 지속적인 성장을 위한 역량을 갖춘 기업이 되는 방법이다. Y 콤비네이터 같은 곳에서 육성하는 스타트업 중에서도 실패하는 경우가 많은데 대기업의 사내 스타트업도 마찬가지다. 하지만 살아남은 프로젝트가 만들어 내는 영향력은 엄청나다.

### GE SHS의 탄생

지난 2011년, 지금은 GE SHSGE Sustainable Healthcare Solutions의 CEO인 테리 브레슨햄Terri Bresenham은 GE 헬스케어 인디아GE Healthcare India 지사장으로 인도에 파견되었다. GE에서 브레슨햄에게 기대했던 것은 당시 어려움을 겪고 있던 인도에서의 사업을 바로잡는 일이었다. 엔지니어 출신인 그녀가 현지의 대규모 엔지니어링 조직을 잘 이끌 것으로 기대되었다.

당시 GE 헬스케어 인디아에서는 의료 혜택을 제대로 받지 못하는 저개발 국가의 저소득 계층이 저렴한 비용으로 이용할 수 있는 의료 장비들을 개발하고 있었는데, 그들은 잠재적인 고객이 인도에만 6억 명, 전 세계적으로는 58억 명이 있을 거라고 추정하고 있었다. GE 헬스케어 인디아의 연구개발 팀에서 개발한 최초의 제품 중 하나는 초저가 휴대용 심전도 검사기였다. 그들은 이 검사기를 이용하면 10루피의 저렴한 비용으로 심전도 검사를 할 수 있을 것으로 보고 있었다.

현재 GE 헬스케어의 CEO인 존 플래너리John Flannery는 2012년 당시 GE 인디아의 CEO였는데 ICFCin country for country 혁신 프로그램에 자금을 지원하기로 결정한다. 이 프로그램은 신흥 시장에 펀드를 조성하는 GE GGOGE Global Growth Organization에서 추진하는 글로벌 이니셔티브의 일환이었다. 브레슨햄은 그녀의 팀이 개발하고 있는 심전도 검사기와 다른 프로젝트를 해당 프로그램에 소개했다. 존 플래너리는 브레슨햄의 팀에 650만 달러를 투자했다. 얼핏 대단한 투자처럼 보이지만 연간 10억 달러에 달하는 GE의 연구개발 예산에 비추어 봤을 때 많은 액수는 아니었다. 당시 일에 대해 브레슨햄은 이렇게 회상했다. "일부 회의론자들은 우리가 개발하던 저사양 저비용 제품들이 GE의 브랜드 가치를 희석시키고, 매출도 얼마 나오지 않을 거라고 생각하고 있었습니다. 큰 시장이 형성될 리가 없다는 것이었죠."

그리 많지 않은 투자금이었기에 GE 헬스케어 인디아의 연구개발 팀에서는 일을 단순하게 하기 위해 유아 및 산모 보호 제품 한 분야에만 집중하기로 결정했다. "함께 사용하면 유아 사망률을 낮출 수 있는 출산 시 필요한 인공호흡기, 환기 장치, 체온 조절 장치 등을 매우 저렴하게 생산하려고 했습니다." 브레슨햄의 말이다. 나는 패스트웍스 프로그램 초기에 GE 헬스케어 인디아의 연구개발 팀을 만나게 되었는데, 그들은 이 제품의 생산 비용을 최소 40% 절감하는 게 목표라고 말했다. GE 헬스케어 인디아의 이 프로젝트는 성공을 거두었고 특히 유아 보온기를 위해 개발된 발열체 설계는 특허를 받기도 했다. 그들은 이러한 성공을 발판으로 후속 프로젝트들을 추진해서 환자 치료를 개선했을 뿐 아니라 의미 있는 수준의 매출을 올렸다. 브레슨햄은 자신들의 성공에 대해 이렇게 말했다. "그건 윈윈이었습니다. GE 실적에도, 환자들의 회복에도 긍정적이었죠." GE 헬스케어의 초저비용 의료 장비 매출은 2012년 3000만 달러에서 2015년 말에는 2억 6000만 달러로 크게 증가했다.

이와 같은 성과에 고무된 GE에서는 인도, 남아시아, 아프리카, 동남아시아의 헬스케어 사업을 통합하여 2016년 초에 GE SHS를 출범하고 3억 달러를 투자했다. "우리는 포트폴리오를 다양하게 가져갔습니다. 개발 도상국 사람들이 우리의 헬스케어 제품들을 쉽게 이용할 수 있도록 낮은 비용 수준을 유지하기 위해 혁신적인 기술과 접근법을 찾는 데 집중하면서요." 브레슨햄의 말이다. GE SHS의 사업들은 크게 보면 패스트웍스 스타일로 운영됐지만 그 자체로 실험이었다. 브레슨햄은 말했다. "우리는 내부적으로 조직 구조에 대한 실험도 행했습니다. 신흥 시장에 더 적합한 조직 구조를 찾기 위해서였습니다. 수평적인 팀 구조가 더 적합한지, 아니면 전통적인 수직 구조가 더 적합한지 확인하려고 했죠." GE SHS는 각 지역 본부에 CMOchief marketing officer라는 직함을 두고 있는데, CMO들은 지역 본부 고유의 전략을 추진함과 동시에 다른 지역 본부들과 협업을 추진하는 접점이 된다. 이들의 역할은 다음과 같다. (1)GE SHS의 전체적인 사업 성과를 개선하고, (2)다른 지역 본부에서 일어난 유효 학습의 결과를 최대한 빠르게 자기 지역에 적용한다. 스타트업 방식으로 움직이는 조직답게 GE SHS는 성장 위원회를 통해 예산을 집행한다. 존 플래너리의 판단과 GE GGO의 투자 결정이 없었다면 GE로서는 새로운 성장 기회를 놓쳤을 것이고(GE SHS에서 출시한 저비용 CT 촬영기를 구매한 고객의 35%는 이전에 GE 제품들을 한 번도 구매한 적이 없었다고 한다), 전 세계 수많은 사람이 더 나은 삶을 살 기회를 갖지 못했을 수도 있다.

## 조직문화의 변화

정말 성공적으로 스타트업 방식을 채택하려면 기존 제품이나 프로세스에 스타트업 방식을 적용하는 것 이상을 해야 한다. 스타트업 방식이 기업의 DNA로 파고들어야 커다란 변화를 이루어 낼 수 있다. GE의 비브 골드스타인 부사장은 직원들이 일을 하는 방식이 변할 때만이 혁신이 이루어졌다고 말할 수 있다고 했다. 다시 말해 일을 하는 새로운 방식이 조직문화로 정착되어야 하는 것이다. 벤처 투자사 앤드리슨 호로위츠의 공동 창업자 벤 호로위츠Ben Horowitz는 이와 관련하여 다음과 같이 말했다. "직장에 개를 데리고 출근할 수 있도록 허용하고 요가 수업을 운영하고 사내 식당에서 유기농 음식을 제공하는 것 정도로는 조직문화가 달라졌다고 말하기 어렵습니다. 조직문화가 달라졌다고 말할 수 있으려면 조직 구성원 대부분의 행동이 달라져야 합니다. 직원들에게 자율성을 부여했을 때 나타나는 행동, 조직 전반에서 나타나는 행태, 조직문화란 이러한 것들을 통해 드러납니다."[주14]

나는 스타트업 방식이 조직 전반으로 확산된 몇 가지 사례를 추가로 소개하려고 한다. 엄청난 변화가 만들어진 사례들이 아니라 일반 직원들이 일을 하는 방식이 바뀜으로써 조직의 잠재력이 얼마나 달라질 수 있는지 이야기할 것이다. 수천, 수만 명의 직원이 일을 하는 새로운 방식을 받아들였을 때 어떤 일이 일어날 수 있을지 상상해 보라. 그들 각자가 만들어 내는 변화는 작지만 그러한 변화들이 합쳐졌을 때의 결과물은 엄청난 것이 될 수 있다. 실제로 세상을 바꾼 돌파구 중 상당수는 작은 곳에서 시작된 것들이다.

## 패스트웍스 에브리데이

처음 패스트웍스 프로그램을 시작하고 2년 반이 지났을 무렵 GE에서는 패스트웍스 에브리데이FastWorks Everyday라는 프로그램을 개시했다. 이 프로그램은 제품 개발이나 발표 자료 작성부터 채용 공고 게시에 이르기까지 모든 업무에 실질적인 도움을 주는 것이 목표였다. 또 특정 업무 완수 외에도 직원들의 마음가짐을 바꾸는 것이 목표였다. 패스트웍스 에브리데이 프로그램에 대하여 비브 골드스타인은 이렇게 말했다. "회사 전체의 조직문화를 변화시키는 근간이 되는 프로그램입니다." 패스트웍스와 마찬가지로 패스트웍스 에브리데이 프로그램 역시 반복 개선을 통해 완성되었다. 지금까지 3만 명 이상의 GE 직원이 이 프로그램을 거쳐 갔으며 온라인을 통해서도 패스트웍스 에브리데이 프로그램을 이수할 수 있다. 온라인 프로그램에는 토론방, 대화의 시간, 여덟 시간 정도의 오프라인 강의 등이 포함되어 있다. GE에서는 점점 더 많은 직원이 이 프로그램을 거쳐 가는 중이고 그에 따라 프로그램의 효용성을 뒷받침하는 사례도 많이 만들어지고 있는 상황이다.

GE 비즈니스 이노베이션스에서 인사 팀장을 맡고 있는 라이언 스미스(그가 주도했던 GE 보상 시스템의 개선에 대해서는 이번 장의 앞부분에서 소개한 바 있다)는 최근 GE에서 만든 에너지 스타트업인 커런트Current에서 일할 직원들을 채용하면서 패스트웍스에서 제안하는 방식을 활용했다.주15 "좀 다른 식으로 해 보자고 했습니다. 기존 GE와는 다른, 스타트업처럼 움직일 조직에서 일할 사람들이라면 스타트업 업계 방식대로 채용하는 게 맞는다고 생각했습니다." 라이언 스미스의 말이다. 업무 설명란에 영상을 시험 삼아 삽입했고 영상에 대한 피드백을 받고 잘될 경우 그 실험을 확대할 계획을 세웠다. 당시 일에 대해 그는 이렇게 말했다. "가만히 있지만은 않았습니다. 지난 여섯 달 동안 스무 명의 팀원과 함께 방대한 양의 자료를 수집하고 검토했습니다. GE가 상당한 투자를 하는 조직에서 일할 사람들을 채용하는 문제니까요. 우리는 새로운 방식으로 채용하고 그로부터 학습을 하고 새로운 채용 방식을 더욱 확대할 것인지 판단하기로 했습니다. 이게 패스트웍스에서 가르치는 방식이죠."

### "우리는 조직문화도 하나의 제품처럼 대하기로 결정했습니다."주16

스타트업 방식과는 별로 관련이 없는 분야에서 일하는 직원들까지 스타트업 방식으로 일하는 것은 일을 하는 새로운 방식이 기업 조직문화로 파고들었음을 나타내는 방증이다. 지난 2008년 창업 이후 초고속 성장을 이루어 낸 아사나Asana의 공동 창업자 중 한 명인 저스틴 로젠스타인Justin Rosenstein은 이런 말을 했다. "대부분의 기업은 조직문화를 우연히 나타나는 현상 정도로 받아들입니다. 하지만 우리는 조직문화도 하나의 제품처럼 대하기로 결정했습니다."주17 페이스북 공동 창업자였고 아사나의 또 다른 공동 창업자인 더스틴 모스코비츠Dustin Moskovitz는 이렇게 덧붙였다. "처음부터 우리는 의도적으로 조직문화를 이루어 내려고 했습니다. 이와 같은 대화를 창업 후 몇 년 지난 뒤에야 하는 경우가 많지만 우리는 창업을 하자마자 했습니다. 그런 다음 우리는 그것을 명백히 하고 최대한 유지하려고 했습니다."

아사나는 기업이 성장함에 따라 계속해서 자신들의 핵심 가치를 재조정했고 그럴 때마다 새로운 제품을 출시하는 것처럼 새로운 가치를 발표했다. 그들은 자신들의 가치관에 대해 조직 구성원들의 피드백을 받았고, 이를 기반으로 조직문화를 조정해 나갔다. 현재 조직문화에 문제점이 발견되면 아사나에서는 그러한 문제를 '조직문화의 버그'라고 부른다. 그리고 소프트웨어 버그 문제를 해결하는 것처럼 조직문화의 버그도 해결하려고 한다. 아사나 직원들은 업무 프로세스에 문제가 있다고 생각하거나 자신들에게 충분한 권한이 이양되어 있지 않다고 생각하면 경영진에게 직접 해당 문제를 보고한다. 그럼 아사나 경영진에서는 권한을 부여하는 방식을 재조정하는 프로세스를 내놓는다. 아사나 창업자들은 스타트업 분야에서 그 능력을 인정받고 있는 사람들이며, 그들의 창업가적 능력은 제품 개발 부문을 넘어 조직 관리 부문에서도 드러나고 있는 셈이다.

## 혁신적인 방식을 통한 사회 공헌

2013년, 인튜이트의 CEO 브래드 스미스는 미국 심장 협회 연례 모금 행사의 주최자로 선정되었다. 그는 통상적인 모금 행사처럼 행사를 이끌어 나갈 수도 있었지만 인튜이트가 지니고 있는 혁신 역량을 도입하여 자신이 책임지게 된 행사를 더욱 성공적인 것으로 만들고 싶었다. 행사 6주 전, 그는 디자이너 두 명, 엔지니어 한 명, 제품 매니저 한 명, 혁신 리더 한 명 총 다섯 명의 직원으로 팀을 만들어 미국 심장 협회 모금 행사 역사상 가장 성공적인 행사를 만들 수 있게끔 도와 달라고 부탁했다.

그 팀은 한 달 만에 모바일 앱을 하나 만들었다. 모금 행사를 통해 모금되는 기부금 현황을 실시간으로 알려 주는 앱이었는데, 그들은 그 앱이 구동되는 모습을 행사장의 대형 스크린을 통해 사람들에게 보여 줄 생각이었다. "누군가가 기부를 하면 얼마가 기부되었고 기부 총액은 얼마인지 스크린을 통해 실시간으로 나타나도록 했습니다." 그 팀의 엔지니어인 저스틴 루텐벡Justin Ruthenbeck의 말이다. 그 팀은 두 가지 가설을 세우고 이 시스템을 만들었다. (1)행사장에 있는 사람들에게 모금 현황을 알려 주면 그들은 모금 목표에 도달하지 못하는 상황만큼은 피하려고 할 것이다. (2)행사 참석자들에게 그날 공동의 목표가 있음을 알려 준다면 사람들 사이에 목표를 이루고자 하는 더 강한 의식이 생겨날 것이다. 그 팀은 행사 2주 전에 다른 직원들의 도움을 받아 모의 모금 행사를 진행하며 모바일 앱과 스크린 플레이를 시연했고, 거기서 드러난 몇 가지 부족한 점을 보완했다. 그리고 행사 당일, 그 모바일 앱과 스크린 플레이는 기대대로 완벽하게 작동했다.

행사 모금 목표는 100만 달러였는데 팀 엔지니어 루텐벡은 당시 일을 이렇게 떠올렸다. "94만 7000달러에 도달했을 때 행사 진행자가 이렇게 말했습니다. '저희를 좀 도와주실 분 없습니까?' 그러자 몇몇 테이블에서 이렇게 제안했습니다. '어떤 테이블이든 25달러를 내면 우리도 25달러를 내겠습니다. 그리고 우리가 35달러를 내면 어디에서든 35달러를 내주세요.' 갑자기 행사장에서 이와 같은 게임이 시작되었고 행사가 끝날 무렵에는 모금액이 목표액인 100만 달러를 넘었음은 물론이고 전년도보다 17만 달러의 돈이 더 모금되었습니다." 그날 이후 루텐벡의 팀이 개발한 그 앱은 미국 심장 협회의 다른 모금 행사에서도 사용되기 시작했고, 얼마 후에 루텐벡과 그의 팀은 다른 단체들도 사용할 수 있도록 그 모바일 앱을 일반에 무료로 공개했다.[18]

## 당부의 말

나는 독자들이 이 장에서 소개한 이야기를 읽고 고무되어 자신이 속한 조직에 스타트업 방식을 도입하는 일에 뛰어들기를 바란다. 변화의 어떤 단계에 있어도 상관없다.

하지만 그러기 전에 내가 2부의 마지막 장으로 미루어 둔 내용도 반드시 읽어 봐야 한다. 내가 이 주제를 2부의 맨 마지막 장으로 미루어 둔 이유는 이것이 매우 까다로운 내용이 될 수 있기 때문이다. 하지만 이것은 스타트업 원리들을 하나로 단단하게 묶는 접착제와도 같은 기능을 한다.

다음 장에서는 바로 혁신 회계라는 주제에 관하여 논할 것이다.

다시 한 번 강조하지만 혁신 회계에 대하여 알기까지는 스타트업 방식 도입을 미루기 바란다.

# 9장
# 혁신 회계

2004년에 나는 다른 사람들과 함께 IMVU라는 스타트업을 공동 창업했는데 창업 초기에 우리는 투자를 받기 위해 실리콘 밸리의 벤처 투자사들을 찾아다녔다. 우리는 투자자들을 설득하기 위해 창업 초기에 우리가 이루어 낸 성과를 소개하는 자료를 만들어 가지고 다녔고, 그 자료에는 3장에서 소개한 것과 같은 도표들도 들어 있었다. 분명히 성장은 하고 있었지만 수치가 미미해서 의미 있는 실적은 아니었다. 그런데 한 벤처 투자사에서 우리의 가능성을 믿고 투자를 하기로 결정했다.

그 벤처 투자사에서도 우리 회사가 큰 '자산 가치'를 이룩하지 못했음을 알고 있었다. 하지만 그들은 그런 허무 지표 너머의 것을 보았다. (1)고객 한 명당 유발되는 지표들이 매우 큰 잠재력을 지니고 있었다.주1 (2)고객 관련 지표들의 변화가 가까운 미래에 폭발적인 매출 성장이 일어날 거라는 점을 말해 주고 있었다. 투자를 받기 위해 벤처 투자사들을 찾아다니던 당시에는 아직 확실한 시장을 확보해 놓은 상태가 아니었지만, 이 두 가지는 장래성 있는 선행 지표였다. 규모가 커진 후에도 초창기 결과와 같은 성과가 계속된다면 큰 사업이 될 것이었다. 다시 말해 우리는 스타트업 가치 평가 공식의 두 가지 중요한 부분을 알게 된 것인데, 바로 미래 성공 가능성과 미래 성공의 추정 규모다.

이와 같은 초기 성공 신호를 투자 가치로 인식하는 것은 성공적인 벤처 투자가들이 지니고 있어야 하는 핵심 능력이다. 그런데 대기업의 재무 팀들은 초기 성과가 미미한 프로젝트는 기꺼이 중단시켜 버린다. 대기업 재무 팀은 구체적으로 드러나는 숫자를 가장 중시하며 의미 있는 수준의 숫자가 나타나기 전까지는 스타트업 프로젝트에 대해 회의적인 시각을 거두지 않는다.

스타트업 프로젝트에 필요한 것은 초기 결과를 새롭게 해석하는 방법이다. 새로운 해석 방법으로 모든 혁신 팀이 반복해 직면하는 딜레마를 풀 수 있다. 해석 틀을 적절히 갖추면 앞서 언급한 자주 듣는 비판에 대해 다음과 같은 식으로 대응할 수 있다. "실험으로 얻은 표본 크기가 너무 작다고 말씀하셨죠. 좋습니다. 예산을 늘려 주시면 더 큰 규모의 실험을 할 수 있고, 의미 있는 크기의 표본을 수집할 수 있습니다." 표본 크기가 작다는 비판은 초기 결과가 전망이 있다는 전제를 인정하는 것이기 때문에 이와 같이 답변하면 효과가 있다.

## 하지 말아야 할 말

서로 다른 세 가지 상황에서 거의 비슷한 말을 쓰면서 똑같은 협상이 이뤄지는 것을 보았다. 실리콘 밸리 스타트업은 벤처 투자자들을, 대기업의 사내 스타트업 리더들은 회사의 재무 팀장을, 자신의 집 차고에서 창업을 결심한 사람들은 배우자를 설득한다. 모든 창업가는 누군가를 설득할 수 있어야 한다. 창업가들은 다른 사람들의 돈을 가져다 써야 하는 상황을 피할 수 없기 때문이다.

다른 사람들을 설득하려는 시도는 다음과 같은 식으로 시작된다.

당신[벤처 투자자, 재무 팀장, 배우자]에게 제안을 하나 하겠습니다. 나에게 [투자금 100만 달러/5명으로 구성된 팀/우리 부부의 평생 예금]과 1년의 시간을 준다면 엄청난 결과를 만들어 낼 수 있습니다. 수백만 명의 고객으로 수십억 달러의 매출을 올릴 수 있고 우리는 경제지에도 나올 겁니다! 몇몇 성공적인 스타트업은 영화로도 만들어졌고 경영 대학원의 사례 연구 대상이 되었는데 우리도 그렇게 될 수 있습니다!

스타트업 업계에서 우리는 이를 '그럴듯한 약속'이라고 부른다. 그럴듯한 약속은 투자자의 탐욕을 자극할 정도로 거창해야 하지만 황당하게 들릴 정도로 지나치게 거창해서는 곤란하다. 그렇다면 상대방을 설득할 수 있을 정도의 숫자라는 건 어느 정도일까? 똑같이 2500만 달러의 신규 매출을 제안하더라도 어떤 기업에서는 시장 판도를 뒤바꿀 사업이라고 생각할 것이고 어떤 기업에서는 그 정도는 반올림 오류만큼 작은 수준이라고 생각할 것이다. 상대방을 설득할 수 있으려면 상대방이 생각하는 적정한 수준을 찾아서 제시할 수 있어야 한다.

상대방이 긍정적인 대답을 했다고 가정해 보자. 그럼 스타트업은 투자금과 시간을 갖게 된다. 그런데 1년이라는 시간은 금방 지나간다. 그리고 내가 장담하건대 스타트업은 다음과 같은 상황과 맞닥뜨리게 된다.

1. 1년의 사업 기간을 두고 받은 투자금은 그 기간이 되면 전부 소진된다. 투자금을 놓아두고 있다가 다시 반환했다는 스타트업 이야기는 거의 들어 본 적이 없다.

2. 모두가 바쁘게 움직였고(스타트업 사람들은 열심히 일한다) 상당히 많은 일을 해 놓은 상태다.

3. 이 책에 소개된 많은 스타트업이 그랬듯이 '그럴듯한 약속'에 한참이나 못 미치는 사업적 성과만을 이루어 놓은 상태다.

이제 벤처 투자자, 재무 팀장, 배우자 등에게 다음과 같이 말할 수밖에 없다. "좋은 소식과 나쁜 소식이 있습니다. 나쁜 소식은 목표에 조금 못 미쳤다는 것입니다. 수백만 명의 고객이 아니라 수백 명의 고객밖에 못 모았고 수십억 달러의 매출이 아니라 수천 달러의 매출을 올리는 데 그쳤습니다. 하지만 좋은 소식도 있습니다! 그동안 정말 많은 것을 배웠다는 점입니다! 이제 성공에 거의 다 왔어요. 1년의 시간과 1000만 달러만 더 투자하신다면 제가 약속하는데…."

이와 같은 이야기를 듣는다면 상대방이 샌프란시스코에 사는 힙스터든, 대기업 임원이든 누구나 예외 없이 웃음을 터뜨릴 것이다. 우리는 그다음에 무슨 일이 벌어질지 안다. 그 창업가는 잘릴 것이다. 내가 창업했던 IMVU는 매우 드문 사례일 뿐이고 대부분의 스타트업은 창업 초기 실패를 극복하지 못하고 그대로 주저앉는다.

대기업 사내 창업가나 벤처 투자를 받은 창업가들이 사적으로 모이면 성공 바로 직전에 있는 유망한 스타트업에 대한 투자를 중단하는 '밴댕이' 투자자와 CFO에 대해 불평하기를 좋아한다. IT 산업 역사를 보면 이와 같은 투자자 실수가 꽤 있다. 당장 트위터만 하더라도 창업 초기에 성과가 나오지 않자 원하는 투자자들에게는 투자금을 돌려주겠다는 제안을 하기도 했다.[주2] 그리고 일부 투자자들은 트위터에서 투자금을 회수해 갔다!

그런데 대기업 사내 스타트업과 관련하여 대기업 재무 팀 입장에서 생각해 보자. 일반적인 경우라면 어떤 팀장이 분기 목표에 미달하는 것은 큰 문제가 될 수 있다. 한 분기에 10% 미달된다고 해서 바로 해고되지는 않겠지만, 습관처럼 미달이 반복된다면 그 팀장의 경력 경로에는 큰 흠집이 날 수도 있다. 물론 이와 같은 경영 방식에는 이유가 있다. 지난 1장에서 언급한 바와 같이 21세기 기업 경영에서 가장 중요한 것은 예측 가능성이다. 요행이나 외부 요인에 의해 기업 실적이 흔들리는 것은 좋은 신호가 아니며, 미리 목표로 한 실적을 안정적으로 내는 사람들이 인정을 받고 승진을 한다.

이와 같은 조직문화 속에서 창업가들은 어떻게 보일까? 단지 10%의 목표 미달도 심각한 문제로 보는 분위기에서 백분의 일, 천분의 일, 만분의 일의 실적밖에 내지 못하는 사람들이 추가 투자까지 요구한다면 말이다!

고객도 없고 매출도 미미한 사내 스타트업이 자신들에 대해 좋은 평가를 해 달라고 말한다면 이를 어떻게 받아들여야 할까? 물론 사내 스타트업이 엄청난 유효 학습을 이루어 냈을 수도 있지만 무의미하게 시간을 보내며 투자금을 낭비했을 수도 있다. 그리고 전통적인 회계에서 보자면 이 둘 사이의 차이점은 별로 없다. 허무 지표는 같고 0에 가깝다. 대기업의 재무 팀은 추가 투자를 할 스타트업과 그렇지 않은 스타트업을 어떻게 결정할까? 적어도 내가 겪어 본 바에 의하면 사내 정치에 의해 결정되었다.

대기업 재무 팀에 문제가 있는 게 아니다. 미래의 페이스북과 가짜 혁신 조직을 구분할 수 있는 시스템이 없는 게 문제다. 새로운 시스템이 필요한 시기다.

## 혁신 회계란 무엇인가?

내『린 스타트업』이 알려지면서 '방향 전환'이나 '최소 요건 제품' 같은 개념이 꽤 유명해졌다. 그리고 스티브 블랭크가 언급한 "사무실에서 나가라!"라는 구호는 티셔츠에 인쇄되어 판매되고 있을 정도다. 나는 린 스타트업 개념에 대한 질문이나 편지를 보고 사람들이 책의 어느 부분을 가장 많이 읽었는지 알 수 있게 됐다.

그런데『린 스타트업』에서 소개한 중요한 구상 중 사람들의 관심을 별로 끌지 못했던 게 하나 있다(물론 일부 독자들은 관심을 표해 오고 있지만 말이다). 수학과 관련되어 그런 것 같다. 바로 회계에 관한 구상이다.

사실 이 세상에서 회계보다 더 따분하다고 여겨지는 게 얼마나 될까 싶다. 그리고 혁신이나 스타트업에 관한 책을 집어 드는 독자들은 흥미진진한 이야기를 읽고 싶어 한다. 그런데 회계 부문에 관한 개혁 없이 지속적인 혁신을 추구한다는 것은 거의 불가능한 일이다. 누가 그런 방법을 알려 준다면 나는 내 책들을 다시 쓸 용의가 있다.

조직과 업무 방식을 변화시키기 위해서는 새로운 방식의 회계가 뒷받침되어야 한다. 우리는 창업 모델과 재정을 조화시킬 수 있는 무언가가 필요하다. 나는 이러한 회계를 혁신 회계innovation accounting라고 부른다(금융계에서 일하는 동료들이 내게 다음과 같은 면책 문구를 덧붙이라고 했다. "내가 말하는 것은 감옥에 갈 수도 있는 '획기적인' 회계가 아니다. 주의하기 바란다.").

내가 제시하는 혁신 회계는 기존 지표(매출, 고객 숫자, 투자 수익률, 시장 점유율)로는 성과를 효과적으로 파악하기 어려울 때 사용하는 평가 수단이다.

- 혁신 회계는 프로젝트의 성공 가능성을 가늠해 볼 수 있는 일련의 선행 지표를 이용한다. 이를 통해 상황에 선제적으로 대응할 수 있다.
- 팀이 가장 위험한 가정에 집중할 수 있도록 이끈다.
- 경쟁 직능, 부서, 지사 간에 자원 사용에 관하여 협의할 수 있는 공통적이고 수학적인 어휘를 제시한다.
- 투자에 관한 명확한 프로세스를 따르고 팀의 가치 창출 능력을 감사할 수 있는 시스템에 장기 성장과 연구개발 능력을 연계한다.

기업들은 혁신 회계를 이용하여 여러 사내 프로젝트를 비교할 수 있고 어떤 프로젝트에 투자를 계속해야 하는지 판단할 수 있다. 또한 사내 프로젝트가 발생시킬 수 있는 비용과 이익을 평가하고, 이를 통해 프로젝트의 가치를 산정하고, 프로젝트에 대하여 여러 가지 선택을 내릴 수 있다.[주3]

혁신 회계는 학습이라는 모호한 개념을 구체적인 숫자로 바꿔 주는 시스템이다. 성과만이 아니라 정보에 대해서도 구체적인 가치를 매겨 주는 것이다.

혁신 회계를 이용하면 학습을 미래의 현금 흐름으로 정량화할 수 있다. 그리고 지난 3장에서 이야기했던 스타트업의 재무 구조를 좀 더 합리적으로 평가할 수 있다. 스타트업의 자산 가치, 성공 가능성, 성공 규모 같은 요소들을 정량화하여 스타트업의 가치를 평가할 수 있도록 해 주는 수단이 바로 혁신 회계다. 스타트업들은 초창기에는 매출도 미미하고 투자 수익률은 마이너스로 나타날 수도 있다. 그리고 이로 인해 혁신 프로젝트의 운명이 정치적으로 매우 위태로워진다. 그래서 엉성한 추정을 하지 않고도 그런 작은 수치가 큰 수치로 바뀔 수 있음을 엄격한 방식으로 설명할 수 있어야 한다.

그런데 혁신 회계는 지분 계산과 동일하지 않다. 잠재적 미래 수익의 순 현재 가치net present value, NPV를 계산할 때 가능한 성공 규모를 평가하는 것이지, 가능성을 평가하지는 않는다. 혁신 회계는 스타트업 조직이 그 계획을 실현하기까지의 과정에서 이루어 내는 성과를 기록하는 일종의 득점표로 기능하며 그 개념을 개괄적으로 나타내면 다음과 같다.

출발 → 현재 혁신 회계 가치 → 주식 가치 → 계획 실현

미리 밝힐 내용이 있다. 이번 장에서 혁신 회계의 모든 내용을 다루지는 않는다. 이번 장에서 소개하려는 것은 혁신 회계의 기본적인 개념이다. 개별 기업 상황에 맞는 혁신 회계의 틀을 만드는 기본 도구를 소개하는 것이 이번 장의 목표다. 이번 장에 나오는 내용은 복잡한 과학은 아니지만 제대로 수행해야 효과를 얻을 수 있다. 전통적인 회계 방식만 하더라도 경영서 한두 권을 읽는다고 해서 그 원리를 금세 알 수 있는 것은 아니다. 혁신 회계 역시 마찬가지다. 혁신 회계를 제대로 알고 활용하기 위해서는 많은 연구와 실습이 필요하다.

## 혁신 회계의 3단계 과정

스타트업 팀에 혁신 회계를 알려 줄 때 나는 단계적으로 접근한다. 아무리 높은 수준의 역량을 갖추고 있는 팀이라 하더라도 혁신 회계를 단번에 이해하고 활용하는 것은 어렵기 때문이다. 혁신 회계는 세 단

계로 나누어 점진적으로 도입하는 것이 가장 적절하다고 생각한다. 그리고 혁신 회계 도입을 지원하는 코치들은 팀 수준에서 도입하든 전체 기업 수준에서 도입하든 자신이 책임지고 있는 조직의 성장 수준에 맞추어 적절한 단계를 도입하면 된다. 혁신 회계의 어느 한 단계에 능숙해지면 다음 단계를 도입하는 식으로 말이다.

## 1단계: 대시보드 도입

혁신 회계의 가장 중요한 기능은 유효 학습을 엄격한 방식으로 평가하고 정량화하는 것이다. 지난 4장에서 이야기했듯이 유효 학습이 이루어졌다는 점을 인정받으려면 한 번의 실험에서 다음번 실험으로 넘어갔을 때 고객 행동에 변화가 일어나야 한다. 고객 행동은 비즈니스 모델에 대한 입력이면서 투자 수익률과 시장 점유율 같은 미래 결과를 이끄는 선행 지표다.

혁신 회계 프로세스는 조직 구성원들이 중요하다고 여기는 몇 가지 지표가 적혀 있는 대시보드를 활용하는 것으로 시작한다. 스타트업 초기 상태에서는 어떤 지표들이 미래의 매출을 의미하는지 정확하게 파악하기가 어렵다. 그래서 많은 스타트업이 투자 수익률, 시장 점유율, 이윤 등 재무 목표나 '결과'에 집중하고 회사를 성장시키는 숨은 힘을 보지 못한다.

이와 같은 스타트업들은 더 많은 예산을 얻어 내기 위해 미래에 대한 전망을 최대한 좋게 만들려고 애쓴다. 그런데 그렇게 하는 대신 팀과 회사가 실제 성장 동력이 무엇인지 파악하고 그것이 어떻게 작동하는지 이해한다면 성공을 이루어 낼 가능성은 더욱 커질 것이다. 혁신 회계는 이러한 성장을 추적하고 그 과정에서 학습한 것들을 재무 팀에서 이해할 수 있도록 숫자로 바꾸는 수단이 되어 준다.

혁신 회계 1단계에서는 고객 한 명당 발생하는 각종 데이터가 중요하게 다루어진다. 이는 표본 크기에 상관없이 측정할 수 있다. 고객 열 명으로 실험을 하든, 100명으로 실험을 하든, 실험을 통해 나타나는 고객 한 명당 데이터가 중요하다. 특히 고객 한 명당 발생하는 각종 데이터의 변화 추이에 주목할 필요가 있다. 그리고 이는 다른 전체 수치보다 더 빨리 그 변화를 파악할 수 있다.

고객 한 명당 발생하는 각종 데이터 유형에는 다음과 같은 것들이 있다.

- 고객 전환율(무료 시범 서비스를 이용하던 고객 중 유료 고객으로 전환되는 비율)
- 고객당 매출(고객이 제품에 지불하는 평균 금액)
- 고객당 생애 가치(고객 한 명이 평생 동안 자사 제품이나 서비스를 이용하며 지불하는 돈의 액수)
- 고객 유지율(일정 기간 이후에도 계속해서 고객이 자사 제품이나 서비스를 이용하고 있을 확률)
- 고객당 비용(고객에게 서비스하는 데 들어가는 평균 비용)
- 추천율(자사 제품이나 서비스를 신규 고객에게 추천하는 기존 고객들의 비율 또는 일정 기간 동안 평균적인 추천 횟수)
- 채택 비율(자사 제품을 취급하는 유통 경로의 비율)

많은 스타트업은 상당히 복잡한 사업 계획을 세워 놓고 출발한다. 그리고 최대한 긍정적인 전망을 내세우고 그러한 전망을 기준으로 움직인다. 하지만 혁신 회계에서는 단순하면서도 당장 확인할 수 있는 몇 가지 지표를 이용하여 대시보드를 만들고 이를 기준으로 움직인다.

어떤 초기 지표들을 대시보드에 넣을지 판단할 때는 '혁신 회계의 확대' 절(309쪽)에 나오는 네 가지 질문을 이용하면 도움이 된다.

이 단계에서는 지표 간 연계까지 생각할 필요는 없다. 이 단계의 목표는 일단은 새로운 관리 방식을 시작하는 것이다. 이를 통해 수치가 어떻게 변하는지 관찰하고 구체적인 사업 계획의 토대를 마련하는 것으로 충분하다. 예를 들면 첫 번째 주에는 고객 세 명을 대상으로 설문을 해서 자신의 목적과 고객의 필요를 분명히 파악하고, 두 번째 주에는 고객 다섯 명을 대상으로, 세 번째 주에는 고객 일곱 명을 대상으로 한 다음, 이 과정에서 어떤 개선이 이루어졌는지 평가하는 것이다. 실제로 스타트업 액셀러레이터 Y 콤비네이터는 자신들이 코치하는 스타트업들에 주 단위로 성장을 측정하라고 주문하고 있다.[주4]

대시보드는 단순하면서도 강력하다. 무엇보다 실험을 하면서 고객 반응을 한 '흐름'으로 볼 수 있기 때문이다. "제품 개발을 마치고 그 다음에 고객 반응을 확인해 보자"라고 하는 대신 "지금까지 개발이 진행된 제품에 대해 매주 고객 다섯 명을 대상으로 실험을 해 보자. 그 다음에는 매주 열 명으로 실험 대상을 늘려 보자. 그러다 문제가 생길 경우 실험 대상을 다시 다섯 명으로 줄여 보자"와 같은 식으로 진행할 수 있다. 중요한 것은 제품을 정기적으로 고객에게 선보이고 고객들과 접촉하는 것이다. 문제가 발생했다고 해서 고객 접촉을 중단하는 것은 좋은 방법이 아니다. 고객 접촉을 늘리는 과정에서 문제들이 발견됐다면 접촉을 줄이는 수준으로 대응해야 한다. 확장을 할 때 뭔가가 잘못되기 마련이다. 그럴 때는 그냥 비율을 줄이면 된다.

대시보드의 또 다른 강점은 중요한 상황을 쉽게 파악할 수 있다는 점이다. 고객들이 제품 구매 자체를 하지 않는 상황에서는 재구매율이나 고객 유지율 같은 후속 상황이 의미가 없는데, 대시보드는 이와 같은 상황을 곧바로 파악할 수 있도록 해 준다.

대시보드를 활용할 때는 시간이 지남에 따라 개선되고 있는 지표들이 무엇인지 살펴보라. 첫 번째 최소 요건 제품을 내놓았을 때 고객당 매출이 0달러가 나왔다 하더라도 나중에 제품을 여러 차례 개선해서 1달러가 나왔다면 이는 분명한 긍정적 신호다. 고객당 매출 10달러 또는 100달러를 창출한다는 목표에 더 다가서고 있는 것이기 때문이다.

### 1단계 대시보드

드론 배달 레모네이드 프랜차이즈의 최소 요건 제품 1: 노점 판매 방식 이용

| 사업 추진 | | | 공식 인스타그램 개시 | 가격 인하 | 슈퍼푸드 라인 개시 | 마케팅 인턴 채용 | 장소 이동 | |
|---|---|---|---|---|---|---|---|---|
| | 1주차 | 2주차 | 3주차 | 4주차 | 5주차 | 6주차 | 7주차 | 8주차 |
| 행인 숫자 | 100 | 100 | 125 | 150 | 175 | 200 | 400 | 450 |
| 고객 숫자 | 0 | 0 | 5 | 20 | 35 | 45 | 60 | 75 |
| 전환율 | 0% | 0% | 4% | 13% | 20% | 23% | 15% | 17% |
| 제품 단가 | 9 | 9 | 9 | 5 | 6.5 | 6.5 | 7 | 7 |
| 고객당 주문 숫자 | 0 | 0 | 1 | 1 | 1 | 2 | 2 | 2 |

## 2단계: 비즈니스 사례

혁신 회계 도입 1단계의 목표가 혁신 회계 프로세스의 이해를 돕는 것이었다면 2단계에서는 사업 계획을 세우고 가장 위험한 가정(4장에서 이야기했다)을 파악해야 한다. 여기서 가장 위험한 가정은 비즈니스를 구체화하는 토대가 된다.

고객이 어떤 제품에 관한 정보를 듣는 것부터 실제 구매에 이르

기까지의 과정을 생각해 보라. 혁신 회계 도입 2단계에서는 이 과정에서 중요한 의미를 갖는 지표들을 활용하여 대시보드를 작성할 것이다. 대시보드에는 사업 계획을 구성하는 지표 전체가 포함되어야 한다.

1단계 대시보드에서는 비용이나 고객 유지율 같은 지표 없이 매출과 관련된 지표만이 활용되었다. 그런데 모든 영업 사원이 알고 있듯이 매출은 얼마든지 부풀릴 수 있다. 2단계 대시보드에서는 이와 같은 오류가 허용되지 않는다.

2단계 대시보드에서는 실제 사업 현황이 나타나야 한다. 그리고 그 현황은 재무 팀의 누구라도 알아볼 수 있을 정도로 구체적이고 명확해야 한다. 사업 계획서에는 여러 가지 중요한 지표가 들어가게 되는데 2단계 대시보드에도 이러한 지표가 나타나 있어야 한다.

대시보드의 모든 지표는 사업 계획서에 나타나 있는 가장 위험한 가정에 상응하는 것이어야 하며 상관없는 지표가 들어가서는 안 된다. 혁신 회계 도입 1단계에서는 프로젝트 팀의 전망을 좋게 보이도록 만드는 지표들만 선별적으로 대시보드에 넣는 실수를 할 수도 있다. 초기에 과장된 마케팅을 하고 판매가는 지나치게 낮게 가져감으로써 매출과 관련된 지표들을 좋게 만들 수도 있다. 하지만 이와 같은 방식에는 지속성이 없으며 결국에는 낮은 고객 유지율과 낮은 재구매율로 이어질 뿐이다. 1단계 대시보드에는 사업 현황을 종합적으로 파악할 수 있는 지표들이 제외될 수 있지만 2단계 대시보드에는 이러한 지표들이 포함되어야 한다.

특히 2단계 대시보드에는 프로젝트의 가치 가설과 성장 가설을 확인할 수 있는 지표들이 들어가야 한다(4장 내용 참고). 이 두 개념을 만들면 투자자와 창업가 모두 제품/시장 적합성을 더 잘 검토할 수 있다. "고객들이 제품에 대해 만족하고 있음을 나타내는 구체적인 행동은 무엇인가?"와 같은 질문에 대한 답은 프로젝트의 가치 가설을 평가할 수 있도록 해 준다.주5 1단계에서만 하더라도 순 추천 지수net promoter score; NPS 같은 대체 지표주6나 그로스해커스GrowthHackers의 창업자이자 CEO인 션 일리스Sean Ellis의 조사법을 사용할 수도 있다.주7 물론 이와 같은 지표들은 고객 만족도를 나타내기는 하지만 이를 구체적인 가치로 환산하기는 어렵다. NPS가 얼마나 좋아야 프로젝트에 시간과 돈을 더 투자해 달라고 사람들을 설득할 수 있는 걸까? 누구도 이에 대한 명확한 답을 낼 수는 없다. 이와 대조적으로 2단계 대시보드에서는 재구매율, 고객 유지율, 비싼 가격을 지불하거나 다른 사람에게 추천하겠다는 응답률 같은 가치 가설 지표를 측정해야 한다. '얼마나 좋다는' 건 어느 정도일까? 2단계에서는 답하기 쉽다. 사업 계획에 적어 넣을 수 있는 숫자면 된다.

## 성장 엔진

성장 가설도 마찬가지로 정량적 기초 위에 놓고 평가할 수 있다. 우리 제품이나 서비스에 만족한 고객들에게서 나타날 수 있는 행동 중 다른 고객들의 유입을 유발할 수 있는 행동은 무엇인가? 우리 사업의 지속적인 성장을 가능하게 하는 고객 행동은 무엇인가? 새로운 고객들은 기존 고객 행동에 의해 만들어지는데 이러한 현상은 다음 세 가지 유형으로 정리될 수 있다.

1. 재방문에 의한 성장 엔진: 고객들의 상호 추천에 의해 유입되는

고객 숫자가 자연적 고객 감소 비율보다 크면 사업은 계속해서 성
장한다.

2. 유료 성장 엔진: 기존 고객들에게서 발생한 매출을 신규 고객 유
치에 재투자하는 식으로 고객 숫자를 늘려 나갈 수 있다.

3. 바이럴 성장 엔진: 기존 고객이 제품이나 서비스를 더 많이 사용
할수록 새로운 고객이 더 많이 생겨나는 경우도 있다. 패션이나
유행 제품처럼 페이스북이나 페이팔 같은 IT 서비스에서도 비슷
한 현상을 볼 수 있다.

각 '성장 엔진'마다 지속적인 성장 가능성을 판단할 수 있는 수치들이
있으며 그 수치들을 통해 제품/시장 적합성을 결정할 수 있다. 전통적
인 제품/시장 적합성 조언에서는 "일단 시장에 내놓아야 성공 여부를
알게 된다"와 같은 식으로 말했으나, 혁신 회계를 활용하는 스타트업

## 2단계 대시보드

드론 배달 레모네이드 프랜차이즈의 최소 요건 제품 2: 주문이 가능한 홈페이지 이용

| 사업 추진 | | | 공식 인스타그램 개시 | 가격 인하 | 슈퍼푸드 라인 개시 | 마케팅 인턴 채용 | 장소 이동 | |
|---|---|---|---|---|---|---|---|---|
| | 1주차 | 2주차 | 3주차 | 4주차 | 5주차 | 6주차 | 7주차 | 8주차 |
| 웹 사이트 방문객 숫자 | 500 | 250 | 1,750 | 1,800 | 2,750 | 3,000 | 5,000 | 7,500 |
| 고객 숫자 | 0 | 0 | 100 | 500 | 1,200 | 1,250 | 2,500 | 5,000 |
| 전환율 | 0% | 0% | 6% | 28% | 44% | 42% | 50% | 67% |
| 제품 단가 | 9 | 9 | 9 | 7 | 7 | 7 | 8.5 | 8.5 |
| 고객당 주문 숫자 | 1 | 1 | 1 | 1 | 2 | 3 | 3 | 3 |
| 고객당 추천 횟수 | 0 | 0 | 0 | 1 | 2 | 2 | 3 | 3 |
| 레모네이드 제조 비용 | 2 | 2 | 2 | 2 | 4.5 | 4.5 | 4.5 | 4.5 |
| 웹 사이트 개발 비용 | 1,000 | 250 | 500 | 0 | 250 | 0 | 750 | 0 |
| 배달용 드론 보유량 | 100 | 100 | 100 | 100 | 100 | 100 | 2,500 | 2,500 |
| 마케팅 예산 | 0 | 0 | 500 | 150 | 500 | 1,000 | 1,000 | 1,000 |

방식에서는 "제품/시장 적합성에 얼마나 다가갔는가?"에 대한 좀 더 까다로운 질문에 답을 얻을 수 있다.

### 3단계: 순 현재 가치

혁신 회계 도입 3단계의 목표는 데이터를 기반으로 비즈니스를 다시 실행해 학습한 내용을 수익으로 전환하는 것이다.

어떤 프로젝트가 되었든 시작 시점의 비즈니스 모델을 가지고 있을 것이다. 그리고 그 비즈니스 모델에는 사업 가치를 예측한 스프레드시트가 첨부되어 있을 것이다. 그 스프레드시트에는 사업이 계획대로 진행된다면 고객들이 어떤 행동을 보일지, 그러한 고객 행동의 결과로 어떤 성과가 예상되는지 등이 나타나 있을 것이다. 대부분의 경우 프로젝트가 진행되는 과정에서 이러한 예상치는 수정되지 않는다. 시장에서 실제로 어떤 일이 일어나는지 보고 후행적으로 대응하는 것이다. 하지만 혁신 회계에서는 프로젝트가 진행되는 과정에서 데이터 수정이 가해진다. 실험을 통해 알게 된 새로운 자료들을 곧바로 스프레드시트에 적용하고 새롭게 예상치를 내는 것이다. 일반적으로 첫 번째 최소 요건 제품으로 실험을 하고 얻어 낸 자료를 적용하면 사업 성과는 매우 부정적으로 나타난다(실망스러운 상황이지만 이 과정은 꼭 필요하다). 하지만 개선된 최소 요건 제품으로 새로운 실험을 행하면 새로운 자료를 얻게 되고, 이 자료를 적용하면 스프레드시트에는 전보다 긍정적인 예상치가 나타난다. 그리고 이러한 예상치를 이용하여 순 현재 가치를 계산한다. 순 현재 가치가 바뀌는 것은 학습한 내용이 재무적으로 어떤 영향을 미치는지 직접 보여 주는 것이다.

일례로 핵심적인 전환율 하나가 개선되는 것만으로 사업 가치는 두 배 또는 열 배로 증가할 수도 있다. 갑자기 사업 계획은 훨씬 더 명확하고 매력적인 것이 된다. 새롭게 학습한 내용은 재무적인 용어로 번역할 수 있고 이는 결국 재무 부서에 설명할 수 있는 내용이 되며 향후 사업 전개에 영향을 미칠 수 있다. 그에 따라 현금 흐름이 창출되기도 한다.

다시 한 번 강조하지만 혁신 회계 도입 3단계에서는 실험을 통해 알게 된 것들을 기반으로 사업의 순 현재 가치를 계산한다. 예를 들어 전환율을 1%에서 2%로 올리는 방법을 배웠다면 그로 인해 어느 정도 매출이 증가하는지 계산할 수 있고 그를 통해 사업의 순 현재 가치를 계산할 수 있다. 그리고 더 많은 데이터를 얻을수록(최신 데이터를 스프레드시트에 입력할 수 있기 때문에) 가치 산정의 정확도를 더 높일 수 있다.

개선된 최소 요건 제품이 어느 정도 성과 개선을 이루어 낼 수 있는지 도식화하는 것도 좋은 방법이다. 첫 번째 최소 요건 제품을 통해서는 매출이 일어나지 않고 사업의 순 현재 가치가 0이라는 평가가 나올 수 있다. 나는 이와 같은 일을 많이 목격해 왔다. 하지만 이에 대해 부정적인 평가를 내릴 필요는 없다. 이것은 출발점이기 때문이다. 최소 요건 제품을 개선하고 새롭게 테스트할 때마다 순 현재 가치가 갱신되면서 점점 목표에 다가가게 될 것이다.

사내 스타트업의 리더가 재무 또는 투자 관계자를 설득할 때는 이와 같은 개선 사항을 분명한 근거와 함께 보여 줄 필요가 있다. 우리가 정말 성공 확률을 높이고 있다고 확신이 들 만큼 빠르게 발전하고 있어야 그 사람들이 판단할 수 있다(그들은 우리의 최근 발전이 계속

될지 판단해야 하기 때문이다). 이때 혁신 회계는 그 평가가 엄격한 방법으로 수행되는 데 필요한 공통의 틀과 언어가 된다. 실리콘 밸리 스타트업에서 전통적인 대기업의 생산 팀에 이르기까지 내가 함께 일했던 대부분의 팀은 어려운 상황을 좀처럼 벗어나지 못하고 있었다. 열심히 일하고 신제품을 만들어 출시하고 있었지만 사업의 핵심 지표들을 개선하지 못하고 있었기 때문이다. 자신들의 현재 전략이 잘못되었음을 인식하지 못하는 팀은 어려운 상황을 빠져나오지 못하지만, 이러한 인식을 하는 팀들은 빠른 방향 전환을 통해 상대적으로 빠르게 상황을 개선한다. 다시 말해 혁신 회계를 통해 재무 이슈를 다루면 일이 느려지는 게 아니라 팀이 사업을 좀 더 효과적으로 하는 데 긍정적인 영향을 줄 수 있다.

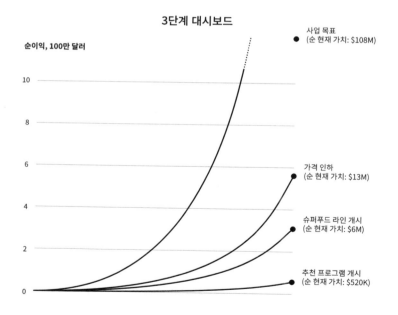

**3단계 대시보드**

순이익, 100만 달러

- 사업 목표
  (순 현재 가치: $108M)
- 가격 인하
  (순 현재 가치: $13M)
- 슈퍼푸드 라인 개시
  (순 현재 가치: $6M)
- 추천 프로그램 개시
  (순 현재 가치: $520K)

· · ·

지금까지 혁신 회계에 대하여 이야기하면서 스타트업 팀이 프로젝트 성과를 확인하고 그에 관하여 재무 팀과 협의를 할 수 있도록 해 주는 수단이라는 점에 초점을 맞추었지만, 혁신 회계는 기업에서 추진하는 다른 일반적인 프로젝트들의 성과를 확인할 때에도 매우 유용하게 활용될 수 있다. 혁신 회계의 가장 중요한 효용이 바로 여기에 있다. 혁신 회계는 서로 완전히 다른 유형의 프로젝트들을 평가하고 가치를 산정할 수 있는 공통 언어이자 책임 수단으로 활용될 수 있는 것이다.

## 혁신 회계의 확대

앞에서도 언급했듯이 혁신 회계는 기업 내에서 추진하는 다양한 프로젝트를 평가하고 가치를 산정하는 공통 언어이자 책임 수단으로 활용될 수 있다. 2부 도입부에서 '스타트업 방식 도입 3단계 과정'이라는 표를 하나 소개했는데(148쪽), 혁신 회계 도입 과정에 대해서도 그와 같은 표를 이용하여 정리하려고 한다. 혁신 회계는 기업에서 추진하는 종합적인 변화와 혁신을 평가하는 구체적인 자료들을 만드는 데에도 이용할 수 있다.

이어지는 부분에서는 혁신 회계를 활용할 때 프로젝트 진척도에 따라(실행, 행동 변화, 고객 부문, 재무 부문 등), 조직 단위에 따라(팀, 사업부, 전체 기업 등) 어디에 초점을 두어야 하는지를 정리해 놓은 표를 소개하려고 한다. 프로젝트가 진척됨에 따라 평가 대상이 되는 선행 지표들은 변하게 되는데(선행 지표들에 관해서는 6장에서 논한 바 있다), 프로젝트를 추진하는 팀이나 조직에서는 이러한 선행 지

표들의 추이를 통해 프로젝트가 의도대로 진행되고 있는지를 즉각적으로 판단할 수 있다.주8

## 핵심 질문들

| | 실행 > | 행동 변화 > | 고객 부문 > | 재무 부문 |
|---|---|---|---|---|
| | 계획한 바를 실행으로 옮겼는가? | 우리는 다른 방식으로 일을 하고 있는가? | 내부 또는 외부 고객들은 변화를 인지하고 있는가? | 새로운 성장 동력을 만들어 냈는가? |
| **프로젝트 팀** | 성공에 필요한 준비를 갖추고 있는가? (전담 자원, 리더, 계량 방식 펀딩, 복합기능 조직 등) | 실무 담당자들이 일을 하는 새로운 방식을 자신의 업무에 적용하고 있는가? | 고객들이 변화를 느끼고 있는가? | 재무 성과 및 생산성 개선의 선행 지표들은 무엇인가? |
| **사업부/성장 위원회** | 사업부 내에 성장 위원회가 구성되어 있는가? | 사업부 내 프로젝트들은 프로세스를 효과적으로 이용하고 있는가? | 사업부 전반적으로 고객 만족도가 높아지고 있는가? | 성장 및 시장 점유율 제고의 동력을 찾아내고, 비용을 획기적으로 절감하고 있는가? |
| **기업 전체의 변화** | 교육 프로그램이 마련되어 있는가? 최고 경영진이 새 시스템을 신뢰하는가? | 일을 하는 새로운 방식이 기업의 일반적인 규범으로 자리를 잡았는가? | 제품이나 서비스를 더 빠르고 편리하게 제공하고 있는가? | 기업 전체 성장률과 생산성이 높아지고 있는가? |

# 핵심 지표들

| | 실행 **>** 계획한 바를 실행으로 옮겼는가? | 행동 변화 **>** 우리는 다른 방식으로 일을 하고 있는가? | 고객 부문 **>** 내부 또는 외부 고객들은 변화를 인지하고 있는가? | 재무 부문 새로운 성장 동력을 만들어 냈는가? |
|---|---|---|---|---|
| **프로젝트 팀** | 팀원들에 대한 교육<br>스타트업 후원자의 존재<br>성공할 수 있는 프로젝트 구조 | 짧은 출시 주기<br>더 빠른 고객들의 관여<br>방향 전환/고수에 대한 빠른 판단<br>가장 위험한 가정 명확히 하기 | 시장에 대한 빠른 접근 및 출시<br>고객 만족도 향상<br>높아진 고객 추천 비율 | 투자 수익률/이윤/ 주가<br>비즈니스 모델의 순 현재 가치<br>생산성 및 비용 관리 |
| **사업부/성장 위원회** | 성장 위원회를 통한 펀딩 비중<br>성장 위원회가 관여하는 프로젝트 비중 | 프로젝트 성공 비율<br>직원 사기<br>무의미한 프로젝트 발견 및 중단<br>제품 출시 전후로 발생하는 프로젝트 관련 비용 | 고객 유치율<br>시장에서의 고객 만족도 순위<br>지갑 점유율<br>시장에 대한 빠른 접근<br>시장 진출 비용 절감 | 성장률<br>생산성 및 판관비 관리<br>포트폴리오 전체의 투자 수익률<br>시장 선도<br>프로젝트 포트폴리오의 가치 |
| **기업 전체의 변화** | 일을 하는 새로운 방식을 받아들인 조직의 비중<br>스타트업 관련 교육 프로그램을 이수한 직원들의 비중<br>유능한 코치 숫자 | 신제품 성공 비율<br>규제 조직의 변화<br>모든 프로세스의 단순화<br>직원 사기 | 브랜드 효과<br>시장에서의 고객 만족도 순위<br>조직 전반의 시장 접근 속도 제고 | 투자 수익률<br>판관비<br>성장률<br>주가 |

첫 번째 표의 질문들은 선행 지표들을 구하기 위한 질문들이다. 팀과 관련된 선행 지표들은 사업부의 변화를 가늠해 볼 수 있도록 해 주고, 사업부와 관련된 선행 지표들은 기업 전체의 변화를 가늠해 볼 수 있

도록 해 준다. 첫 번째 표에 나와 있는 질문들에 답을 해 나가다가 답을 내기 어려운 질문이 나왔다면 해당 질문과 관련된 부분에 문제가 있다는 것을 의미하며, 그 문제를 해결하기 위해서는 전 단계 질문으로 다시 돌아갈 필요가 있다.

두 번째 표에는 팀과 사업부와 전체 기업 수준에서 변화를 평가할 때 활용할 수 있는 지표들이 나와 있다. 지표는 팀과 사업부에 따라 다르지만 이러한 틀을 이용해 팀들의 프로젝트 포트폴리오가 어떻게 운영되는지 조직 전체 차원에서 볼 수 있다.

앞서 보았듯이 이와 같은 표들을 활용하면 무엇이 문제인지 초점을 맞출 수 있다. 사내 IT 팀 등에서 새로운 시스템을 개발해 이를 전사적으로 사용하도록 하고 생산성에 미치는 영향을 측정하려는 경우를 자주 본다. 그런데 그런 팀들은 표에 있는 핵심 질문을 건너뛰었기 때문에 아무도 새 시스템을 쓰지 않는다는 걸 깨닫지 못한다. 아무도 쓰지 않는다면 나중에 고객 만족이나 생산성 향상 등을 측정하려 할 때 그저 불만만 듣게 될 것이다.

또 비즈니스에 미치는 영향을 측정하지 않으려는 팀들도 있다. 많은 사람이 교육을 수료했다는 허무 지표만 보여 주는 데 만족하는 사내 교육 프로그램이 그러한 예다. 그런 교육 프로그램에서는 교육을 받은 사람들이 교육 결과로 행동이 바뀌었는지 신경 쓰지 않는다.

모든 창업가 정신에 적용할 수 있는 공통 틀을 만듦으로써 혁신 회계는 다양한 곳에서 잃어버린 역량을 되찾아 활용할 수 있는 전략을 제공한다(그리고 혁신 회계의 또 다른 가치들에 대해서는 다음 장에서 추가로 논하려고 한다).

## 재무 팀의 역할

혁신 회계의 지표 중 일부는 기업 현장에서 이미 검증을 받은 것들이다. 하지만 일부 지표는 이를 활용하려는 기업들이 자체적으로 그 효과를 검증할 필요가 있다. 그렇다면 이 검증의 책임은 어디에서 맡아야 하는 걸까? 그리고 사업부 또는 전체 기업에 새로운 지표들을 도입하는 책임은 어디에서 맡아야 하는 걸까? 답은 명료하다. 바로 재무 팀이다. 일을 하는 새로운 방식을 규제하는 재무 팀이 아니라 혁신을 지원하는 재무 팀이라면 이 책임을 맡아서 수행해야 하며 필요하다면 창업 팀과 협력을 할 수도 있다. 충분히 규모가 큰 기업에서라면 재무 조직 내에 '혁신 감사' 프로세스를 두어 일을 하는 새로운 기준을 정착시키는 역할을 맡기는 것도 좋은 방법이다.

이런 이유 때문에 GE에서는 패스트웍스 초기에 CAS<sub>Corporate Audit Staff: 기업 감사 스태프</sub>라는 조직을 그 일에 관여시켰다. 엔지니어링, 인사, 마케팅 등의 조직만이 아니라 재무 감사 조직에까지 스타트업 방식 도입에 관한 책임을 맡겼던 것이다. CAS는 초기 패스트웍스 프로젝트에 모두 참여했다. 재무 담당자가 주도적으로 참여한다는 것이 처음에는 어색하게 다가오기도 했지만,[주9] 복합기능 팀이 제대로 기능하기 위해서는 재무 담당자의 역할도 매우 중요했다.

혁신 회계 감사는 전통적인 재무 감사와 다르게 돌아간다. 아직 소규모 예산을 운영하는 초기 프로젝트 상태에서는 3~5개 정도의 핵심 지표가 들어 있는 대시보드를 이용하는 것으로 충분하다. 하지만 대규모 투자가 이루어지는 단계에 들어선 프로젝트에 대해서는 혁신 회계 3단계의 대시보드가 적용되어야 한다. 지금까지 이루어진 유효 학습의 가치를 구체적으로 평가하는 수준에 도달해야 하는 것이다.

핵심은 환상적인 사업 계획에 비추어 진행을 평가하는 것이 아니라 이전 마일스톤에서 얼마나 진전됐는지 판단하는 것이다. 그래야 프로젝트가 어느 정도로 진척되고 있는지 파악할 수 있기 때문이다. 그리고 성장 위원회는 자신들이 담당하고 있는 포트폴리오의 가치를 총괄적으로 파악할 필요가 있다. 그래야 기업 차원에서 투자에 대한 판단을 내릴 수 있기 때문이다.

벤처 투자사는 추가 투자 과정에서 이사들이 담당 스타트업에 대한 가치를 산정하는데 사내 스타트업을 운영하는 대기업은 순 현재 가치를 기반으로 스타트업의 가치를 산정한다. 나는 전 부서에 걸쳐 작동할 수 있고 팀이 책임을 질 수 있는 권한을 주며 단기 이익이 아니라 장기 성장을 위해 자금을 할당할 수 있는 시스템을 제안하고자 한다. 바로 성장 위원회다.

## 성장 위원회란 무엇인가?

성장 위원회는 스타트업 이사회의 기능을 행하는 내부 조직을 지칭한다. 성장 위원회는 자신들이 관리하는 스타트업 팀들과 정기적으로 미팅을 하며 그들이 추진하고 있는 프로젝트들의 진척 상황을 파악하고 추가 투자에 대한 결정을 내린다. 대기업에 린 방법론과 성장 위원회를 정착시키는 일을 하는 바이오닉 솔루션Bionic Solution의 공동 창업자이자 CEO인 데이비드 키더David Kidder는 성장 위원회에 대하여 이런 말을 했다(데이비드 키더와는 GE에서 성장 위원회를 정착시키는 과정에서 함께 일했다). "성장 위원회는 기업 내에 있는 벤처 투자사로서 기능합니다. 사내 스타트업 팀들의 포트폴리오를 관리하는 의사 결정 기구가 바로 성장 위원회죠."

실리콘 밸리에서는 이사회가 투자자들과 스타트업 사이의 대화 창구가 된다. 그리고 사내 스타트업을 운영하는 대기업에서는 성장 위원회가 최고 경영진과 스타트업 팀들 사이의 대화 창구가 된다. 이번 장에서 논하고 있는 혁신 회계를 실질적으로 사용하는 주체가 바로 성장 위원회다.

## 드롭박스의 성장 위원회

1장에서 드롭박스가 '드롭박스 페이퍼'라는 새로운 서비스를 출시하고 이를 기반으로 또 한 번의 도약을 이루어 내면서 창업가적 교훈을 다시 배우고 두 번째 창업의 순간을 맞이했다는 이야기를 했다. 그런데 그와 같은 도약이 가능했던 핵심적인 요인 중 하나가 바로 성장 위원회의 존재였다.

드롭박스의 엔지니어링 담당 부사장 아디트야 아가르왈은 이렇게 말했다. "위원회라는 이름의 조직을 만들었던 게 주효했습니다." 드롭박스는 언제나 7~8개의 혁신 프로젝트를 추진하고 있는데 각 프로젝트에는 엔지니어링 담당 한 명, 제품 개발 담당 한 명, 설계 담당 한 명 등의 직원이 반드시 들어간다. 그리고 이러한 직원들과 최고 경영진 중 몇 명이 위원회를 구성—아가르왈이나 토드 잭슨 같은 사람들은 물론이고 드루 휴스턴이나 아라시 퍼다우시 같은 창업자들도 위원회에 들어간다—하여 두 달에 한 차례씩 미팅을 연다. "우리는 프로젝트 진척 상황을 파악하고 앞으로 어떤 전략을 취해야 하는지에 관한 지침을 제시합니다. 계획을 변경해야 할 필요가 있을 때는 그에 대한 의견도 제시하고요." 아가르왈의 말이다. 여기서 두 달이라는 주기는 고정된 것은 아니고 필요에 따라서는 매달 한 차례씩 위원회 미팅을 열기도 한다. 위원회 미팅에서는 프로젝트 지속 및 추가 투자가 결정되기도 하고 기존 전략을 포기하고 새로운 방향을 설정하는 방향 전환이 결정되기도 한다.

드롭박스에서는 내부 성장 위원회를 외부 이사회처럼 운영할 때도 있는데 이때는 성장 위원회에 외부 인사들을 참여시킨다(이들은 사외이사와 같은 역할을 하게 된다). 비슷한 모델을 다른 회사에서 운영하는 걸 본 적이 있는데 그 역할은 '초빙 창업가entrepreneur-in-residence'와 비슷했다. 그런데 사내 스타트업 관점에서 보면 팀 리더의 직접적인 명령 계통에 있지 않은 사람은 '사외 이사'와 같다. 다른 분야 전문 지식을 활용하는 것은 매우 강력하다. 벤처 투자사나 외부 스타트업에서 경력을 쌓은 사람들(특히 회사 개발이나 라이선스 업무)이 조직 내에 있으면 그런 사람들을 성장 위원회에 참여시킴으로써 외부인의 시각을 전해 줄 수도 있다.

성장 위원회를 구성하는 사람들은 계속해서 동일하게 유지되는 게 중요하다. 위원들이 자주 빠지는 것보다는 미팅 주기를 길게 가져가는 편이 더 낫다. 벤처 투자사의 이사회와 마찬가지로 성장 위원회 위원들에게 요구되는 가장 중요한 덕목은 스스로의 판단에 대한 믿음이다. 전통적인 지표들이 나쁘게 나오더라도 스타트업 팀의 미래에 대한 확신이 있고 스타트업 팀의 프로젝트가 계속해서 진척되고 있다면 계속해서 투자를 해야 하는 것이다. 이를 위해서는 성장 위원회 자체적으로 성공과 관련된 선행 지표들에 대한 기준을 가지고 있어야 한다(지난 6장에서 선행 지표들과 관련된 몇 가지 사례를 소개한 바 있다).

## 성장 위원회 운영

법률과 규정 준수 외에도 성장 위원회의 주요한 책임 세 가지를 꼽으면 다음과 같다.

1. 전략 수립과 방향 전환/고수에 관한 결정을 돕는다(4장 참고).
2. 스타트업에 대한 중앙 정보 센터 역할을 맡아 스타트업 팀이 재정 및 투자에 관련된 주요 이해 관계자에게 직접 보고하는 부담을 덜 어 준다(3장 참고).
3. 추가 투자 여부를 결정하는 책임을 진다(3장 참고).

지난 4장에서 린 스타트업 교육을 이수하고 자신의 회사에서 원래 책임에 추가적으로 사내 스타트업을 지원하는 책임을 맡은 한 임원의 이야기를 한 적이 있다. 그가 중요하게 생각했던 것은 다음 두 가지 질문에 대한 답을 얻는 것이었다. "무엇을 배웠나요?" "그것을 어떻게 알아냈습니까?"

얼마 후 그 회사에서는 성장 위원회를 다른 일반적인 업무에도 도입하기 시작했고 성장 위원회 운영 방식을 자신들의 상황에 최적화된 방식으로 만들어 나갔다. 지난 6~8장에서 논했던 단계들을 모두 진행했던 셈이다.

이와 관련하여 성장 위원회의 주요한 책임 세 가지를 좀 더 심층적으로 이야기해 보려고 한다.

1. 사내 스타트업 팀들을 평가한다. 성장 위원회는 어느 한 팀만을 위해 구성되는 경우도 있고 상설 조직으로 편성되어 다수의 스타

트업 팀을 관리하는 경우도 있다. 특히 후자의 경우는 성장 위원회가 스타트업 액셀러레이터와 같은 역할을 하게 된다.

형태에 상관없이 성장 위원회의 가장 기본적인 임무는 자신들이 관리하는 스타트업 팀의 프로젝트에 대하여 방향 전환/고수에 관한 판단을 내리는 것이다. 그리고 성장 위원회는 유효 학습을 이루어 내고 프로젝트를 계획대로 진척시키는 스타트업에 대해서는 후원자가 되어 준다. 성장 위원회는 규제(진행/중단)를 하는 조직이 아니다. 스타트업 팀의 프로젝트에 반대를 하고 있다면 해당 성장 위원회는 임무를 제대로 수행하고 있는 것이 아니다.

2. 스타트업 팀과 기업의 다른 부문들 사이에서 정보 교류의 통로가 되어 준다. 다만 이 역할이 정착되기 위해서는 성장 위원회 위원들이 이 역할에 관심을 가져야 하며, 그렇다 하더라도 실제 현장에서 이 역할이 정착되기까지는 몇 달 또는 몇 년이 걸릴 수도 있다.

사실 규제 및 투자와 관련된 조직을 책임지는 중간 관리자들은 스타트업 팀의 현황에 대해 끊임없이 보고를 요구하게 마련인데, 스타트업 팀으로서는 이러한 요구를 회피하기가 어려운 일이다. 이때 스타트업 팀의 현황에 대한 정보 전달 창구로 성장 위원회에 있는 임원급 인사가 역할을 해 줄 수 있다. 임원급 인사가 정보 전달 창구 역할을 한다면 다른 조직의 중간 관리자들이 스타트업 팀에 불필요하게 보고를 요구하지 않게 되고 중요한 상황이 발생했을 때만 보고를 요구하게 될 것이다. 상대하는 인사가 낮은 직급이 아니라 높은 직급이라면 접촉했을 때 발생할 수 있는 비용 크기까지 고려하게 되기 때문이다. 스타트업 팀의 현황에 대한 보고를 요구할 때 성장 위원회를 거쳐야 한다면 다른 조직의 중간 관리자들은 정말로 중요한 일과 관련해서만 보고를 요구할 것이고 문제 해결에 집중하려고 할 것이다.

3. 스타트업 팀들에 계량 방식 펀딩을 제공한다. 7장에서 자격 기반 펀딩과 계량 방식 펀딩의 차이에 대해 이야기한 바 있다. 사실 계량 방식 펀딩은 기업의 변화를 이끌어 내는 가장 효과적인 도구다. 성장 위원회의 결정에 따라 계량 방식 펀딩으로 예산을 배정받는 사내 스타트업들은 실리콘 밸리의 스타트업에 준하는 사고 방식을 가질 수밖에 없다. 계량 방식 펀딩이 효과를 보기 위해서는 집행 구조가 단순해야 한다. 일례로 미국 행정부 CTO 토드 박은 어떤 프로젝트에 대해 90일의 기한 내에 충분한 전망이 보이지 않는다면 프로젝트를 포기하겠다는 원칙을 제시한 적도 있다.

사내 스타트업 팀에 계량 방식 펀딩으로 예산을 배정했다면 그 사용에 대해서까지 모기업에서 관리할 필요는 없다. 팀원들의 임금, 장비나 시설 사용료 같은 자금 집행에 대해서는 스타트업 팀에서 전적으로 책임지도록 하는 게 바람직하다. 모기업의 예산으로 간접비를 배분한다는 식으로 접근해서는 안 된다. 6장에서 언급했듯이 스타트업 팀에서 일하는 사람들은 풀타임으로 일하는 사람들과 자발적으로 일을 도와주는 사람들로 구분된다(후자의 사람들은 스타트업 팀으로부터 따로 인건비를 받지는 않는다). 그리고 외부로부터 시간제 근무자나 계약직 직원을 고용할 수도 있고 외부 IT 서비스를 이용할 수도 있다. 중요한 것은 일단 배정된 계량 방식 펀딩의 사용에 대해서는 전적으로 스타트업 팀에서 결정하도록 하는 것이다.

하지만 계량 방식 펀딩에 대한 성장 위원회의 원칙은 다음과 같아야 한다. "지금 투자되는 돈은 전적으로 스타트업 팀의 것이지만 다음 일정 시기까지 유효 학습을 만들어 보이지 못한다면 그 이상은 한 푼도 지급되지 않을 것입니다." 일반적으로 대기업의 사내 스타트업 팀들은 정말로 이와 같은 원칙이 철저히 지켜질 것인지 잘 믿지 못한다. 그리고 성장 위원회 임원들 역시 나쁜 결과가 나왔다고 해서 단번에 프로젝트를 중단시키지는 못하는 게 일반적이다. 그러는 사이 스타트업 팀원들은 한 번만 더 기회를 달라고 열심히 요청을 하고 성장 위원회로서는 이러한 요청을 거부하기가 어렵다. 하지만 혁신 회계와 같은 원칙은 엄격하게 지켜져야 하며 성장 위원회 임원들도 결국에는 그렇게 하는 편이 좋은 결과로 이어진다는 점을 알게 될 것이다.

서로 다른 두 벤처 투자사가 똑같이 운영되지 않듯이 사내 스타트업들을 관리하는 성장 위원회 역시 기업마다 서로 다르게 운영된다. 린 스타트업 같은 창업가적 프로세스라는 것도 기본적으로는 사람의 판단을 근간으로 하는 것이고, 성장 위원회 역시 위원회를 구성하는 사람들의 판단에 의해 움직인다. 성장 위원회의 본질적인 역할은 프로젝트 팀 및 기업 전체의 목표 달성을 지원하는 것이다. 그리고 내가 그동안 지켜봐 온 바에 의하면 스타트업 방식에 관한 경험이 많아질수록 성장 위원회는 계량 방식 펀딩에 관해 더 좋은 판단을 내리게 되고, 스타트업 팀들은 자원을 더 효율적으로 사용할 줄 알게 된다.

바이오닉 솔루션의 CEO인 데이비드 키더는 GE와 시티뱅크를 비롯한 100개 이상의 기업에서 성장 위원회 설치와 운영을 지원해 왔는데, 그는 성장 위원회 설치와 운영에 대하여 다음과 같은 원칙을 제시하고 있다.

1. 규모는 작게, 적합한 사람들로 구성하라: 성장 위원회는 최고 경영진 수준의 인사 6~8명 정도로 구성하는 게 적절하다. 성장 위원회는 빠르게 결정을 내려야 하고 여기서 내려진 결정은 실행으로 옮겨져야 한다. 성장 위원회가 존속되기 위해서는 그 존재 가치가 높게 평가될 수 있어야 한다.
2. 최소 분기에 한 번은 회의를 열라: 성장 위원회의 회의는 적어도 분기에 한 번은 해야 하며 필요에 따라 더 자주 모일 수도 있다.
3. 결단력을 보여야 한다: 성장 위원회는 프로젝트 지속 여부에 대한 결단을 내려야 한다. 외부인으로부터 추가적인 의견을 청취하거나 스타트업 팀의 요청을 받아들이는 일은 예외적으로만 이루어져야 한다.
4. 성과를 중시하라: 성장 위원회는 무엇이 옳은 답인지에 대한 선입견을 극복하고 스타트업 팀들이 만들어 내는 성과를 기준으로 판단을 내려야 한다.
5. 투표권은 참석자에게만 부여한다: 투표권은 성장 위원회 회의에 참석하는 위원들에게만 부여한다. 대리인에게는 투표권을 주지 않는다.

## GE 오일 앤드 가스의 성장 위원회

현재 GE 에너지 커넥션스GE Energy Connections의 제품 관리 부사장으로 있는 에릭 게브하르트Eric Gebhardt는 GE 오일 앤드 가스에서 패스트웍스를 처음 도입하던 당시 스타트업 후원자 역할을 했다. 그 당시 그를 비롯한 오일 앤드 가스의 임원들은 스타트업 팀들이 시행착오를 거치며 새로운 전략을 받아들이는 모습을 지켜보다가 깨달았다. "우리는 패스트웍스를 지원할 기구가 있어야 하겠다는 생각을 했습니다. '스타트업처럼 움직이는 팀들을 관리하고 지원한다면 벤처 투자사와 유사한 기구가 있어야 하겠다.' 그러자 그다음에는 이런 질문이 떠올랐죠. '창업가 정신을 장려함과 동시에 개별 프로젝트의 성공을 이끌어내는 벤처 투자사 모델이란 무엇일까?'" 당시 일에 대해 게브하르트가 했던 말이다.

그 질문에 대한 답은 바로 성장 위원회였다. GE 오일 앤드 가스는 성장 위원회의 주관하에 포트폴리오 리더portfolio leader들을 선정했다. 그리고 포트폴리오 리더들에게는 성장 주제를 정하고 자신이 정한 성장 주제에 맞는 프로젝트 포트폴리오를 구성하고 지원하는 임무가 맡겨졌다.

GE 오일 앤드 가스의 CEO였던 로렌조 시모넬리Lorenzo Simonelli는 이 새로운 시도를 전폭적으로 지지하며 초기 자금을 지원했고 그들은 성장률과 이익률이 떨어지고 있던 시추, 해저, 계측 및 제어, 터보 기계 분야에 이 접근법을 적용해 보기로 했다. 이에 포트폴리오 리더들은 자신들의 성장 주제를 정하고 프로젝트 포트폴리오에 대해 다양한 측면에서 자원을 공급하고 관리하기 시작했다.

"성장 주제를 정하고 그에 맞는 프로젝트 포트폴리오를 구성하고 포트폴리오에 대한 자원들을 공급하고 관리하는 일련의 작업을 어떻게 해야 할까? 이는 그동안 우리가 일해 오던 방식의 근본적인 변화를 의미했습니다." 게브하르트의 말이다.

이 새로운 접근법은 스타트업 팀들에 대한 예산 투입을 결정하는 재무 팀의 업무 방식을 바꿨을 뿐 아니라 패스트웍스의 원리들을 부문 전체로 확산시키는 결과로 이어졌다(10장에서는 일을 하는 새로운 방식을 도입하는 과정 자체를 스타트업 방식으로 진행해야 한다는 이야기를 하려고 하는데 GE 오일 앤드 가스는 그 이야기에서 다시 한 번 등장한다).

"우리는 성장 위원회를 구성하는 일 자체를 패스트웍스 방식으로 했습니다. 성장 위원회가 어때야 하는지에 관한 가정들을 수립하고, 연속적인 실험을 통해 가정들을 확인하고 유효 학습을 이루어 냈죠. 실험은 간단하게 설계했습니다. 새로운 방식에 관하여 5분 동안 설명하고 2분 동안 질문하고 5분 동안 의견을 나누고 그를 토대로 결정을 내리는 식으로 말입니다. 우리는 통상적인 성장 위원회가 우리 부문에는 맞지 않는다는 결론을 내렸습니다. 그래서 성장 주제를 활용하는 방식이 도입된 거죠. 이것이 '포트폴리오를 효과적으로 이끌어 나가기 위해서는 어떻게 해야 할까?'에 대한 우리의 답이었습니다." 게브하르트의 말이다.

성장 위원회를 운영하는 방식에 있어서도 몇 가지 응용 사항이 있었는데, 그에 대해 게브하르트는 다음과 같이 설명했다. "처음에 우리는 자유 토론 방식으로 했습니다. 이야기를 하다가 좋은 의견이 나오면 그것을 채택하는 식으로 했죠. 그렇게 하다 보니까 토론 방식이 정립되기 시작했습니다. 우리는 사고의 다양성을 얻기 위해 외부 전문가들을 초빙하기도 했습니다. 또 스타트업 팀들 앞에서는 우리의 결정이 완벽하지 않을 수 있다는 점을 분명히 밝혔고, 우리가 점점 더 나은 방향으로 변해 가는 모습을 보임으로써 더 큰 신뢰를 얻을 수 있었습니다. 이러한 과정이 결코 쉽지는 않았지만 그러한 과정을 거치면서 점점 더 많은 사람이 새로운 방식에 참여하기 시작했습니다."

GE 오일 앤드 가스에서는 성장 위원회 활용을 조직 전반으로 확산시키기로 했다. 이는 변화가 어떻게 확산되는지 보여 준 좋은 사례인데 각 제품 사업부에 성장 위원회를 설치하고 운영할 것을 주문했던 것이다. "각 사업부에 성장 위원회를 설치하고 스타트업 팀들에 투자하고 어떤 결과가 나타났는지 알려 달라고 말했습니다." 게브하르트의 말이다.

성장 위원회 운영과 스타트업 방식 도입에 관하여 사업부들에 권한을 위임한 것이다(그와 동시에 부문에서는 코치들을 파견하여 지원하는 방식을 취했다). 결과는 즉각적으로 나타났는데 당시 일에 대해 게브하르트는 이렇게 말했다. "개별 사업부로 권한을 위임하자 엄청난 양의 혁신이 풀려나오는 계기가 되었습니다."

## GE 오일 앤드 가스의 성과

GE 오일 앤드 가스에서는 성장 위원회 활동에 관한 성과 평가의 지표로 다음 두 가지 사항을 활용했다.

1. 몇 퍼센트의 프로젝트가 취소되었고 취소되기까지 기간은 어느 정도인가?
   - 성장 위원회 이전: 부문에서 추진하는 프로젝트 중 10%만 취소

되었고 90%의 프로젝트는 일단 시작되면 수요의 존재 여부에
상관없이 멈추지 않고 진행되었다.
- 1기 성장 위원회 활동 이후: 20%의 프로젝트가 출범 후 90일 이
내에 취소되었다.
- 2기 성장 위원회 활동 이후: 50%의 프로젝트가 취소되었고 그
중 상당수는 출범 후 60일 이내에 취소되었다.

2. 어떤 방식으로 프로젝트들이 취소되었는가?
- 성장 위원회 이전: 취소되는 경우가 드물었다. 프로젝트들은
온갖 이유에 의해 계속 진행되었다.
- 1기 성장 위원회 활동 이후: 취소되는 프로젝트들은 거의 다 성
장 위원회에 의해 취소되었다.
- 2기 성장 위원회 활동 이후: 책임이 팀으로 이전된 후 프로젝트
를 중단하는 게 낫겠다는 판단을 내린 프로젝트 팀들이 성장 위
원회를 찾아가 프로젝트 중단을 건의하는 식으로 취소되었다.
- 3기 성장 위원회 활동 이후(초기 투자금 지급 이후): 팀이 성장
위원회에 찾아와 프로젝트 중단을 알렸다. 게브하르트에 따르
면 이는 엄청난 진보였다. 그는 다음과 같이 말했다. "팀원들은
스스로 그런 결정을 내릴 수 있다는 사실을 매우 좋게 생각했습
니다. 판단 근거가 명확하다면 멈추는 게 맞고요. 그렇게 함으
로써 회사 비용을 절감하게 됩니다. 회사로서도 그와 같은 결
단을 고마워합니다."

이와 같은 진보는 겨우 아홉 달 만에 이루어졌다. 의미 없이 비용 낭

비만 초래하는 좀비 프로젝트 팀이 우글거리던 조직에서 스스로 판단, 결정하는 자립적인 제품 개발 팀들의 조직으로 거듭난 것이다.

GE 오일 앤드 가스는 일을 하는 새로운 방식을 자신들의 필요에 맞게 계속해서 발전시켜 나갔다. 그들은 새로운 프로젝트들을 다음과 같은 3단계로 추진했다.

- **씨앗 단계**: 시장, 비즈니스 모델, 관련 기술 등에 대하여 최대한 많이 정보를 습득한다.
- **착수 단계**: 기술 개발에 들어간다(유정 폭발 방지 설비나 가스 터빈 같은 안전 관련 제품들의 경우는 회사의 규제 프로세스를 거치기도 한다).
- **성장 단계**: 유효 학습을 활용하여 생산 규모를 늘린다.

## 씨티은행의 D10X 프로그램

씨티은행의 D10X<sub>Discover 10X</sub> 프로그램은 다양한 측면에서 고객 서비스 수준을 기존의 열 배로 올리는 것을 목표로 하는 시도이며 린 스타트업 원리들을 토대로 하고 있다. D10X 프로그램을 주관하는 곳은 시티 벤처스<sub>Citi Ventures</sub>라는 조직으로, 이 조직은 씨티은행 사업 전반에 걸쳐 검증된 성장 주제를 다루는 다양한 포트폴리오를 만들고 있다. 씨티은행은 이 새로운 방식을 매우 중요하게 여기고 있는데, 현재 여섯 개의 성장 위원회를 가동하며 다양한 포트폴리오를 관리하고 지원하고 있다. 특히 D10X 프로그램의 성장 위원회는 외부 컨설턴트인 데이비드 키더와 씨티은행의 최고 혁신 책임자<sub>chief innovation officer</sub>였던 데비 홉킨스<sub>Debby Hopkins</sub>가 그 구성과 운영을 주도했다. 데비 홉킨스의 뒤를 이어 현재 씨티은행의 최고 혁신 책임자로 일하고 있는 바네사 코렐라 Vanessa Colella는 씨티은행에서 대부분의 혁신은 각 유닛 내에서 진행되지만, 전사적으로 추진할 만한 가치가 있는 프로젝트들은 성장 위원회에서 직접 관리하고 지원한다고 말했다.

씨티은행의 성장 위원회들은 딜 데이Deal Day라는 이름의 회의를 여는데 이 회의는 6~8주마다 한 번씩 열린다. 이 회의에서 프로젝트 팀들은 성장 위원회 앞에서 자신들의 아이디어를 설명할 수 있다. 씨티은행의 성장 위원회가 여섯 개라는 점을 고려하면 씨티은행에서는 거의 매주 딜 데이가 진행된다고 하겠다.

딜 데이를 통해 성장 위원회는 프로젝트 팀에 대한 추가 투자 여부를 결정한다. 씨티은행에서는 프로젝트 기간이나 투자 규모에 대해 미리 정해 놓은 한도라는 게 없다. 프로젝트 성격에 따라 다르다. 진전을 보이는 팀은 딜 데이에 한 걸음 더 나아갈 수 있게 된다. 첫 회에 살아남는 아이디어는 30~40% 정도이며, 이렇게 살아남은 팀들은 이어지는 검증 단계를 거치게 된다.

씨티은행에서 새로운 프로젝트에 대한 투자는 각 유닛별로 이루어진다. 아이디어 단계에 대한 초기 투자 그리고 프로젝트가 진행되고 구체적인 비즈니스가 되는 과정에서 필요로 하는 투자 모두 해당 프로젝트 팀이 속해 있는 유닛에서 책임지게 된다.

씨티은행의 프로젝트 팀들은 소요 비용이 과도하지 않도록 실험을 설계한다. "우리는 한 번에 몇천 달러 정도의 비용만 지출합니다. 실제 제품 개발 단계에 들어가기 전에는 테스트 비용을 많이 쓰지 않으려고 합니다. 적은 비용으로 실험을 자주 하죠. D10X 프로그램을 개발할 때도 적은 비용으로 부담 없이 자주 실험을 했습니다." 바네사 코렐라의 말이다.

씨티은행의 어떤 팀은 기업 고객이 필요로 하는 더 다양한 서비스를 제공하기 위한 방법을 찾고 있었다. 사실 씨티은행의 많은 기업 고객은 글로벌 영업을 위해 더 다양한 계좌를 필요로 하고 있었다. 서로 다른 통화를 사용하는 세계 여러 나라에서 은행 서비스를 이용하는 일은 그리 간단하지 않았다.

그 팀은 기관 투자가에게 제공하는 수준의 서비스를 일반 기업으로 확대한다면 기업 고객에게 더 큰 만족을 제공할 수 있을 거라고 생각했고, 성장 위원회에서는 이러한 아이디어를 매우 좋게 생각했다. 코렐라는 이렇게 말했다. "우리는 그 아이디어가 무척이나 좋았습니다. 투자를 할 수도 있으니 그 팀에 기업 고객들을 만나서 이야기를 나눠 보라고 주문했죠." 하지만 그 팀은 기업 고객들을 만나 정보를 수집해 본 결과 대부분의 기업 고객은 여러 은행의 계좌를 활용하는 식으로 글로벌 영업을 진행하고 있다는 사실을 알게 되었다. 기업들은 그와 같은 방식으로 세계 각국의 법 규정을 준수하고 있었고, 씨티은행의 새로운 서비스에 대해서는 별 관심을 보이지 않았다. 결국 그 팀에서는 프로젝트를 중단하기로 결정했다.

코렐라에 따르면 성장 위원회를 도입한 이후 씨티은행에서 생겨난 가장 큰 변화는 실무급 직원들이 모르는 것에 대해 모른다고 말하고, 모르는 것이 있으면 직접 시장에 나가 확인을 하게 된 것이라고 한다. "그건 중요한 변화였습니다. 그전까지는 리더들이 직원들을 몰아붙이고 직원들에게 질문을 했죠. 하지만 지금은 실무급 직원들이 시장에 나가 고객들에게 질문을 합니다." 코렐라의 말이다.

코렐라는 성장 위원회로 인해 고객 서비스와 관련된 씨티은행의 역량이 높아졌다고 하면서 이렇게 말했다. "그전에는 고객 중심 사고를 하자고 말은 했지만 실질적인 행동으로 이어지지는 못했습니다. 하지만 이제 우리는 고객 요구를 파악할 수 있는 프로세스와 시스템을 갖게 되었습니다. 많은 경우 우리는 고객들 자신도 모르는 고객 요구를 알 수도 있습니다."

## 이번 장을 마치면서

이번 장에서는 혁신 회계라는 주제를 총괄적으로 다루려다 보니 독자들에게는 그 내용이 상당히 난해하게 다가갔을 거라고 생각한다. 게다가 지면 한계로 인해(그리고 수학을 잘 모르는 독자들을 위해) 자세한 설명을 제대로 싣기도 어려웠다. 하지만 분명히 말하는데 혁신 회계라는 방법을 너무 복잡하고 까다롭게 도입할 필요는 없다. 1단계 대시보드 수준의 도구만으로도 충분히 기대하는 효과를 얻을 수 있는 경우도 많다(실제로 실리콘 밸리 벤처 투자사의 상당수는 1단계 대시보드 수준의 도구를 사용한다). 여기에 투자를 결정하는 사람들의 역량이 더해져 올바른 판단이 나오는 것이다. 물론 벤처 투자사의 경우는 조직 규모가 매우 작기 때문에 이와 같은 방식이 가능한 것이고, 규모가 큰 대기업이 혁신 회계를 도입하는 경우에는 더욱 체계적으로 해야 한다.

기업들마다 조직 상황이나 처해 있는 환경이 서로 다르기 때문에 자신에 맞는 방식을 찾아야 한다. 다만 혁신 회계 도입을 책임지는 사람들은 관련 이론과 방법론을 풍부하게 숙지하고 있어야 한다.

이번 장을 마치면서 하고 싶은 말이 있다.

사내 혁신 팀을 가장 곤란하게 만드는 요인 중 하나로 '아무런 기여도 없이 세금만 부과하려는 기존 부서들'의 존재를 들 수 있다. 그들은 프로젝트에 대한 통제권을 행사하려 하지만(현상을 깨는 일이 발생하는 것을 두려워하기 때문에), 프로젝트에 투자를 하지는 않는다(단기적으로 성과가 나타나는 사업 위주로 투자를 하고 싶어 하는 것이다). 이러한 문제점은 클레이튼 크리스텐슨의 책 『혁신기업의 딜레마』에도 지적되어 있는 바이다.

혁신 회계는 이러한 문제점에 대한 해법이 될 수 있다. 사업부 수준에서는 투자를 하지 않으려는 사내 스타트업에 대해 본사의 성장 위원회가 평가를 하고 직접 투자하는 것이다. 그리고 성장 위원회는 나중에 인수 합병M&A이나 기업 공개IPO 같은 방식을 통해 투자금을 회수할 수 있다. 성장 위원회가 투자한 사내 스타트업을 어떤 사업부가 자신들의 사업부 내로 편입하고 싶다는 의사를 나타내면 성장 위원회에서는 사내 스타트업의 가치를 산정하여 해당 사업부가 인수 합병 예산을 써서 스타트업에 대한 권리를 넘겨받도록 하는 식으로 말이다. 이때 사내 스타트업의 가치를 산정하는 작업에 혁신 회계가 활용될 수 있다. 성장 위원회에서 산정한 스타트업의 가치가 너무 높아 어떤 사업부에서도 선뜻 인수하지 못하는 경우에는 기업 공개 형식으로 아예 해당 스타트업을 독립시키는 방법도 있다. 스타트업이 독립된 사업부로 성장할 거라는 확신이 있다면 말이다.

재무 팀에서 사내 스타트업들에 적용되는 인수 합병과 기업 공개 체계를 만들도록 독려할 수도 있다. 사내 스타트업을 내부 주식회사로 만들어 프로젝트 성공에 따른 이익을 사내 투자자들이 공유하게 하는 것이다. 이는 기업 임직원들이 단기 성과에 따르는 보너스에 관심을 두지 않고 기업의 장기적인 성과에 관심을 갖도록 유도하는 역할을 할 수도 있다.

물론 이러한 아이디어가 너무 급진적이라 도입하는 기업이 극소수이리라고 생각한다. 하지만 새로운 접근법을 고려하는 출발점으로서 제시해 보는 것이다. 직장을 떠나고 싶어 하는 차세대 창업가들을 위해 진정한 창업가 정신을 맛볼 수 있는 보상과 지원, 성장을 경험해 볼 수 있게 하는 건 어떨까?

이제 다음과 같은 질문들을 생각해 보라. 그렇다면 우리 회사에 있는 차세대 창업가는 누구인가? 우리가 잃어버린 역량을 발견하기 위해서는 어느 부분을 봐야 하는가? 창업가들은 우리 회사에 무엇을 해 줄 수 있는가? 이어지는 3부에서는 이러한 질문에 대한 대답을 찾아보려고 한다.

## 3부

큰 그림

이런 질문을 할 수도 있을 것 같다. 스타트업 방식 도입의 4단계와 5단계는 없습니까? 변화는 언제 완성되는 건가요? 이런 질문들이 제기될 수도 있겠지만 사실 이와 같은 질문들은 처음부터 성립되지 않는다는 게 내 생각이다.

일단 일을 하는 새로운 방식이 조직 전반에 걸쳐 정착된 경우라면 그때부터 일어나는 일은 변화라고 하기 어렵다. 새로운 도구들과 방법론이 필요 없다는 의미가 아니다. 다만 스타트업 방식은 매우 유연해서 새로운 아이디어를 중심으로 수시로 조직이 새롭게 편성되고, 조직 곳곳에 있는 코치들이 스타트업 방식을 더 많은 사람에게 퍼뜨리고 있다면 그때부터는 새로운 것을 받아들이더라도 조직에 큰 충격이 발생하지도 않고 새로운 것을 받아들이는 일이 그렇게 어렵지도 않다. 지속적 혁신이 완전히 뿌리 내리고 변화와 성장이 조직에 흡수되는 것이다.

그럼 그다음에는 무슨 일이 일어날까?

지속적인 혁신의 조직에서 지속적인 변화의 조직으로 거듭나야 한다. 개별 조직 차원에서 바뀌는 수준을 넘어 조직 구조 자체가 바뀌어야 하는 것이다.

## 지속적인 변화를 위해서는 엄격한 접근 방식이 필요하다

기업을 창업하고 조직문화를 만들어 본 창업자들은 지속적인 변화를 추구하는 일을 하는 데 여러 가지 이점을 지니고 있다. 무엇보다 창업자이기 때문에 임직원들의 지지를 이끌어 내기가 쉽고, 창업을 하고 기업을 이끌어 오는 과정에서 습득한 지식과 경험도 유용하게 활용할 수 있다.

내가 제시한 방법으로 조직을 활성화하면 얻을 수 있는 한 가지 이점은 회사가 재창업되는 효과가 있다는 것이다(두 번째 창업에 대해서는 8장을 보라). 다시 말해 기업에서 변화를 추진해 온 사람들은 엄청나게 중요한 존재라는 의미다. GE의 업무 평가 시스템 개선에 관여했던 사람 중 한 명인 재니스 셈퍼의 사례에서 볼 수 있듯이 이러한 사람들은 계속해서 기업의 변화에 관여하게 된다. 새롭고도 실험적인 방식에 도전하고, 프로젝트를 추진하는 팀들에 충분한 수준의 권한 위임을 해 주고, 혁신 회계 같은 새로운 도구들의 활용을 조직 전반으로 확산시키는 일을 할 줄 아는 사람들이기 때문이다. 시장에 커다란 변화가 형성되기 시작하면(이와 같은 일은 언제나 일어난다) 조직은 이와 같은 사람들의 역량에 상당 부분 의지할 수밖에 없다. 그리고 이와 같은 사람들과 함께 일했던 사람들은 차세대 변화를 이끄는 리더로 성장할 것이다.

기업들은 새로운 조직 구조와 경영 방식을 실험하는 프로그램을 적극적으로 운영할 필요가 있다. 이와 같은 프로그램은 최소 요건 제품의 개념으로 시작하되 신중하게 설계되어야 하고 성과에 대한 평가도 명확하게 내려져야 한다. 그리고 조직을 이끌어 나갈 차세대 리더가 되어 조직이 필요로 하는 변화를 주도할 수 있는 잠재력을 지닌 사람들에게 프로그램 운영을 맡겨야 한다.

### 창업가 정신은 지속적인 변화를 추구하는 것이다_____

그렇다면 누가 이런 사람들일까? 이들은 조직 내에서 창업가라고 불리는 사람들이다. 기업의 변화를 추구하는 일은 스타트업을 창업하여 이끌어 나가는 것과 거의 모든 면에서 같다. 위험이 크고 속도가 빠르고 결과로 인한 영향도 크다. 이와 같은 변화로 인한 투자 수익률은 엄청나게 클 수도 있으며, 따라서 잠재력 있는 스타트업과 같은 경영 방식, 투자, 프로세스 모델 등이 적용되어야 한다. 기업의 변화를 이끌어 가는 사람들에게는 스타트업을 창업하고 이끌어 가는 사람들이 지니고 있어야 하는 것과 같은 일련의 역량이 필요하다.

이런 논리를 따른다면 창업가 정신이란 잃어버린 역량의 핵심적인 부분이 바로 조직 변화임을 알 수 있다. 그렇다면 기업은 창업가들을 양성하기 위한 경력 경로와 책임 체계를 개발해야 한다. 신제품을 개발하거나 조직을 구성하는 데 있어 창업가적인 경험이 있는 사람들에게 크로스 트레이닝을 제공하라. 크로스 트레이닝은 매우 일반적인 리더 양성 방식인데, 실리콘 밸리에도 널리 확산되어 있다(링크드인의 창업자 리드 호프먼의 「blitzscaling」논문을 한번 읽어 보기 바란다).[주1] 실리콘 밸리에서는 투자자들과 창업자들이 차세대 리더들에게 지식과 경험을 전수하는 수단으로 크로스 트레이닝이 활용되고 있다. 그리고 대기업들도 이와 같은 방식을 체계화하여 도입할 수 있다(이와 관련된 이야기는 『린 스타트업』에서도 다룬 바 있다).

## 더 큰 그림

2부에서 나는 변화를 도입하는 과정과 그것이 만들어 낼 수 있는 성과들에 대해 이야기했다. 3부에서는 스타트업 방식을 좀 더 큰 범위에서 생각해 보려고 한다. 지속적인 변화를 위한 동력은 조직의 어느 부분에 위치해야 하는가? 단순히 기업이 움직이는 방식을 바꾸는 것만이 아니라 우리 사회의 법과 체계가 움직이는 방식을 바꾸기 위해서는 변화의 동력을 어떻게 활용해야 할까? 스타트업 방식으로 움직

이는 조직들이 만들어 내는 우리 사회의 경제는 어떤 모습으로 전개
될까?

나는 이러한 변화가 만들어 내는 효과는 우리가 생각하는 것보다
훨씬 더 큰 범위에서 영향력을 발휘할 거라고 생각한다. 개별 기업이
나 단체 수준의 변화를 넘어 우리가 살고 있는 사회 전체를 변화시킬
수 있을 정도로 말이다. 어떻게 해야 더 나은 방식으로 사람들을 도와
주고 정책을 만들고 국가 운영의 틀을 재정립할 수 있을까? 어떻게 해
야 우리 사회를 위해 더 나은 방향으로의 변화를 지속해 나갈 수 있을
까? 정부 기관들이 일을 하는 새로운 방식을 받아들이게 된다면 우리
세계의 모습은 어떻게 달라질 수 있을까?

이러한 질문들은 엄청난 의미를 담고 있다. 하지만 답을 추구하
는 일이 엄두가 나지 않을 정도로 까다로운 것은 아니다. 많은 이들이
GE 정도의 대기업 또는 미국 이민국 정도의 관료 집단이 조직문화의
변화를 이루어 내는 일은 없을 거라고 생각했지만 그러한 일은 현실
로 일어났다. 그렇다면 우리 사회의 변화 역시 실험해 볼 만한 가치가
있다. 이어지는 부분에서는 스타트업 방식과 창업가들이 이루어 낼
수도 있는 더 큰 규모의 변화에 대해 좀 더 진지하게 이야기해 보려고
한다.

## 10장

# 창업가 정신의 보편적 적용

내 마음속에 있는 이야기를 좀 해 보려고 한다.

솔직히 여기 캘리포니아에 앉아 있는 어떤 사람이 책을 썼는데 그 책의 내용이 시대를 관통하는 위대한 경영 방식을 담고 있을 확률이 얼마나 될까? 커뮤니케이션, 직업, 제조 방식, 심지어 과학에 이르기까지 이 모든 것이 미래에는 지금과는 완전히 다른 양상으로 전개될 텐데 그 책의 내용이 그러한 미래의 상황에도 부합될 가능성이 얼마나 될까? 지금 일어나고 있는 변화의 속도를 보았을 때 어떤 성과를 이루어 냈다고 해서 그것에 안주할 수 있는 상황은 아니다. 지난 50년을 생각해 보더라도 수많은 경영의 귀재가 나타나 경영의 진리라는 것을 설파했지만 그중 상당수는 현재 상황과는 더 이상 맞지 않는다.[주1]

내가 시대를 관통하는 하나의 진리를 제시할 수 있을 거라고 생각하지 않는다. 그런 걸 기대하는 것은 바보 같은 일이다. 오히려 나는 그러한 것과는 다른 이야기를 하고 싶다.

내가 함께 일했던 한 기업이 수년에 걸쳐 여러 차례 린 스타트업 방식을 개선한 이후 나에게 다시 연락을 취해 온 일이 있었다. 그 기업은 이 책의 2부에 소개되어 있는 방식을 따르며 스타트업 방식 버전 1.0을 버전 2.0으로 개선했고 나중에는 버전 3.0까지 발전시켰다. 이제 버전 4.0을 준비하던 그 기업은 린 스타트업 방식에 다른 방식을 혼합해도 괜찮을지 나에게 의견을 구하기 위해 연락을 취해 왔던 것이다. 그 기업은 그와 같은 혼합에 대해 내가 화를 낼 거라고 예상했는지 매우 조심스럽게 질문했다. 하지만 나는 정말로 기뻤다. 기존 체계에 새로운 아이디어가 접목되는 것은 내가 가장 바라는 바이기 때문이다. 나는 그와 같은 시도가 좋은 결과로 이어지기를 바랐다.

스타트업 창업자든 대기업 리더든 받아들여야 하는 현실이 하나 있다. 변화가 전체 조직으로 확산될 정도로 진행되고 그것이 기업의 조직문화가 된 이후에는 그 변화라는 것이 또 다른 변화에 저항하는 기존 체계가 된다는 점 말이다. GE의 경우 패스트웍스 프로그램에 변화를 준다는 것은 수만 명의 임직원에게 영향을 끼친다는 것을 의미하고 어떤 변화를 위험으로 보는 건 인간의 본성이다.

이러한 문제에 대한 해법에 관해서는 이미 논한 바 있다. 기존의 변화가 확고한 조직문화로 자리 잡은 후에는 새로운 사내 스타트업 팀과 창업가를 선발하여 새로운 변화를 추진하는 것이다. 새로운 방법을 구상하고 실험을 행하고 유효 학습을 이루어 내는 식으로 말이다. 새로운 접근 방식이 이전 방식에 비해 개선되었는지, 개선되었다면 얼마나 개선되었는지 보라. 그것이 올바른 방법이라는 판단이 든다면 기존 체계에 접목하거나 기존 시스템을 교체하는 식으로 변화를 지속할 수 있다. 다시 한 번 말하지만 실험은 위험을 최소화하면서 과감한 접근법을 시도할 수 있는 방법이고, 실험을 활용하면 새로운 접근법을 도입하는 기간을 크게 단축할 수도 있다.

『린 스타트업』에서도 주장했지만 독자들이 단발적인 변화가 아니라 지속적인 혁신에 대한 갈망을 품기를 바란다. GE의 비브 골드스타인 역시 다음과 같은 말로 지속적인 변화의 추구를 강조하고 있다. "끊임없이 자기 자신에게 도전하고 끊임없이 현재 상태에 도전해야 합니다."

이제 예측 가능한 미래를 위해 변화를 우리 삶의 일부로 받아들여야 한다. 21세기 경영자들은 신제품 출시만큼이나 자주 조직 구조의 변화를 경험하게 될 것이고, 이제는 현재의 조직 구조를 스마트폰을 대하는 것 정도로 대해야 할 것이다. 지금 스마트폰 최신 기종이라는 것을 구입해도 한두 해만 지나면 구식 기종이 되는 상황을 생각해 보라. 애플의 첫 번째 아이패드가 출시되던 무렵에 "The Secret Diary of Steve Jobs"라는 패러디 블로그에 'An open letter to the people of the world'라는 제목으로 올라온 글이 하나 있다. 그 글의 말미에 다음과 같은 부분이 나오는데, 나는 그 글이 우리가 지속적인 변화에 적응해야 하는 상당한 이유를 제시해 준다고 생각한다. "아이패드를 들어보세요. 쳐다보세요. 기도하세요. 이제 그것을 열심히 사용하세요. 빨리 사용해야 합니다. 여러분이 그 사용법을 제대로 알기도 전에 우리는 아이패드 2를 출시할 것이기 때문입니다. 아이패드 2가 나오면 아이패드 1은 완전히 쓰레기처럼 여겨질 겁니다. 그럼 여러분에게 평화를 빕니다."주2

물론 20세기 말에도 기업들은 계속해서 변화를 추구했다. 하지만 이제 더 이상 그 당시에 허용되었던 낭비와 사내 정치와 관료주의라는 사치를 즐길 여유는 없다. 한가롭게 좌석 배치를 바꾸던 시절은 더 이상 오지 않는다. 이제는 치열하면서도 빠르게 변화를 추구해야 하고 새로운 방식은 기존 방식을 확실하게 능가해야 한다.

지난 몇 년간 다른 사람들뿐 아니라 나를 놀라게 한 좋은 소식이 있다. 스타트업 방식 변화의 원리들은 전수될 수 있다. 단발성으로 활용하고 버리기보다는 적어도 상당한 기간 동안은 유효한 개념이 될 것이다.

## 기업에서의 창업가 정신

나는 오래 전에 스타트업을 다음과 같이 정의했다. 스타트업이란 극도로 불확실한 조건에서 새로운 제품이나 서비스를 만들어 내기 위한 목적으로 구성된 단체 또는 기관이다.

누군가를 창업가로 규정하는 것은 그 사람에게서 나타나는 피상적인 특징이 아니라 그 사람이 일하고 있는 상황이라고 생각한다.

그렇다면 대기업들의 경우 이와 같은 정의에 부합하는 사람들은 어디에 있는 걸까? 가장 일반적으로는 기존의 것과는 완전히 다른 유형의 제품이나 서비스를 개발하는 팀의 리더들을 들 수 있다. 이와 같은 팀은 극도로 불확실한 조건에서 일하고 있는 셈이다. 고객들이 그 새로운 제품이나 서비스를 구매할지 전혀 예상할 수 없기 때문이다. 새로운 제품으로 새로운 시장에 진입하는 팀의 리더들도 마찬가지다. 나는 전후 이라크 시장에서 미국산 제품들을 판매하려는 팀과 함께 일한 적이 있다. 그 팀은 이라크와 비슷한 경제력의 다른 국가들뿐 아니라 사우디아라비아나 카타르 같은 다른 중동 국가들에 꽤 성공적으로 진입했던 경험이 있었기 때문에 이라크 시장에 대해서도 자신감을 가지고 있었다. 하지만 그들이 새롭게 진입하려는 곳은 전후 이라크였다! 시장 상황은 너무나도 복잡했고 정치 상황은 불투명했다. 그들이 사우디아라비아 같은 곳에서 터득한 경험이나 지식은 전후 이라크에서는 전혀 소용이 없었다.

그런가 하면 달러 셰이브 클럽Dollar Shave Club 같은 몇몇 사례에서도 나타났듯이 비즈니스 모델을 혁신하는 일도 극도의 불확실성을 수반한다. 새로운 전략적 접근법을 활용하는 프로젝트들은 불확실성을 수반하는 게 일반적이다.

여기까지는 이 책에서 이야기해 온 내용과 맥락을 같이하기 때문에 쉽게 받아들여지리라 생각한다. 그렇다면 지금부터는 조금 다른 영역에 대해 이야기해 보려고 한다.

많은 기업은 구조적인 결점들을 가지고 있다. 대기업뿐 아니라 최근에 창업된 스타트업도 마찬가지다. 그리고 지난 5년 동안 내 시간의 상당 부분을 전통적인 대기업의 혁신과 변화를 돕는 일에 할애했다. 그들이 선도적 기업으로 거듭나는 일을 도왔던 것이다.

나에게 엄청난 사업 아이템이 하나 있다고 가정해 보자. 기업 생산성을 획기적으로 향상시켜 줄 수 있는 완전히 새로운 IT 시스템이라고 해 보자. 그 시스템을 활용하기 위해서는 고객사 측에서 기존 업무 프로세스에 새로운 IT 시스템을 적용하는 작업을 수행해야 하는데, 이 작업에는 적지 않은 비용과 몇 년의 시간이 소요된다. 하지만 이러한 작업을 마치기만 하면 엄청난 생산성 향상과 그로 인한 이익 증대를 누릴 수 있다. 이 새로운 프로젝트를 수행하기 위해서는 수십 명으로 구성된 프로젝트 팀을 가동해야 하지만, 고객사에서는 새로운 IT 시스템 도입으로 인한 결과에 만족할 것이 확실하다(팰런티어Palantir 같은 혁신적인 IT 기업들은 이러한 가설을 실제 기업 현장에서 실현하고 있다).

여기서 이 새로운 사업 아이템을 추진하는 나는 창업가라 할 수 있다. 그런데 이 책을 여기까지 읽은 독자라면 새 사업을 추진하려고 할 때 무슨 일이 일어날지 예상할 수 있을 것이다. 성공하기 위해서는 고객사에서 내가 제안하는 IT 시스템 도입을 적극적으로 추진해 주어야 한다는 전제가 있다. 그런데 단순히 '요구 사항'을 구현하는 게 아니라 기존 업무 흐름을 급격하게 바꿔 버리는 대규모 소프트웨어 개발은 본질적으로 불확실하다. 게다가 생산성의 엄청난 향상은 많은 경우 직원들의 고용 불안을 의미하는데, 이 때문에 실무급 직원들 사이에서는 새로운 IT 시스템 도입에 대해 거부감을 가질 수도 있다. 새로운 IT 시스템 도입은 극도로 불확실한 조건에서 진행되는 경우가 많으며, 이런 경우 IT 시스템 도입을 책임지는 프로젝트 팀장 역시 창업가라 할 수 있다.

인사 관리 영역에 있어서도 마찬가지다. 8장에서 GE의 재니스 셈퍼가 새로운 성과 평가 시스템을 만들려고 했던 내용을 떠올려 보라. 표면적으로 나타나는 프로젝트 특성과는 상관없이 그 과정은 진정한 스타트업 같은 모험이었다.

전통적인 대기업이 선도적 기업으로서 역량을 갖추어 나가는 것과 신생 스타트업이 시장에서 자신의 자리를 찾아 나가는 것은 서로 동전의 양면과도 같은 관계가 있다.

그렇다면 새로운 시장 상황에 더 잘 적응하는 기업으로 발전하는 일련의 작업을 뭐라고 불러야 할까?

조직 구조를 발전시키는 모범 사례의 상당수는 변화 관리라는 이름으로 불린다. 물론 그 발전의 내용은 기업마다 서로 다르지만 말이다. 조직 구조를 발전시키고 시장에 더 잘 적응하는 기업으로 거듭나는 일은 무척이나 어려우며, 이 일이 성공하기 위해서는 다음과 같은 요소가 필요하다.

- 뛰어난 리더십. 변화의 추진은 기존 체제가 유지되어야 더 큰 성과를 이루어 낼 수 있는 많은 사람으로부터 극렬한 저항을 유발하기 때문에 이를 이겨 낼 수 있는 리더십이 필요하다.

- 적극적인 실험. 내가 제시한 일반적인 틀을 넘어서 기업들은 자신들이 처한 특정 상황에 맞도록 고유하고 독특한 실험을 해야 한다.
- 전사적인 변화를 위해 투자하는 과감함과 이를 위해 적절한 때를 기다리는 인내력. 적절한 순간이 오기를 재촉하지 않고 내실 없이 너무 크고 급속하게 성장하지 않도록 작은 실험으로 시작해서 그러한 것들에 익숙해지도록 한다.
- 변화를 추진하는 복합기능 팀. 기업 내 각 기능 조직의 리더들로 구성되는 협력체를 만들고, 이 협력체를 통해 기존 체제를 지키려고 하는 사람들까지 변화에 동참시킨다.

하지만 이와 같은 요소들을 기반으로 아무리 치열하게 노력해도 변화는 실패로 끝날 수도 있다. 실패를 야기할 수 있는 요인이 너무나도 많기 때문이다. 후원자 역할을 하던 임원이 갑자기 뒤로 물러날 수도 있고, 내부 조직이 개편될 수도 있고, 회사 내 경쟁자의 반발에 부딪힐 수도 있고, 결정적으로 외부 경쟁과 시장의 양상이 전혀 다른 식으로 흘러가서 지금 추진하는 변화 자체가 무의미해질 수도 있다.

익숙한 이야기 아닌가?

나는 조직의 기존 구조를 완전히 개편하는 기업의 변화를 이끌어 내는 것이 기업의 창업가 정신이라고 생각한다. 이러한 일은 극도로 불확실하고 까다롭지만 그로 인한 성과나 보상 역시 그에 상응하는 수준으로 막대하다.

## 창업가 정신의 보편적 적용

이제 지금까지 해 온 이야기를 정리해 보려고 한다. 오늘날 대부분의 기업은(그 규모에 상관없이) 다음과 같은 활동 중 하나 또는 그 이상을 행하고 있다.

- 완전히 새로운 제품의 개발 및 새로운 성장 동력에 대한 탐색
- 새로운 IT 시스템이나 인사 관리 정책 같은 '내부 제품' 개발
- 다른 회사 인수, 기존 사업부 분사, 새로운 법인 설립, 기술 라이선싱·이전 등의 사업 개발
- 일을 하는 새로운 방식을 도입하기 위한 조직 재편 또는 이를 위한 프로그램(GE의 패스트웍스 같은) 도입

그런데 이 네 가지 활동은 상당히 많은 유사점을 공유하고 있기 때문에 총괄적으로 관리해야 한다. 이러한 것들은 창업가 정신이라는 잃어버린 역량에서 매우 중요한 부분이다. 이러한 활동을 탁월하게 해낼 수 있다면 그전과는 완전히 다른 기업으로 새롭게 태어날 수 있을 것이다.

2장에서 잃어버린 역량을 처음 언급한 건 단지 조직을 다시 구성하고 그럴듯한 직함이 들어간 명함을 만들자는 이야기가 아니었다. 회사에서 공식적으로 'CEO<sub>chief entrepreneurship officer</sub>' 직위를 만드는 게 중요하다고 생각하지 않는다. 어떤 기업에서는 마케팅 조직에서 기업 혁신을 담당하기도 하고, 또 어떤 기업들의 경우는 최고 기술 책임자가 그 일을 맡기도 한다. 형식은 다양하게 나타날 수 있다. 중요한 것은 내용이며 그 핵심 내용은 다음과 같이 일곱 가지로 정리될 수 있다.

1. 창업가 정신 활성화에 대한 책임을 누군가에게 부여한다(따로 지

정하지 않는 기업이 너무나도 많다).

2. 단순한 명예직으로 여기지 말고 책임을 맡은 사람에게 실질적인 권한을 부여한다('최고 혁신 책임자'가 너무 많다).

3. 창업가적 재능 개발과 관련된 경력 경로를 개발하고 역량을 높일 수 있는 프로그램을 도입한다(어느 부서에서나 사용할 수 있는 공통 표준을 만들어야 한다).

4. 미래의 창업가들에게 크로스 트레이닝을 제공한다(창업 경험 없이 성공한 벤처 투자자도 있긴 하지만 창업을 하고 실제 회사 운영 경험이 있는 벤처 투자자들이 높은 평가를 받는 건 바로 이 때문이다. 중요한 것은 창업 경력이 적힌 이력서가 아니라 사고방식이다).

5. 조직 전체에 걸쳐 창업가 정신을 양성할 수 있도록 교육 훈련, 멘토십, 지원, 코칭, 모범 사례 등을 제공한다.

6. 창업가가 아닌 직원들도 교육 프로그램에 참여시킨다. 이들은 변화를 주도적으로 추진하지는 않지만 자신들의 업무와 관련하여 창업가적인 방식을 받아들여야 하는 사람들이기 때문이다.

7. 기업의 다른 일반적인 조직, 특히 규제를 담당하는 조직들이 업무와 관련된 정책을 수립할 때 창업가들이 참여하도록 고려한다. 이는 재무, 법무, 인사, IT 등의 조직에 무척 중요하다.

이와 같은 방식으로 기업은 창업가 정신을 기업 기능으로 자리 잡게 할 수 있다. 348쪽에 이를 도식화해 놓았다. 특히 기업 곳곳에서 진행될 수 있는 창업가적 기능의 아홉 가지 유형에 주목하기 바란다.

## 지속적인 변화

지금까지 이 책에서 언급된 GE의 재니스 셈퍼와 비브 골드스타인, IBM의 제프 스미스, 인튜이트의 베넷 블랭크, 미국 행정부 CTO 토드 박 등의 리더들은 모두 대기업과 행정 조직에서 일하는 사람들이었지만, 그들은 경제지 표지 모델로 나오는 스타트업 창업자들에 준하는 사람들이다. 어떤 경영자든 아무런 지원도 없이 신제품 개발 팀을 시장으로 내보내지는 않는다. 그렇게 한다면 시장 경쟁에서 패배할 게 뻔하기 때문이다. 마찬가지로 아무런 지원도 없이 성과가 나오기를 기대하는 것 역시 바보 같은 일이다.

대기업의 창업가들도 스타트업 창업가들이 받는 수준의 지원을 받을 필요가 있다. 제한된 규모이기는 하지만 자유롭게 쓸 수 있는 자금, 기업 자원에 대한 접근(필요성이 확인된다면), 합리적인 책임 기준, 충분한 수준의 권한, 전담 복합기능 팀, 성장 위원회 같은 것들 말이다. 요즘은 여러 조직에서 볼 수 있는데 같은 회사 내에서 서로 관련 없는 일을 하는 창업가들끼리 커뮤니티를 구성하는 것도 도움이 된다.

지금 조직의 변화를 추진할 수 있는 사람들이 없는 기업들은 당장 조치를 취해야 한다(지금 이 책을 읽고 있는 여러분이 그 일을 주도할 수도 있다). 그리고 그러한 리더들은 있지만 그들에게 변화를 추진할 수 있는 충분한 수준의 권한이 부여되어 있지 않다면(리더들이 시간제로 일하고 있거나 단지 최고 경영진의 결정 사항을 전달하는 역할을 하고 있는 수준이라면) 권한을 위임해 그 문제를 해결해야 한다.

하지만 이 책에서 소개한 회사 중 한 곳에서 일하는 독자들도 있을 것이다. 그런 회사는 창업가 정신을 잃어버린 역량이라 인지하고 있

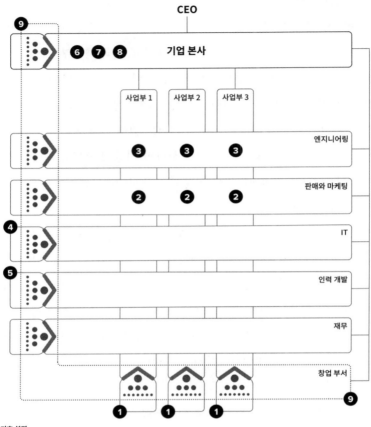

**기호 설명**

**①** 신제품

**②** 새로운 시장 진출

**③** 미래의 혼란에서 확고한 안정을 책임질 제품

**④** 새로운 IT 시스템

**⑤** 규제를 하는 조직들의 새로운 정책과 시도(인사, 재무, 법무)

**⑥** 기업 인수, 신규 투자, 지적 재산 라이선싱, 합작 벤처

**⑦** 새로운 사업부 출범을 위한 인큐베이팅

**⑧** 스타트업 방식을 통한 조직 변화

**⑨** 불확실한 미래에 적응하기 위한 지속적 변화 추구

성장 위원회

내부 스타트업 팀

고, 패스트웍스 같은 프로그램을 가동하고 있을 것이다. 또 임원들로 구성된 성장 위원회도 설치해 사내 스타트업들을 지원하고 있을 것이다. 이미 스타트업 방식 3단계에 들어서서 최고 경영진을 비롯한 조직의 모든 사람이 일을 하는 새로운 방식을 받아들였을지도 모른다.

이와 같은 기업에 속해 있다면 그건 정말 좋은 일이다. 이제는 안심하고 천천히 일해도 될 것 같고 더 이상 변화를 추구해야 할 것도 없다. 이 책의 내용을 미리 알았더라면 변화를 추구하는 과정에 더욱 적극적으로 참여하여 더 큰 성취의 기회를 잡았을 거라는 생각이 들지도 모르겠다.

하지만 그렇게 생각할 필요는 없다. 내가 지금까지 했던 이야기는 끝에 관한 이야기가 아니라 시작에 관한 이야기다.

스타트업 방식은 시장에 대한 빠른 접근, 높은 성공 확률, 생산성과 수익성의 향상 같은 효과뿐 아니라 지속적인 변화를 위한 역량을 만들어 내는 효과까지 있다. 스타트업 방식 도입에 성공한 사람들은 자신들의 경험과 지식을 이용하여 기업이 추진하는 새로운 변화에 있어 성장 위원회의 위원, 멘토, 스타트업 리더 등의 역할을 맡을 수 있다. 물론 이렇게 되기 위해서는 기업이 이들의 기여도를 높이 평가해 주고 합당한 보상을 해 주고 조직 구조의 변화를 받아들일 준비가 되어 있어야 하지만 말이다.

이번 장을 마치면서 앞에서 했던 이야기를 정리해 보려고 한다.

지속적인 변화를 하고, 자신들의 기존 조직 구조와 프로세스에 대해 실험을 행하고, 그로부터 유효 학습을 이루어 내고, 최적의 방식을 찾아 이를 전체 조직에 도입하고, 그 이외의 방식은 과감하게 제한하거나 버리는 역량을 통해 기업은 오늘날의 시장 상황을 헤쳐 나갈 능력을 얻을 수 있을 것이다. 창업가적 경영을 위한 방법론에 더해 내가 독자들에게 마지막으로 전하고자 하는 말이 바로 이것이다.

이러한 접근 방식을 공식화하고 체계화해 21세기와 그 이후에 직면할 수 있는 다양하고 이질적인 도전 과제를 해결할 수 있는 창업가를 육성하자.

· · ·

스타트업 방식은 조직 내 누구든지 창업가로 일할 수 있는 기회를 제공함으로써 조직 발전을 위한 역량을 만들어 내는 경영의 도구다. 이를 통해 조직이 추구하는 프로젝트에 가장 적합한 사람이 리더 역할을 하게 되며 시간과 노력의 낭비를 줄일 수 있고 문제를 더욱 빠르고 유연하게 해결할 수 있는 시스템이 완성된다. 그리고 이는 결국 재무적 성과의 개선으로 이어진다.

하지만 스타트업 방식의 궁극적인 목표는 더 큰 역량을 지니고 더 큰 이익을 내는 기업을 만들어 내는 데서 그치는 게 아니다. 나는 스타트업 방식이 더 포용적이고 더 혁신적인 사회를 건설하는 도구로도 사용될 수 있다고 믿는다. 이 책의 마지막 부분에서는 이와 관련된 이야기를 해 보려고 한다.

## 11장

# 창업가 정신이 결합된 공공 정책을 향해

나는 국가 정책을 만들고 결정하는 사람들이 이 책을 읽기를 간절히 바라고 있다. 10장까지의 내용은 건너뛰고 11장부터 읽어도 좋다. 지금까지 내가 만났던 정치인이나 공무원 중 자신을 창업가라 생각하는 사람은 거의 없었다. 이 책의 앞부분을 전부 읽어 보았다면 자신은 창업가가 아니라는 생각에 도전해 보기를 바란다.

창업가 정신은 비즈니스 생태계를 발전시키는 도구라는 것이 이 책에서 반복되는 주제 중 하나다. 사내 스타트업을 활용하는 기업들은 차세대 창업 리더들을 성장시키기 위한 조직 구조와 보상 체계를 마련하는 일에도 관심을 갖는다. 그리고 샌드 힐 로드Sand Hill Road에 모여 있는 벤처 투자사들은 차세대 스타트업 창업자들을 파악하고 그들에게 멘토 역할을 해 주는 투자 전문가 커뮤니티를 만든다. 앞에서도 언급했지만 이 두 가지 생태계는 서로 크게 다르지 않다. 그리고 공공 정책 분야 생태계 역시 이와 같이 움직일 수 있다고 생각한다.

창업가적 원리는 공공 정책을 개발하는 일에도 활용될 수 있고 또 그렇게 되어야만 한다. 실제로도 우리는 정책 분야에 적용된 창업가적 사고방식의 사례를 이미 보았다. 정부 기관에서 린 방법론을 사용하여 정책을 국민들에게 전달한 이야기를 살펴보았는데 흔히 오바마 케어라고 부르는 부담적정보험법Affordable Care Act, 교육부의 칼리지 스코어카드, 이민국의 새로운 이민 신청 서비스 방식 같은 사례였다. 이와 같은 사례는 중요한 첫 걸음이며 나는 이 시대의 모든 정책 결정자가 이와 같은 사례를 따르기를 바란다.[주1]

이번 장에서는 공공 정책을 만들고 결정하는 새로운 실험들에 관하여 이야기하려고 한다. 그리고 이러한 실험들은 더 나은 사회를 만들고자 하는 사람들에게 유용하게 활용될 수 있다. 혁신은 제품 개발이나 비즈니스 프로세스에만 적용될 수 있는 개념이 아니며, 이와 관련하여 경제학자 마리아나 마추카토Mariana Mazzucato는 다음과 같은 글을 쓴 적이 있다.

> 역사가 승자의 기록이라는 것은 자명한 이치다. 실리콘 밸리의 승자, 즉 벤처 투자자와 창업자는 자신이 쟁취한 보상을 정당화하는 이야기를 남긴다. 그러나 그들의 이야기가 정책을 만드는 사람들에게까지 영향을 미칠 필요는 없다. 정책을 만드는 사람들은 그 이야기의 이면에 있는 이야기와 승자들이 딛고 일어선 대상들을 봐야 한다. 그리고 승자들이 이루어 낸 부를 사회 전체적인 노력의 결과물로 보고, 공공 영역과 민간 영역 사이에서 공생의 생태계를 만들어야 한다. 창업가적인 사회가 되기 위해서는 창업가적인 국정이 먼저 이루어져야 한다.[주2]

## 정치의 문제가 아니라 정책의 문제다

오늘날 전통적인 정치 영역 곳곳에서 창업가 정신이 결합된 공공 정책들이 시행되고 있다. 사실 스타트업이 주도하는 경제 성장을 지원하기 위해서는 친기업 정책이 필요한데 기본적으로 친기업 정책은 보수적인 목소리를 담고 있다. 규제 완화, 자율 경쟁, 기업 지원 같은 정책 말이다. 하지만 친노동 정책도 필요한데 경업 금지 폐지, 이동 가능한 건강 보험, 합리적인 이민 제도 같은 친노동 정책은 전통적으로 진보의 영역으로 인식되고 있다. 상식적으로 생각해 보았을 때 다수의 국민에게 이익이 되는 정책이 많이 있지만, 그러한 정책 중 상당수는 보수와 진보의 진영 싸움에 가로막혀 시행되지 못하고 있는 게 현실이다. 미국의 경우 특허 제도 개혁, 공공 서비스 개혁, 공공 데이터의 개방적 활용, 교육 개혁, 인프라 확충, 연구개발 시스템 개선 같은 사업들을 예로 들 수 있다.

위대한 창업가로 평가받는 사람들이 자신의 회사를 창업하던 당시 어떤 신분이었는지 한번 생각해 보라. 원래부터 업계의 거물로 통하던 사람들은 별로 없을 것이다. 위대한 창업가 대부분은 창업하던 당시 학생, 평범한 근로자, 이민자, 회사의 중간 관리자 등의 신분이었다.

우리 사회의 개혁을 더 이상 늦출 수는 없는 상황이다. 다가오는 세대에 우리가 어떤 선택을 내리느냐에 따라 지금의 경제 시스템은 완전히 붕괴될 수도, 계속해서 발전할 수도 있다.

세계 시민의 일원으로서 나는 창업가 생태계가 앞으로도 계속 확산될 거라고 믿는다. 1장에서 이야기했듯이 스타트업에 관한 지식이 민주화되고 창업 후 일정 규모로 실험하는 데 필요한 도구 비용이 계속해서 낮아지는 상황이 이를 보증한다. 게다가 온갖 개혁을 위해 전 세계 몇몇 나라는 실험을 하고 있다. '스타트업 창업자 비자' 같은 아이디어만 하더라도 원래는 미국 실리콘 밸리에서 나온 것이지만, 미국보다 다른 나라들이 먼저 그 정책을 시행하고 있고 미국에서는 여전히 도입에 소극적이다.주3

미국 시민으로서 나는 미국이 가장 중요한 영역에서 지금과 같은 선도 국가의 지위를 유지할 수 있을지 의구심이 든다. 스타트업은 크게 제품, 자본, 노동력, 이 세 가지 요소로 구성된다. 그리고 제품과 자본은 21세기 초에 이르러 국경 간 이동이 상당히 자유로워졌다. 하지만 노동력은 아니다. 지금 차세대 기술 혁신들과 그것을 바탕으로 만들어질 제품들을 생각해 보라. 가까운 미래에 세계 여러 나라에서 획기적인 제품들이 생산될 것이고 글로벌 소비자로서 나는 그러한 제품들을 구매하고 사용하게 될 것이다. 그리고 미국 투자자들은 그러한 기술들에 별 어려움 없이 투자를 할 수 있다. 미국 자본이 인도나 중국 같은 개발 도상국의 스타트업들에 투자하는 데도 별다른 제약은 없다. 하지만 스타트업들이 만들어 내는 일자리 그리고 그러한 일자리들이 만들어 내는 경제적 효과는 다분히 지역적이다. 스타트업이 위치한 나라에서 대부분의 과실을 가져가는 것이다. 지금까지 스타트업이 만들어 내는 일자리와 그로 인한 경제적 효과는 미국 캘리포니아 실리콘 밸리에서 대부분을 가져갔고, 이는 세계인들의 부러움의 대상이었다. 하지만 이제는 세계 여러 나라의 스타트업 허브들이 실리콘 밸리에 도전하고 있는 상황이다. 미국이 스타트업 선도 국가의 지위를 지켜 내는 데 필요한 공공 정책을 더 빠르게 시행하지 못한다면 미국은 현재 지위를 잃을지도 모른다.

나는 이와 같은 관점에서 창업가 정신이 결합된 공공 정책에 관하여 논해 보려고 한다. 사람들이 추진하는 혁신의 실현을 도와주는 것은 물론이고, 사회 전체적으로 긍정적인 효과를 만들어 내는 그런 공공 정책 말이다.

## 창업자에게 어떻게 동기를 부여할 수 있을까?_____

창업을 하거나 새로운 방식으로 일을 하기 위해서는 그 행위자의 과감한 결단이 필요하다. 그렇다면 무엇이 이러한 결단을 도와줄 수 있을까? 지난 몇 년 동안 스타트업 창업과 일을 하는 새로운 방식의 도입을 위한 코치로 일해 오면서 나는 사람들의 이러한 결단에 영향을 끼치는 요인을 다음과 같은 세 가지로 정리하게 되었다.

### 1. 비전과 기대감

세상을 더 나은 곳으로 만들겠다는 바람은 매우 중요하다. 그것이 바로 비전이다. 하지만 그러한 비전을 실현하고 가치 있는 변화를 만들어 내는 데 필요한 아이디어는 어디에서 얻게 될까? 그리고 어떤 역할 모델을 통해 비전을 추구하겠다는 자신감을 갖게 될까? 비전을 찾고 믿도록 돕는 일을 하면 창업가 정신을 키울 수 있다.

당연히 창업가 정신을 갖추는 데 따른 고통을 견디고자 하는 사람들을 위해 보상은 그에 상응하여 커야 한다(보상은 재무적인 성공 외에도 다양하게 나타날 수 있으며 이에 대해서는 3장에서 이야기했다). 그리고 여기에는 교육 정책과 재정 정책이 뒷받침될 필요가 있다.

### 2. 역량과 자원

비전을 추구한다는 것은 무척이나 어려운 일이 될 수도 있다. 많은 이들이 어떻게 시작해야 할지 몰라 자신의 꿈을 추구하지 못하고 있다. 이런 상황에서 린 스타트업 운동은 많은 사람에게 길을 제시해 왔고 "크게 생각하라. 작게 시작하라. 빠르게 규모를 확대하라"라는 모토를 실천할 수 있도록 격려하고 있다. 사람들에게 그 첫걸음을 내딛을 수 있는 용기와 실질적인 지원을 제공하는 공공 정책이 있다면 창업가 정신이 퍼져 나가는 데 큰 도움이 될 것이다. 비록 대부분의 도전과 실험이 실패로 끝난다 하더라도 말이다.

그리고 비전을 추구하는 일은 출발 시점에서는 적은 비용으로도 가능할지 몰라도 본격적인 실행 단계에 들어서면 상당한 자원을 필요로 한다. 이는 일반인 기준에서는 결코 쉽게 취득할 수 있는 수준이 아니다. 그래서 헨리 포드처럼 역사적으로 유명한 창업가들은 상류층 집안 출신이 많다. 그들 뒤에는 실패하더라도 다시 일어설 수 있을 정도로 지원해 주는 부유한 부모가 있었고 초기 자본과 시설도 쉽게 얻을 수 있었다.주4 이와 관련하여 성공한 창업가이자 투자가인 제이슨 포드Jason Ford는 다음과 같은 글을 쓴 바 있다. "이제는 나를 비롯한 성공한 사업가들은 얼마나 노력하여 지금의 자리에 올랐는지 말하는 것을 그만두어야 한다. 온전히 자신의 노력으로 지금의 자리에 올랐다고 말하지 말자. 태어나자마자 얻은 그 모든 구조적인 지원이 자신의 성공과는 관련이 없는 것처럼 말하지 말자. 이제는 창업가로서 엄청난 잠재력을 지니고 있는 이 세상의 더 많은 사람에게 자기 로켓을 쏘아 올릴 수 있는 기회를 마련해 주자. 그들이 우리에게 별을 보여 줄 수 있도록 말이다."주5 이 세상에 재능을 가지고 있는 사람은 많이 있다. 그러나 기회는 그렇게 많이 주어지지 않는 것 같다.

## 3. 위험과 책임

모든 창업가는 실패에 대한 강박 관념 같은 것을 가지고 있다. 스스로 인정하든 인정하지 않든 간에 그건 사실이다. 사업이 실패할 수 있는 온갖 유형의 요인이 머리에 떠오르고 그로 인한 개인적, 직업적 결과들 역시 마찬가지다. 물론 진정한 창업가들은 자신이 감수해야 하는 위험(재정 부족 같은)과 심각한 위험(사기나 제품 결함 같은)을 구분하고 자신이 처한 현실 앞에서 자신감을 유지한다.주6

현재 직장을 그만두고 한동안 월급도 나오지 않을 수 있는 자신의 회사를 창업하는 것은 오직 소수의 사람만 누릴 수 있는 특권이다. 실리콘 밸리의 창업이라고 하면 부모님 집 차고에서 시작하는 그림을 연상하기 쉬운데(게다가 우리에게 연상되는 창업자들은 거의 다 백인 남성이다) 이렇게 된 데에도 이유가 있다. 자신에게 피부양 가족이 있거나 월세를 내고 있거나 주택 대출이 있는 경우라면 현재 직장을 그만두고 창업하기가 쉽지 않다.주7 그리고 자신에게 도움을 줄 다른 가족이 없어 창업에 실패하는 경우 다른 기업에 반드시 취업을 해야 하는 상황이라면 이력서상의 기간 공백이 우려되어서라도 창업을 꺼리게 된다. 몇몇 문화권에서는 창업 실패가 단순한 좌절감에서 그치는 게 아니라 한 성인의 직업 인생에서 사형 선고를 의미한다. 사회 초년생 시절의 이력서상 공백 때문에 괜찮은 기업에 취업하는 일이 불가능해지는 것이다.

창업 실패로 인한 결과를 완충할 수 있는 제도 같은 것이 있다면 창업에 도전하는 비율이 극적으로 늘어날 것이다. 물론 도덕적 해이의 문제가 있기 때문에 그러한 완충 제도는 가볍게 추진할 수 없다. 이 문제에 대해서는 좀 더 영리하게 접근할 필요가 있다고 생각한다.

• • •

공공 정책에 창업가 정신이 들어가 있다는 평가를 받을 수 있으려면 앞서 말한 세 가지 요인 중 적어도 하나에 대해서는 긍정적인 효과를 만들어 낼 수 있어야 한다. 사람들에게 창업가 정신을 가져 보라고 말하기 전에 사람들 스스로 그와 같은 결단을 내릴 수 있는 사회를 만들자. 공공 정책은 혁신적인 기업을 만드는 것만 목표로 하지 말고 혁신적인 문화를 만드는 것도 목표로 해야 한다. 오늘날 친기업 정책은 많이 시행되고 있으나 이러한 정책들의 목표는 기업의 수익성을 높이는 데 기여하는 것이고 이는 건강한 경제의 일면만을 담당할 뿐이다. 기업의 수익성만으로는 역동적인 경제를 만들어 내는 데 한계가 있다. 이를테면 지나친 임대료 때문에 새로운 회사 창업이 더 어려워지기도 한다.

우리는 기업 가치 10억 달러 이상에 도달한 스타트업을 유니콘 기업이라고 부른다. 그리고 유니콘 기업 중에는 1000억 달러 이상의 가치를 지니게 된 경우도 있다. 하지만 이와 같은 성공 사례들이 있다고 해서 우리 사회에 충분한 기회가 있다는 의미는 아니다. 오히려 사람들은 창업에 대한 자신감을 점점 더 잃어 가고 있는 상황이다. 미국 통계청에 따르면 2005년부터 2014년 사이의 신규 창업 수는 1985년부터 1994년의 10년간에 비해 70만 개나 줄었다고 한다. 그리고 신규 일자리 창출과 생산성 제고에 있어 신규 창업의 기여도는 2000년 이후 계속해서 떨어지고 있다고 한다.주8

이와 같은 상황은 달라질 수 있다. 이어지는 부분에서는 창업가 정신이 지지받는 사회를 만들 수 있는 방법들을 다양한 분야에서 생각해 보려고 한다. 다만 이미 사회에서 공론화된 주제들에 대해서는 여기에서 반복하여 다룰 필요가 없다고 생각하기 때문에 나는 지금까지 별로 다루어지지 않았던 주제들에 대하여 이야기해 보려고 한다. 나는 이번 장의 논의에서 정치색은 최대한 배제하려 하고 있다. 창업가 정신이 결합된 공공 정책을 개발하고 시행하는 데 진영 논리가 장애물로 작용하지 않기를 바라기 때문이다.

## 인적 자본을 키우자

### 건강 보험

스타트업 창업을 꿈꾸는 사람들 중에는 건강 보험 때문에 새로운 도전에 나서지 못하는 사람들이 꽤 있었다. 적어도 2010년에 미국에서 오바마 케어Affordable Care Act가 통과되기 전까지는 그랬다. 자신의 건강 보험에 가족들이 의지하고 있는 경우 또는 자기 자신이 계속해서 병원 치료를 요하는 병에 걸린 경우에는 건강 보험 때문에라도 계속해서 기존 직장을 유지해야만 했다. 건강 보험 문제는 결코 가벼운 문제가 아니었다(356쪽의 '위험과 책임' 절에서도 이와 관련된 이야기를 했다).

불확실한 건강 보험 문제가 창업을 억제하는 효과가 있음을 입증하는 명백한 증거도 있다. 랜드RAND 연구소의 보고서에 따르면 미국인들의 창업자 비율은 64세까지는 계속해서 낮아지지만 65세를 기점으로 급격하게 높아진다고 한다. 65세라면 미국 정부에서 제공하는 건강 보험 프로그램인 메디케어Medicare를 받을 수 있는 연령이다.[주9] 64세보다 65세가 훨씬 더 창의적이고 창업가 기질이 강하다고 생각하는가? 이는 건강 보험료 문제가 해결되는 것만으로도 창업가 비율이 높아질 수 있다는 점을 보여 주는 사회 현상이다.

## 의료 서비스

신세대 창업가들이 주목하고 있는 분야 중 하나가 바로 의료 서비스 분야다. 환자와 의사 모두가 만족하면서 저렴한 비용으로 높은 수준의 의료 서비스를 제공하는 것을 가능하게 만들어 주는 새로운 의료 시스템에 대한 실험이 다양한 차원에서 진행되고 있다. 그리고 많은 경우 이와 같은 혁신은 기존 시장 질서를 파괴하기 때문에 상당한 저항에 직면해 있는 것도 사실이다. 아너Honor, 원 메디컬One Medical, 아테나헬스athenahealth, 포워드Forward, 힐Heal, 오스카 헬스Oscar Health 같은 의료 서비스 회사가 결실을 맺을 수 있으려면 정책적 지원이 필수이며, 나는 이러한 시도가 성공하는 것이 다수의 이익에 부합되는 일이라고 생각한다. 오늘날 미국 사회의 의료 시스템은 비싸고 비효율적이고 불공정하다. 의료 시스템 역시 혁신을 통해 더 많은 사람의 복지를 향상시킬 수 있는데 이러한 일이 가능해지기 위해서는 정책 결정자들의 결단이 필요하다.

## 교육 시스템

어린 학생들의 실패를 용인하고 학생들에게 실패란 다음에 더 잘 할 수 있도록 무언가를 배울 수 있는 기회라는 점을 알려 주자(어른이 된 다음에는 상당히 비싼 대가를 치러야만 배울 수 있다). 이는 학생들에게 창업가 정신을 가르쳐 주는 가장 효과적인 방법이다. 시험 점수가 가장 중요하게 여겨지고 성적에 따라 진학할 수 있는 상급 학교가 결정되는 오늘날의 학교 현실에서 이는 너무나도 급진적인 제안이 될 수도 있다. 하지만 새로운 시대를 살아갈 시민을 양성하기 위해서는 새로운 교육 방식이 필요하다. 심리학자들이 말하는 '성장형 마음가짐growth mindset'은 어린 학생들에게 도전하고 실수를 통해 배우는 학습 방식을 적용하는 데 있어 핵심이 되는 개념이다. 그리고 이것이 바로 창업가들이 일하는 방식이다.[주10]

대학교에서는 이미 새로운 교육 방식이 도입되고 있다. 톰 아이젠먼Tom Eisenmann이 교과 과정에 린 스타트업 원리를 도입한 덕분에 나는 하버드 경영 대학원에서 초빙 창업가로 지난 2011년에 수업 하나를 맡아서 진행한 적이 있는데 내가 맡았던 수업 이름은 '기술 벤처 창업'이었다. 그 수업은 나중에 MBA 1학년 과정의 '스타트업 창업 캠프'로 발전했다.

오래전부터 혁신의 산실인 스탠퍼드 대학교에서는 스티브 블랭크의 주도로 2016년 봄에 '국방 해킹Hacking for Defense'이라는 수업을 신설했다. 이 수업에 참여하는 학생들은 린 스타트업 방식을 활용하여 첨단 군사 장비를 개발하는 프로젝트들을 수행하게 된다. 해군 잠수부들을 위한 웨어러블 센서나 차세대 폭발물 탐지 장치 같은 것들 말이다. 스탠퍼드 대학교에서는 국방 해킹 수업의 학습 계획과 자료의 대부분을 다른 대학교에도 공개하고 있는데, 이와 관련하여 스티브 블랭크는 다음과 같이 말했다. "우리는 이 수업을 미국 전역으로 확산시키는 게 목표입니다. 학생들에게 국가에 기여할 수 있는 기회를 주는 거죠. 이 수업에 참여하는 학생들은 린 방식을 활용하여 국방이나 외교와 관련된 문제들에 대한 해결책을 찾게 됩니다." 이 글을 쓰는 현재 미국 전역 23개 대학교에서 국방 해킹 수업을 개설할 계획이다. 그리고 국방 해킹 수업은 스탠퍼드의 '외교 해킹' 수업과 에너지 산업 혁신에 초점을 맞춘 컬럼비아 대학교, 뉴욕 대학교, 뉴욕 시립 대학교의 '에너지 해킹' 수업에 영향을 주었다.[주11]

스티브 블랭크는 미국 국립 과학 재단National Science Foundation의 아이코어I-Corps라는 정부 교육 프로그램 설립자이기도 하다. 이 프로그램의 목표는 린 스타트업 방법을 도입해 각급 연구 기관의 연구원들이 연구 성과를 실제 제품으로 개발하는 역량을 갖출 수 있도록 하는 것인데 이 프로그램에 대하여 스티브 블랭크는 이렇게 말했다. "아이코어는 기초 과학에 대한 공적 지원과 벤처 기업에 대한 민간 투자자 사이의 간극을 메우는 기능을 합니다. 공공 부문과 민간 부문의 협력에 있어 적절한 균형점을 찾으려고 하는 정부 프로그램입니다."[주12] 지금까지 1000개 이상의 팀이 이 프로그램을 거쳐 갔다. 아이코어에 대한 평가는 매우 좋아서 미국 의회에서는 2016년에 '미국의 혁신과 경쟁력 법안American Innovation and Competitiveness Act'을 통과시키면서 이 프로그램을 본격적으로 지원하기로 했다. 이 법안(2017년 1월 오바마 대통령이 서명한다) 이후 아이코어에 참가하는 정부 기관과 연구 기관 수는 크게 늘어났다. 교육을 개선하기 위해 창업가적 기법을 적용하는 실험을 하는 사람도 많이 있다. 알트스쿨AltSchool, 파노라마 에듀케이션Panorama Education, 서밋 퍼블릭 스쿨스Summit Public Schools 같은 교육 스타트업들은 다양한 실험을 통해 유효 학습을 이루어 내고, 이를 통해 미국 전역의 학생들에게 실질적인 도움을 줄 수 있는 새로운 교육 시스템을 만들어 나가고 있다.

## 이민 규제

실리콘 밸리 스타트업의 44%는 창업자 중 이민자가 한 명 이상 포함되어 있다.[주13] 그리고 기업 가치 10억 달러 이상의 스타트업으로 눈을 돌려 보면 이 수치는 51%까지 올라간다.[주14] 이민자에 대해 더 개방적인 문화를 가지고 있는 도시일수록 경제 성장률이 더 높게 나타난다는 통계도 있다(실리콘 밸리의 경제 성장률은 미국 도시 중 가장 높다). 이와 관련하여 리처드 플로리다Richard Florida는 자신의 책 『The Flight of the Creative Class』에서 다음과 같이 쓰고 있다. "원래 미국은 창의적인 사람들, 새로운 아이디어, 스타트업 같은 것들을 만들어 내는 데 있어 강점이 별로 없는 나라다. 미국이 지니고 있는 진정한 강점은 이러한 경제 성장의 동력을 전 세계로부터 끌어들이는 능력에 있다. 지난 한 세기 동안 미국에서 이루어진 발전은 글로벌 인재의 엄청난 유입에 상당 부분 기인한다."[주15]

그러나 미국은 여전히 창업 비자 같은 제도를 운영하고 있지 않으며 이민자 출신의 스타트업 창업자들은 미국에 머물거나 미국을 오가는 일에 상당한 어려움을 겪고 있다. 그래서 일단 성공한 이민자 출신 창업자들은 다른 경로를 통해 영주권을 발급받으려 한다. 현재 미국의 이민 제도는 상당히 근시안적으로 운영되고 있으며 나는 이것이 창업가들에게 나쁜 영향을 미치고 있다고 생각한다.

현재 미국에 유학생 비자나 전문직 취업H-1B 비자로 머물고 있는 사람 중 상당수는 스타트업 창업자가 될 수 있는 충분한 역량을 갖추고 있는 사람들이다. 미국에서 학부와 대학원을 마치고 지금은 하이테크 분야에서 박사 과정을 공부하고 있는 유학생의 경우를 생각해 보라. 미국에서 공부를 하며 10년 이상의 시간을 보낸 후에 이제는 자신의 지식을 활용하여 미국에서 일자리를 만들어 낼 수도 있는 사람이다. 그런 사람을 박사 학위를 받자마자 자기 나라로 돌려보내야 하는 걸까? 그건 미국 입장에서도 불합리하다.

앞부분에서 이미 언급했듯이 그 사람이 자기 나라로 돌아가 창업을 한다면 그 사람은 자기 나라에서 만든 제품을 미국에 팔 수 있다. 그리고 미국 자본을 투자받을 수도 있다. 하지만 그 사람이 만들어 내는 일자리는 미국이 아닌 그 사람의 나라에 존재하게 된다.[주16]

## 노동관계

프레더릭 테일러는 자신의 책 『과학적 관리의 원칙』The Principles of Scientific Management에서 과학적 관리론에 의해 경영되는 노동 현장에서는 노동자들이 최적의 처우를 받게 되기 때문에 노동 쟁의가 없다고 주장했다. 하지만 지난 세월을 돌아보면 그의 주장은 상당히 과장되어 있다는 것을 알 수 있다. 과학적 관리론에 의해 경영되는 많은 노동 현장이 쟁의를 겪은 게 현실이다. 하지만 좀 더 계몽된 방식의 경영이 노동자들과 경영자들 사이의 갈등을 줄일 수 있다는 기대를 버릴 수는 없는 일이며, 실리콘 밸리에서는 이러한 기대가 상당 부분 현실이 되고 있기도 하다. 실리콘 밸리에는 노동조합이 결성된 기업이 매우 드물다. 그리고 노동자들의 대부분은 노동조합을 결성하는 일에 별 관심이 없다.

사실 노동조합에 관해 이야기하면서 정치색을 배제하기란 꽤나 어려운 일이지만 나는 정치색을 최대한 배제하면서 이야기를 진행해 나가려고 한다. 나는 기존 틀을 깨고 실험을 한다면 새로운 유형의 노동관계를 만들 수 있다고 믿는다. 특히 내가 제안하는 것은 '친생산성' 노동조합이라는 개념이다. 기업은 노동자들의 능력 계발에 더 많이 투자하고, 노동자들은 자신의 임금과 보상을 생산성에 연계시키고, 조합은 조합원들이 더 큰 창업가적 기회에 도전할 수 있도록 지원하는 구조다. 즉, '친생산성' 노동조합 구조에서는 기업의 성공에 따라 노동자들이 더 높은 수준의 임금과 보상을 받게 되고, 기업은 경영의 유연성을 갖게 됨으로써 장기적인 수익성을 추구할 수 있게 된다.

이러한 노동조합 구조에서 조합은 조합원들의 사내 스타트업 창업을 지원할 수도 있다. 사내 스타트업이 성공하게 된다면 조합원과 경영진 모두가 이익을 취하는 것이다. 기존 틀을 깬다면 긍정적인 노동 관계를 계속해서 이어 나갈 수도 있다.[17]

## 고용 보험과 스타트업

한 번은 C-SPAN이라는 방송국에서 진행하는 토크쇼에 전화 인터뷰 방식으로 출연한 적이 있다. 그날의 토크쇼에서는 미국의 창업가 정신과 공공 정책을 다루고 있었는데 나는 고용 보험과 관련된 의견을 개진했다. 현재의 고용 보험 시스템에서는 자신의 의지에 반하여 직장을 잃은 사람들에게는 일정 기간 실업 급여가 지급된다(정확한 기간은 주마다 다르다).[18] 실직한 사람들이 재취업할 때까지 기존 생활을 어느 정도 유지할 수 있도록 돕는다는 취지에서다. 그리고 실업 급여는 재취업과 동시에 지급이 중단된다.

이와 같은 실업 급여 지급 방식에 대해 문제를 제기하는 사람들이 있다. 재취업 기간이 길어질수록 실업 급여를 더 오래 지급하는 지급 방식으로는 사람들의 빠른 재취업을 유인하기가 어려운 측면이 있다는 것이다.

그런데 창업이라는 관점에서 봤을 때 이와 같은 실업 급여 지급 방식은 더 큰 문제를 내재하고 있다는 게 내 생각이다. 실직한 사람이 재취업이 아니라 창업을 하는 경우에는 어떻게 될까? 창업 초기라서 소득이 발생하지는 않는데 정부에서는 실업 상태가 아니라 하여 실업 급여 지급을 중단할 것이다. 즉 지금과 같은 실업 급여 지급 방식은 실업자들의 창업을 가로막고 있다고 할 수 있다.

전화 인터뷰에서 나는 창업을 결심한 실업자들은 자신이 실업 상태에 있다면 받을 수 있는 실업 급여를 창업 대출 형식으로 받을 수 있도록 해야 한다고 제안했다. 이는 대량 실업 시기에 특히 더 효과적인 방식이다. 이런 시기에 사람들은 직업이 없거나 사업 소득이 없는 상황으로 내몰린 텐데, 창업 대출을 통해 사업 소득 부족과 일자리 문제를 모두 해소할 수 있는 것이다. 그리고 사업 소득 부족과 근로 소득 부재 문제가 모두 해결된다면 사람들은 다시 소비를 하게 될 것이고 경제는 활력을 되찾을 수 있다.

이 외에도 실업자들에게 창업 기회와 자금을 제공하면 많은 정책 목표를 달성할 수 있다. 그들이 지니고 있는 과거의 경험과 지식을 사회가 활용한다는 의미가 있고 단순히 정부 보조를 받는 게 아니라 스스로 적극적인 생산 활동에 나서도록 유도함으로써 존엄성을 되살릴 수 있다는 의미도 있다. 직업을 갖고 일하는 것이 자존감과 행복감을 높여 주고, 우울감을 낮춰 준다는 연구 결과는 무수히 많다.[주19] 실업자들에게 창업 교육과 지원을 해 주고 공동 창업 센터를 운영하고 액셀러레이터 형식의 혜택을 주는 것도 공공 정책 분야에서 다루어 볼 만한 주제다.

C-SPAN의 전화 인터뷰에서 내 제안은 좋은 반응을 이끌어 내지는 못했다. 사람들은 "창업 대출을 받은 사람들이 돈을 갚지 않으면 어떡하나?"와 같은 우려를 드러냈다. 하지만 내가 제안한 창업 대출로 나가는 돈은 어차피 실업 급여로 지급될 돈이고, 실업자였던 사람이 창업 대출을 갚는다면 그 돈은 그대로 정부의 수입이 된다! 게다가 그러

한 창업자들은 상당한 일자리를 창출하게 된다.

## 소액 창업 대출

정부에서 창업 활성화의 필요성을 느끼고 많은 시민이 창업 시장에 진입해 주기를 바란다면 가장 효과적인 방법은 사람들 손에 창업에 필요한 자본을 쥐어 주는 것이다. 많은 나라에서 이를 위한 프로그램을 시행하고 있다. 창업 펀드를 운영하는 민간 투자사들에 지원해 주는 간접적인 방식도 있고, 정부에서 창업 기금을 운영하는 직접적인 방식도 있다. 하지만 정부에서 주도하는 이와 같은 방식은 정치 문제와 얽히면서 제한적인 효과를 내는 데 그치는 경우가 많다.

어떻게 해야 이와 같은 문제를 회피하면서 창업 활성화 효과를 극대화할 수 있을까? 나는 정부에서 창업자를 위한 마이크로론microloan을 운영할 것을 제안한다. 우선은 희망하는 창업자에게 아주 적은 액수의 금액을 대출해 준다. 그리고 대출을 상환한 창업자에 대해서는 대출 가능액을 늘려 준다(매번 대출 상환에 대해 대출 가능액을 두 배로 늘려 주는 식으로 말이다). 상환에 실패한 창업자에 대해서는 이 마이크로론에 대한 접근을 차단하지만 그렇다고 해서 부도 처리를 하거나 신용도를 낮추는 조치를 취하지는 않는다. 한 명의 창업자에게 매우 적은 액수의 대출이 실행되기 때문에 많은 창업자가 이 프로그램을 이용할 수 있다. 그리고 오늘날 IT 시스템 수준이라면 이 정도 대규모 프로그램은 충분히 관리할 수 있다. 정부 기관이 직접 나서는 게 부담이라면 마이크로론 전문 금융 기관을 설립하는 방법도 있다.

솔직히 말해서 1000달러 정도의 소규모 자금 때문에 창업을 어려워하는 사람들이 얼마나 될지는 나도 아직은 모른다. 하지만 이러한 사람들의 수가 꽤 되리라는 게 내 생각이고 이는 정부에서 약간의 비용 손실을 감수한다면 실제로 확인해 볼 수 있는 일이다. 우선은 한 개 도시에서 시범 사업으로 시작해 보는 방법도 있다.

## 보편적 기본 소득

요즘 실리콘 밸리의 가장 뜨거운 화제 중 하나는 보편적 기본 소득이다. 보편적 기본 소득이란 근로 능력에 상관없이 모든 사람에게 일정 금액을 정부에서 지급하는 것을 의미한다.[주20] 보편적 기본 소득은 창업 활성화에 크게 기여할 것으로 예상된다. 창업 실패 위험을 크게 줄여 주는 효과가 있기 때문이다. 실패로 인해 수입이 사라지고 생계 곤란을 겪을 가능성이 아예 사라진다면 창업 희망자들이 상상할 수 있는 최악의 시나리오는 그 내용이 매우 순화될 것이다.

핀란드 오울루Oulu시에서는 지금 보편적 기본 소득에 관한 실험이 진행 중이다. 핀란드에서는 실업 급여 액수가 꽤 많고 취업이나 창업을 하면 실업 급여 지급이 곧바로 중단되기 때문에 실업자들이 창업을 하기보다는 실업 급여에 머무르는 문제가 오래전부터 제기되고 있다. 실업자들이 취업이나 창업을 최대한 늦추면서 실업 급여를 받는 선택을 하는 것이다. 2017년 초 핀란드에서는 IT부터 건설에 이르기까지 다양한 분야의 2000명가량의 실업자를 선발하여 이들에게 보편적 기본 소득을 지급하기 시작했다. 앞으로 이들에게 무슨 일이 일어나는지 지켜보겠다는 것이다.[주21]

스타트업 액셀러레이터 Y 콤비네이터는 자체적으로 보편적 기본 소득에 관한 실험을 시작했다. 캘리포니아 오클랜드에 거주하는 100가구에 매월 1000달러에서 2000달러의 기본 소득을 지급해 이들에게 무슨 일이 일어나는지 지켜보겠다는 것이며 실험 기간은 5년으로 정했다. Y 콤비네이터는 기본 소득을 받는 가구들의 행복도, 삶의 질, 재무적 건전성, 여가를 보내는 방식 등의 변화를 살펴볼 예정이다. Y 콤비네이터는 실험이 끝나는 5년 후에 자신들의 보편적 기본 소득 실험 데이터와 실험 방법론을 일반에 공개할 예정이다. 이 실험을 주도하고 있는 샘 알트먼Sam Altman 대표는 이렇게 말했다. "기본 소득은 사람들에게 자신이 원하는 교육이나 훈련을 받을 수 있는 여유를 만들어 줄 것이고, 그럼 사람들은 더 나은 직업을 구하거나 만들 것이고, 미래를 위한 계획에 대해 생각할 수 있게 될 겁니다."[주22]

프랑스에서는 실업 급여를 받는 사람이 창업을 하는 경우에는 창업 이후에도 일정 기간 계속해서 실업 급여를 받을 수 있도록 하자 창업하는 사람들이 매월 25% 증가했다.[주23] 그리고 네덜란드와 캐나다 역시 2017년부터 기본 소득에 대한 실험을 시작하기로 했다.[주24]

## 규제 완화

### 기업 규모에 따라 다르게 적용되는 규제

규제는 그 취지와는 전혀 다르게 창업을 가로막는 장애물로 작용할 때가 있다. 당장 회사를 설립하려고 해도 지방 정부의 관청, 노동청, 국세청 등 여러 정부 기관을 다니며 신고를 하고 허가를 받아야 한다. 이와 같은 절차는 비용이나 시간도 많이 들지만 무엇보다 창업에 대한 심리적인 장벽으로 작용한다. (1)신고 및 허가 절차에 대해 새롭게 배워야 하고 (2)복잡다단한 절차 중 하나라도 빠뜨렸다가는 큰 책임을 져야 할 수도 있기 때문이다. 법은 몰랐다고 해서 봐주지 않는다.

게다가 오늘날의 법과 규제는 너무나도 복잡하기 때문에 정확하게 지키기가 매우 어렵다. 그래도 투자를 받은 스타트업들은 법무 법인의 컨설팅도 받고 자체적으로 CFO를 고용하여 업무 처리를 한다. 하지만 아직 투자를 받지 못한 창업 희망자들은 이와 같은 여유를 부릴 수 없다. 지나치게 복잡한 규제가 창업 자체를 가로막고 있는 셈이다.

캘리포니아에서는 직원 수 일정 규모 이하의 기업에 대해서는 규제 적용을 많이 면제해 주고 있다. 규제 항목마다 기준이 조금씩 다르지만 대략 직원 수 50명 미만의 기업은 이러한 정책의 혜택을 받고 있다. 이는 합리적인 절충이다. 소규모 기업은 규제에서 벗어나더라도 사회에 끼칠 수 있는 부정적인 영향이 매우 적기 때문이다. 또 회사가 성공하면 의무를 이행할 수도 있다.

나는 21세기 경제를 위해서는 이와 같은 정책이 좀 더 보완되어야 한다고 생각한다. 무엇보다 소기업에 대한 규제 완화 정책의 경우 소기업의 기준이 되는 직원 숫자가 정부 기관마다 다르게 정해지고 있다. 그리고 일정 기준을 넘어서면 갑자기 온갖 규제의 대상이 되는 일도 스타트업을 매우 힘들게 하고 있다. 규제 완화 정책은 기업 규모에 따라 좀 더 세분화될 필요가 있다. 직원 수, 매출액, 시가 총액 등을 복합적으로 고려하여 기업이 성장함에 따라 적용되는 규제 수를 점진적으로 늘려 가는 것이다.

대응이 빠른 정부는 스타트업들이 쉽게 시장에 정착할 수 있도록 도와준다. 대부분의 나라에서는 스타트업이 세금 환급을 신청하게 하는데(대개 초기 손실을 기록하게 한다) 이 정보를 이용하면 스타트업에 많은 도움을 줄 수 있다. 회사가 성장하면서 따라야 할 규제에 대해 알려 주는 간단한 웹 기반 서비스를 생각해 보자. 정부에서 창업의 어려움을 덜어 주고 스타트업의 시장 정착을 도와준다면 해당 국가에는 더 많은 스타트업이 활동하게 될 것이다.

인적 자본에 많이 투자하는 스타트업에 규제 완화의 인센티브를 제공하는 정책의 유연성도 고려해 볼 만하다. 미국 정치권에서는 회사 유형에 '성장 스타트업'이라는 항목을 추가하자는 논의가 이루어지고 있다. 기업 지분을 직원들이 많이 보유하고 있고 직원들의 교육 훈련에 많은 지출을 하는 등 인적 자본을 중시하는 기업들을 '성장 스타트업'으로 분류하고, 성장 스타트업에 대해서는 상당 수준으로 성장하기 전까지는 여러 가지 규제의 적용을 면제해 주자는 것이다.

## 경업 금지 약정과 특허법

캘리포니아 법원에서는 경업 금지 약정을 인정하지 않는다. 그리고 이는 실리콘 밸리의 창업 문화를 활성화하고 있는 핵심 요인 중 하나다.[주25] 캘리포니아에서는 업무를 하면서 새로운 아이디어가 떠오르면 경업 금지 약정 여부에 상관없이 누구라도 자신의 스타트업을 새롭게 시작할 수 있다. 혁신적인 기업들이 계속해서 생겨날 수 있는 좋은 환경이 조성되어 있는 셈이다. 다만 특허법은 보완이 필요하다. 지적 재산권은 반드시 보호되어야 하지만 특허가 창의성과 경쟁을 억누르는 수단으로 활용될 수 있는 것도 현실이다.[주26] 대기업들이 특허 침해를 이유로 소송을 남발하면 사실상 스타트업들로서는 방어할 수가 없다. 따라서 이와 같은 일은 중단되거나 적어도 연기되어야 한다.

## 파산법 개혁

기업의 파산에 대해 사업주 개인에게도 책임을 지우는 나라들이 있는

데 그런 나라들을 방문하여 스타트업 창업자들과 대화를 나누어 보면 그와 같은 행태에 대해 많은 우려를 하고 있음을 알 수 있다. 그런 나라들에서 사업에 실패한 창업자는 재취업이 어렵고 은행권 대출을 이용하기 쉽지 않고 심지어 은행에서 계좌를 열기도 힘들다. 이와 같은 제약은 사회 전체적으로 보면 생산성을 크게 저해하는 일이다. 파산법에 관용의 요소가 많을수록 사람들은 좀 더 과감하게 창업에 도전할 수 있다. 물론 이는 사회적으로 상당히 민감한 논제다. 하지만 과감하게 도전할 수 있는 사회를 만드는 것이 결국에는 사회 전체적으로 도움이 되는 일이다.

## 시민 사회 개혁

### 자선 단체, 비영리 단체, 다양한 형태의 시민 단체

지난 8장에서 인튜이트에서 주관했던 미국 심장 협회 연례 모금 행사 이야기를 했고, 지난 7장에서 글로벌 이노베이션 펀드의 사업 방식에 대해 소개했다. 그리고 에어비앤비는 난민들을 돕는 일을 하고 있다. 린 방식을 사회사업에 활용하지 못할 이유는 없다. 특히 린 임팩트Lean Impact라는 단체에서는 다른 사회단체들이 린 스타트업 원리를 다양한 사회적 영역에서 활용할 수 있도록 돕는 일을 하고 있다.

앤 메이 창Ann Mei Chang은 미국 국제 개발처United States Agency for International Development, USAID 산하 글로벌 개발 연구소의 최고 혁신 책임자를 지낸 인물이다. 그녀는 책을 집필 중인데 『Lean Impact』라는 제목으로 2018년 11월 이후 발간될 예정이다. 원래 실리콘 밸리에서 일하다 사회사업 분야로 자리를 옮긴 그녀는 사회사업에 린 방식을 적용함으로써 사람들의 삶에 훨씬 더 큰 변화를 만들어 줄 수 있다고 믿고 있다. 앤 메이는 USAID에서 일하면서 이런 생각을 갖게 되었다고 한다. "그동안 사회단체들은 전통적으로 폭포수 모델을 통해 사업을 추진했습니다. 본부에서 대대적으로 계획을 수립하고 그 계획에 따라 3~5년에 걸쳐 사업을 추진하는 거죠." 그녀는 어떻게 해야 기부를 하는 사람들에게 기부금 사용에 관한 확신을 줄 수 있을지, 어떻게 해야 사회사업의 성과가 있는지 더 빠르게 확인할 수 있을지, 어떻게 해야 효과가 있는 사회사업 방식을 확산시킬 수 있을지 고민했다고 한다. 그녀는 사회단체의 활동 자체보다는 사회단체가 만들어 내는 결과가 더 중요하다고 생각하고 있었다. "USAID는 빈곤 국가들에 대해 인도주의적인 지원과 개발 지원을 제공하고 있습니다. 그리고 글로벌 개발 연구소는 3년 전에 설립되었는데 사회 발전을 가속화할 수 있는 도구와 방법론을 찾는 것을 주된 목표로 하는 곳입니다. 연구소에서는 린 스타트업과 같은 원리를 기반으로 활동합니다. 데이터에 기반을 둔 실험을 하고 그를 이용하여 다른 나라들의 개발과 혁신을 돕는 거죠. 우리는 이와 같은 방식이 지구상의 더 많은 사람에게 도움을 줄 수 있다고 믿고 있습니다." 앤 메이의 말이다.

## 데이터 개방

이번 장을 포함하여 지금까지 이 책에서는 자신이 발견한 지식과 자신이 개발한 시스템을 다른 사람들도 배우거나 활용할 수 있도록 일반에 공개하는 사람들을 많이 소개했다. 누구라도 혁신을 추진할 수 있는 사회가 되기 위해서는 사람들이 활용할 수 있는 데이터가 일반에 공개되어야 하며, 이것이 바로 미국 정부가 추진하는 정부

2.0Government 2.0 프로젝트의 핵심 개념이다. 오라일리 미디어의 CEO인 팀 오라일리Tim O'Reilly는 다음과 같은 주제의 기고를 한 적이 있다. "어떻게 해야 정부 안팎의 사람들이 혁신을 추진할 수 있도록 정부 자체가 개방형 플랫폼이 될 수 있을까? 어떻게 해야 정해진 대로 시스템을 구축하고 끝내는 게 아니라 개발자와 사용자 사이의 상호 작용을 통해 시스템의 기능성을 발전시키는 방식을 체계화할 수 있을까?"주27

지난 2009년 오바마 행정부는 Data.gov를 개방형 웹 사이트로 만들고 날씨, 농업, 교육 등에 관한 온갖 데이터가 사용자 참여에 의해 끊임없이 발전하도록 만들었다. 그리고 2013년에는 정부 데이터를 개방하는 행정 명령에 서명했다. 당시 백악관에서는 다음과 같은 발표가 있었다. "정부 데이터 개방은 민주주의를 강화하고 공공에 대한 더 효율적이고 효과적인 서비스 제공을 촉진하고 경제 성장에 기여할 것입니다. 정보 자원을 쉽게 찾아보고 접근하고 활용할 수 있도록 하는 정부 데이터 개방이 가져오는 여러 가지 이익 중 핵심적인 것 하나는 창업과 혁신과 과학적 발견에 힘을 불어넣어 준다는 것입니다. 그리고 이는 미국인들의 삶을 개선하고 일자리를 창출하는 데 기여할 것입니다."주28

우리 사회가 계속해서 발전하기 위해서는 정부 데이터 개방이 유지되어야 한다. 실상을 제대로 알려 주는 양질의 정보는 혁신의 토대가 된다. 그리고 스타트업 방식의 토대가 되기도 한다. 공공 안전, 의료, 외교 등 정부 데이터 개방으로 인해 도움을 얻는 분야는 무수히 많다. 이와 관련하여 토드 박은 다음과 같은 말을 했다. "정부 데이터를 이용할 수 있다는 사실을 모른 채 일하는 것은 내비게이션을 만든다는 사람들이 GPS의 존재를 모르는 것과도 같습니다. … 특히 창업자들은 정

부 데이터 개방으로부터 엄청난 이익을 누릴 수 있습니다."[주29]

## 자본 시장, 기업 지배 구조, 단기 이익 추구 성향

얼마 전에 한 대형 보험사에서 투자 포트폴리오를 책임지고 있는 사람과 대화를 나눈 일이 있다. 그 보험사는 수십 년, 심지어 수 세기 동안 이어진 보험 계약도 진행하고 있었기 때문에 투자에 대한 장기적인 시각을 가지고 있었다. 내가 그 보험사는 주로 어디에 투자를 하느냐고 묻자 그 사람은 공채 같은 것을 매입하는 비중은 몇 퍼센트 되지 않고 그 보험사는 주로 실물 자산에 투자한다고 했다. 특히 별도 관리가 필요하지만 짧게는 수십 년, 길게는 수백 년에 걸쳐 이익을 창출해 줄 수 있는 부동산을 선호한다는 것이다. "구체적으로 어떤 것들인가요?" 내가 묻자 그는 이렇게 답했다. "산림 같은 것입니다."

나는 산에 투자하면 어떻게 이익을 낼 수 있을지 의아했으나 그 사람은 몇 분에 걸쳐 나에게 산림 투자에 관하여 설명해 주었다. 그리고 그렇게 설명을 들으니 그 보험사는 오늘날의 투자 시장에 만연해 있는 병폐적 현상과는 다른 식으로 투자를 하고 있다는 생각이 들었다. 사실 산림에 투자하더라도 단기 이익을 극대화할 수는 있다. 산에 있는 모든 나무를 베어 팔면 되는 것이다. 하지만 이와 같이 극단적으로 단기 이익을 추구한다면 해당 산에서는 향후 수십 년 동안은 더 이상의 이익을 낼 수가 없게 된다.

그런데 오늘날 너무나도 많은 기업이 장기적인 가치를 포기하면서 단기적인 이익을 추구하고 있는 실정이다. 브랜드 가치를 훼손하고 협력 업체들을 압박하고 고객들을 무시하고 직원들에게 투자하지 않으면서 기업의 자원을 소수의 임원에게 높은 연봉을 지급하기 위해 사용하고 금융 공학의 수단을 활용하여 주가를 높이는 일에만 관심을 갖는다. 이는 똑같은 문제를 공유한다. 단기적으로만 이익이 된다는 것이다. 하지만 오랜 투자를 통해 산림의 생산 능력을 충분히 높여 놓는다면 계속해서 많은 양의 목재를 생산할 수 있다.

단기 이익을 극대화하는 것이 주주 가치를 높이는 길이라고 여기는 기업들이 맞게 될 결과는 뻔하다.

『린 스타트업』에서도 이야기한 바 있지만 이와 같은 나쁜 행태는 해당 기업은 물론이고 기업 주위의 환경, 정치, 공공 안전, 창업가 생태계 등 모든 것을 망가뜨린다. 가령 어떤 스타트업 창업자의 목표가 자신의 회사를 대기업에 매각하는 것 또는 기업 공개를 한 다음에 대기업의 인수를 기대하는 것인데, 대부분의 대기업이 단기 이익을 추구하는 상황이라면 해당 창업자 역시 이와 같은 상황에서 자신의 기업을 매력적으로 보이게 만들기 위해 단기 이익에 집착할 수밖에 없다.

더욱 심각한 상황이 벌어질 수도 있다. 몇몇 대기업이 미래 성장을 위해 실리콘 밸리 같은 스타트업 허브에서 인수 대상을 찾고 있는데, 이러한 기업들이 내세우는 조건이 단기적으로 기업 가치를 가장 크게 올린 스타트업이라고 한다면 스타트업 허브 전체가 단기적인 이익을 추구하게 될 수도 있다. 이건 스타트업 허브 전체를 망가뜨리는 일이다.

물론 링크드인은 마이크로소프트에 인수되기로 결정하면서 마이크로소프트의 자회사가 됨으로써 단기 실적에 대한 압박으로부터 벗어나 자유롭게 혁신을 추구할 수 있을 거라고 말했다. 실제로 몇몇 거대 기업은 단기 실적에 연연하지 않을 정도로 막강한 시장 지위를 지니고 있다. 그런데 증시에서 지금과 같은 상황이 계속해서 전개된다면 나중에는 증시에 남아 있는 기업 자체가 얼마 되지 않을 것 같다. 실제로 1997년 이후 미국의 상장 기업 수는 절반 수준으로 줄어들었고 이와 같은 추세는 지금도 계속되고 있다.[주30]

많은 기업이 기업 공개를 너무 늦은 시점에서 하고 있다는 게 내 생각이다. 그리고 이는 다음과 같은 문제들을 야기한다.

1. 공인된 기관으로부터 감사도 받지 않고 투명성을 보장하지 못하고 사금융에 의존하게 된다. 내 조부모님은 공인된 기관으로부터 감사를 받지 않으면서 장밋빛 성장을 약속하는 사업가에게 많은 돈을 투자하는 것이 어떤 결과로 이어질 수 있는지 매우 비싼 대가를 치르고 배우셨다. 물론 요새는 실제 사기 사건으로 이어지는 경우가 드물기는 하지만 그렇다고 사기의 위험성이 사라진 것은 아니다.

2. 정보 비대칭이 너무 심해진다. 공인 기관의 감독에서 벗어나 있는 2차 금융 시장에서의 거래 행위는 거의 다 그림자 속에서 이루어진다. 그리고 그 속성상 사기의 위험성이 너무 크다. 2차 금융 시장에서 주식을 사려고 하는 사람은 주식 매수 전에 스스로에게 물어보라. 주식을 팔려고 하는 창업자보다 자기 자신이 해당 주식에 대해 더 잘 알고 있는지 말이다.

3. 직원들이 유동성 부족에 시달릴 수 있다. 기업 공개가 너무 늦어지면 직원들이 기업의 성공이 가져다주는 과실을 나누어 갖지 못할 위험이 커진다. 요새는 스타트업 직원들에게 부여되는 스톡옵션의 조건이 예전처럼 후하지는 않다. 10년 만기에, 퇴사 후 90일

이 지나면 스톡옵션이 무효화되는 식이다. 스톡옵션을 부여받고 4년이나 7년 후에 기업 공개가 이루어진다면 이와 같은 조건에는 아무런 문제가 없다.[주31] 하지만 스톡옵션을 부여받고 10년이 지난 후에 기업 공개가 이루어진다면 직원들에게 스톡옵션은 아무런 의미가 없을 가능성이 크다. 게다가 비상장 주식에 대해 높은 가격이 매겨진 상태에서 스톡옵션이 행사되면 많은 액수의 세금이 부과될 수도 있는데, 해당 비상장 주식을 매각하여 유동화할 수 있는 시장이 형성되어 있지 않은 경우에는 직원들이 오히려 곤란한 상황에 처하게 될 수도 있다.

4. 일반 투자자들에게 성장의 기회가 차단될 수 있다. 공공 정책 관점에서 봤을 때는 이 네 번째 문제가 가장 심각한 문제다. 일반 투자자들이 스타트업을 통한 성공 시스템에서 완전히 배제될 수 있기 때문이다. 전 세계적인 저성장 시대에 일반 투자자들은 수익을 내기가 어려운데,[주32] 이와 같은 상황에서 그나마 가장 빠르게 성장하는 분야인 스타트업 분야에 대한 투자 기회로부터 일반 투자자들이 배제되는 것은 상당히 잔인한 일이다. 특히 은퇴 시점까지 시간이 아주 많이 남아 있기 때문에 스타트업에 대한 장기적인 투자가 가능한 젊은 투자자들에게는 더욱 잔인한 일이다(젊은 투자자들은 위험에 도전하되 포트폴리오 관리는 꼭 하기 바란다). 투자 노하우와 인맥을 가지고 있는 부자들이 잠재력이 큰 비상장 주식에 투자하는 상황에서 일반 투자자들에게는 그러한 주식에 투자를 할 수 있는 기회가 차단된다는 것은 무척이나 불공정한 일이다.

이 책에 소개되어 있는 새로운 유형의 경영 시스템은 이러한 문제들에 대한 여러 가지 해결책 중 하나가 될 수 있다. 경영 시스템이 아무리 훌륭해도 단기 성과에 연계되어 있는 인센티브는 단기적인 사고를 유도하게 되어 있다. 따라서 인센티브 문제를 다루고자 한다면 그 토대가 되는 정책 문제를 먼저 다룰 필요가 있다.

오래도록 기업 공개IPO를 하지 않고 비공개 상태를 유지하는 기업에 대해 후반부 펀딩과 기업 공개 사이에 한 단계를 더 두어야 한다고 생각한다. 나는 이를 PPOpre-public offering라 부르고자 한다. PPO를 통해 기업은 초기부터 대형 기관 투자자와 교류를 시작할 수 있다. 그렇게 되면 일부 유동성이 일찍 생기지만 이는 투자자에게 실제 재정 정보를 공개할 때만 가능하다. 초기 투자자와 직원 모두 그들의 지분 일부를 적절한 시기에 팔 수도 있는데 회사는 분기 1회 또는 연 2회 거래를 감독할 수도 있다. 가장 중요한 것은 정보를 받은 사람만 거래할 수 있고 사기에 대한 유혹은 떨쳐 버려야 한다는 것이다.

## 장기 증권 거래소

지난 2010년에 『린 스타트업』을 집필하기 시작했을 때 나는 토요타에 대해 많은 연구를 했다. 그리고 토요타의 성공이 가능했던 것은 장기적인 경영 철학이 있었기 때문이라는 결론에 이르렀다. 그들의 독특한 기업 지배 구조가 장기적인 경영 철학을 가능하게 했다는 생각이다. 그뿐 아니라 제프 베이조스 같은 사업가, 워런 버핏이나 앤드리슨 호로위츠 같은 투자자들 역시 장기적인 사고를 기반으로 사업이나 투자를 했기에 성공할 수 있었다.

지난 몇 년간 나는 그 철학에 대해 계속 생각했고 『린 스타트업』을 통해 사람들에게 토요타를 흉내 내서 수십 년 아니 수 세기 동안 지속될 회사를 세우라고 권했다.

그런데 몇 세대 동안 지속될 회사를 세우는 것은 현재 시장 구조와는 맞지 않다. 오늘날의 증시는 지나치게 단기 성과를 중시한다. 단기 성과와 관련하여 기업들이 받는 압박은 엄청나다. 하지만 단기 성과에 집착하는 식으로는 몇 세대에 걸쳐 성장하는 기업이 되기가 어렵다. 전 세계의 수많은 경영자를 만나 이야기를 나누어 보면 그들이 단기 성과에 관한 엄청난 압박을 받고 있다는 것을 알 수 있으며, 이러한 압박으로 인해 기업의 경영 방식마저 뒤틀리고 있는 실정이다.

기업이 달라지기 위해서는 경영 방식과 더불어 인센티브 시스템이 함께 달라져야 한다. 내가 함께 일했던 많은 경영자들은 자신들이 잘못된 방식으로 기업을 경영하고 있다는 생각을 하고는 있었다. 하지만 시장의 인센티브 시스템이 그와 같은 식으로 구조화되어 있어서 자신들도 어쩔 수 없다는 식으로 말했다. 지금과 같은 시장 시스템 때문에 기업 공개를 하지 않는 편이 기업의 장기적인 성장에 더 도움이 될 거라고 판단하는 경영자가 점점 더 많아지고 있으며, 실제로 기업 공개를 하는 기업 숫자도 계속해서 줄어들고 있는 상황이다. 오늘날의 시장 시스템은 기업들의 기본적인 가치 창출에 대해 높은 평가를 내리지 않는다. 그리고 기본적인 가치 창출에 역량을 집중하지 못하는 기업들은 실제 높은 가치를 가질 수가 없다. 이로 인해 손해를 보는 것은 기업만이 아니다. 결국은 투자자들도 손해를 보게 된다. 기업들이 먼 미래까지 성장하는 기업이 되는 데 필요한 일들을 하지 못하게 되기 때문이다. 나는 오늘날의 저성장이 이와 같은 잘못된 시장 시스템 때문이라고 생각한다. 기업들의 기본적인 가치 창출에 대해 높은 평가를 내리고 합리적인 판단에 따라 과감하게 위험을 감수하는 시장 시스템이 높은 수익률과 높은 성장을 가져다준다. 아마존닷컴이 기업 공개를 통해 모았던 자금은 5400만 달러에 불과했지만 아마존닷컴의 투자자들이 오늘날 누리고 있는 수익률을 생각해 보라.주33

『린 스타트업』의 마지막 장에서 교육, 공공 정책, 연구개발 등의 분야에서 혁신과 발전을 추구하기 위한 다양한 측면에서 제안을 해 보았다. 그중 하나는 내가 방금 말한 문제를 해결하기 위해 고안된 '장기 증권 거래소'라는 아이디어였다. 나는 장기 증권 거래소라는 개념을 통해 기업 공개와 증권 거래를 위한 새로운 장을 만들고 싶으며 기업들과 투자자들의 행동에 관한 새로운 사회 계약을 제시하고 싶다.

나는 『린 스타트업』에서 사회적인 문제들에 대해서도 여러 가지 제안을 했는데 그 제안들은 지난 몇 년 사이 실행되었거나 최소한 실험 중이다. 그런데 장기 증권 거래소에 관한 제안만큼은 예외다. 너무나도 파격적인 개념이라 실험 단계에 들어가지도 못하고 있는 것이다. 하지만 나는 장기 증권 거래소에 대해 큰 기대를 가지고 있으며, 얼마의 시간이 지나면 많은 사람이 내 생각에 동조해 줄 거라고 믿는다. 그래서 장기 증권 거래소를 구체화하기 위해 'Long Term Stock Exchange_LTSE'라는 이름으로 회사를 설립했다.

내가 구상하는 LTSE는 장기적인 가치를 추구하는 기업 활동이 경영자들과 투자자들 양측에게 더 큰 이익을 주는 방식으로 운영되는 증권 거래소다. 이러한 목표를 위해 단기 투자자들보다는 장기 투자자들에게 더 큰 지배권을 주는 방식을 생각하고 있으며, 경영자들에 대한 보상도 기업의 장기 투자자들과 이익을 같이하는 방향으로 생각하고 있다. 그리고 이를 위해 기업의 투명성 제고 및 지배 구조에 대한 개혁까지도 구상 중이다.

LTSE는 규제가 매우 복잡한 분야에서 운영되는 스타트업이기 때문에 지면을 통해 소개하는 데는 한계가 있다. 따라서 관심이 있는 독자들은 LTSE.com 웹 사이트를 방문해 주기 바란다(꼭 한번 방문해 주기를 바란다!).

## 최소 요건 정치 운동

우리 사회를 더 나은 곳으로 만들기 위한 개혁에는 누구라도 참여할 수 있는데, 새뮤얼 해먼드Samuel Hammond는 이러한 개념을 최소 요건 정치 운동Minimum Viable Politics이라고 부른다. 새뮤얼 해먼드는 워싱턴에 본부를 두고 있는 싱크탱크인 니스캐넌 센터Niskanen Center의 분석가로 그의 관심사는 빈곤 문제와 복지다. 우리는 이 사회에 존재하는 다극화된 이해관계 사이에 다리를 놓는 방법을 찾아야만 한다. "서로 다른 영역 사이에 겹쳐지는 좁은 구역이 있다. … 그것이 바로 우리가 공유하고 있는 가치관이자 자유주의 사회에 적용될 수 있는 잠재적인 규칙이다." 새뮤얼 해먼드의 기고문에 나오는 내용이다. 그런데 정부 규모나 정부가 지출하는 예산이 줄어들어야 하는 게 아니라 "개인이나 집단이 정치적 과정을 통해 논쟁의 여지가 있는 도덕적이고 형이상학적인 관점을 타인에게 강요하는 행동이" 줄어들어야 한다.주34 이와 같은 상황에서 친혁신 공공 정책은 특정 집단의 이익이나 관심사만이 아니라 사회 구성원 다수의 이익이나 관심사를 다루고, 다양한 집단의 요구를 수용함으로써 사회 구성원들의 정치적인 위상을 더욱 높여 주는 결과를 만들어 낸다. 비전을 지닌 사람들이 주도하는 한 친혁신 공공 정책은 우리 사회를 위해 많은 가치를 창출할 수 있다.

# 에필로그
## 새로운 시민 사회의 신조

이 책은 21세기의 도전을 마주하고 있는 기업 경영자들과 경제 분야 리더들에게 도움이 되기 위해 쓴 책이다. 하지만 지금까지 우리가 경험해 온 변화는 앞으로 다가올 변화에 비하면 미미하다고 할 수 있을 정도다.

새로 다가오는 미래는 매우 불확실하지만 우리는 그에 대비해야 한다. 내가 이 책에서 제시하고 있는 방법론은 궁극적인 경영 방식이거나 시대를 관통하는 절대론은 아니다. 다만 그 안에 발전의 씨앗을 담고 있는 제안 정도로 받아들여지기 바란다.

새로운 기술적 진보는 전보다 더 효과적인 조직 구조를 가능하게 하며 이러한 조직 구조를 찾기 위해서는 지속적인 실험이 뒷받침되어야 한다. 이를 위해서는 창업가 정신이 모든 조직 구성원에게 필요한 사항임을 알아야 한다. 새롭고 놀라운 아이디어는 어디에서 출현할지 모르기 때문이다.

조직이든 개인이든 새로운 상황에 대한 적응력을 지닐 필요가 있다. 앞으로 우리 앞에는 다음과 같은 네 가지 전례 없는 상황이 전개될 가능성이 크기 때문이다.

• **극단적 단기 성과 추구**: 지속성을 지니고 있는 투자 부재로 기업들은 비상장 상태로 남아 있으려 하고, 투자 시장 전반적으로 유동성이 떨어지면서 차세대 기업에 대한 투자가 줄어들게 된다. 금융 공

학이 만들어 내는 새로운 투자 기법들과 과도한 유동성으로 인해 극단적 단기 성과 추구 경향은 더욱 심화되고, 고객 가치를 창출해야 한다는 개념은 뒤로 밀려날지도 모른다.

- 기회의 차단: 소수의 기업이 초고속 성장을 하면서 대다수 소기업은 기회를 잃게 된다. 기존의 전통적인 성공의 사다리들이 사라지지만 새로운 성공의 사다리들이 빠르게 나타나지는 않는다. 스타트업 창업과 성공에 필요한 지식이 일반으로 확산되기는 하지만 그러한 지식을 이용하여 성공할 수 있는 기회는 그리 쉽게 찾을 수 없을 것이다.

- 리더십 부재: 경제 리더와 정치 리더 모두 미래에 투자하기보다는 기존 투자를 지키는 일에 더 큰 관심을 갖는다. 과학이나 연구개발에 대한 투자를 줄이고 번영을 공유하는 일에 관심을 갖지 않고 기회 확산보다는 자본을 지키는 일에 역량을 집중하고 사람들을 구할 수 있는 과학과 기술 진보가 더디게 일어나는 상황이 정말로 일어날 것 같아서 우려스럽다.

- 저성장과 정치 불안: 경제 성장을 주도하는 일부 기업의 일자리들이 그 기업에서 맡게 될 직무가 무엇이든 최고 수준의 교육을 받은 극소수의 사람에게만 돌아간다면 우리의 사회 계약은 어떻게 되는 걸까? 기업 구조가 달라지면서 어디에서 기회를 찾아야 하는지가 불명확해질 것이다. 저성장과 정치 불안으로 인해 세계화 수준이 낮아지고 투자 수익률도 떨어지면서 뒤처지는 사람들 사이에서는 절망감이 생겨나게 될 것이다.

리더십 부재는 기업 경영상의 문제로 나타나고 여러 연구에 따르면 기업 경영에 문제가 있을 때 낮은 성장과 생산성이 나타난다고 한다. 우리는 성장하고 공유해야 한다. 그리고 미래에 걸맞은 경영 방식을 수용해야 한다. 칼럼니스트 노아 스미스Noah Smith는 자신의 기고문에서 다음과 같이 지적한 바 있다. "구조화된 경영 방식은 기업 간에 나타나는 생산성 차이의 17%를 만들어 내는 것으로 알려져 있다. 직원들의 역량 차이에 의해 나타나는 생산성 차이의 절반 수준이고 IT 시스템에 의해 나타나는 생산성 차이의 두 배 수준이다."[주1]

창업가 정신과 스타트업 방식이 이 모든 문제의 해결책이라는 말을 하는 것은 아니다. 하지만 해결책을 구성하는 중요한 요소라는 점만큼은 확신할 수 있다.

나는 앞으로 첨단 기술이 만들어 내는 도구들을 활용하는 자유민주주의가 우리에게 무엇을 가져다줄 수 있는지 긍정적인 시각에서 고찰하고, 이를 기반으로 새로운 프로젝트를 시작하려고 한다. 내가 생각하는 긍정적인 미래상은 다음과 같다.

- 풍요의 광범위한 공유
- 민주적인 성과 평가
- 과학적 탐구와 진실의 확산
- 장기적인 사고
- 더 많은 사람에게 주어지는 창업 기회
- 기초 과학, 연구개발, 교육, 의료, 인프라 등의 공공재에 대한 더 합리적이고 과감한 투자

사회 구성원 다수의 행복을 위해 무엇을 해야 하는지 판단할 때는 상

당히 합리적인 근거를 토대로 그렇게 해야 한다. 그리고 여기에는 예술, 수사학, 리더십, 교육 등 우리 인류가 지니고 있는 모든 도구가 활용되어야 한다. 낡은 것을 파괴하고 새로운 변화를 수용하는 일도 필요하며 기술 발전이 더 많은 기회의 원천이라는 것을 이해할 필요도 있다.

미래를 위한 희망의 씨앗은 지금 심어야 한다. 나는 창업가 정신이 우리 사회에 대해 긍정적인 미래를 만들어 줄 거라고 생각하며 그렇게 생각하는 이유는 다음과 같다.

- 성장과 풍요의 새로운 원천을 만들어 낸다.
- 전 연령대에서 새로운 리더들을 탄생시킨다. 이 새로운 리더들은 과거의 사고방식이나 관례에 얽매이지 않으며, 미래의 가능성을 바라보는 장기적인 사고방식과 태도로 일한다.
- 모든 유형의 일에 과학적 사고를 도입한다.
- 출신 배경이나 환경에 상관없이 모든 사람에게 리더십의 기회를 부여한다.
- 장기적인 관점에서 목표를 추구하는 공공 정책 추진을 돕는다.

미래의 기업은 인간의 창의성을 소중한 자원으로 인식해야 하며 시장에서 경쟁 우위를 만들어 내는 진정한 원천인 인간의 창의성을 활용할 줄 알아야 한다. 미래의 기업은 자사의 직원들에 대해 다음과 같은 권리를 인정해 주어야 한다.

1. 내가 하고 있는 일이 내 직속 상사 이외의 사람들에게도 의미가

있다는 사실을 알 권리

2. 내 아이디어가 최소 요건 제품으로 만들어져 실제 시장에서 실험을 통해 평가를 받을 권리

3. 제한된 자원으로 결과를 만들어 낼 의지만 있다면 언제라도 창업가가 될 수 있는 권리

4. 내 아이디어가 본격적으로 개발될 때 생산적으로 기여할 수만 있다면 해당 프로젝트에 참여할 수 있는 권리

5. 내가 창출하는 회사의 성장에 관하여 직급이나 직무에 의해 차별받지 않고 일부 지분을 인정받을 권리

새로운 테크놀로지와 새로운 경영 방식을 적극적으로 그리고 과학적으로 활용하지 못하는 기업은 그렇게 할 줄 아는 기업에 자리를 내어 주게 될 것이다(전통적인 택시 회사들만 하더라도 세계 곳곳에서 새로운 스타트업에 자리를 내어 주고 있는 상황이다).

이와 같은 변화를 추구하는 우리의 목표는 더 적응력이 크고 더 인도적이고 더 강력하고 더 효율적인 조직을 만드는 것이다. 이와 같은 목표에 성공한다면 더 넓은 범위에서 다음과 같은 일들이 일어날 것이다.

1. 단기적인 성과가 아니라 장기적인 가치에 초점을 둔 인센티브 시스템이 도입된다.

2. 창업이 용이해짐으로써 창업이 줄어들고 있는 현재 추세가 뒤바뀐다.

3. 대기업의 관료주의 경향이 점차 옅어진다.

4. 인수 합병, 구조 조정, 금융 공학 같은 기존 수단이 아니라 고객들에게 더 큰 만족을 주는 혁신을 통해 경제가 성장한다.
5. 더 포용적이고 더 지속 가능하고 더 혁신적인 경제로 상당히 짧은 시간 내에 거듭날 수 있다.

우리 사회의 각 부분에서 이와 같은 일들이 일어나게 만드는 것은 정치인, 기업 경영자, 창업자, 투자자가 아니다. 우리 사회 곳곳에 존재하면서 이러한 가치관을 자신의 일에 도입하는 이상가들과 몽상가들의 존재가 이와 같은 일들을 가능하게 만들어 준다. 변화가 결실을 맺기까지는 오랜 시간이 걸릴 수도 있다. 그리고 거의 모든 영역에서 저항에 부딪힐 것이다. 혁신의 협력자들을 찾으라. 그들은 우리 주위에 반드시 존재한다. 우리가 얼마나 큰 노력을 통해 여기까지 왔는지, 앞으로 얼마나 더 가야 하는지 잊으면 안 된다.

그리고 무엇보다 우리가 추구하는 변화를 이루어 낼 수 있다는 믿음을 갖자. 나는 지금까지 수많은 혁신과 변화를 직접 목도해 왔으며 그중 일부를 이 책에서 소개하기도 했다. 나는 독자들이 기존 사례들로부터 지식과 용기를 얻고 이를 발판으로 삼아 지금까지 이루어져 온 일을 뛰어넘기를 바란다. 일단 사무실 바깥으로 나가자. 그리고 시작해 보자.

# 부록 1: 참고 자료

## 책

### 린(Lean) 시리즈

『린 스타트업』출간 이후 지난 몇 년 동안 스타트업 방식의 원리를 특정 분야에 적용하는 작업을 돕기 위해 여러 권의 책이 출간되었다. 이린 시리즈theleanstartup.com/the-lean-series 출간은 오라일리 미디어와 협력을 통해 진행되었다.

- Alvarez, Cindy. *Lean Customer Development: Build Products Your Customers Will Buy* (2014)(한국어판『린 고객 개발: 고객의 지갑을 여는 제품 만들기』)
- Busche, Laura. *Lean Branding: Creating Dynamic Brands to Generate Conversion* (2014).
- Croll, Alistair, and Benjamin Yoskovitz. *Lean Analytics: Using Data to Build a Better Startup Faster* (2013)(한국어판『린 분석: 성공을 예측하는 31가지 사례와 13가지 패턴』)
- Gothelf, Jeff, and Josh Seiden. *Lean UX: Applying Lean Principles to Improve User Experience* (2013)(한국어판『린 UX: 린과 애자일 그리고 진화하는 사용자 경험』)
- Humble, Jez, Barry Reilly, and Joanne Molesky. *Lean Enterprise:*

*How High—Performance Organizations Innovate at Scale* (2015)

- Klein, Laura. *UX for Lean Startups: Faster, Smarter User Experience Research Design* (2013)(한국어판『린 스타트업 실전 UX: 더 빠르고 스마트하게 일하는 린 UX 실행 전략』)

- Maurya, Ash. *Running Lean: Iterate from Plan A to a Plan That Works* (2012)

## 관련 주제의 책들

- Chopra, Aneesh P. *Innovative State: How New Technologies Can Transform Government.* New York: Atlantic Monthly Press, 2014.

- Blank, Steve. *The Four Steps to the Epiphany: Successful Strategies for Products That Win.* Palo Alto, CA: K&S Ranch, 2013.

- Blank, Steve, and Bob Dorf. *The Startup Owner's Manual: The Step— By—Step Guide for Building a Great Company.* Palo Alto, CA: K&S Ranch, 2012.(한국어판『기업 창업가 매뉴얼: 창업가를 위한 린 스타트업과 신규 비즈니스 성공 전략』)

- Christensen, Clayton M. *The Innovator's Dilemma: When New Technologies Cause Great Firms to Fail.* Boston: Harvard Business Review Press, 2013.(한국어판『혁신기업의 딜레마』)

- Cooper, Robert G. *Winning at New Products: Creating Value Through Innovation.* 4th ed. New York: Basic Books, 2011.(한국어판『신제품 개발 바이블: 대담한 혁신상품은 어떻게 만들어지는가?』)

- Ellis, Sean, and Morgan Brown. *Hacking Growth: How Today's Fastest—Growing Companies Drive Breakout Success.* New York:

Crown Business, 2017.(한국어판 『진화된 마케팅 그로스 해킹: 프로세스와 실행 전략 바이블』)

- Florida, Richard. *The Flight of the Creative Class: The New Global Competition for Talent.* New York: HarperBusiness, 2005.
- Gabler, Neal. *Walt Disney: The Triumph of the American Imagination.* New York: Knopf, 2006.
- Gallagher, Leigh. *The Airbnb Story: How Three Ordinary Guys Disrupted an Industry ... and Created Plenty of Controversy.* Boston: Houghton Mifflin Harcourt, 2017.
- Gothelf, Jeff, and Josh Seiden. *Sense and Respond: How Successful Organizations Listen to Customers and Create New Products Continuously.* Boston: Harvard Business Review Press, 2017.
  - 제프 갓헬프Jeff Gothelf는 린 컨설턴트로 활동하고 있으며, 주로 현장에서 고객들을 담당하거나 제품을 개발하는 팀과 경영자를 대상으로 교육 프로그램을 개발하고 진행하는 일을 한다. 그는 자신의 프로그램을 거친 팀들이 린의 원리나 애자일 방식을 활용할 수 있도록 돕는다. 홈페이지는 jeffgothelf.com이다.
- Horowitz, Ben. *The Hard Thing About Hard Things: Building a Business When There Are No Easy Answers.* New York: HarperCollins, 2014.
- Klein, Laura. *Build Better Products: A Modern Approach to Building Successful User–Centered Products.* Brooklyn, NY: Rosenfeld Media, 2016.
  로라 클라인Laura Klein은 고객들에게 가치를 제공하기 위한 신제품 개발 과정에서 어려움을 겪고 있는 창업자, 경영자, 개발 책임자를 대상으로 컨설팅을 하고 있다. 사용자 경험 기반 제품 설계에 관심이 있는 사람들은 웹 사이트 usersknow.com을 방문하거나 그녀의 팟캐스트를 들어 보기 바란다.

- Liker, Jeffrey K. *The Toyota Way: 14 Management Principles from the World's Greatest Manufacturer.* New York: McGraw-Hill, 2004.
- Maurya, Ash. *Scaling Lean: Mastering the Key Metrics for Startup Growth.* New York: Portfolio, 2016.(한국어판 『스케일링 린: 스타트업 성장을 위한 핵심지표를 정복하라』)

애시 모리아Ash Maurya는 10년 이상 자신의 회사를 경영하며 성공적인 제품을 개발하는 더 빠르고 효과적인 방법을 탐색해 왔으며, 자신이 알게 된 것들을 블로그를 통해 사람들과 공유하기 시작했다. 그가 블로그에 올린 내용은 책으로 출간되었고, 다른 사람들의 성공을 도와주는 체계적인 방법으로 발전되었다. 주소는 ashmaurya.com이다.

- McChrystal, Stanley. *Team of Teams: New Rules of Engagement for a Complex World.* New York: Penguin.(한국어판 『팀 오브 팀스』)
- McGrath, Rita Gunther. *The End of Competitive Advantage: How to Keep Your Strategy Moving as Fast as Your Business.* Boston: Harvard Business Review Press, 2013.(한국어판 『경쟁 우위의 종말』)
- Moore, Geoffrey A. *Crossing the Chasm: Marketing and Selling Disruptive Products to Mainstream Consumers.* New York: HarperBusiness, 2014.
- Ohanian, Alexis. *Without Their Permission: The Story of Reddit and a*

*Blueprint for How to Change the World*. New York: Grand Central, 2016.

- Olsen, Dan. *The Lean Product Playbook: How to Innovate with Minimum Viable Products and Rapid Customer Feedback*. Hoboken, NJ: Wiley, 2015.

- Osterwalder, Alex, and Yves Pigneur. *Business Model Generation: A Handbook for Visionaries, Game Changers, and Challengers*. Hoboken, NJ: Wiley, 2010.(한국어판 『비즈니스 모델의 탄생: 상상과 혁신 가능성이 폭발하는 신개념 비즈니스 발상법』)

- Pound, Edward S., Jeffrey H. Bell, and Mark L. Spearman. *Factory Physics for Managers: How Leaders Improve Performance in a Post—Lean Six Sigma World*. New York: McGraw-Hill Education, 2014.

- Reinertsen, Donald G. *The Principles of Product Development Flow: Second Generation Lean Product Development*. Redondo Beach, CA: Celeritas, 2009.

- Saxenian, AnnaLee. *Regional Advantage: Culture and Competition in Silicon Valley and Route 128*. Cambridge, MA: Harvard University Press, 1994.

- Shane, Scott Andrew. *A General Theory of Entrepreneurship: The Individual—Opportunity Nexus*. Northampton, MA: Edward Elgar, 2003.

- Sloan, Alfred P., Jr. *My Years with General Motors*. Edited by John McDonald, with Catharine Stevens. New York: Doubleday, 1963.

(한국어판 『나의 GM 시절』)

- Taylor, Frederick Winslow. *The Principles of Scientific Management.* New York: Harper & Bros., 1915.(한국어판 『과학적 관리의 원칙』)

## 린 스타트업 콘퍼런스_____

린 스타트업 콘퍼런스는 에릭 리스가 소개하는 원리를 실제 현장에서 어떻게 활용할 수 있는지 알려 주기 위한 프로그램이다. 책을 읽어서 아는 것과 실습을 통해 알게 되는 것은 서로 다른 차원의 문제이며, 다른 유사한 기업들에서 스타트업의 원리를 어떻게 해석하고 적용하는지 듣는 것도 좋은 기회가 된다.

스타트업 창업자든, 사내 혁신가이든, 린 스타트업 콘퍼런스를 통해 린 스타트업 방법론을 적용하고 발전시킴으로써 스타트업 규모의 혁신을 대대적인 혁신으로 확장하는 방법에 대해 배우게 될 것이다. 또한 정부 조직과 비영리 단체 그리고 혁신과는 가장 동떨어졌다고 여겨지는 영역에서도 린 스타트업 방법론을 통해 새로운 변화를 이끌어 내는 것이 가능하다.

샌프란시스코에서 열리는 린 스타트업 위크Lean Startup Week는 린 스타트업 콘퍼런스 중 가장 큰 규모로 진행되는데 전체 프로그램은 기조연설, 사례 연구, 워크숍, 멘토링 세션 등으로 구성된다. 프로그램 참가자들은 린 스타트업 전문가들로부터 다양한 측면에서 직간접 지식을 전수받는다. 린 스타트업 콘퍼런스 참가자들의 네트워크도 구성되어 있기 때문에 참가자들은 자신의 성공 사례나 자신이 겪었던 문제를 다른 사람과 공유할 수 있으며, 이 네트워크에서 얻을 수 있는 지식의 범위는 매우 넓다.

이 프로그램은 린 스타트업 컴퍼니Lean Startup Company가 주관하는 것으로, 린 스타트업 컴퍼니는 창업자들과 혁신가들이 린 스타트업 방법론과 최신 경영 기법을 활용하여 더 나은 제품을 개발할 수 있도록 돕는 것을 목표로 하고 있다. 린 스타트업 컴퍼니는 프로그램에 참가하는 기업과 개인에게 다양한 방식으로 지식을 전달하고 있다.

린 스타트업 컴퍼니는 웹 사이트 leanstartup.co를 운영하고 있다.

## 컨설팅 회사와 컨설턴트

### 바이오닉: bionicsolution.com

바이오닉은 2013년에 설립된 컨설팅 회사로, 바이오닉과 나는 몇몇 고객사를 대상으로 함께 작업을 하기도 했다. 바이오닉의 대표인 데이비드 키더David Kidder와 앤 버크위치Anne Berkwitch는 GE의 패스트웍스 프로그램 개발에도 참여했고, 그 외에도 몇몇 포춘500 기업에 패스트웍스와 유사한 프로그램을 개발해 주었다. 오늘날 바이오닉에는 다수의 창업 경험자와 벤처 투자자가 컨설턴트로 일하고 있다. 바이오닉의 컨설턴트들은 대기업도 스타트업 세계의 펀딩 방법론과 관리 방식을 받아들이기만 한다면 스타트업과 같은 폭발적인 성장을 이루어 낼 수 있다고 생각한다. 대기업의 최고 경영진을 상대로 컨설팅을 하면서 새로운 사업에 대하여 실험을 하고, 사업을 개발하고, 이를 기반으로 새로운 사업부를 조직하는 일련의 과정에 도움을 제공하고 있다. 바이오닉은 대기업 내에 스타트업 생태계를 조성하기 위한 면밀하고 포괄적인 모델을 개발했는데, 이 모델은 탄탄한 성장 위원회와 자체적인 투자 결정 구조를 기반으로 한다는 점에서 내가 이 책에서 제안하고 있는 방식과 상당히 닮았다 하겠다.

### 피보털: pivotal.io

피보털은 주로 소프트웨어 기업에 컨설팅을 하고 있다. 기업이 지니고 있는 핵심 가치와 전문 지식에 실리콘 밸리 방식을 더함으로써 혁신을 이루어 내는 것이 피보털의 방식이다. 피보털은 기존 기업들이 수십 년 동안 이루어 온 노하우와 경험을 활용할 줄 알며, 여기에 첨단 기법을 적용하는 식으로 변화를 이루어 내고 있다.

### 무브스 더 니들: movestheneedle.com

무브스 더 니들은 기업 혁신을 도와주는 컨설팅 회사다. 고객을 위한 새로운 가치를 발견하고, 이를 기반으로 새로운 사업을 개발하는 방법을 제시함으로써 글로벌 기업들의 변화를 이끌어 낸다.

### 마크 그레이번: markgraban.com

마크 그레이번은 '린 헬스케어'Lean healthcare 분야에서 국제적으로 인지도 높은 컨설턴트이자 저술가, 강사, 블로거다. 소프트웨어 기업 카이넥서스KaiNexus에서 사업 개선 및 혁신 서비스 담당 부사장으로 일하고 있기도 하다.

### 스트레터자이저: strategyzer.com

스트레터자이저는 기업 경영자에게 실질적인 도구를 제시하는 것을 목표로 한다. 이러한 목표를 위해 스트레터자이저는 전 세계에서 제품 개발, 테크놀로지, 기업 경영 등에 뛰어난 역량을 지니고 있는 인재를 영입해 오고 있다. 스트레터자이저는 개인, 조직, 사회 전체에 도움이 되는 방향으로 제품을 개발하고 고객 경험을 창출하는 일에 사업의 초점을 맞추고 있다.

## CEC: corpentcom.com

CECThe Corporate Entrepreneur Community는 진정한 기업 성장을 추구하는 회사들이 모범 사례와 자신들이 겪었던 문제점을 서로 공유하는 네트워크 커뮤니티다. 확실한 성과를 보인 기업들의 혁신 리더들을 네트워크에 참여시키는 방식으로 커뮤니티 전반의 혁신 역량 제고를 추구하는 것이 CEC가 나아가려는 방향이다.

# 부록 2: 최소 요건 제품 카탈로그

## 인튜이트의 최소 요건 제품 활용 사례

더 자세한 내용은 thestartupway.com/bonus에서 PDF 양식으로 받을 수 있다.

| 유형 | 언제 사용하는가 | 사용 팁 | 장점 | 유의점 |
|---|---|---|---|---|
| **1. 빠른 사이클 스케치 테스트(fast cycle sketch test)**<br><br>카드보드나 일반 종이 같은 간단한 재료로 물리적인 제품을 만들어 실험을 행한다. | **신제품 개발의 경우:** 코딩에 들어가기 전에 제품의 기본 개념이나 용도에 대한 고객들의 분위기를 파악하고자 할 때 (좋아하는지 싫어하는지)<br><br>**기존 제품 개선의 경우:** 완전히 새로운 방향에 대한 고객 반응을 파악하고자 할 때(마케팅, 개발 방향 등) | 프로토콜을 따르면서 고객들의 실제 행동을 관찰한다.<br><br>스프레드시트 프로그램을 활용하여 프로토타입을 빠르게 구상한다.<br><br>고객에게 자신의 의견을 분명하게 표출할 수 있는 수단을 제공한다.<br><br>각 실험을 기록한다. | 비용이 매우 적게 든다. 카드보드나 일반 종이를 활용하기 때문에 저렴한 비용으로 다양한 시제품을 만들어 낼 수 있다.<br><br>속도가 빠르다.<br><br>빠르게 제품을 개선할 수 있다. 하루에 네 차례 실험을 하는 것도 가능하다.<br><br>고객들의 실제 반응을 즉각 수집할 수 있다. | 실험 규모를 충분한 수준으로 키워야 한다.<br><br>이 방식은 본질적으로 제품의 단점을 찾아내기 위한 것으로, 제품에 대한 고객들의 우호적인 반응이 제품의 성공을 보장하는 것은 아니다.<br><br>실험은 고객 행동에 대한 관찰 또는 고객들에 대한 인터뷰로 진행된다(처음 프로토콜을 준수하라). |
| **2. 프런트 도어 테스트 (front door test)**<br><br>고객이 선호할 만한 특성을 소개하고, 그 특성에 대한 고객 의견을 받는다. 이 실험은 간단한 웹 사이트를 통해서도 진행될 수 있다. | **신제품 개발의 경우:** 개발 중인 제품 기능을 고객들이 원하는지를 확인할 때. 효과적인 마케팅 방식과 유통 경로를 확인하고, 잠재 고객들과 관련된 지표들을 확인할 때<br><br>**기존 제품 개선의 경우:** 추가하려고 하는 제품 기능에 대한 고객 반응을 확인할 때 | 개발하려는 제품의 기능을 고객이 쉽게 이해할 수 있도록 쉬운 표현 방법을 활용한다.<br><br>실험에 참가하는 고객이 구체적인 선택이나 행동을 취하도록 실험을 설계한다.<br><br>실험에 참가하는 고객의 이메일 주소나 전화번호 등 차후에 연락을 취할 수 있는 수단을 받아 놓는다. | 매우 저렴하고 빠르게 진행할 수 있다. 기존 무료 소프트웨어들을 활용하여 몇 시간 내에 실험을 준비할 수도 있다.<br><br>저렴한 비용으로 이와 관련된 서비스를 제공하는 SaaS 업체도 많다.<br><br>실험을 통해 정량적인 데이터를 얻을 수 있다. | 제품의 기능성을 명확하게 표현해야 한다.<br><br>실험 참가자들이 제품의 기능성이나 가치를 제대로 알아보지 못할 가능성이 다분하다.<br><br>무의미한 평가 지표들을 전면에 내세우면 안 된다.<br><br>실험 참가자들의 행동이 무엇을 의미하는지를 정확하게 해석해야 한다. |
| **3.가짜 백엔드 테스트 (fake-o backend test)**<br><br>진짜 사람이나 하거나 다른 수작업으로 실제 백엔드나 자동화 시스템을 흉내 낸다. 이 방법은 종종 프런트 도어 테스트와 함께 사용된다. | **신제품 개발의 경우:** 제품이 고객에게 가치를 제공하는지 확인할 때. 제품을 개발하기 위해 무엇이 필요한지 확인할 때.<br><br>**기존 제품 개선의 경우:** 제품이 고객에게 가치를 제공하는지 확인할 때. 제품을 개발하기 위해 무엇이 필요한지 확인할 때. | 수동 기법을 사용하지만 마치 자동 프로세스인 것처럼 고객에게 실제 이익을 제공해야 한다.<br><br>작동 시간과 같은 요소는 유연하게 가져갈 수 있지만 제품의 기능성은 실제 제품과 똑같이 제시되어야 한다.<br><br>PDF 문서, 정적 이미지와 같이 향후 자동화 가능한 아날로그 출력을 고려하라. | 다소 저렴하다. 며칠 또는 몇 시간 내로 실험을 준비할 수 있다.<br><br>실험 참가자의 행동이 의미하는 바를 파악하는 데 용이하다.<br><br>재프로그래밍 같은 작업이 필요하지 않다.<br><br>미래에 수행해야 할 작업을 미리 알 수 있게 된다. | 고객에게 제공되는 가치를 시스템화해야 한다.<br><br>실험을 통해 얻은 고객 데이터를 효과적으로 활용해야 한다.<br><br>실험 규모를 단시간에 확장하는 데 있어 제한적이다.<br><br>실험에 참가하는 고객들이 자신이 실험의 일부가 되고 있다는 인식을 갖지 않게 한다. |

| 유형 | 언제 사용하는가 | 사용 팁 | 장점 | 유의점 |
|---|---|---|---|---|
| **4. 전체 테스트 (end-to-end test)**<br><br>최소 요건 제품을 활용하여 고객들의 실제 반응을 파악한다. 이 방법은 종종 프런트 도어 테스트 및 가짜 백엔드 테스트와 함께 사용된다. | **신제품 개발의 경우:** 고객들이 제품에 대해 어떻게 생각하고, 제품을 언제 사용하려 하고, 제품을 어떻게 사용하려 하는지 등을 파악하고자 할 때<br><br>**기존 제품 개선의 경우:** 제품 개선에 대한 고객 반응을 확인하고, 그로 인한 시장에서의 효과를 예측하고자 할 때 | 워드프레스, 이메일, 문자 메시지, 각종 채팅 앱, 구글 시트 같은 IT 도구들을 활용한다. 이 외에도 실험에 활용할 수 있는 간편한 도구들을 찾아 활용한다.<br><br>실험의 효과를 제대로 볼 수만 있다면 가급적 작은 규모에서 실험을 실시한다. 그리고 고객 관점에서 가장 중요한 요소들에 집중한다. | 고객들에게 실제 경험을 제공함으로써 시장에서의 실제 반응을 상당히 정확하게 예측할 수 있다.<br><br>충분한 기간을 두고 고객들의 반복적인 제품 사용 행태를 관찰할 수 있다.<br><br>실험이 실제 매출로 연결되는 경우가 있다. 다시 말하면 실험 제품이 추가 작업이 필요 없는 진짜 제품이 되기도 한다. | 개발 기간이 지나치게 길어질 수 있는데, 이는 좋은 일이 아니다.<br><br>완벽을 추구하느라 시간을 과도하게 쓰면 안 된다.<br><br>정말로 중요한 지표들에 집중하라.<br><br>실험 후에 보완이 행해질 거라는 점은 염두에 두고 있어야 한다.<br><br>실험을 설계했다면 설계 내용대로 빠르게 진행하는 게 중요하다. |
| **5. 드라이 월릿(dry wallet) 테스트**<br><br>유료화를 상정하여 지불 방식을 포함해 실험을 행한다. 가짜 백엔드 테스트와 함께 진행할 수 있다. | 가격 정책이나 수익 모델 등을 확인해 보고자 할 때. 또한 아이디어를 강력하게 검증하고자 할 때 (킥스타터에서 어떤 프로젝트들이 얼마나 펀딩을 받는지 살펴보라). | 결제 과정을 흉내 내서 진짜 구입하는 것 같은 경험을 하게 한다. 지불 기능은 필요하지 않다. 그냥 가짜로 만들면 된다. | 유료화는 새로운 사업 모델이 뛰어넘어야 하는 가장 높은 허들이기 때문에 여기에서 성공한다면 그것은 긍정적인 신호가 된다. 지불 과정은 기존 시스템을 활용하는 것으로 충분하다. | 이 실험을 너무 일찍 실시한다면 프로젝트의 관심이 재무적인 성과에 쏠리면서 창의적인 논의를 제한하게 될 수도 있다. |
| **6. 유도(柔道) 원리 활용**<br><br>시장에 이미 존재하는 경쟁사 제품 또는 이미 존재하는 고객 경험을 활용한다. | 개발하려는 제품이 시장에 이미 존재할 때. 기존 제품을 활용하여 고객 행동을 이해한다. | 기존 제품을 사용하는 고객 행동을 관찰한다. 이를 토대로 좀 더 개선된 형태의 제품을 만들어 낸다. | 실험 설계를 따로 할 필요가 없고, 시장을 관찰하는 것으로 충분하다. | 경쟁 제품을 똑같이 베껴서는 안 된다. 고객들이 경쟁 제품을 왜 좋아하고 무엇에 불편함을 느끼는지 파악하도록 한다. |
| **7. 아날로그/레트로**<br><br>제품의 개념을 제품 모형으로 만들거나 PDF 파일을 인쇄하여 실험 참가자들에게 물리적으로 보여 준다. | 콘텐츠가 물리적인 형태로 만들기에 적합한 경우에 한해 시장 반응을 빠르게 확인하고자 할 때 | 물리적인 제품 모형에는 구상하고 있는 제품의 기능과 특징이 구체적으로 드러나 있어야 한다. 디지털 콘텐츠의 경우는 몇 쪽짜리 안내 자료를 만들어 활용한다. | 실험이 매우 빠르게 진행될 수 있고, 실험 참가자들은 자신이 평가해야 하는 기능성이나 특징을 쉽게 알아볼 수 있다. | 제품 모형으로는 고객들의 반복적인 사용에 관한 데이터를 얻기가 어렵다. |
| **8. 팝업 상점 (pop-up shop)**<br><br>팝업 상점이나 부스를 설치하여 제품을 알린다. | 유동 인구가 충분한 곳에 팝업 상점을 설치하라. 효과를 즉시 얻을 수는 없다. | 고객들과 대화를 나누고 정보를 얻을 수 있는 능숙한 판매원이 필요하다. | 단시간 내에 많은 고객과 접하면서 고객 행동을 관찰하고 고객 의견을 수집할 수 있다. | 고객들로부터 불필요하거나 잘못된 정보가 수집될 수도 있다. 고객의 말보다는 행동에 집중할 필요가 있다. |

## 책에 소개된 사례들에 관한 설명

우리는 해마다 샌프란시스코에서 린 스타트업 콘퍼런스를 개최한다. 그 행사에는 수천 명의 혁신가와 창업자가 참가를 하고 행사 실황은 전 세계로 중계된다. 그 행사는 린 스타트업 운동을 통해 이루어진 성과를 축하하는 자리이자 홍보하는 자리다. 우리는 더 많은 사람이 린 스타트업 방법론에 대해 알게 되고, 그 방식을 자신이 일하는 조직에 적용하기를 바라고 있다.

행사에는 세계적으로 유명한 CEO들과 스타트업 창업자들이 연사로 나서기도 하지만, 연사 중 상당수는 언론을 통해 소개된 적이 없는 보통 사람들이다. 우리는 린 스타트업 방식을 실제 업무 현장에 적용하는 것이 얼마나 도전적인 일인지 현실적으로 소개하기 위해 이와 같은 사람들을 찾아 강연을 부탁한다(린 스타트업 콘퍼런스의 강연 자료는 웹 사이트 leanstartup.co에서 찾아볼 수 있다).

이 책 역시 이와 같은 철학을 따르고 있다. 나는 저명인사의 발언을 인용하기도 했지만, 이 책에서 인용된 대부분의 발언이나 이야기는 혁신 현장에서 실제로 일하는 사람들에 의해 만들어진 것들이다. 이 책에서 기업이나 제품 이름을 밝히는 경우에는 미리 해당 기업의 허락을 받고 그렇게 했는데, 린 스타트업 방식과 관련된 사례가 실명으로 공개되는 것에 대해 우려를 표하는 기업이 많았다. 린 스타트업 방식에는 많은 실패도 수반되기 때문이다(인튜이트와 GE의 경우는 자신들의 린 스타트업 방식 도입 사례를 자유롭게 이야기해도 된다고 허락해 주었는데, 그에 대해 특별한 고마움을 표하고 싶다).

나는 언론을 통해 보도되는 혁신 이야기를 액면 그대로 믿지는 않는다. 그것은 기업 홍보팀에 의해 다듬어진 이야기일 가능성이 크기 때문이다. 하지만 이 책에 소개된 대부분의 이야기는 내가 함께 일하면서 직접 목격하고 겪었던 것들 그리고 심층적인 취재를 통해 알게 된 것들이다.

정보 보호를 요청하는 기업들의 사례에 대해서는 익명성을 유지하기 위해 다소 모호하게 표현했다. 이 책에 소개된 대부분의 사례는 내가 직접 경험하거나 목격하거나 취재한 것들인데, 정보 보호를 요청하는 기업 이름이나 제품 이름이 드러나지 않도록 하기 위해 여러 이야기를 혼합하여 소개하기도 했다.

나는 강연을 할 때도 사례에 나오는 기업 이름이 밝혀지면 안 되겠다고 판단한 경우에는 여러 이야기를 혼합하여 사람들에게 소개한다. 강연이 끝난 후에 나에게 다가와 강연에 나온 이야기의 주인공이 누구인지 알 것 같다고 말하는 사람들이 종종 있는데, 사람들이 대는 주인공의 이름은 제각각이다. 사실 특정 기업의 사례라 하더라도 그와 유사한 사례는 다른 기업들에서도 일어나는 경우가 많다. 특정 조직 구조를 기반으로 특정한 평가 및 보상 체계가 만들어지고, 그와 같은 평가 및 보상 체계가 조직 구성원의 특정 행동을 유도한다는 식이다.

이와 같은 방식으로 나는 독자 여러분에게 현장에서 일어나고 있는 실제 이야기를 상세하게 전달하고자 했다.

## 이 책에서 언급된 기업들에 관하여

전작인 『린 스타트업』에서는 내가 지분을 가지고 있거나 이해관계가 있는 기업을 전부 소개했다. 그리고 이해의 충돌을 빚을 가능성이 큰 기업들에 대해서도 소개했다.

그런데 지난 몇 년 사이 기업 사이의 이해 충돌이 매우 극심해졌기 때문에 여기서는 내가 지분을 가지고 있거나 이해관계가 있는 기업들 그리고 이해의 충돌을 빚을 가능성이 큰 기업들을 별도로 이야기하지는 않으려고 한다. 다만 이 책에서 언급된 기업들은 거의 다 나와 직접적인 관계가 있고, 그중 상당수는 내가 투자했거나 동일한 투자자들로부터 투자를 받은 기업이라는 점은 말을 해 두고자 한다.

나와 직접적인 관계가 있는 기업들이 아닌 경우에는 관련 내용을 다루면서 출처를 밝혀 두었다. 그리고 나와 내 팀이 취재와 인터뷰를 통해 알게 된 내용을 다룰 때에는 출처를 따로 밝히지는 않았다. 이 책에서 다루어진 사례들은 해당 기업의 협조를 얻어 소개하게 되었지만, 그 기업들이 이 책에 나온 내용이 다른 곳에서 사용되는 것까지 허락하지는 않았다는 점을 밝혀 두고자 한다.

# 감사의 글

내 기억으로 전작 『린 스타트업』은 혼자서 집필했다. 그럼에도 감사의 글에서 89명에게 감사를 표했다.

반면에 이번 책의 경우는 커뮤니티 활동의 결과물 같다는 느낌이다. 우선 이 책은 킥스타터 모금 방식으로 출간된 내 책 『The Leader's Guide』를 중심으로 형성된 커뮤니티로부터 시작되었다. 『The Leader's Guide』의 킥스타터 캠페인을 지원함으로써 책 출간을 가능하게 해 주었던 9677명의 참여자들 그리고 마이티벨Mightybell 기반 커뮤니티에 참여하여 이 책의 원리들에 관하여 활발히 토론을 했던 모든 사람에게 나는 큰 빚을 졌다고 생각한다. 『The Leader's Guide』 출간과 자료 조사에 큰 도움이 되어 준 Sarah Rainone에게 감사를 표한다.

The Lean Startup Company의 Melissa Moore, Heather McGough, Julianne Wotasik, Kristen Cluthe에게도 감사의 말을 전한다.

내 작업을 전적으로 믿고 도와준 Crown 출판사의 Roger Scholl, Tina Constable, Ayelet Gruenspecht, Campbell Wharton, Megan Schumann, Megan Perritt, Julia Elliott, Erin Little, Jill Greto, Elizabeth Rendfleisch, Heather Williamson, Terry Deal, Tal Goretsky에게도 감사를 표한다.

이 책 출간을 진행해 준 Christy Fletcher는 내가 아는 한 최고의 출판 에이전트다. 책 출간을 계획 중인 저자들은 그녀에게 도움을 구해 보라. 그녀는 단지 출판 에이전트가 아니라 차분하면서도 위트 있는 태도로 나에게 계속해서 좋은 전략과 조언을 제공한 진정한 파트너로서 일해 주었다. 이 책이 나올 수 있도록 도움을 준 그녀와 그녀의 회사에 진심으로 감사의 말을 전한다.

Fletcher & Co.의 Grainne Fox, Veronica Goldstein, Erin McFadden, Sylvie Greenberg, Sarah Fuentes, Mink Choi에게도 고마움을 전하고 싶다.

IMVU 시절부터 함께 일을 해 온 Marcus Gosling은 『린 스타트업』에 이어 이번 책도 디자인을 맡아 주었다(책 표지와 본문 도표들을 만들어 내느라 수고했다). 그뿐 아니라 그는 책 검토 과정에서도 정말로 수고했는데, 상품 개발과 디자인 쪽 재능이 뛰어났기에 그를 의지할 수 있었다. 게다가 그는 LTSELong-Term Stock Exchange의 상품 책임자로 일하면서 이와 같은 도움을 주었다. 감사를 표한다.

방대한 분량의 자료 조사를 진행해 준 편집 팀이 없었다면 이 책은 출간되지 못했을 것이다. 편집 팀의 Melanie Rehak, Laura Albero, Laureen Rowland, Bridget Samburg에게 감사의 말을 전한다. Melanie Rehak은 계속된 책 수정 작업을 꾸준히 맡아서 진행해 주었는데, 그녀에게 정말로 많은 신세를 졌다. 이번 프로젝트가 완수되기까지 온갖 힘든 일을 맡아서 수행해 준 Laura Albero에게도 감사를 표한다. 그녀는 이 책의 출간 과정에서 정말로 중요한 역할을 했다.

이 책의 웹 사이트 thestartupway.com을 구축해 준 Telepathy의 팀원들에게도 감사의 말을 전한다. Chuck Longanecker, Arnold Yoon, Brent Summers, Eduardo Toledano, Bethany Brown, Dave Shepard, Megan Doyle 덕분에 이 책의 개념을 그대로 담고 있는 훌륭한 웹 사이트가 만들어졌다.

나에게 일을 맡기고, 그 과정을 소개할 수 있도록 허락해 준 GE 측에도 감사를 표한다. GE에서의 경험은 정말로 훌륭한 것이었고, 그 과정에서 만난 사람들은 나에게 큰 영감을 전해 주었다. Jeff Immelt, Beth Comstock, Viv Goldstein, John Flannery, Janice Semper, Jamie Miller, Shane Fitzsimons, Susan Peters, Eric Gebhardt, Ryan Smith, Brad Mottier, Cory Nelson, James Richards, Giulio Canegallo, Silvio Sferruzza, Terri Bresenham, Valerie Van Den Keybus, Jennifer Beihl, Lorenzo Simonelli, Michael Mahan, Brian Worrell, David Spangler, Anne McEntee, Wolfgang Meyer-Haack, Vic Abate, Guy Leonardo, Anders Wold, Carolyn Padilla, Aubrey Smith, Marilyn Gorman, Tony Campbell, Shona Seifert, Rakesh Sahay, Chris Bevacqua, Kevin Nolan, Christopher Sieck, Steve Bolze에게 감사를 표하고, 특히 Mark Little에게 특별한 감사의 말을 전한다.

GE의 Leys Bostrom은 이 책에 소개되어 있는 GE의 이야기들을 감수해 주었다. 수고에 감사를 표한다.

Intuit 역시 자사의 이야기를 이 책에서 소개할 수 있도록 허락해 주었다. Scott Cook, Brad Smith, Hugh Molotsi, Bennett Blank, Rania Succar, Kathy Tsitovich, Steven Wheelis, Katherine Gregg, Michael Stirrat, Rachel Church, Mark Notarainni, Cassie Divine, Alaina Maloney, Catie Harriss, Greg Johnson, Allan Sabol, Rob DeMartini, Weronika Bromberg, Justin Ruthenbeck에게 감사의 말을 전한다.

정부 기관에서 근무하는 사람들로부터도 많은 도움을 받았다. Hillary Hartley, Aaron Snow, Haley Van Dyck, Mikey Dickerson, Garren Givens, Dave Zvenyach, Brian Lefler, Marina Martin, Alan DeLevie, Jake Harris, Lisa Gelobter, Erie Meyer, Jennifer Tress, Jen

Anastasoff, Eric Hysen, Kath Stanley, Mark Schwartz, Alok Shah, Deepa Kunapuli, Anissa Collins, Matt Fante, Mollie Ruskin, Emily Tavoulareas, Vivian Graubard, Sarah Sullivan, Wei Lo, Amy Kort, Chalres Worthington, Aneesh Chopra에게 감사를 표한다.

이 책이 나오기까지 많은 기업과 기관과 비영리 단체 그리고 이러한 조직에서 일하고 있는 사람들의 도움을 받았다. 이 책에는 이들의 이야기가 상당수 소개되었지만, 이 책에서 구체적으로 소개되지 않았다 하더라도 이들의 이야기는 내가 가지고 있는 지식과 사고에 큰 영향을 주었다. 그리고 이러한 것들은 이 책의 원리와 개념을 구성하는 토대가 되었다. Bionic의 Janice Fraser, David Kidder, Anne Berkowitch, Dropbox의 Drew Houston, Todd Jackson, Aditya Agarwal, Asana의 Emilie Cole, Dustin Moskovitz, Justin Rosenstein, Anna Binder, Sam Goertler, Katie Schmalzried, Twilio 의 Jeff Lawson, Roy Ng, Patrick Malatack, Ott Kaukver, IBM의 Jeff Smith, Airbnb의 Joe Zadeh, Maggie Carr, Cisco의 Alex Goryachev, Oseas Ramirez Assad, Kim Chen, Mathilde Durvy, Citi의 Vanessa Colella, Adopt-A-Pet의 David Meyer, Abbie Moore, P&G의 Chris Boeckerman, Code for America의 Jennifer Pahlka, PCI Global의 Chris Bessenecker, Pivotal의 Rob Mee, Andrew Cohen, Edward Heiatt, Siobhan McFeeney, Gusto의 Joshua Reeves, Jill Coln, Nikki Wilkin, Maryanne Brown, Google Area 120의 Alex Gawley, Seattle Children's Hospital의 Cara Bailey, Greg Beach, Jeff Hunter Strategy LLC의 Jeff Hunter, Pearson의 Adam Berk, Sonja Kresojevic, NSA 의 Vanee Vines, Mike Halbig, Matt Fante, Uber의 Andrew Chen,

Telefónica의 Susana Jurado Apruzzese, Rise의 Seneel Gupta, AgPulse의 Matt Kresse, Toyota Technology Info Center의 Vinuth Rai, ExecCamp의 Barry O'Reilly, Ligouri Innovation의 Steve Ligouri, Panorama의 Aaron Feuer, Global Innovation Fund의 Alix Peterson Zwane에게 감사의 말을 전한다.

이 책의 베타 버전을 읽고 의견을 준 사람들에게 특별한 감사를 표한다. 그들이 있었기에 이 책이 나올 수 있었고, 이 책에 오류가 남아 있다면 그것은 내가 그들의 이야기를 충분히 듣지 않았기 때문일 것이다. Morgan Housel, Mark Graban, Janice Fraser, Steve Liguori, Beth Comstock, Viv Goldstein, Melissa Moore, Dan Debow, Vinuth Rai, James Joaquin, Tiho Bajic, Al Sochard, Kanyi Maqubela, Dan Martell, Roy Bahart, Tom Sorres, Dave Binetti, Aneesh Chopra, Marina Martin, Andrey Ostrovsky, Laura Klein, Clark Scheffy, Bennett Blank, Art Parkos, Cindy Alvarez, Adam Penenberg, Kent Beck, Charles Becker, Zach Nies, Holly Grant, Carolyn Dee, Jennifer Maerz, Ann Mei Chang, Nicole Glaros, Anna Mason, Ed Essey, Daniel Doktori, Janice Semper, Todd Park, Tom Eisenmann에게 감사를 드린다.

Arash Ferdowsi, Ari Gesher, Brian Frezza, Dan Smith, Greg Beach, Justin Rosenstein, Matt Mullenweg, Matthew Ogle, Pedro Miguel, Raghu Krishnamoorthy, Reid Hoffman, Samuel Hammond, Scott Cook, Marc Andreessen, Margit Wennmachers, Sean Ellis, Shigeki Tomoyama, JB Brown, Simeon Sessley, Giff Constable, Philip Vaughn, Andy Sack, Brian Singerman, Craig Shapiro, James

Joaquin에게도 특별한 감사의 말을 전한다.

나와 함께 수고하는 우리 LTSE 팀원들에게도 감사를 표한다. Marcus Gosling, Tiho Bajic, Michelle Greene, Lydia Doll, Carolyn Dee, Hyon Lee, Bethany Andres-Beck, Pavitra Bhalla, Zoran Perkov, Amy Butte, John Bautista에게 항상 감사한다. 특히 LTSE 조직이 안정적으로 자리를 잡고, 세 곳의 도시로 확장하는 과정에서 큰 역할을 한 Holly Grant에게 특별한 감사의 말을 전한다(4장과 9장에 나온 레모네이드 프랜차이즈 사업 모델을 구상한 사람도 Holly Grant다).

오랜 시간 가까이에서 내 일을 도와준 Brittany Hart에게도 큰 감사를 표한다. 그녀가 있었기에 지금까지 해 올 수 있었으며, 전적으로 믿을 수 있는 누군가를 곁에 두고 있다는 사실에 대해 항상 감사하는 마음이다.

Outcast의 Alex Constantinople, Nicki Dugan Pogue, Sophie Fischman, Sara Blask, Jonny Marsh에게도 감사를 전하고 싶다.

이번 프로젝트를 진행하는 중에 내가 삶의 균형을 유지할 수 있도록 도와준 Quensella와 Simone에게도 감사의 말을 전한다. 그리고 우리 가족을 도와주고 큰 즐거움을 전해 준 Irma에게도 깊은 감사를 표한다.

지면을 통해 이름을 일일이 거명하기는 어렵지만, 내 친구들에게도 감사의 말을 전한다. 항상 도와주고 좋은 시간을 갖게 해 준 것에 대해 언제나 고마운 마음을 가지고 있다.

내 부모님, Andrew Ries와 Vivian Reznik가 계셨기에 지금의 내가 있을 수 있었다. 갑자기 IT 창업을 하겠다고 나섰을 때도, 남들과는 다른 인생행로를 걷겠다고 했을 때도 부모님은 언제나 나를 지지해 주셨다. 이제 내 자신이 부모가 되어 보니 부모님이 나를 위해 얼마나 많은 희생을 하셨는지, 나에게는 얼마나 영웅과도 같은 분들이었는지 새삼 알게 되었다. 감사합니다.

내 누이들과 매부들에게도 항상 신세를 지고 있다. Nicole과 Dov, Amanda와 Gordon 그리고 내 조카 Everett, Nadia, Teddy에게도 고맙다는 말을 전한다.

항상 잘 대해 주시고 지지해 주신 장인어른과 장모님, Harriet과 Bill에게도 감사를 드린다. 그리고 무엇보다 그토록 훌륭한 딸을 길러 주신 데 대해 감사를 드린다.

내 아내 Tara Mohr처럼 멋진 사람과 함께 인생을 살아갈 수 있다니, 무척이나 감사한 일이다. 아내의 사랑이 있기에 매순간 힘을 얻고 영혼이 충만해진다. 나와 인생을 함께 해 주어 고마워.

『린 스타트업』 출간 이후 내 삶에서 가장 달라진 일이 있다면 바로 내가 부모가 되었다는 것이다. 우리 아들과 딸, 나로 하여금 부모라는 엄청난 역할을 할 수 있도록 해 주어 고마워. 너희로 인해 내 삶이 얼마나 달라졌는지 너희는 알지 못할 거야. 너희가 내 삶에 들어온 이후 나는 스스로 자랑스럽게 말할 수 있는 일이 아니면 하지 않게 되었어. 어떤 일을 하더라도 너희가 살아갈 세상을 더 나은 곳으로 만들기 위한 일을 찾아서 하게 되었지. 사랑한다.

# 주

## 서문
1. meetup.com/topics/lean-startup
2. GE에서는 2017년 5월에 패스트웍스(FastWorks)에 대한 상표 등록을 했다.
3. quora.com/What-causes-the-slack-at-large-corporations/answer/Adam-DAngelo

## 1부
1. vanityfair.com/news/2016/11/airbnb-brian-chesky
2. Ibid.
3. 2013년 샌프란시스코에서 열린 린 스타트업 콘퍼런스에서 Ari Gesher의 강연: youtube.com/watch?v=TUrkwAhv86k

## 1장
1. wsj.com/articles/SB10001424053111903480904576512250915629460
2. 25iq.com/2017/03/10/you-have-discovered-productmarket-fit-what-about-a-moat/
3. ibm.com/blogs/insights-on-business/gbs-strategy/cxos-set-sights-back-traditional-targets/
4. marketrealist.com/2015/12/adoption-rates-dizzying-heights
5. steveblank.com/2010/07/22/what-if-the-price-were-zero-failing-at-customer-validation
6. Jack Welch and John A. Byrne, *Jack: Straight from the Gut* (New York: Warner Business Books, 2001), p. 330.
7. forbes.com/sites/miguelhelft/2015/09/21/dropboxs-houston-were-building-the-worlds-largest-platform-for-collaboration/#58f0ccd9125e; fortune.com/2016/03/07/dropbox-half-a-billion-users
8. techcrunch.com/2013/11/02/welcome-to-the-unicorn-club/
9. forbes.com/sites/howardhyu/2016/11/25/this-black-friday-jeff-bezos-makes-amazon-echo-sound-better-than-google-home/#11dc97a66cc4; wired.com/2014/12/jeff-bezos-ignition-conference/; fastcompany.com/3040383/following-fire-phone-flop-big-changes-at-amazons-lab126
10. bloomberg.com/features/2016-amazon-echo
11. fastcompany.com/3039887/under-fire
12. sec.gov/Archives/edgar/data/1018724/000119312505070440/dex991.htm

## 2장
1. AnnaLee Saxenian의 *Regional Advantage: Culture and Competition in Silicon Valley*

and Route 128 (Cambridge, MA: Harvard University Press, 1996); Reid Hoffman의
*blitzscaling* thesis (Part Three Introduction, note 1); the TechStars Manifesto (Chapter
7, note 5). 참고

2. '양손잡이 조직'이라는 용어는 1976년 Robert Duncan이 다음 글에서 고안했다. "The
Ambidextrous Organization: Designing Dual Structures for Innovation," in *The
Management of Organization Design: Strategies and Implementation,* edited by Ralph H.
Kilmann, Louis R. Pondy, and Dennis P. Slevin (New York: North Holland, 1976).
좀 더 자세한 내용은 린 관리 혁신에 관한 Steve Blank의 글을 보라: steveblank.
com/2015/06/26/lean-innovation-management-making-corporate-innovation-work/

3. "소비자들의 욕구가 진화하는 것보다 더 빠르게 혁신을 추진하는 기업들은 많은 소비
자가 생각하기에 지나치게 기능이 많고, 지나치게 비싸고, 지나치게 복잡한 제품이나
서비스를 만들어 낼 뿐이다. 거의 다 그렇다. 기업들은 시장에서 가장 앞서 나가는 소
비자들이 받아들일 수 있는 수준의 혁신을 추진해야 한다. 이것이 바로 지속 가능한
혁신이고, 역사적으로도 이렇게 하는 기업들이 성공해 오고 있다. 시장에서 가장 앞서
나가면서 새로운 제품이나 서비스에 대한 기대와 욕구가 큰 소비자들이 원하는 제품
이나 서비스를 개발하고 높은 가격을 매기는 기업들이 가장 높은 수준의 수익성을 이
루어 낼 것이다." 새로운 기술이나 새로운 플랫폼이 바로 이러한 유형의 제품이나 서
비스의 범주에 들어간다. claytonchristensen.com/key-concept/

4. 스타트업 액셀러레이터들은 전통적인 실리콘 밸리 창업자들의 범주를 넘어 더 많은
사람에게 서비스를 제공하는 데는 아직 느리다. 하지만 우리 사회에 능력주의를 실현
하기 위해서는 스타트업 액셀러레이터들의 서비스가 더 많은 사람에게 확대될 필요
가 있다.

5. 이후 GE는 어플라이언스 사업을 매각했고 2016년에 이를 중국의 하이얼이 인수했는
데, 여전히 'GE 어플라이언스'라는 이름으로 사업을 하고 있다. geappliances.com/
our-company를 보라.

6. 기존 사업체에서 새로운 제품을 만들어 내는 데 6주라는 시간은 너무 짧다고 생각하
는 사람들도 있겠지만, Y 콤비네이터 같은 스타트업 액셀러레이터는 12주 만에 설립
된 바도 있다.

## 3장

1. 실리콘 밸리의 역사에 관심이 있는 사람들에게 다음 책들을 추천한다. *Regional
Advantage: Culture and Competition in Silicon Valley and Route 128,* by AnnaLee
Saxenian (Cambridge, MA: Harvard University Press, 1994); "The Secret History of
Silicon Valley," by Steve Blank (steveblank.com/secret-history)

2. 이러한 일을 적극적으로 하는 사람으로 Steve Case를 들 수 있는데, Steve Case는 AOL
공동 창업자 중 한 명으로 지금은 Revolution LLC의 최고 경영자이자 회장으로 일하
고 있다. riseofrest.com

3. 내가 맨 처음 취업했던 실리콘 밸리 기업에는 중앙 현관에 이 문구가 새겨져 있었다.

4. hbr.org/2013/01/what-is-entrepreneurship

5. Alexis Ohanian, *Without Their Permission: The Story of Reddit and a Blue—print for How*

*to Change the World* (New York: Grand Central, 2016), p. 5.

6.  quora.com/Amazon-company-What-is-Amazons-approach-to-product-development-and-product-management

7.  Jack Stack and Bo Burlingham, *A Stake in the Outcome: Building a Culture of Ownership for the Long–Term Success of Your Business* (New York: Doubleday Business, 2002).

8.  기업 가치에 관한 너무나도 단순한 계산법에 대해 많은 이들이 잘못을 지적할 수도 있을 거라고 생각한다. (1)우선 이 계산에는 시간이라는 요소가 고려되지 않았다. 시간을 고려하여 현재 가치를 계산하면 분명히 10억 달러와는 다른 수치가 나오게 된다. (2)블랙 숄츠 모형 같은 계산법을 활용하여 보정을 해야 더 정확한 현재 가치를 구할 수 있다. 하지만 이와 같은 복잡한 계산법은 대부분의 창업가에게는 별다른 의미를 갖지 못하고, 창업가에게 의미를 갖는 혁신 회계에 대해서는 9장에서 따로 다루려고 한다.

9.  최소 요건 '제품'으로 실험을 하는 이유가 바로 여기에 있다. 제한적이라 하더라도 실제 고객에게 가치를 제공할 수 있는 제품으로 실험을 하는 것이 중요하다.

10. 스타트업에서는 자원 남용이 허용되지 않는다. 그래서 린 스타트업 운동에서는 과학적인 '유효 학습'에 대한 평가가 중요한 의미를 갖는다.

11. psychologytoday.com/blog/wired-success/201511/why-financial-incentives-don-t-improve-performance

12. steveblank.com/2010/11/01/no-business-plan-survives-first-contact-with-a-customer-%E2%80%93-the-5-2-billion-dollar-mistake/

13. Remarks at the National Defense Executive Reserve Conference, November 14, 1957; presidency.ucsb.edu/ws/?pid=10951

14. 스타트업 이사회는 내부자(창업자나 경영자), 투자자, 사외 이사 등 세 범주의 사람들로 구성된다. 내 경험상 스타트업 이사회의 전형은 내부자 두 사람, 투자자 두 사람, 사외 이사 한 사람 등의 다섯 사람으로 구성된다. 초기 상태에 있는 스타트업의 운명은 이 다섯 사람이 결정하게 된다.

15. techcrunch.com/2011/11/19/racism-and-meritocracy; startuplessonslearned.com/2010/02/why-diversity-matter-meritocracy.html; startuplessonslearned.com/2012/11/solving-pipeline-problem.html

16. journals.sagepub.com/doi/abs/10.2189/asqu.2010.55.4.543. 자세한 논의는 sloanreview.mit.edu/article/achieving-meritocracy-in-the-workplace/를 보라.

17. mashable.com/2016/04/19/early-mark-zuckerberg-interview/#En6CWSe.EZqm

18. 이렇게 생각하는 것은 나 한 사람만이 아니다. 실리콘 밸리는 물론이고 우리 사회 전체적으로도 이 주제를 중요하게 생각하고 있으며, 우리가 알고 있는 능력주의 그 자체에도 여러 가지 문제가 내재되어 있다. 이 주제에 관하여 저널리스트 Chris Hayes가 기고한 글(thenation.com/article/why-elites-fail과 boingboing.net/2012/06/13/meritocracies-become-oligarchi.html)을 읽어 보기 바란다.

19. Bessemer Venture Partners; bvp.com/portfolio/anti-portfolio

20. forbes.com/sites/larrymagid/2012/02/01/zuckerberg-claims-we-dont-build-services-to-make-money/#149d1db5370f

21. McChrystal, Stanley. *Team of Teams: New Rules of Engagement for a Complex World* (New York: Penguin, 2015), p. 215.

## 4장

1. jstor.org/stable/40216431?seq=1#page_scan_tab_contents; journal.sjdm. org/14/14130/jdm14130.html
2. 이와 관련하여 Steve Blank는 '고객 개발'(customer development)이라는 용어와 개념을 정립한 바 있다. startuplessonslearned.com/2008/11/what-is-customer-development.html 참고
3. 『The Leader's Guide』라는 책은 동명의 프로젝트에 의해 출간된 책이다. 나는 2015년에 창업자, 경영자, 프로젝트 리더가 린 방식을 현업에 적용하는 데 활용할 수 있는 구체적인 방법을 설명하기 위한 책 출간을 킥스타터 캠페인 방식으로 진행했다. 250쪽짜리 한정판으로 기획된 그 책의 출간 프로젝트에는 9677명이 참여했고, 58만 8903달러의 자금이 모였다. 그 책은 그전까지 내가 활용하고 경험했던 다양한 접근법과 데이터를 담고 있었다. 나는 자신의 경영 방식을 스타트업 방식으로 바꾸고자 하는 리더들에게 구체적인 방법론을 제시하기 위해 그 책을 썼으며, 책을 출간한 후에는 프로젝트에 참여한 사람들과 함께 마이티벨(Mightybell)이라는 소셜 네트워크를 기반으로 하는 커뮤니티를 만들어 활동을 시작했다. 마이티벨은 회원들의 관심사를 중심으로 커뮤니티를 구성하여 활동할 수 있는 기반을 제공하는 플랫폼인데, 더 리더스 가이드 커뮤니티에서는 린 방식을 자신의 비즈니스나 프로젝트에 적용하는 과정에서 겪게 된 다양한 경험을 서로 공유하고 있다.
4. 가치 가설에 있어 고객에게 어느 정도 기쁨을 줄 수 있는지 기준으로 삼아야 한다는 말을 나에게 맨 처음 했던 사람은 인튜이트의 창업자 Scott Cook이었다.
5. techcrunch.com/2012/02/01/facebook-ipo-letter
6. pmarchive.com/guide_to_startups_part4.html
7. medium.com/precoil/7-things-i-ve-learned-about-lean-startup-c6323d9ef19c
8. medium.com/blueprint-by-intuit/design-thinking-in-the-corporate-dna-f0a1bd6359db#.6i9u9o20w
9. 최소 요건 제품 진행에 관해서는 『The Leader's Guide』 pp. 156-57을 보라.
10. businessinsider.com/the-washington-post-is-growing-its-arc-publishing-business-2016-6
11. 성장 위원회는 9장에서 자세히 다룬다.

## 5장

1. Jeffrey K. Liker, *The Toyota Way* (New York: McGraw- Hill, 2003), p. 223.
2. 재공품(work in process, WIP)은 *Factory Physics*라는 교재에 "공정에 들어가 작업 중인 제품"으로 정의되어 있다. 좀 더 자세한 내용을 공부하려면 *Factory Physics for Managers: How Leaders Improve Performance in a Post—Lean Six Sigma World,* by Edward S. Pound, Jeffrey H. Bell, and Mark L. Spearman (New York: McGraw Hill Education, 2014)을 보라.

3. startup-marketing.com/the-startup-pyramid/
4. 이는 스타트업에도 마찬가지다. 대부분의 직원이 다른 기업에서 근무를 하던 사람들이기 때문이다.
5. 경업 금지 조항에 제한받지 않고 직원들이 기존 회사를 떠나 자신의 회사를 창업할 수 있는 권리는 매우 중요하며 보호받아야 한다. 실리콘 밸리가 지금처럼 성공할 수 있었던 주요한 요인 중 하나가 바로 이러한 정책 때문이다. 이에 대해서는 11장에서 추가적으로 이야기할 것이다.
6. Peter Drucker는 이렇게 말했다. "해서는 안 되는 일을 극도의 효율성으로 해 대는 것처럼 쓸모없는 일도 없다." "What Executives Should Remember," *Harvard Business Review*, vol. 84, no. 2, February 2006; hbswk.hbs.edu/archive/5377.html
7. 이 과정이 어떻게 동작하는지에 관한 예는 Robert G. Cooper의 *Winning at New Products: Creating Value Through Innovation* 4th ed. (New York: Basic Books, 2011)을 보라.
8. 나는 임원들의 무의미한 세부 지시를 지키기 위해 시간 낭비를 하는 팀들을 많이 봤다. George Orwell이 이와 같은 상황을 보게 된다면 뭐라고 할지 궁금하다.
9. 단순히 새로운 시스템을 하나 덧붙이는 식으로는 이와 같은 조직을 만들 수가 없다. 성장 위원회가 구성되고 여타 새로운 방식이 도입될 필요가 있다. 이 부분은 9장과 연결된다.
10. 2013년 샌프란시스코에서 열린 린 스타트업 콘퍼런스에서 Brian Frezza의 강연: youtube.com/watch?v=I2l_Cn8Fuo8
11. knowyourmeme.com/memes/profit

## 2부

1. en.wikipedia.org/wiki/United_States_Department_of_Health_and_Human_Services
2. fastcompany.com/3046756/Obama-and-his-geeks
3. nbcnews.com/news/other/only-6-able-sign-healthcare-gov-first-day-documents-show-f8c11509571
4. advisory.com/daily-briefing/2014/03/03/time-inside-the-nightmare-launch-of-healthcaregov
5. washingtonpost.com/national/health-science/hhs-failed-to-heed-many-warnings-that-healthcaregov-was-in-trouble/2016/02/22/dd344e7c-d67e-11e5-9823-02b905009f99_story.html
6. www.advisory.com/daily-briefing/2014/03/03/time-inside-the-nightmare-launch-of-healthcaregov

## 6장

1. 현재 Cory Nelson은 GE 파워(GE Power)에서 가스 압축기와 발전기 개발을 책임지고 있는 GM으로 일하고 있다.
2. pmarchive.com/guide_to_startups_part4.html.
3. GE의 '패스트웍스 성장 위원회'는 시간이 흐르면서 규모가 확대되고 멤버 구성도 조

금 달라지기는 했지만, 최초 멤버들은 다음과 같다(직함은 당시 직함이다): Jamie Miller(CIO), Susan Peters(Senior VP of HR), Matt Cribbins(VP of GE's Corporate Audit Staff), Mark Little(Senior VP 겸 Chief Technology Officer of GE Global Research), Beth Comstock

4.  aei.org/publication/has-government-employment-really-increased-under-obama/; gao.gov/assets/680/677436.pdf; politicalticker.blogs.cnn.com/2009/04/18/Obama-names-performance-and-technology-czars; cei.org/blog/nobody-knows-how-many-federal-agencies-exist

5.  Aneesh P. Chopra, *Innovative State: How Technologies Can Transform Government* (New York: Atlantic Monthly Press, 2014), pp. 215-16.

6.  obamawhitehouse.archives.gov/the-press-office/2012/08/23/white-house-launches-presidential-innovation-fellows-program

7.  presidentialinnovationfellows.gov/faq/

8.  그 팀은 유효 학습을 기반으로 여러 차례 방향 전환을 했다. 그리고 단일 제품을 만들기보다는 시스템을 만들어 고객들에게 판매를 하는 게 낫겠다는 판단을 내렸다.

9.  비즈니스 모델에 관한 좀 더 자세한 내용은 Alexander Osterwalder와 Yves Pigneur의 *Business Model Generation: A Handbook for Visionaries, Game Changers and Challengers* (Hoboken, NJ: John Wiley & Sons, 2010)를 보라.

10. fastcompany.com/3068931/why-this-ceo-appointed-an-employee-to-change-dumb-company-rules

**7장**

1.  Aubrey Smith, Tony Campbell, Marilyn Gorman, Steve Liguori 같은 사람들과도 함께 일을 했다.

2.  playbook.cio.gov/

3.  inc.com/steve-blank/key-to-success-getting-out-of-building.html

4.  과학적 방법론을 배운 사람들은 내가 팀에 반증 가능성의 중요성을 가르치지 않는다고 지적할지도 모른다. 맞는 말이다. 나는 보통 반증 가능성은 고급 과정 때 가르치려고 남겨 둔다. 스타트업의 자만심은 우리가 바라는 바대로 작용한다. "우리 제품을 이 세상 모든 사람이 좋아할 거야"라는 생각은 반증 가능성을 가르치기 가장 좋은 소재다.

5.  davidgcohen.com/2011/08/28/the-mentor-manifesto/

6.  영국 국제 개발부, 미국 국제 개발처, 오미디야르 네트워크(Omidyar Network), 스웨덴 국제 개발 협력 기구, 호주 외무부, 남아공 과학 기술국에서 지원

**8장**

1.  Leigh Gallagher, *The Airbnb Story: How Three Ordinary Guys Disrupted an Industry, Made Billions ... and Created Plenty of Controversy* (New York: Houghton Mifflin Harcourt, 2017), pp. 177-8.

2.  Ibid., p. 196.

3. metropolismag.com/interiors/hospitality-interiors/whats-next-for-airbnbs-innovation-and-design-studio/

4. bloomberg.com/news/articles/2015-08-18/emc-vmware-spinout-pivotal-appoints-rob-mee-as-new-ceo

5. usds.gov/report-to-congress/2016/immigration-system/

6. lean.org/lexicon/set-based-concurrent-engineering

7. businessinsider.com/ge-is-ditching-annual-reviews-2016-7

8. Ibid.

9. wsj.com/articles/ge-does-away-with-employee-ratings-1469541602

10. 2013년 샌프란시스코에서 열린 린 스타트업 콘퍼런스에서 Matt Mullenweg의 강연: youtube.com/watch?v=adN2eQHd1dU

11. obamawhitehouse.archives.gov/blog/2013/05/15/rfp-ez-delivers-savings-taxpayers-new-opportunities-small-business

12. ads.18f.gov

13. seattlechildrens.org/about/seattle-childrens-improvement-and-innovation-scii/

14. a16z.com/2017/03/04/culture-and-revolution-ben-horowitz-toussaint-louverture/

15. currentbyge.com/company

16. fastcompany.com/3069240/how-asana-built-the-best-company-culture-in-tech

17. Ibid.

18. give.intuitlabs.com

**9장**

1. 최소 요건 제품을 주문하는 고객 비율, 훈련 프로그램에 참여하겠다고 응하는 고객 비율, IT 시스템을 사용하는 고객 비율(내부 프로젝트의 경우) 같이 단순한 지표들을 활용할 수도 있다.

2. quora.com/What-was-it-like-to-make-an-early-investment-in-Twitter-What-was-the-dynamic-like; nbcnews.com/id/42577600/ns/business-us_business/t/real-history-twitter-isnt-so-short-sweet/#.WKZpShCOIaU

3. medium.com/@dbinetti/innovation-options-a-framework-for-evaluating-innovation-in-larger-organizations-968bd43f59f6

4. paulgraham.com/growth.html

5. 인튜이트의 Scott Cook은 2007년에 디자인 포 딜라이트 프로그램을 통해 아이디어 하나를 이끌어 냈는데, 그 아이디어는 나중에 전사적인 규모의 혁신 구조로 발전했다: hbr.org/2011/06/the-innovation-catalysts

6. netpromoter.com/know/

7. slideshare.net/hiten1/measuring-understanding-productmarket-fit-qualitatively/3-Sean_Ellis_productmarket_fit_surveysurveyio

8. 여기에 나오는 표는 나와 GE가 함께 개발한 것으로, 이 책에는 GE의 허락을 받고 수록하게 되었다.

9. 재무 담당자 없이 스타트업을 시작하면 여러 가지 곤란한 상황과 맞닥뜨리게 된다. 시

간제로 일하는 재무 담당자라도 합류시킬 필요가 있다.

**3부**

1. hbr.org/2016/04/blitzxcaling

**10장**

1. 나는 Peter Drucker 학파 쪽에 가깝다: drucker.institute/about-peter-f-drucker
2. fakesteve.net/2010/04/an-open-letter-to-the-people-of-the-world.html

**11장**

1. 지금 미국과 영국 정부 기관에서는 많은 혁신가들이 역할을 수행하고 있다. mikebracken.com/blog/the-strategy-is-delivery-again과 gds.blog.gov.uk/usds-18f-and-gds-why-the-strategy-is-delivery-video-transcript를 보라.
2. hbr.org/2016/10/an-entrepreneurial-society-needs-an-entrepreneurial-state
3. 실제로 몇몇 나라에서는 '창업자 비자'를 시행하고 있다: startupchile.org/programs; startupdenmark.info; italiastartupvisa.mise.gov.it
4. Steven Watts, *The People's Tycoon: Henry Ford and the American Century* (New York: Vintage, 2006).
5. medium.com/tech-diversity-files/the-real-reason-my-startup-was-successful-privilege-3859b14f4560#.1skhsmiff
6. 좀 더 자세한 내용은 Scott Andrew Shane의 *A General Theory of Entrepreneurship: The Individual−Opportunity Nexus* (Northampton, MA: Edward Elgar, 2003)를 보라.
7. papers.ssrn.com/sol3/papers.cfm?abstract_id=2896309
8. hbr.org/2017/02/a-few-unicorns-are-no-substitute-for-a-competitive-innovative-economy
9. rand.org/content/dam/rand/pubs/working_papers/2010/RAND_WR637-1.pdf
10. Carol S. Dweck, PhD, *Mindset: The New Psychology of Success* (New York: Random House, 2006)(한국어판 『마인드셋: 스탠퍼드 인간 성장 프로젝트 I 원하는 것을 이루는 태도의 힘』)
11. stvp.stanford.edu/blog/innovation-insurgency-begins
12. steveblank.com/category/nsf-national-science-foundation/
13. bloomberg.com/news/articles/2016-02-10/how-tech-startup-founders-are-hacking-immigration
14. blogs.wsj.com/digits/2016/03/17/study-immigrants-founded-51-of-u-s-billion-dollar-startups/
15. citylab.com/politics/2013/04/how-immigration-helps-cities/5323/
16. 대표적인 사례가 와튼 스쿨을 졸업한 인도 출신의 Kunal Bahl이다. 그는 인도로 돌아가 스냅딜(Snapdeal)이라는 회사를 창업했는데, 지금 스냅딜의 기업 가치는 65억 달러에 이르고 인도 내에서 수천 개의 일자리를 창출했다. 하지만 그에게 교육을 제공한 미국에서는 그로 인한 일자리가 거의 창출되지 않았다: money.cnn.com/2017/02/02/

news/india/snapdeal-india-kunal-bahl-h1b-visa/index.html

17. thenation.com/article/what-if-we-treated-labor-startup
18. thoughtco.com/intro-to-unemployment-insurance-in-the-us-1147659
19. ncbi.nlm.nih.gov/pmc/articles/PMC2796689/
20. 보편적 기본 소득만이 아니라 공공 부문 지원도 창업 활성화에 도움이 된다: jacobinmag.com/2017/02/federal-job-guarantee-universal-basic-income-investment-jobs-unemployment/
21. nytimes.com/2016/12/17/business/economy/universal-basic-income-finland.html
22. qz.com/696377/y-combinator-is-running-a-basic-income-experiment-with-100-oakland-families
23. kauffman.org/what-we-do/resources/entrepreneurship-policy-digest/can-social-insurance-unlock-entrepreneurial-opportunities
24. theatlantic.com/business/archive/2016/06/netherlands-utrecht-universal-basic-income-experiment/487883/; theguardian.com/world/2016/oct/28/universal-basic-income-ontario-poverty-pilot-project-canada
25. vox.com/new-money/2017/2/13/14580874/google-self-driving-noncompetes
26. kauffman.org/what-we-do/resources/entrepreneurship-policy-digest/how-intellectual-property-can-help-or-hinder-innovation
27. forbes.com/2009/08/10/government-internet-software-technology-breakthroughs-oreilly.html
28. obamawhitehouse.archives.gov/the-press-office/2013/05/09/executive-order-making-open-and-machine-readable-new-default-government-
29. Chopra, *Innovative State,* pp. 121-22.
30. hbr.org/2017/02/a-few-unicorns-are-no-substitute-for-a-competitive-innovative-economy
31. site.warrington.ufl.edu/ritter/files/2017/06/IPOs2016Statistics.pdf
32. jstor.org/stable/1806983?seq=1#page_scan_tab_contents; larrysummers.com/2017/06/01/secular-stagnation-even-truer-today
33. techcrunch.com/2017/06/28/a-look-back-at-amazons-1997-ipo
34. niskanencenter.org/blog/future-liberalism-politicization-everything/

## 에필로그

1. bloomberg.com/view/articles/2017-04-12/here-s-one-more-thing-to-blame-on-senior-management

# 찾아보기

• 도표 색인은 쪽 번호 뒤에 i를 붙여 표기한다(예: 92i).
• 미주 번호 색인은 쪽 번호 뒤에 'n+숫자' 형식으로 표기한다(예: 418n1).